W0261370

P. Bocker

Datenübertragung

Nachrichtentechnik in
Datenfernverarbeitungssystemen

Band II
Einrichtungen und Systeme

Unter Mitarbeit von
S. Grützmann, J. Petersen, H. Finck,
H. H. Voss

Springer-Verlag
Berlin · Heidelberg · New York 1977

Dipl.-Phys. Dr. rer. nat. Peter Bocker

Dipl.-Ing. Dr.-Ing. Sigmar Grützmann

Dipl.-Ing. Dr.-Ing. Joachim Petersen

Dipl.-Ing. Herbert Finck

Dr. rer. nat. Hans Heinrich Voss †

Siemens Aktiengesellschaft
Zentrallaboratorium für Datentechnik

Mit 111 Bildern

ISBN-13:978-3-642-81087-9   e-ISBN-13:978-3-642-81086-2
DOI: 10.1007/978-3-642-81086-2

Library of Congress Cataloging in Publication Data (Revised). Bocker, P. 1933 – Datenübertragung.
Vol. 2 unter Mitarbeit von S. Grützmann et al. Includes bibliographies and indexes. Contents:
Bd. 1. Grundlagen. — Bd. 2. Einrichtungen und Systeme. 1. Data transmission systems. I. Title.
TK 5105.06   001.6′44′04   76-7914.   ISBN-13:978-3-642-81087-9 (v.1)

Vorwort

Der vorliegende Band II *Einrichtungen und Systeme* des Werkes *Daten-übertragung — Nachrichtentechnik in Datenfernverarbeitungssystemen* enthält eine Darstellung der technischen Mittel für den Datentransport auf elektrischem Wege; er schließt damit an den Band I *Grundlagen* an, in dem die für die Datenübertragung bedeutsamen nachrichtentechnischen Grundbegriffe und Voraussetzungen zusammengestellt sind.

Im Vordergrund der Betrachtungen stehen die Datenübertragungseinrichtungen selbst. Besonderer Wert wurde auf die Darstellung solcher Merkmale und Eigenschaften gelegt, welche für den Anwender von Bedeutung sind wie z. B. die Schnittstellen zwischen den Datenübertragungseinrichtungen beim Teilnehmer und den Datenendeinrichtungen und die verschiedenen Ausführungen von Modems; aber auch die Datenübertragungseinrichtungen innerhalb von Datennetzen werden behandelt. Ebenso wird ein Überblick über die Vermittlungseinrichtungen in Datennetzen gegeben. Schließlich werden die wesentlichen Merkmale der Datennetze selbst geschildert. Eigens eingegangen wird auf die Besonderheiten der Datenübertragung über Kurzwellen-Funkverbindungen, welche für spezielle Anwendungsfälle, besonders für den Einsatz in mobilen Anlagen (Schiffsfunk, Funkwagen für zivilen und militärischen Einsatz), Bedeutung haben. Eine Erläuterung der Kriterien und Hilfsmittel für die Überwachung und Wartung schließt die Darstellung der technischen Mittel für die Datenübertragung ab. In einem Anhang sind die zahlreichen internationalen und nationalen Vereinbarungen und Richtlinien auf dem Gebiet der Datenübertragung nach dem Stand von Frühjahr 1976 zusammengestellt.

Auch der vorliegende Band II ist das Ergebnis gemeinsamer Arbeit mit den Herren Dr.-Ing. Sigmar Grützmann, Dr.-Ing. Joachim Petersen, Dipl.-Ing. Herbert Finck und Dr. rer. nat. Hans Heinrich Voss. Für die Niederschrift der Abschnitte waren verantwortlich: *Datenübertragungseinrichtungen* — Dr.-Ing. Grützmann; *Datenvermittlungseinrichtungen* — Dr.-Ing. Petersen; *Datennetze* — Dipl.-Ing. Finck; *Datenübertragung über Kurzwellen-Funkverbindungen, Meßtechnik der Datenübertragung* —

Dr. Voss; *Anhang* — Dr. Bocker. Außer diesen Hauptverfassern waren an der Abfassung der Abschnitte beteiligt: *Datenübertragungseinrichtungen* — Dr. rer. nat. Armin Tannhäuser, Dipl.-Ing. Finck, Dr.-Ing. Gero Schollmeier, Dr. Voss, Dr. Bocker; *Datennetze* — Dr.-Ing. Petersen; *Datenübertragung über Kurzwellen-Funkverbindungen* — Dipl.-Ing. Max Öllinger; *Meßtechnik der Datenübertragung* — Ing. (grad.) Erwin Schenk. Die Herren Öllinger und Schenk übernahmen im übrigen nach dem Ableben von Herrn Dr. Voss im Herbst 1976 die endgültige Überarbeitung der Abschnitte *Datenübertragung über Kurzwellen-Funkverbindungen* und *Meßtechnik der Datenübertragung.*

Wiederum habe ich zahlreichen Fachkollegen im Hause Siemens für ihre wertvollen Ratschläge und sonstige Mithilfe zu danken. Aufs herzlichste möchte ich aber allen genannten Verfassern meinen Dank für das aufgeschlossene Zusammenwirken ausdrücken, welches die Fertigstellung des vorliegenden Werkes erst ermöglicht hat.

München, im Herbst 1976   **P. Bocker**

Inhaltsverzeichnis

9 Datennetze 133

Inhalt des Bandes I

Grundlagen

Überblick
Datenverarbeitung — Datenfernverarbeitung. — Indirekte und direkte Datenfernverarbeitung. — Klassifizierung von Datenfernverarbeitungssystemen. — Aufbau von Datenfernverarbeitungssystemen. — Anforderungen der Datenfernverarbeitungssysteme an die Übertragungs- und Vermittlungstechnik. — Nachrichtentechnik in Datenfernverarbeitungssystemen.

Nachrichtentechnische Grundbegriffe
Nachricht, Daten. — Signale. — Einige informationstheoretische Grundbegriffe. — Codierung.

Übertragungswege
Übertragungswege im Nahbereich. — Übertragungswege im Fernbereich.

Datenübertragungsverfahren
Grundsätzliches zur Übertragung von Daten. — Basisbandübertragungsverfahren. — Übertragungsverfahren mit moduliertem Träger. — Rückgewinnung von Takt und Träger. — Fehlerwahrscheinlichkeit bei Rauschen.

Berücksichtigung der Eigenschaften realer Übertragungswege bei der Datenübertragung
Beurteilungskriterien. — Einfluß der Eigenschaften der Übertragungswege auf die Übertragung von Datensignalen. — Entzerrung des empfangenen Datensignals.

Grundlagen der Datenvermittlung
Aufgaben und Arbeitsweise von Vermittlungseinrichtungen. — Verkehrstheoretische Betrachtungen.

Literaturverzeichnis

Sachverzeichnis

7 Datenübertragungseinrichtungen

Datenübertragungseinrichtungen haben die Aufgabe, die von den Datenendeinrichtungen abgegebenen binären Datensignale so umzuwandeln, daß sie in dem für die Datenübertragung nutzbaren Frequenzbereich der Übertragungswege (Band I, Abschn. 3) übertragen werden können.

Je nach den Umständen können die Datenübertragungseinrichtungen an verschiedenen Stellen einer Datenübertragungsverbindung eingesetzt sein. Bei der *Datenübertragung im Fernsprechnetz* sind sie *nur bei den Teilnehmern* notwendig. Bei der *Datenübertragung in Datennetzen* sind im Verlauf des Verbindungsweges *unterschiedliche Datenübertragungseinrichtungen* erforderlich entsprechend den unterschiedlichen Übertragungswegen. Die Datenübertragungseinrichtungen zum Anschluß von Datenstationen an den nächsten Netzknoten benutzen im allgemeinen Niederfrequenzkabel als Übertragungsweg, diejenigen zwischen Netzknoten bandbegrenzte Kanäle oder auch Zeitschlitze von PCM-Systemen. Durch Kanalbündelung können die verfügbaren Übertragungswege besonders gut ausgenutzt werden.

Zwischen den Datenübertragungseinrichtungen beim Teilnehmer und den Datenendeinrichtungen beim Teilnehmer bestehen international einheitliche Schnittstellen, die in entsprechenden Empfehlungen des CCITT und der ISO festgelegt sind. Diese Datenübertragungseinrichtungen sind auch zuständig für den Auf- und Abbau der Datenübertragungsverbindung entsprechend den Signalen an der Schnittstelle.

Die Schnittstellen der Datenübertragungseinrichtungen beim Teilnehmer *in Datennetzen* umfassen außerdem Festlegungen über Vermittlungsfunktionen. Dazu müssen die Schnittstellenkriterien in Signalisierungszeichen, die auf der Anschlußleitung der zugehörigen Vermittlungsstelle übermittelt werden, umgesetzt werden. Der hierfür vorgesehene Teil der Datenübertragungseinrichtungen in Datennetzen wird daher in Abschn. 8.2 bei der Behandlung der Vermittlungseinrichtungen diskutiert.

Bei den Datenübertragungseinrichtungen beim Teilnehmer *im Fernsprechnetz* kann mit Hilfe besonderer Einrichtungen ein Informationsaustausch für einen automatischen Aufbau einer Wählverbindung über eine besondere Schnittstelle erfolgen, so daß auch hier ein Verbindungsaufbau von seiten der Datenendeinrichtung möglich ist.

Eine wichtige Aufgabe innerhalb von Datenfernverarbeitungssystemen ist die Lokalisierung von Fehlern. Für die Datenübertragungseinrichtungen im Fernsprechnetz sind erste Vereinbarungen bereits getroffen worden, die nach manueller Prüfschleifenbildung eine Prüfung der Datenübertragungsverbindung von der Datenendeinrichtung aus erlauben. Hierbei werden Testnachrichten von der Datenendeinrichtung ausgesendet und über die Prüfschleifen wieder zurückübertragen, so daß erkennbar wird, ob der Abschnitt bis zur Prüfschleife funktionsfähig ist. Für die Datenübertragungseinrichtungen im Datennetz wird die Lokalisierung von Fehlern durch Prüfschleifenbildung noch diskutiert, daher wird hier nicht näher darauf eingegangen.

Die Datensicherung, d. h. das Erkennen oder die Korrektur von Übertragungsfehlern wurde zunächst in Verbindung mit den Datenübertragungseinrichtungen beim Teilnehmer gesehen (vgl. CCITT-Empf. V. 41). Bei den heutigen Datenfernverarbeitungssystemen werden jedoch diese Aufgaben in Verbindung mit der Steuerung des Ablaufs der Datenübertragung erledigt, d. h. systemgebunden in den Datenendeinrichtungen. Die Aufgaben der Datensicherung werden daher hier nicht betrachtet. Bei der Datenübertragung über Kurzwellen-Funkverbindungen ist es dagegen häufig erwünscht, eine kanalgebundene Fehlersicherung durchzuführen; auf diese wird in Abschn. 10.4 eingegangen.

Entsprechend diesen Abgrenzungen wurde der Inhalt des Abschnittes 7 zusammengestellt und gegliedert.

Er befaßt sich zunächst (Abschn. 7.1) mit den Schnittstellen zwischen Datenübertragungseinrichtungen beim Teilnehmer und Datenendeinrichtungen, den Teilnehmerschnittstellen. In diesem Zusammenhang werden auch die Teilnehmerschnittstellen der Datenfernschalt- und der Anschlußgeräte betrachtet, während diese Geräte selbst in Abschn. 8.2 erläutert werden.

Die Datenübertragungseinrichtungen zum Einsatz im Fernsprechwählnetz werden in Abschn. 7.2 dargestellt. An sie werden besondere Anforderungen gestellt, da sie den Datenverkehr nach Vereinbarungen bei CCITT auch auf internationaler Ebene ermöglichen müssen. Nach einer allgemeinen Einführung wird auf die für die jeweilige Übertragungsgeschwindigkeit von CCITT empfohlene Datenübertragungseinrichtung näher eingegangen. Dabei wird auch die Einrichtung für die automatische Wahl (über die Teilnehmerschnittstelle, vgl. auch Abschn. 7.1) behandelt.

In Abschn. 7.3 werden die Datenübertragungseinrichtungen für festgeschaltete Verbindungen von Teilnehmer zu Teilnehmer geschildert: Datenübertragungseinrichtungen zum Einsatz auf Niederfrequenz- oder

Pupinkabeln, auf Kanälen von Sprachbandbreite und auf Primärgruppenverbindungen.

Abschn. 7.4 ist schließlich den Datenübertragungseinrichtungen zum
Einsatz in Datenwählnetzen und Knotennetzen gewidmet. Nach einem
kurzen Überblick über diese Datenübertragungseinrichtungen werden
in Abschn. 7.4.1 diejenigen Datenübertragungseinrichtungen behandelt,
die den Anschluß sowohl von Start/Stop- als auch von Synchron-Teil-
nehmern an den nächsten Netzknoten gestatten. Abschn. 7.4.2 beschäftigt
sich mit der Bündelung von Übertragungskanälen. Hier wird zunächst auf
Frequenzmultiplex-Systeme eingegangen und anschließend auf Zeitmultiplex-Systeme einschließlich der Übertragungseinrichtungen für die Übertragung des Multiplexsignals.

7.1 Schnittstelle zwischen Datenübertragungseinrichtungen beim Teilnehmer und Datenendeinrichtungen

Die Schnittstelle zwischen der *Datenübertragungseinrichtung* beim Teilnehmer und der *Datenendeinrichtung*, die Teilnehmerschnittstelle, ist so
gelegt, daß sich einerseits die Anforderungen an die Datenendeinrichtung
weitgehend unabhängig von der Art der Datenübertragungseinrichtung
und der Verbindung halten lassen und andererseits die Datenübertragungseinrichtung unabhängig von dem Datenfernverarbeitungssystem bleiben
kann. Jede Datenendeinrichtung soll im Prinzip in gleicher Weise über
Datenfernschaltgeräte (Abschn. 8.2.1) an festgeschalteten Verbindungen
oder an einem Datennetz oder über *Modems* (Abschn. 7.2 und 7.3) und
Fernsprechverbindungen mit anderen Datenendeinrichtungen verkehren
können. Entsprechend soll die Datenübertragungseinrichtung unbeein-
flußt davon bleiben, ob etwa ein Datenein/ausgabegerät oder eine Datenverarbeitungsanlage angeschlossen ist.

Wenn die Datenübertragungsverbindungen von Fernmeldeverwaltungen oder Betriebsgesellschaften eingerichtet und zur Verfügung gestellt
werden, gewinnt diese Schnittstelle zusätzlich noch Bedeutung als
Grenze der Verantwortlichkeit. Sie legt die Grenze der Zuständigkeit
zwischen Anwendern und Fernmeldeverwaltungen oder Betriebsgesellschaften fest für die verschiedenen Phasen beim Auf- und Abbau einer
Verbindung und für die Wartung.

Eine Verbindung zu einem bestimmten Teilnehmer kann entweder
durch eine Bedienperson manuell mit Hilfe geeigneter Bedienelemente
(Tasten, Nummernschalter) oder durch die Datenendeinrichtung über
die Schnittstelle aufgebaut werden. Die Datenübertragungseinrichtungen
tauschen mit der Vermittlungsstelle und mit der fernen Datenübertragungseinrichtung Signalisier- und gegebenenfalls Synchronisier-

information aus. Nachdem auf diese Weise die Datenübertragungsverbindung und bei Synchronverbindungen, falls erforderlich, der Schrittsynchronismus hergestellt ist, geben die Datenübertragungseinrichtungen über die Schnittstellen hinweg die Verbindung für die Datenübertragung frei. Ist aus technischen Gründen nur eine einseitig gerichtete Datenübertragungsverbindung möglich, so kann die Datenendeinrichtung in der Phase des Datenaustausches über die Schnittstelle eine Umsteuerung der Richtung der Datenübertragungsverbindung durch die Datenübertragungseinrichtung herbeiführen. Der Abbau einer Verbindung wird immer von der Datenendeinrichtung über die Schnittstelle eingeleitet.

Alle Vorgänge in Verbindung mit dem Auf- und Abbau und der Richtungsumsteuerung einer Verbindung sollen die Datenübertragungseinrichtungen in einer solchen Weise durchführen, daß der Zustand der Schnittstellenleitungen zu jedem Zeitpunkt eindeutig ist. Dazu gehört, daß alle auf der Sendedaten-Leitung übergebenen Daten zu übertragen und unechte Zustandswechsel auf der Empfangsdaten-Leitung zu vermeiden sind, solange die übrigen Schnittstellenleitungen die Phase des Datenaustausches anzeigen.

Die Schnittstelle in dieser geschilderten Form erlangte zuerst Bedeutung bei den Datenübertragungseinrichtungen zum Einsatz auf festgeschalteten und gewählten Fernsprechverbindungen: den Modems und den automatischen Wähleinrichtungen. Sie wird in entsprechender Weise in Datennetzen angewendet bei den Datenfernschaltgeräten. Abhängig von der Art der Datenübertragungseinrichtung besteht die Schnittstelle außer aus den *Erdleitungen* und *Datenleitungen* aus einer unterschiedlichen Anzahl von *Steuerleitungen* (für Steuerbefehle in Richtung Datenübertragungseinrichtung), *Meldeleitungen* (für Meldungen in Richtung Datenendeinrichtung), und — sofern die Datenendeinrichtung die Möglichkeit der Wahl über die Schnittstelle haben soll — *Wählleitungen*. Die Schnittstellen für Synchron-Datenendeinrichtungen enthalten außerdem noch *Taktleitungen*. Die Sendedaten werden der Datenübertragungseinrichtung in diesem Fall entsprechend dem auf der Sendetakt-Leitung angezeigten Bittakt übergeben; zum Empfang der isochronen Datensignale stellt die Datenübertragungseinrichtung erforderlichenfalls den Schrittsynchronismus her und übergibt der Datenendeinrichtung die Empfangsdaten gleichzeitig mit dem entsprechenden Bittakt auf der Empfangstakt-Leitung.

Um beim Teilnehmer auch besonders einfache Datenübertragungseinrichtungen zum Einsatz in Datennetzen zu ermöglichen, die *Anschlußgeräte* (Abschn. 8.2.2), ist neben dem geschilderten Schnittstellentyp noch ein anderer entwickelt worden. Bei diesem sind die Datenendeinrichtungen auch am Verbindungsaufbau beteiligt. Nicht die Anschlußgeräte, sondern die Datenendeinrichtungen tauschen mit der Vermittlungsstelle Signalisierinformation aus. Sie müssen dazu entsprechend den Stadien des Verbindungsaufbaues Polaritätswechsel und Zeichen erzeugen und bereits in dieser Phase über die Sendedaten-Leitung übergeben sowie über die Empfangsdaten-Leitung eintreffende Polaritätswechsel und Zeichen erkennen und auswerten. Dieser Schnittstellentyp benötigt in der Version für Start/Stop-Datenendeinrichtungen nur die Datenleitungen, aber keine Steuer-, Melde- und Wählleitungen; in der Version für Synchron-Datenendeinrichtungen ist als Folge der hier geforderten Fähigkeit, jedes beliebige Bitmuster zu übertragen, neben den Daten- und Taktleitungen eine Steuer- und eine Meldeleitung erforderlich.

In den folgenden Abschnitten werden die verschiedenen Schnittstellentypen mit einigen wesentlichen Funktionsabläufen dargestellt; außerdem werden die elektrischen Eigenschaften der Schnittstellenleitungen beschrieben. Alle geschilderten Merkmale der Schnittstellen sowie der Schnittstellenstecker und die Stiftbelegung entsprechen internationalen Empfehlungen auf der Basis von Vereinbarungen zwischen ISO, der Organisation der Anwender, und CCITT, der Organisation der Fernmeldeverwaltungen und Betriebsgesellschaften (s. Band I, Abschn. 1.6); diese Festlegungen fanden auch ihren Niederschlag in nationalen Normen[1]. Die weitreichende Standardisierung der Schnittstellen ermöglichte erst, daß nahezu problemlos Datenendeinrichtungen verschiedener Art mit Datenübertragungseinrichtungen verschiedener Herkunft und Technik zusammenarbeiten können.

7.1.1 Teilnehmerschnittstelle der Datenübertragungseinrichtungen zum Einsatz auf Fernsprechverbindungen

Die Schnittstellenleitungen für den Austausch von Signalen zwischen Datenendeinrichtung (DEE) und Datenübertragungseinrichtung (DÜE) zum Einsatz auf Fernsprechverbindungen sind u. a. in der CCITT-Empf. V. 24* [7.1] und in der deutschen Norm DIN 66020, Bl. 1 [7.2] festgelegt. Eine Liste mit den Namen und Kurzbezeichnungen aller bisher definierten Schnittstellenleitungen enthält Tab. 7.1.

Welche der Schnittstellenleitungen in einem bestimmten Anwendungsfall ausgewählt werden, hängt von der Art der DÜE ab und davon,

---

[1] Im folgenden werden vorwiegend die Empfehlungen des CCITT zitiert. Die entsprechenden deutschen Normen sind im Anhang zusammengestellt.

* In diesem Abschnitt sind die CCITT-Empfehlungen nach dem derzeitigen Stand angegeben. Einige von ihnen wurden während der z. Z. noch laufenden Studienperiode 1973—1976 des CCITT erst erarbeitet oder gegenüber der im Green Book (Genf: ITU 1973) veröffentlichten und im Literaturverzeichnis zu diesem Abschnitt zitierten Fassung wesentlich überarbeitet; in manchen Fällen wurden auch ihre Bezeichnungen geändert. Diese Empfehlungen sind durch * gekennzeichnet (s. a. Anhang).

Tabelle 7.1   Liste der Schnittstellenleitungen nach CCITT-Empf. V. 24[*]
(DIN 66020, Bl. 1)

Schnittstellenleitung	CCITT-Empfehlung V. 24[*]	DIN 66020, Bl. 1[1]	Stecker-stift-Nr.[2]
Schutzerde[3]	101	E 1	1
Betriebserde	102	E 2	7
Sendedaten	103	D 1	2
Empfangsdaten	104	D 2	3
Übertragungsleitung anschalten	108.1	S 1.1	20
DE-Einrichtung betriebsbereit	108.2	S 1.2	
Sendeteil einschalten	105	S 2	4
Alle Frequenzgruppen verwenden	124	S 3	
Hohe Übertragungsgeschwindigkeit einschalten	111	S 4	23
Hohe Sendefrequenzlage einschalten	126	S 5	11
Niedrige Empfangsfrequenzlage einschalten	127	S 6	
Empfangsdaten abrufen[4]	133	S 7	
Ersatzbetrieb einschalten[4]	116	S 8	
Bestätigungston senden	130	S 9	
Datenbetrieb ablösen[4]	132	S 10	
Empfangsteil einschalten	129	S 11	
Betriebsbereitschaft	107	M 1	6
Sendebereitschaft	106	M 2	5
Ankommender Ruf	125	M 3	22
Hohe Übertragungsgeschwindigkeit[4]	112	M 4	
Empfangssignalpegel	109	M 5	8
Empfangsgüte	110	M 6	
Empfangsdaten-Kennzeichnung[4]	134	M 7	
Ersatzbetrieb[4]	117	M 8	
Test indicator	142		25
Hilfskanal { Sendedaten	118	HD 1	14
Hilfskanal { Empfangsdaten	119	HD 2	16
Hilfskanal { Sendeteil einschalten	120	HS 2	19
Hilfskanal { Sendebereitschaft	121	HM 2	13
Hilfskanal { Empfangssignalpegel	122	HM 5	12
Hilfskanal { Empfangsgüte	123	HM 6	
Sendeschrittakt zur DÜ-Einrichtung	113	T 1	24
Sendeschrittakt von der DÜ-Einrichtung	114	T 2	15
Empfangsschrittakt zur DÜ-Einrichtung	128	T 3	
Empfangsschrittakt von der DÜ-Einrichtung	115	T 4	17
Empfangsseitige Abtastmarkierung	131	T 5	
Gesendete Sprachantwort	191	A 1	
Empfangene Sprachantwort	192	A 2	

Tabelle 7.1 (Fortsetzung) Zusätzliche Schnittstellenleitungen bei automatischer Wahl über besonderen Stecker:

Schnittstellenleitung	Bezeichnung nach		Stecker-stift-Nr. [2]
	CCITT-Empfehlung V. 24*	DIN 66020, Bl. 1[1]	
Schutzerde[3]	212	E 21	1
Betriebserde	201	E 22	7
Wählbit 1	206	W 21	14
Wählbit 2	207	W 22	15
Wählbit 3	208	W 23	16
Wählbit 4	209	W 24	17
Übertragungsleitung belegen	202	S 21	4
Wählzeichen übernehmen	211	S 22	2
Übertragungsleitung belegt	203	M 21	22
Wählzeichen-Übernahmebereitschaft	210	M 22	5
Wahl erfolglos	205	M 23	3
Gerufene Station angeschaltet	204	M 24	13
Funktionsbereitschaft	213	M 25	6

[1] Erläuterung: E: Erdleitungen, D: Datenleitungen, S: Steuerleitungen (Richtung der Signalübergabe: DEE → DÜE), M: Meldeleitungen (Richtung der Signalübergabe: DÜE → DEE), T: Taktleitungen, W: Leitungen bei automatischer Wahl zur Übergabe der Wählziffern, H als erster Buchstabe: Schnittstellenleitungen des Hilfskanals, A: Leitungen für Sprachantwort.

[2] Gilt nur für Modems für serielle Datenübertragung für das Sprachband. In dem überarbeiteten ISO-Standard 2110 [7.18] ist nunmehr auch die Steckerstiftbelegung der Modems für parallele Datenübertragung enthalten.

[3] Wird bei künftigen Anwendungen nicht mehr verwendet.

[4] Wird bei Modems und auch bei Datenfernschalt- und Anschlußgeräten nicht verwendet und daher im folgenden nicht weiter erläutert.

ob sie auf Fernsprechwählverbindungen (s. Abschn. 7.2) oder auf festgeschalteten Verbindungen (s. Abschn. 7.3) eingesetzt wird. Für die Modems für serielle Datenübertragung, für die bereits CCITT-Empfehlungen existieren — CCITT-Empf. V. 21, V. 23, V. 26, V. 26 bis, V. 27 und V. 35 [7.3 bis 7.8] — und für Modems, für die in der laufenden Studienperiode 1973—1976 Empfehlungen erarbeitet wurden — CCITT-Empf. V. 27 bis*, V. 27 ter*, V. 29* und V. 36* (s. Abschn. 7.2 und 7.3) — ist die Auswahlliste Bestandteil der jeweiligen Empfehlung; soweit das nicht der Fall ist (Modems für Niederfrequenz- und Pupinkabel, Abschn. 7.3.1), wird entsprechend darauf eingegangen.

Eine Besonderheit stellt die Parallelübertragung dar (CCITT-Empf. V. 20* [7.9] — früher V. 30 — und V. 19*; s. Abschn. 7.2.2). Da die

---

* Siehe Fußnote auf S. 5.

Schnittstellen zwischen DÜE und DEE bei Parallelübertragung funktionell mit der bei serieller Übertragung im wesentlichen übereinstimmen — nur die Anzahl der Datenleitungen ist größer —, wird hier nicht gesondert darauf eingegangen.

Festgeschaltete Fernsprechverbindungen erlauben die dauernde Übertragung von Daten zwischen Teilnehmern. Die Datenübertragung kann unterbrochen werden, wenn Zusatzeinrichtungen für alternativen Sprechverkehr vorhanden sind. Die Schnittstelle der DÜE entspricht dann derjenigen der DÜE bei manueller Wahl im Fernsprechwählnetz (s. Abschn. 7.3).

Bei Wählverbindungen ist zusätzlich die manuelle Wahl zu betrachten sowie die Prozedur für den automatischen Verbindungsaufbau, die über eigene Schnittstellenleitungen erfolgt und die in der CCITT-Empf. V. 25* [7.10] festgelegt ist.

7.1.1.1 Aufbau der Fernsprechverbindung

Der Aufbau einer Verbindung beginnt mit der Wahl des gewünschten Teilnehmers. Die Wahl kann, wie bereits ausgeführt, z. B. über die Wählscheibe mit dem Nummernschalter des Fernsprechers oder automatisch von der DEE aus mit einer *Automatischen Wähleinrichtung für Datenverbindungen* (AWD) (Abschn. 7.2.3), die in CCITT-Empf. V. 24* als Bestandteil der DÜE definiert ist, durchgeführt werden. Bild 7.1 zeigt den Funktionsablauf an der Schnittstelle zwischen DEE und AWD. Die DEE leitet den Wählvorgang ein, indem sie die Schnittstellenleitung 202 in den EIN-Zustand bringt und die AWD an die Übertragungsleitung schaltet. Die AWD belegt die Übertragungsleitung und übernimmt damit die Verantwortung für den Aufbau der Fernsprechverbindung, indem sie die Schnittstellenleitung 203 in den EIN-Zustand bringt. Nach Erkennen des Wahlaufforderungssignals (*Wählton*) der Fernsprechvermittlungsstelle (Schnittstellenleitung 210 im EIN-Zustand) übernimmt die AWD auf den Schnittstellenleitungen 206 bis 209 die als Binärkombination angebotene erste Wählziffer zur Aussendung auf der Übertragungsleitung. Auch jede weitere Wählziffer wird von der AWD mit dem EIN-Zustand auf der Schnittstellenleitung 210 angefordert und übernommen, sobald sie von der DEE mit dem EIN-Zustand auf der Schnittstellenleitung 211 freigegeben wird. Die Übernahme jeder Wählziffer bestätigt die AWD mit dem AUS-Zustand auf Schnittstellenleitung 210. Das Ende der Rufnummer wird von der DEE mit einer speziellen Binärkombination (EON, End of Number) angezeigt, die von der AWD übernommen wird,

---

* Siehe Fußnote auf S. 5.

sobald die Schnittstellenleitung 211 von der DEE in den EIN-Zustand
gebracht wird. Auch deren Übernahme bestätigt die AWD mit dem
AUS-Zustand auf der Schnittstellenleitung 210. Die DEE schaltet
daraufhin die Schnittstellenleitung 211 in den AUS-Zustand und muß
nun die Schnittstellenleitung 108.2 in den EIN-Zustand bringen, wenn
das nicht schon früher geschehen ist. Die AWD sendet daraufhin einen
unterbrochenen *Rufton* auf die Übertragungsleitung.

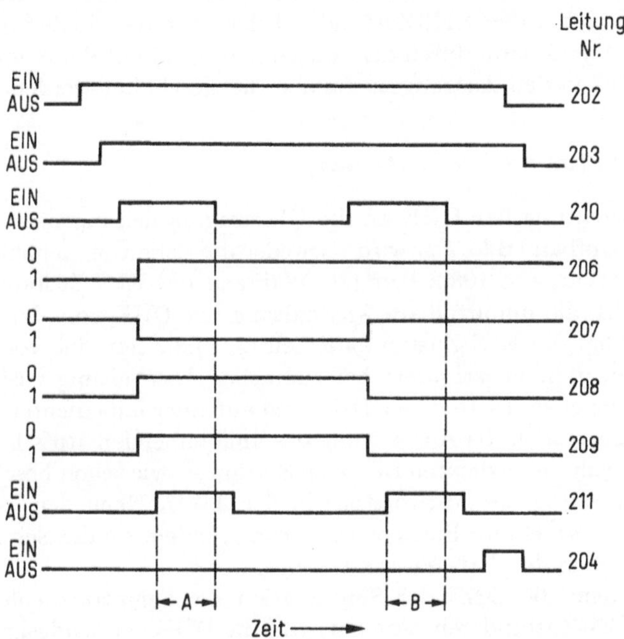

Bild 7.1   Funktionsablauf an der Schnittstelle zwischen DÜE und DEE bei automatischer Wahl (Signale auf den Leitungen 205 und 213 nicht eingezeichnet). Bereich A: Übernahme einer Wählziffer, Bereich B: Übernahme des Zeichens EON (End of Number).

Die DÜE der *gerufenen* Station wird entweder automatisch nach Auswertung des ankommenden Ruftons oder manuell an die Übertragungsleitung geschaltet und bestätigt die Anschaltung durch Aussendung eines *Antworttons* auf die Übertragungsleitung. Der ausgewertete Rufton wird der DEE in beiden Fällen auf der Schnittstellenleitung 125 übergeben.

In der *rufenden* Station schaltet die AWD, sobald sie den Antwortton erkannt hat, spätestens jedoch am Ende des Antworttons die Übertragungsleitung auf den Modem um. Der Modem zeigt der DEE die Anschaltung mit dem EIN-Zustand auf der Schnittstellenleitung 107 an.

Von diesem Zeitpunkt an ist der Modem allein für das weitere Bestehen der Verbindung verantwortlich. Die AWD bringt die Schnittstellenleitung 204 in den EIN-Zustand und bestätigt den erfolgreichen Verbindungsaufbau. Die DEE kann nun mit dem AUS-Zustand auf der Schnittstellenleitung 202 die AWD in den Ausgangszustand zurückschalten.

Wenn die AWD in der rufenden Station innerhalb von 10 bis 40 s keinen Antwortton erhält — die gewählte, unbediente Datenstation ist z. B. nicht betriebsbereit oder der Anschluß ist belegt —, zeigt sie das der DEE durch den EIN-Zustand auf der Schnittstellenleitung 205 an. Die AWD muß dann durch den Ausgangszustand auf der Schnittstellenleitung 202 in den Ausgangszustand zurückgeschaltet werden.

7.1.1.2 Aufbau der Datenverbindung

Zur Anschaltung der DÜE an die Übertragungsleitung nach dem Verbindungsaufbau (Bild 7.2) wird entweder die Schnittstellenleitung 108.1 oder ihre Variante 108.2 benutzt. Während der EIN-Zustand auf Leitung 108.1 die unmittelbare Anschaltung der DÜE von der DEE aus bewirkt, hat der EIN-Zustand auf Leitung 108.2 nur eine vorbereitende Funktion, d. h. er erfordert bei manueller Anschaltung zusätzlich die Betätigung einer Taste in der DÜE und auf einer unbedienten gerufenen Station zusätzlich die Auswertung des ankommenden Rufs in der DÜE oder auf einer unbedienten rufenden Station — wie schon beschrieben — die Auswertung des Antworttons in der AWD. Nach dem Anschalten meldet die DÜE ihre Betriebsbereitschaft, indem sie die Schnittstellenleitung 107 in den EIN-Zustand bringt.

Nachdem die DEE der Sendestation die Schnittstellenleitung 105 in den EIN-Zustand gebracht hat, gibt die DÜE ein Sendesignal auf die Übertragungsleitung. Mit der Übergabe von Sendedaten auf der Schnittstellenleitung 103 kann die DEE jedoch erst dann beginnen, wenn die DÜE die Datenverbindung freigibt, indem sie die Schnittstellenleitung 106 in den EIN-Zustand bringt. Die Zeitspanne t_v vor der Freigabe der Datenverbindung ist zum zuverlässigen Erkennen des Empfangssignals im Empfänger der fernen Station erforderlich; bei Synchronbetrieb stellt diese Station während dieser Zeitspanne auch den Schrittsynchronismus her. Bei Datenübertragungseinrichtungen mit adaptivem Entzerrer werden in der Zeitspanne t_v besondere Startsignale gesendet, um den adaptiven Entzerrer einstellen zu können (s. Abschn. 7.2.1.4 und 7.3.2).

Das Empfangssignal wird von der DÜE der Empfangsstation auf der Schnittstellenleitung 109 nach einer bestimmten Ansprechzeit t_{an} gemeldet. Diese Zeit muß ausreichen, das ankommende Signal von Störimpulsen zuverlässig zu unterscheiden, bei Synchronbetrieb den Schrittsynchronismus herzustellen und bei Datenübertragungseinrichtungen mit adaptivem Entzerrer diesen einzustellen. Während des AUS-Zustandes der Schnittstellenleitung 109 kann die DÜE die Empfangsdatenleitung

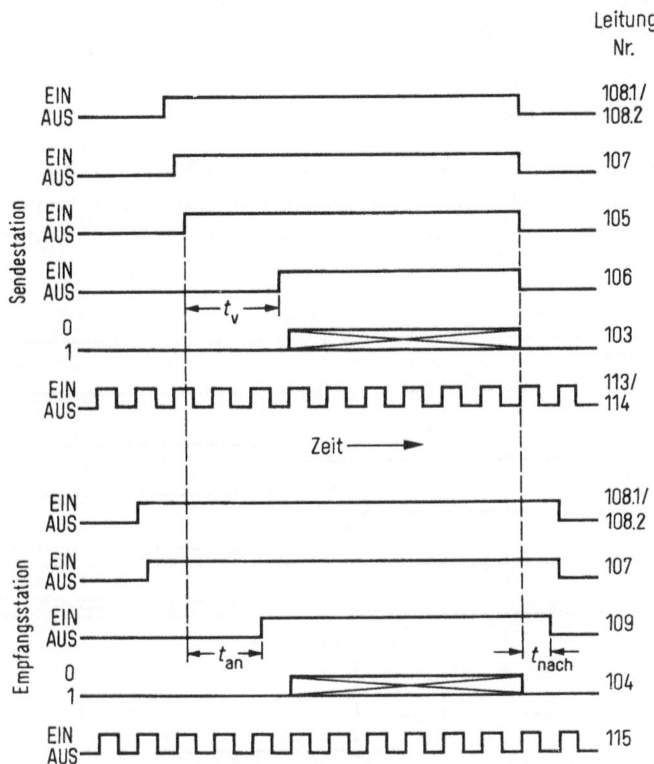

Bild 7.2 Funktionsablauf an der Schnittstelle zwischen DÜE und DEE zum Einsatz auf Fernsprechverbindungen. (Die Signallaufzeit zwischen Sende- und Empfangsstation wurde zu Null angenommen.)

t_{an} Ansprechzeit der Leitung 109, t_{nach} Nachwirkzeit der Leitung 109, t_v Verzögerungszeit zwischen dem EIN-Zustand auf Leitung 105 und dem auf Leitung 106.

104 im 1-Zustand festhalten, um zu verhindern, daß Störimpulse bei fehlendem Empfangspegel unechte Zustandswechsel auf der Schnittstellenleitung 104 erzeugen. Mit dem Beginn des EIN-Zustandes der Leitungen 106 bzw. 109 ist der Aufbau der Datenverbindung beendet.

7.1.1.3 Synchronbetrieb

Bei Synchronbetrieb geschieht die Übergabe der Daten an der Schnittstelle im Rhythmus von Taktsignalen. Der Takt für die Sendedaten wird

auf den Schnittstellenleitungen 113 oder 114 geführt, je nachdem, ob
er in der DEE oder in der DÜE erzeugt wird. Für den in der DÜE der
Empfangsstation synchronisierten Empfangstakt ist die Schnittstellenleitung 115 vorgesehen. Auf den Taktleitungen markiert jeder Übergang
vom EIN- in den AUS-Zustand den Übergabezeitpunkt.

7.1.1.4 Duplexbetrieb

Bei Duplexbetrieb sendet und empfängt jede DÜE gleichzeitig. Es ist
daher möglich, die Datenverbindung für die Aussendung von Daten erst
dann freizugeben, wenn das Sendesignal der fernen DÜE empfangen und

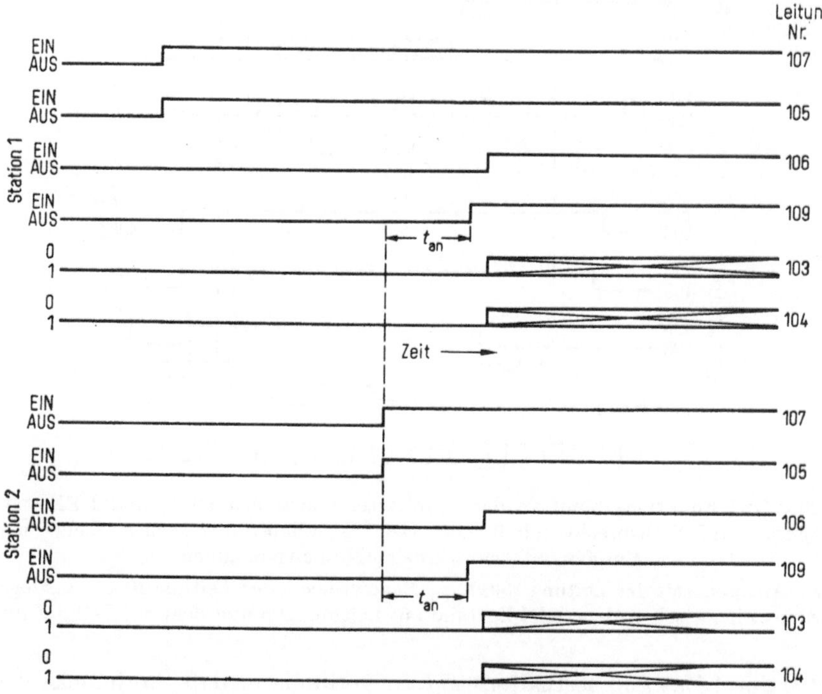

Bild 7.3   Funktionsablauf an der Schnittstelle zwischen DÜE und DEE bei Duplexbetrieb und Beginn der Datenübertragung.
t_{an} Ansprechzeit der Leitung 109.

damit deren Anschaltung bestätigt worden ist (Bild 7.3). Der EIN-
Zustand der Schnittstellenleitung 106 hat in diesem Fall den EIN-
Zustand der Schnittstellenleitung 109 zur Voraussetzung.

7.1.1.5 Halbduplexbetrieb

Bei Halbduplexbetrieb arbeiten die DÜE abwechselnd als Sender und Empfänger (Bild 7.4). Der Wechsel der Übertragungsrichtung wird von derjenigen DEE eingeleitet, die das Ende einer empfangenen Nachricht erkannt hat. Das Ende einer empfangenen Nachricht kann von der DEE aus einer entsprechenden Bitfolge der Empfangsdaten erkannt werden (die

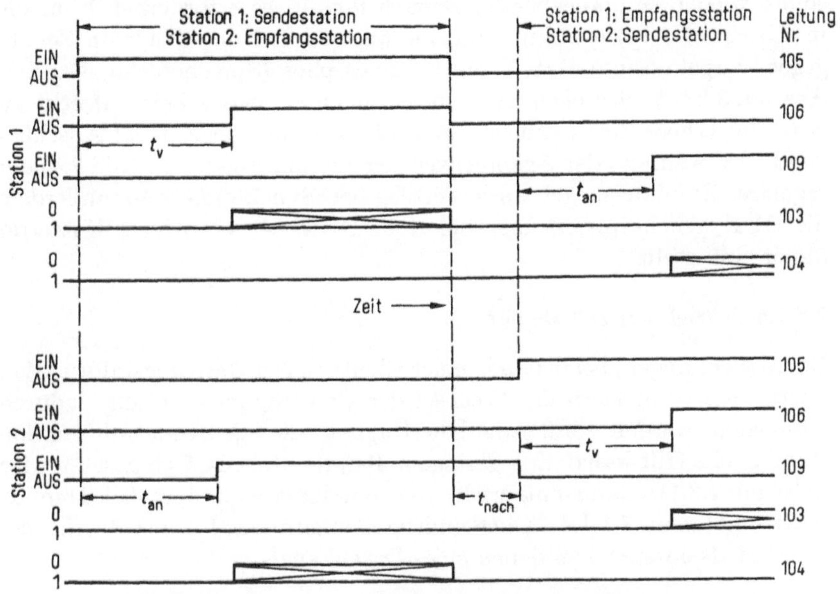

Bild 7.4 Funktionsablauf an der Schnittstelle zwischen DÜE und DEE bei Halbduplexbetrieb und Wechsel der Übertragungsrichtung.

t_{an} Ansprechzeit der Leitung 109, t_{nach} Nachwirkzeit der Leitung 109,
t_v Verzögerungszeit zwischen dem EIN-Zustand auf Leitung 105 und 106.

sendende DEE bringt danach Leitung 105 in den AUS-Zustand, die DÜE schaltet den Sender aus) oder aus einem Abfall des Empfangspegels unter den für die DÜE festgelegten Minimalwert. In beiden Fällen muß die empfangende DEE auf den AUS-Zustand der Schnittstellenleitung 109 warten. Der Ausfall des Empfangspegels wird in der empfangenden DÜE über die Schnittstellenleitung 109 erst nach einer gewissen Zeit (t_{nach} in Bild 7.4) gemeldet, um kurze Unterbrechungen, wie sie auf dem Übertragungsweg vorkommen können, zu überbrücken. Erst wenn die Schnittstellenleitung 109 den AUS-Zustand anzeigt, leitet die DEE der vorher empfangenden Station den Sendebetrieb ein, indem sie die Leitung 105 in den EIN-Zustand bringt. Die Aussendung von Daten beginnt, nachdem

die DÜE die Verbindung mit dem EIN-Zustand der Leitung 106 freigegeben hat. Solange die Leitung 105 im EIN-Zustand ist, kann die
Empfangsdatenleitung 104 in der sendenden Station zum Schutz vor
unechten Zustandswechseln (vgl. Abschn. 7.1.1.2) im 1-Zustand gehalten
werden.

Am Ende der zu sendenden Nachricht bringt die DEE die Leitung 105
in den AUS-Zustand. Die DÜE sperrt die Sendung weiterer Daten mit
dem AUS-Zustand der Leitung 106. Die bisher sendende DÜE ist nicht
sofort wieder empfangsbereit: Zunächst kann es erforderlich sein, die
in Abschn. 7.1.1.2 erwähnte Blockierung der Leitung 104 zum Schutz
gegen vorgetäuschte Daten aus Leitungsechos (Sprecherecho, Band I,
Abschn. 3.2.2.5) des eigenen Senders für eine gewisse Zeit aufrecht zu
erhalten. (Diese Zeitspanne ist in Bild 7.4 nicht dargestellt.) Anschließend wird während der Ansprechzeit der Leitung 109 (t_{an} in Bild 7.4) der
reguläre Empfangspegel ausgewertet, bei Synchronbetrieb außerdem
die DÜE synchronisiert und bei einer DÜE mit adaptivem Entzerrer
dieser eingestellt.

7.1.1.6 Betrieb mit Hilfskanal

Bei Anwendungen, bei denen in einer Richtung nur Quittungsinformation
übertragen wird, kann der Wechsel der Übertragungsrichtung dadurch
vermieden werden, daß zur Übertragung der Quittungsinformation
ständig ein Hilfskanal mit geringem Bandbreitebedarf eingesetzt wird
(Abschn. 7.2.1); dann entspricht der Betriebsablauf dem bei Duplexbetrieb (Abschn. 7.1.1.4). Die Schnittstellenleitungen für den Betrieb des
Hilfskanals entsprechen denen eines Datenkanals.

7.1.1.7 Verbindungsabbau

Der Abbau einer Verbindung wird von der DEE eingeleitet, indem sie
die Schnittstellenleitung 108.1 bzw. 108.2 in den AUS-Zustand bringt.
Die DÜE wird dadurch von der Übertragungsleitung abgeschaltet und
sperrt weiteren Datenbetrieb, indem sie die Schnittstellenleitungen 106,
107 und 109 in den AUS-Zustand bringt.

7.1.2 Teilnehmerschnittstelle der Datenübertragungseinrichtungen zum Einsatz auf Telexverbindungen

Für die Datenübertragung auf Telexverbindungen sind ebenso wie für
die Anwendungen auf Fernsprechverbindungen die Schnittstellenleitungen der CCITT-Empf. V. 24* [7.1] vorgesehen, um den Einsatz der gleichen

---

* Siehe Fußnote auf S. 5.

Datenendeinrichtungen wie auf Fernsprechverbindungen zu ermöglichen. Anders als im Fernsprechnetz hat die Datenübertragungseinrichtung hier die Aufgabe, als *Fernschaltgerät* (Abschn. 8.2.1.2) die Prozedur der Teilnehmersignalisierung bei Verbindungsauf- und -abbau in den Funktionsablauf an der Schnittstelle zur DEE umzusetzen. Festlegungen für diese Schnittstelle enthält die CCITT-Empf. S. 16* [7.11] (früher V. 11). Im folgenden werden die Vorgänge an der Schnittstelle in Datenstationen mit automatischer und mit manueller Wahl beschrieben. Die Signalisierung im Telexnetz wird nur soweit berührt, wie es zum Verständnis des Funktionsablaufs an der Schnittstelle erforderlich ist (vgl. auch Abschn. 8.2.1.1 und 8.2.1.2).

Die *automatische Wahl* leitet die DEE wie im Fernsprechnetz ein, indem sie die Schnittstellenleitungen 202 und 108.2 in den EIN-Zustand bringt. Die DÜE bringt daraufhin die Leitung 203 in den EIN-Zustand und fordert, nachdem sie das Wahlaufforderungssignal der Telexvermittlungsstelle erkannt hat, die erste Ziffer der Rufnummer an, indem sie die Leitung 210 in den EIN-Zustand bringt. Wie bei der automatischen Wahl im Fernsprechnetz (vgl. Abschn. 7.1.1.1) werden die Wählziffern auf den Leitungen 206 bis 209 übergeben.

Die DÜE der *gerufenen* Station sendet eine Rufbestätigung zur Telexvermittlungsstelle und meldet der DEE den ankommenden Ruf, indem sie die Leitung 125 in den EIN-Zustand bringt. Die DEE antwortet mit dem EIN-Zustand der Leitung 108.2. Gemäß CCITT-Empf. S. 16* (früher V. 11) sendet dann die DÜE der gerufenen Station auf Anforderung ihre Stationskennung und gibt anschließend die Verbindung mit dem EIN-Zustand der Leitungen 107, 109 und 106 frei. Es gibt Anwendungen, bei denen die Verbindung bereits nach Aussendung der Rufbestätigung freigegeben wird.

Die DÜE der *rufenden* Station gibt nach Erkennen der Rufbestätigung die Verbindung ebenfalls frei, indem sie die Leitungen 107, 109 und 106 in den EIN-Zustand bringt.

Zur Durchführung einer *manuellen Wahl* ist der Datenstation eine Fernschreibmaschine zugeordnet. Nach erfolgter Wahl sendet der gerufene Teilnehmer seine Kennung. Der rufende Teilnehmer antwortet mit viermaliger Aussendung der Kombination Nr. 19 des CCITT-Alphabets Nr. 2 (Band I, Abschn. 2.4.3.2) [7.11] und schaltet von der Fernschreibmaschine auf die DEE um. Die DÜE gibt dann der rufenden Station die Verbindung frei, indem sie die Leitungen 107, 109 und 106 in den EIN-Zustand bringt. In gleicher Weise wird von der gerufenen Station nach dem Erkennen der Vierfachfolge der Kombination Nr. 19 zur DEE umgeschaltet und die Verbindung freigegeben.

---

* Siehe Fußnote auf S. 5.

Der *Abbau der Verbindung* wird durch die DEE eingeleitet, die die Leitung 108.2 in den AUS-Zustand bringt. Die DÜE sperrt weiteren Datenbetrieb durch den AUS-Zustand auf den Leitungen 106, 107 und 109, sendet das Auslösesignal auf die Übertragungsleitung und stellt den Ruhezustand her. Die DÜE der Gegenstation sperrt nach Erkennen des Auslösesignals in gleicher Weise den Datenbetrieb und sendet eine Auslösebestätigung.

7.1.3 Teilnehmerschnittstelle der Datenübertragungseinrichtungen für Datennetze

Für Datenvermittlungsnetze sind zwei Arten von Datenübertragungseinrichtungen beim Teilnehmer vorgesehen: Einrichtungen, die außer den Baugruppen für die übertragungstechnische Anpassung der Datenendeinrichtung an das Datennetz auch Baugruppen für die Steuerung der Vorgänge beim Verbindungsauf- und -abbau enthalten und Einrichtungen, die nur die übertragungstechnische Anpassung vornehmen; der Verbindungsauf- und -abbau wird in diesem Fall von der Datenendeinrichtung gesteuert.

Die Datenübertragungseinrichtungen der ersten Art, die *Datenfernschaltgeräte* (Abschn. 8.2.1), besitzen Schnittstellen, die denen der Datenübertragungseinrichtungen zum Einsatz auf Fernsprechverbindungen entsprechen. Sie sind gedacht für den Anschluß heute vorhandener Datenendeinrichtungen an Datennetze. Vorgesehen sind Schnittstellen, wie sie in den CCITT-Empf. V. 21 [7.3], V. 26 [7.5] und V. 26 bis [7.6] enthalten sind sowie — bei Wahl von der Datenendeinrichtung aus — die Schnittstelle nach CCITT-Empf. V. 25*, deren Funktionen in Abschn. 7.1.1 bereits beschrieben wurden. Diese „V-kompatiblen" Teilnehmerschnittstellen für Datennetze sind in den CCITT-Empf. X. 20 bis* und X. 21 bis* festgelegt.

Die Schnittstellen der Datenübertragungseinrichtungen der zweiten Art, der *Anschlußgeräte* (Abschn. 8.2.2), sind zugeschnitten auf die Eigenschaften der Datennetze; insbesondere enthalten sie wesentlich weniger Schnittstellenleitungen (Festlegungen hierfür in CCITT-Empf. X. 24*) als die Datenfernschaltgeräte. Auch bei den Schnittstellen der Anschlußgeräte gibt es zwei Ausführungen: eine für die Start/Stop-Klassen (Abschn. 8.2.2.1) und eine für die Synchron-Klassen (Abschn. 8.2.2.2)

In Knotennetzen werden Anschlußeinrichtungen eingesetzt, deren Schnittstellen denen der Anschlußgeräte oder denen der Datenübertragungseinrichtungen zum Einsatz auf festgeschalteten Fernsprechverbindungen entsprechen können.

---

* Siehe Fußnote auf S. 5.

7.1.3.1 Schnittstelle der Anschlußgeräte für die Start/Stop-Klassen von Datennetzen

Die Schnittstelle der Anschlußgeräte für die Start/Stop-Klassen ist festgelegt in CCITT-Empf. X. 20* [7.13]. Sie enthält die Schnittstellenleitungen *Sendedaten, Empfangsdaten* und *Betriebserde.* Steuer- und Meldeleitungen sind nicht vorgesehen. In diesem Fall müssen alle Kriterien der Teilnehmersignalisierung beim Verbindungsauf- und -abbau zwischen der Datenendeinrichtung und dem Datennetz über die Datenleitungen ausgetauscht werden.

Der Funktionsablauf beim Verbindungsauf- und -abbau ist weitgehend gleich den in Fernschreibnetzen üblichen Abläufen festgelegt worden, da in den Start/Stop-Klassen hauptsächlich Fernschreibmaschinen und fernschreibmaschinenähnliche Geräte benutzt werden.

Bild 7.5 zeigt den Funktionsablauf an der Schnittstelle. Der Ruhezustand ist gekennzeichnet durch den Dauerzustand 0 auf den Schnittstellenleitungen *Sendedaten* T und *Empfangsdaten* R.

Wenn die Datenendeinrichtung eine Verbindung wünscht, dann ruft sie ihre Vermittlungsstelle mit dem Dauerzustand 1 auf der Schnittstellenleitung *Sendedaten.* Die Bereitschaft der Vermittlungsstelle, die Wählzeichen aufzunehmen, wird der Datenendeinrichtung durch den Dauerzustand 1 auf der Schnittstellenleitung *Empfangsdaten* mitgeteilt. Die Datenendeinrichtung schickt daraufhin die Wählzeichen in Form von Start/Stop-Zeichen im CCITT-Alphabet Nr. 5 (Band I, Abschn. 2.4.3.2) [7.14] zu ihrer Vermittlungsstelle, der Ursprungsvermittlungsstelle.

Von der Ursprungsvermittlungsstelle aus wird nun die Verbindung abschnittweise von Vermittlungsstelle zu Vermittlungsstelle bis hin zur Zielvermittlungsstelle aufgebaut. Die Zielvermittlungsstelle ruft die gewünschte Datenendeinrichtung durch den Dauerzustand 1 auf der Schnittstellenleitung *Empfangsdaten.* Die gerufene Datenendeinrichtung meldet ihre Bereitschaft, den Ruf anzunehmen, durch Senden des Start/Stop-Zeichens ACK auf der Schnittstellenleitung *Sendedaten,* gefolgt vom Dauerzustand 1.

Die Zielvermittlungsstelle teilt dies der Ursprungsvermittlungsstelle mit, die dann an die rufende und die gerufene Datenendeinrichtung das Start/Stop-Zeichen ACK als Durchschalteankündigung sendet.

Falls die Verbindung nicht aufgebaut werden kann, z. B. weil keine Verbindungsleitung frei ist oder weil die gerufene Datenendeinrichtung besetzt ist, sendet die Ursprungsvermittlungsstelle anstatt der Durchschalteankündigung ein *Dienstsignal* zur rufenden Datenendeinrichtung,

---

* Siehe Fußnote auf S. 5.

das aus Start/Stop-Zeichen im CCITT-Alphabet Nr. 5 besteht und den Grund für den Abbruch des Verbindungsaufbaus angibt. Nach dem Senden des Dienstsignals löst die Ursprungsvermittlungsstelle durch

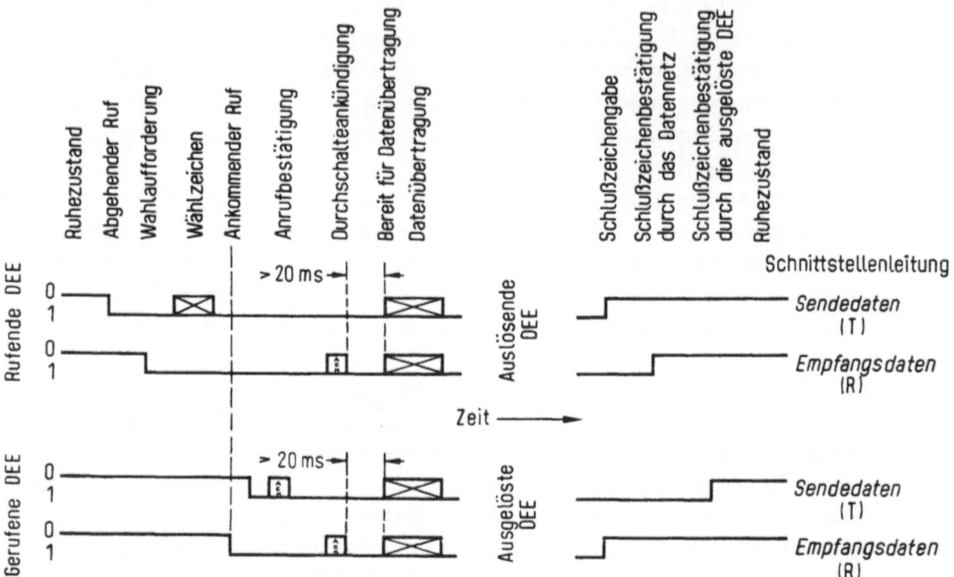

Bild 7.5   Funktionsablauf an der Schnittstelle der Anschlußgeräte für die Start/ Stop-Klassen von Datennetzen. (Die Bezeichnungen der Schnittstellenleitungen entsprechen der CCITT-Empf. X. 24*.)

Senden des Dauersignals 0 aus. Die Datenendeinrichtung beantwortet diesen Vorgang mit Senden des Dauersignals 0. (In Bild 7.5 ist das Senden des Dienstsignals nicht gezeigt.)

Bei Erhalt der Durchschalteankündigung können die rufende und die gerufene Datenendeinrichtung nach einer Schutzzeit von wenigstens 20 ms, die die Ursprungsvermittlungsstelle für den Übergang vom Verbindungsaufbauzustand in den Durchschaltezustand benötigt, mit der Datenübertragung beginnen.

Beim Auslösen bringt die auslösende Datenendeinrichtung die Schnittstellenleitung *Sendedaten* für eine Zeit von wenigstens 490 ms in den Dauerzustand 0. Die ausgelöste Datenendeinrichtung bestätigt die Auslösung auf der Schnittstellenleitung *Sendedaten* durch Übergang in den

---

* Siehe Fußnote auf S. 5.

Dauerzustand 0. Der auslösenden Datenendeinrichtung wird die Auslösung von ihrer Vermittlungsstelle durch den Dauerzustand 0 (Schlußzeichen) auf der Schnittstellenleitung *Empfangsdaten* bestätigt. Nach Ablauf einer Schutzzeit von 490 ms ist wieder der Ruhezustand erreicht, und die Datenendeinrichtung kann erneut gerufen werden.

7.1.3.2 Schnittstelle der Anschlußgeräte für die Synchron-Klassen von Datennetzen

Die Schnittstelle der Anschlußgeräte für die Synchron-Klassen von Datennetzen ist in der CCITT-Empf. X. 21* [7.15] angegeben. Diese Schnittstelle umfaßt die Leitungen *Sendedaten, Empfangsdaten, Bittakt, Betriebserde* sowie eine *Steuerleitung* und eine *Meldeleitung*.

Ähnlich wie bei der Teilnehmerschnittstelle mit Leitungen nach CCITT-Empf. V. 24* für Synchronbetrieb (Abschn. 7.1.1.3) geschieht auch bei dieser Schnittstelle die Übergabe der Daten nach Maßgabe des Taktes auf der Schnittstellenleitung *Bittakt*.

Wie bei der Start/Stop-Schnittstelle der Anschlußgeräte sind alle Zeichen, die beim Verbindungsaufbau von der Datenendeinrichtung und von der Vermittlungsstelle gesendet werden, entsprechend CCITT-Alphabet Nr. 5 (Band I, Abschn. 2.4.3.2) [7.14] codiert.

Bild 7.6 gibt den Funktionsablauf beim Verbindungsauf- und -abbau wieder. Er ist nicht identisch mit dem Funktionsablauf an der Schnittstelle der Anschlußgeräte für die Start/Stop-Klassen: Da wegen der Forderung nach bitfolgenunabhängiger Übertragung (Abschn. 9.1) nicht durch den Dauerzustand 0 auf den Datenleitungen das Auslösen der Verbindung signalisiert werden kann, ist die Bedienung einer Steuer- und einer Meldeleitung erforderlich; außerdem sind auf den Datenleitungen wegen der Forderung nach zwei Ruhezuständen — *betriebsbereit* und *nicht betriebsbereit* — für die einzelnen Ereignisse die Dauerzustände bzw. Zeichen anders festgelegt worden.

Im Ruhezustand bei betriebsbereiter Datenendeinrichtung und betriebsbereitem Datennetz besitzen die Schnittstellenleitungen *Sendedaten* T und *Empfangsdaten* R den Dauerzustand 1, die *Steuerleitung* C und die *Meldeleitung* I sind im AUS-Zustand. (Wäre die Datenendeinrichtung nicht betriebsbereit, so brächte sie die Schnittstellenleitung *Sendedaten* in den Zustand 0; wäre das Netz nicht betriebsbereit, so würde dies durch den Zustand 0 der Schnittstellenleitung *Empfangsdaten* angezeigt.)

Beim Ruf bringt die rufende Datenendeinrichtung die Schnittstellenleitung *Sendedaten* in den Zustand 0 und die *Steuerleitung* in den

---

* Siehe Fußnote auf S. 5.

EIN-Zustand. Die Wahlaufforderung besteht aus einer Folge der
Zeichen + auf der Schnittstellenleitung *Empfangsdaten*, eingeleitet durch
mindestens zwei Zeichen SYN. Die Datenendeinrichtung sendet nach

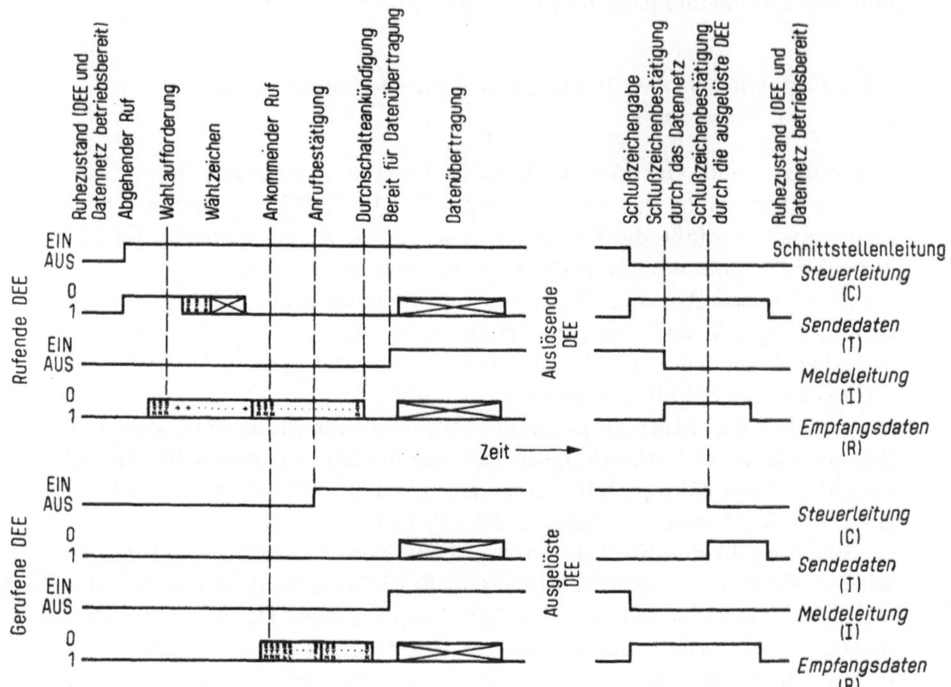

Bild 7.6 Funktionsablauf an der Schnittstelle der Anschlußgeräte für die Synchron-Klassen von Datennetzen. (Die Bezeichnungen der Schnittstellenleitungen
entsprechen der CCITT-Empf. X. 24*.)

Erhalt der Wahlaufforderung die Wählzeichen, die ebenfalls durch mindestens zwei Zeichen SYN eingeleitet werden. Der Empfang der Wählzeichen durch die Vermittlungsstelle wird der Datenendeinrichtung
durch Übergang von der Folge der Zeichen + auf eine Folge der Zeichen
SYN auf der Schnittstellenleitung *Empfangsdaten* bestätigt. Anschließend
an diese Empfangsbestätigung sendet die Vermittlungsstelle bei erfolg-
reichem Verbindungsaufbau ein *Dienstsignal* zur rufenden Datenendeinrichtung, welches aussagt, daß zur gewählten Datenendeinrichtung der
Ruf gesendet wird. Bei erfolglosem Verbindungsaufbau sendet die Ver-

---

* Siehe Fußnote auf S. 5.

mittlungsstelle ein *Dienstsignal*, das den Grund für den Abbruch des Verbindungsaufbaus angibt. Danach sendet die Vermittlungsstelle das Schlußzeichen. (Das Senden des Dienstsignals ist im Bild 7.6 nicht dargestellt.)

Der gerufenen Datenendeinrichtung wird durch das Zeichen BEL der ankommende Ruf mitgeteilt. Diesem Zeichen sind wieder mindestens zwei Zeichen SYN vorangestellt; es wird solange wiederholt, bis die gerufene Datenendeinrichtung den ankommenden Ruf durch Einschalten des EIN-Zustandes auf der *Steuerleitung* bestätigt.

Bei den Synchron-Klassen sendet die Ursprungsvermittlungsstelle kein eigenes Zeichen, das die Durchschaltung ankündigt. Die Datenendeinrichtungen erkennen die Durchschaltung daran, daß auf der Schnittstellenleitung *Empfangsdaten* die von den Vermittlungsstellen gesendeten SYN-Zeichen abgelöst werden durch den Dauerzustand 1 und daß die *Meldeleitung* in den EIN-Zustand geht. Dies ist erst dann der Fall, wenn alle Vermittlungsstellen, die im Übertragungsweg liegen, durchgeschaltet haben und der Zustand 1 der Schnittstellenleitung *Sendedaten* sowie der EIN-Zustand der *Steuerleitung* jeweils zur Gegenstelle übertragen werden.

Die Verbindung wird von der Datenendeinrichtung ausgelöst durch den Zustand 0 auf der Schnittstellenleitung *Sendedaten* verbunden mit dem AUS-Zustand auf der *Steuerleitung* (Schlußzeichengabe). Das Datennetz bestätigt die Auslösung durch 0 auf der Schnittstellenleitung *Empfangsdaten* und den AUS-Zustand auf der *Meldeleitung* und geht dann in den Ruhezustand durch Anlegen des Zustandes 1 auf der Schnittstellenleitung *Empfangsdaten*. Daraufhin geht die Datenendeinrichtung ebenfalls in den Ruhezustand und bringt die Schnittstellenleitung *Sendedaten* in den Zustand 1. Die Schnittstelle der ausgelösten Datenendeinrichtung zeigt eine entsprechende Aufeinanderfolge der Zustände.

7.1.4 Elektrische Eigenschaften der Schnittstellenleitungen

Ein Schnittstellenstromkreis besteht aus Generator und Empfänger für das Schnittstellensignal sowie zwei Leitern des Schnittstellenkabels (Bild 7.7).

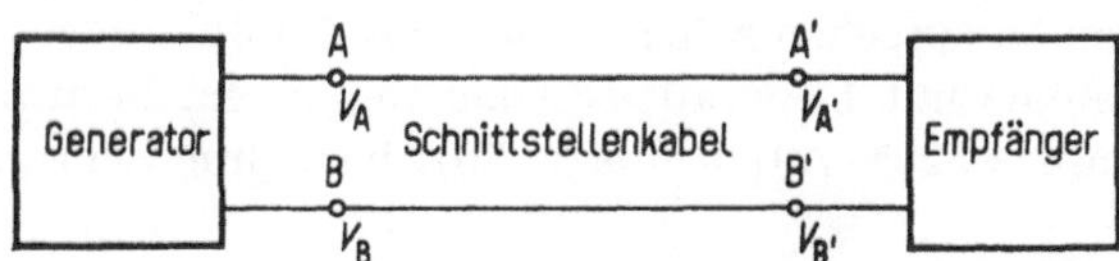

Bild 7.7   Schnittstellenstromkreis.

Tabelle 7.2   Elektrische Eigenschaften von Schnittstellenleitungen

Die Punkte A, A', B, B' und die Potentiale V_A, $V_{A'}$, V_B, $V_{B'}$ sind in Bild 7.7 definiert.

CCITT-Empfehlung	V. 28	V. 35
Geschwindigkeitsbereich	$\leqq$ 20 kbit/s	$\leqq$ 48 kbit/s
Leitungsführung	erdunsymmetrisch; Punkte B und B' geerdet	erdsymmetrisch
Signalzuordnung:	$V_A - V_B$ positiv: 1 bzw. AUS $V_A - V_B$ negativ: 0 bzw. EIN	
Generator: Leerlaufspannung $\mid V_A - V_B \mid_0$	$\leqq$ 25 V	nicht spezifiziert
Spannung bei Belastung $\mid V_A - V_B \mid$	Last $\geqq$ 3000 Ω, $\leqq$ 7000 Ω: $\geqq$ 5 V; $\leqq$ 15 V	Last 100 Ω: 0,55 V $\pm$20%
Empfänger: Ansprechschwelle $\mid V_{A'} - V_{B'} \mid$	$\leqq$ 3 V	nicht spezifiziert

Die Festlegungen der elektrischen Eigenschaften der Schnittstellenleitungen betreffen die Klemmeneigenschaften von *Generator* und *Empfänger* und die Zuordnung von Signalen und logischen Zuständen, während das Schnittstellenkabel nur durch orientierende Parameter beschrieben wird.

Zur Zeit gibt es fünf internationale Festlegungen der elektrischen Eigenschaften von Schnittstellenleitungen; die wichtigsten Kennwerte sind in Tab. 7.2 zusammengestellt.

Weitaus am meisten angewendet werden die in der CCITT-Empf. V. 28 [7.16] (entsprechende deutsche Norm: DIN 66020, Bl. 1 [7.2]) festgelegten elektrischen Eigenschaften. Sie werden für alle bisher standardisierten Anwendungen mit serieller Datenübertragung in Fernsprechnetzen verwendet. Ferner sind sie für die Schnittstellen in Datennetzen vorgesehen, die denjenigen der Datenübertragungseinrichtungen in Fernsprechnetzen entsprechen sollen (s. Abschn. 7.1.3).

Für Systeme mit bitparalleler Übertragung im Fernsprechwählnetz (CCITT-Empf. V. 20* [7.9], früher V. 30), die in ihrer Zentralstation eben-

---

* Siehe Fußnote auf S. 5.

V. 10*, X. 26*	V. 11*, X. 27*	V. 31
$\leq$ 100 kbit/s	$\leq$ 10Mbit/s	$\leq$ 75 bit/s
erdunsymmetrisch; nur Punkt B geerdet	erdsymmetrisch	erdunsymmetrisch; Punkt B' kann geerdet werden
$V_A - V_B$ positiv: 1 bzw. AUS $V_A - V_B$ negativ: 0 bzw. EIN		Kontakt (im Generator) 1 bzw. EIN: geschlossen, 0 bzw. AUS: geöffnet
$\geq$ 4,0 V, $\leq$ 6,0 V	$\leq$ 6,0 V	–
Last 450 Ω: $\geq$ 0,9 $(|V_A - V_B|_0)$; Last 50 Ω: $\geq$ 0,5 $(|V_A - V_B|_0)^1$	Last 100 Ω: $\geq$ 2,0 V, $\geq$ 0,5 $(|V_A - V_B|_0)$	
$\leq$ 0,3 V	$\leq$ 0,3 V	In V. 31 ist der Signalstrom spezifiziert[2]

* Siehe Fußnote auf S. 5.
[1] Bei Anwendung eines Koaxialkabels.
[2] Signalstrom bei geschlossenem Kontakt:
   Empfänger in der DÜE: 0,1 mA $\leq I \leq$ 15 mA.
   Empfänger in der DEE: 10 mA $\leq I \leq$ 50 mA.

falls eine Schnittstelle mit den elektrischen Eigenschaften nach CCITT-Empf. V. 28 benutzen, wurde zur Anwendung in den Außenstationen eine eigene *Kontaktschnittstelle* (CCITT-Empf. V. 31 [7.17]) eingeführt. Der Generator ist hier als mechanischer Kontakt verwirklicht, die Spannungsquelle befindet sich im Empfänger. Die Festlegungen der elektrischen Eigenschaften dieser Schnittstelle sehen einen besonders kleinen Schnittstellenstrom für den Fall vor, wenn sich der Empfänger in der Datenübertragungseinrichtung befindet. Damit wird die Anwendung von Datenübertragungseinrichtungen ermöglicht, welche ihre Energie der Amtsbatterie des Fernsprechwählnetzes entnehmen (vgl. Abschn. 7.2.2.1).

Speziell für die in der CCITT-Empf. V. 35 [7.8] festgelegte Übertragungseinrichtung bis zu 48 kbit/s auf Primärgruppenverbindungen wurde in derselben CCITT-Empfehlung eine Schnittstelle definiert, deren Stromkreise zum Schutz gegen Störsignale erdsymmetrisch geführt sind.

Besonders auf die Realisierung mit integrierten Schaltkreisen zugeschnitten sind die elektrischen Parameter der CCITT-Empfehlungen V. 10* und V. 11* (identisch mit X. 26* und X. 27*) für eine erdunsymmetrische und eine erdsymmetrische Schnittstelle. Die wichtigsten Parameter in den CCITT-Empfehlungen V. 10* bzw. X. 26* wurden so gewählt, daß ihre Toleranzbereiche teilweise mit denen der CCITT-Empf. V. 28 übereinstimmen, so daß Generatoren und Empfänger beider Schnittstellen kompatibel sein können. Die elektrischen Parameter nach den CCITT-Empfehlungen V. 10* und V. 11* bzw. X. 26* und X. 27* sind zunächst für die Anwendung bei den Datennetzschnittstellen (vgl. Abschn. 7.1.3) und für die Datenübertragungseinrichtung für Primärgruppenverbindungen nach CCITT-Empf. V. 36* (vgl. Abschn. 7.3.3) vorgesehen.

In jüngster Zeit (Mai 1977) hat nunmehr CCITT als Alternative zu der Standardschnittstelle für Modems für serielle Datenübertragung in Sprachkanälen mit den elektrischen Eigenschaften nach CCITT-Empf. V. 10* und V. 11* für alle diese Modems zugelassen. Zusätzlich erklärte CCITT die Absicht, eine rein erdsymmetrische Schnittstelle (nach V. 11*) mit minimaler Anzahl von Schnittstellenleitungen zu entwickeln, die später an die Stelle der bisherigen Standardschnittstelle treten wird.

Die Festlegung der Schnittstellen umfaßt auch die Festlegung des Steckers, einschließlich der konstuktiven Details, für den Anschluß des Schnittstellenkabels. Für Geräte mit Schnittstellen nach CCITT-Empf. S. 16* früher (V. 11) sowie für alle Modems für Sprachkanäle wurde in dem ISO-Standard ISO 2110 /7.18/ ein 25poliger Stecker einschließlich Stiftbelegung spezifiziert. InTab. 7.1 ist — soweit international vereinbart — bei den Schnittstellenleitungen die Steckerstift-Nummer angegeben. Für Anwendungen der als Alternative vorgesehenen Schnittstelle nach V. 10* und V. 11* wird gegenwärtig bei ISO die Festlegung der Steckerstiftbelegung für einen 37poligen Stecker vorbereitet. Für den Modem bis 72 kbit/s für Primärgruppenverbindungen nach CCITT-Empf. V. 36* ist dieser 37polige Stecker bereits vorgesehen. Für den Modem für Primärgruppenverbindungen nach CCITT-Empf. V. 35 wird ein 34poliger Stecker nach MIL C-2285-7C verwendet.

Für dieDatennetzschnittstellen (vgl. Abschn. 7.1.3) wird bei ISO ein 15poliger Stecker standardisiert.

---

* Siehe Fußnote auf S. 5.

7.2 Datenübertragungseinrichtungen zum Einsatz in Fernsprechwählnetzen

Das Fernsprechwählnetz gestattet, zwischen praktisch beliebigen Orten der Erde Sprache und — mit besonderen Übertragungseinrichtungen, die nach Aufbau der Verbindung anstelle der Fernsprecher an den Übertragungsweg geschaltet werden — Daten zu übertragen. Wesentliche Aufgabe der Datenübertragungseinrichtungen — der *Modems* (*Modulator-Demodulator*) — ist es, die von den Datenendeinrichtungen abgegebenen binären Datensignale in bandbegrenzte Signale umzuwandeln und dann durch Modulation in den für die Datenübertragung benutzbaren Teil des Sprachfrequenzbereiches (Band I, Abschn. 3.2.1) umzusetzen und umgekehrt (vgl. Band I, Abschn. 4). Da die in verschiedenen nationalen Wählnetzen eingesetzten Modems auch über internationale Wählverbindungen zusammenarbeiten sollen, müssen ihre wesentlichen Eigenschaften auch international — durch Empfehlungen des CCITT — vereinbart sein.

Die Übertragung der Daten erfolgt bei den meisten Modems *seriell*, d. h. die Bits eines Zeichens werden zeitlich nacheinander übertragen. International festgelegt sind hierfür Modems zur Übertragung von 200 bit/s, 1 200/600 bit/s, 2 400/1 200 bit/s und 4 800/2 400 bit/s. Daneben gibt es die Möglichkeit, mehrere Bits, vorzugsweise alle Bits eines Zeichens, *parallel*, d. h. gleichzeitig zu übertragen. Tab. 7.3 zeigt einen Überblick über die auf Fernsprechwählverbindungen eingesetzten Modems.

Neben der Datenübertragung müssen es für das Wählnetz vorgesehene Modems ermöglichen, eine gewünschte Verbindung auch automatisch auf- und abzubauen (s. auch Abschn. 7.1). Nach dem Verbindungsaufbau zwischen den Fernsprechern oder, bei automatischer Wahl, zwischen der

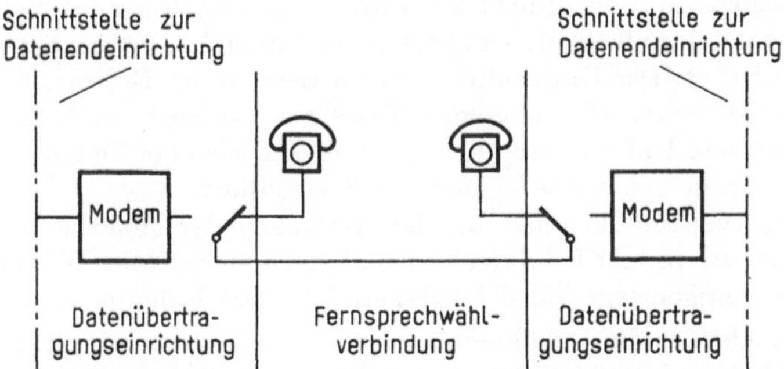

Bild 7.8   Umschaltung von den Fernsprechern auf die Modems bei manueller Wahl. Gezeigt ist der Ruhezustand, in dem die Fernsprecher angeschaltet sind.

Tabelle 7.3   Modems zum Einsatz auf Fernsprechwählverbindungen

	Geschwindigkeit; ggf. Zeichenvorrat	CCITT-Empf.	Betriebsweise
Modems für serielle Übertragung	200 bit/s	V. 21	duplex, code- und geschwindigkeitstransparent
	1200/600 bit/s	V. 23	halbduplex, code- und geschwindigkeitstransparent (mit Taktgeber — wahlweise — auch geschwindigkeitsgebunden)
	2400/1200 bit/s	V. 26 bis	halbduplex, codetransparent, geschwindigkeitsgebunden
	4800/2400 bit/s	V. 27 ter*	halbduplex, codetransparent, geschwindigkeitsgebunden
Modems für parallele Übertragung	je nach System: bis 40 Zeichen/s; 15 bis 256 Zeichen	V. 20 (früher V. 30*)	einseitig gerichtet von der Außenstation zur Zentralstation, codegebunden $(2 \times 1$ aus 4 oder 3×1 aus 4), geschwindigkeitstransparent
	10 Zeichen/s; 16 Zeichen	V. 19*	einseitig gerichtete Übertragung vom Tastwahlfernsprecher zur Zentralstation, codegebunden $(2 \times 1$ aus 4), geschwindigkeitstransparent

* Siehe Fußnote auf S. 5.

automatischen Wähleinrichtung (Abschn. 7.2.3) und einem Fernsprecher, wird auf den jeweiligen Modem umgeschaltet (Bild 7.8). Wenn die gerufene Station bedient ist, wird die Umschaltung manuell durchgeführt; ist sie unbedient, wird nach Auswertung des Ruftons automatisch umgeschaltet. Der Umschalter wird im Bereich der Deutschen Bundespost (DBP) durch eine besondere Taste am Fernsprecher betätigt. Der ausgewertete Rufton wird dabei in beiden Fällen der Datenendeinrichtung über die Schnittstellenleitung 125 zugeführt.

Selbstverständlich sind bei der Auslegung der Modems alle Eigenschaften des primär für Sprechverbindungen ausgelegten Wählnetzes zu berücksichtigen (vgl. Band I, Abschn. 3.2). Das bedeutet u. a.:

— Impulse für die Gebührenzählung — üblicherweise eine Tastung von 16-kHz- oder 12-kHz-Tönen — dürfen die Datenübertragung nicht beeinträchtigen.

Übertragungsverfahren	Entzerrung	Rücksignal-einrichtungen	Maximale Fehler-häufigkeit im Netz der DBP bei 90% der Verbindungen [7.22]
binäre Frequenzmodu-lation in 2 Kanälen	keine	—	$2 \cdot 10^{-5}$
binäre Frequenz-modulation	Kompromiß-entzerrer	Hilfskanal für max. 75 bit/s	$6 \cdot 10^{-5}$
vierwertige Phasen-differenzmodulation	Kompromiß-entzerrer	Hilfskanal für max. 75 bit/s	$6 \cdot 10^{-5}$
achtwertige Phasen-differenzmodulation	adaptiver Entzerrer	Hilfskanal für max. 75 bit/s	bisher nicht bekannt
vierwertige Frequenz-modulation in 2 oder 3 Frequenzgruppen	keine	Außenstation: elektr. auswertb. Rücksign. (max. 5 Bd); Sprache über Laut-sprecher	keine Fehler bei 95% der Ver-bindungen
vierwertige Frequenz-modulation in 2 Frequenz-gruppen, zusätzliche Amplitudentastung	keine	Sprache über Hörermuschel des Fern-sprechers	in Diskussionen bei CCITT genannt: $< 10^{-4}$

— Die Eingangsschaltung der Datenübertragungseinrichtung auf der Netzseite darf einen maximalen Widerstand für den Schleifengleich-strom nicht überschreiten, damit nach Umschaltung von Fernsprechen auf Datenübertragung die Verbindung aufrechterhalten bleibt.

— Der Betrieb über Verbindungen mit Echosperren, die vor allem bei interkontinentalem Verkehr (Satellitenverbindungen!) für den Sprechverkehr erforderlich sind, muß möglich sein. Die gerufene Station muß dazu einen 2100-Hz-Ton aussenden, um die Echo-sperren abschalten zu können. Dadurch wird ein schneller Wechsel der Übertragungsrichtung und die Übertragung in beiden Richtun-gen möglich (vgl. Band I, Abschn. 3.2.2.5). Dieser 2100-Hz-Ton dient auch dazu, einer rufenden Station anzuzeigen, daß ein Daten-teilnehmer erreicht wurde (vgl. Abschn. 7.2.3).

Weitere Forderungen gelten z. B. für den Eingangsscheinwiderstand der Übertragungseinrichtung und die Erdsymmetrie. Auf die zulässige Sendeleistung wurde bereits in Band I, Abschn. 3.2.2.1, eingegangen.

Ein wichtiger Vorteil des Fernsprechwählnetzes — wie jedes Wählnetzes — ist, daß bei einer stark gestörten Verbindung die Verbindung noch einmal gewählt werden kann und dabei Aussicht besteht, daß sie dann über einen anderen, weniger gestörten Übertragungsweg des Netzes führt.

Verbindungen im Fernsprechwählnetz sind Zweidrahtverbindungen (Band I, Abschn. 3.2.1). Datensignale, deren Spektren den größten Teil des Sprachbandes belegen, lassen sich deshalb zu einem Zeitpunkt nur jeweils in einer Richtung übertragen[1]; die Übertragungsrichtung kann jedoch gewechselt werden (Halbduplexbetrieb). Quittungssignale, deren Geschwindigkeit wesentlich geringer als die der Datensignale ist, können über einen Hilfskanal gleichzeitig mit den Signalen im Datenkanal übertragen werden.

Duplexbetrieb mit etwa gleicher Übertragungsgeschwindigkeit in beiden Richtungen ist nur möglich, wenn das Datensignal in einer Richtung weniger als die Hälfte des nutzbaren Frequenzbereichs belegt[1].

Vor allem bei den hohen Übertragungsgeschwindigkeiten sind die Einflüsse der Eigenschaften des Übertragungsweges (vgl. Band I, Abschn. 5) zu betrachten. Zur Entzerrung der Dämpfungs- und Gruppenlaufzeitverzerrung können in Wählnetzen nicht wie bei festgeschalteten Verbindungen manuell einstellbare Entzerrer eingesetzt werden, denn bei den wechselnden Wählverbindungen würde zu viel Zeit für die Einstellung des Entzerrers beansprucht. Soweit nicht Kompromißentzerrer ausreichen, müssen hier automatische Entzerrer (Band I, Abschn. 5.3) vorgesehen werden.

7.2.1 Modems für serielle Datenübertragung

7.2.1.1 Modem für 200 bit/s

Dieser Modem erlaubt die geschwindigkeitstransparente Übertragung bis zu 200 bit/s im Duplexbetrieb, also gleichzeitig in beiden Richtungen. Alle für den Betrieb und die Zusammenarbeit dieser Modems wesentlichen Größen sind in CCITT-Empf. V. 21 [7.3] festgelegt.

---

[1] Dabei wird von der Übertragung in getrennten Frequenzbereichen ausgegangen. Die Kompensation des eigenen Sendesignals am Empfängereingang, wie z. B. im Abschn. 7.3.1.1 beschrieben, wird hier nicht berücksichtigt. Sie führt bei den Modems für Sprachbandbreite zu erheblichem Aufwand.

Übertragungsverfahren

Der Modem arbeitet mit binärer Frequenzmodulation. Dieses Übertragungsverfahren ist gegen Störungen relativ unempfindlich (Band I, Abschn. 4.3.2 und 4.5) — was vor allem im Fernsprechwählnetz wichtig ist —, und es erfordert verhältnismäßig geringen Aufwand.

Für die Übertragung im Duplexbetrieb werden im Sprachband zwei getrennte Frequenzbereiche, die Kanäle 1 und 2 mit den Mittenfrequenzen 1080 Hz und 1750 Hz, benutzt. Der Frequenzhub in beiden Kanälen beträgt ± 100 Hz; die gesendeten Kennfrequenzen dürfen höchstens um ± 6 Hz von ihren Sollwerten 980 Hz und 1180 Hz (Kanal 1) bzw. 1650 Hz und 1850 Hz (Kanal 2) abweichen. Zusammen mit der auf den Übertragungswegen der TF-Technik (s. Band I, Abschn. 3.2.2.6) durch mehrfache Frequenzumsetzungen möglichen Frequenzverwerfung um ± 6 Hz ergibt sich also am Empfänger für jede Frequenz ein maximaler Frequenzversatz von ± 12 Hz.

Aufbau

Bild 7.9 zeigt ein Blockschaltbild des Modems mit den verwendeten Schnittstellenleitungen (s. auch [7.19]).

Die Schaltungsteile zum Auf- und Abbau der Datenverbindung sind in der Anschalteinheit zusammengefaßt. Dazu gehören z. B. die Auswertung des Ruftons, die Leitungsumschaltung zwischen Fernsprecher und Modem und die Aussendung des 2100-Hz-Antworttons in der gerufenen Station sowie die Einrichtungen für die Zusammenarbeit mit der automatischen Wähleinrichtung (s. Abschn. 7.2.3).

Wichtig für die Durchführung des Duplexbetriebs ist die Zuordnung der Kanäle 1 und 2 zur Sende- bzw. Empfangsrichtung. Die Zuordnung *Senden im Kanal 1, Empfangen im Kanal 2* wird als *Zuordnung A,* die andere als *Zuordnung B* bezeichnet. Die Kanalzuordnung kann automatisch dadurch festgelegt werden, daß immer die *rufende* Station in *Zuordnung A,* die *gerufene* in *Zuordnung B* arbeitet. Diese Festlegung ist Voraussetzung für den Vollduplexbetrieb mit automatischer Leitungsanschaltung. Sie kann manuell oder über die Schnittstellenleitungen 126 und 127 verändert werden.

Wesentlich für den ordnungsgemäßen Betriebsablauf sind ferner die bereits im Abschn. 7.1 diskutierten Funktionsverknüpfungen der Schnittstellenleitungen. So erhält die Datenendeinrichtung (DEE) erst dann über die Schnittstellenleitung 106 die Erlaubnis, Sendedaten abzusetzen, wenn nach der Auswertung des Empfangssignalpegels (Schnittstellenleitung 109 im EIN-Zustand) gewährleistet ist, daß die ferne Station an die Leitung geschaltet wurde und selbst ausreichend Zeit für die Bewertung des Empfangssignalpegels hatte (s. Bild 7.3).

Sender und Empfänger des Modems arbeiten gleichzeitig. Das Übersprechen des Senders auf den Empfänger wird durch eine Gabelschaltung in der Anschalteinheit sowie spektrale Trennung von Sende- und Empfangssignal durch Filter unwirksam gemacht. Die Filter 1 und 2 für Sende- und Empfangsweg (Bild 7.9) werden beim Wechsel der Kanalzuordnung vertauscht, Modulator und Demodulator werden auf die neuen Kennfrequenzen umgeschaltet.

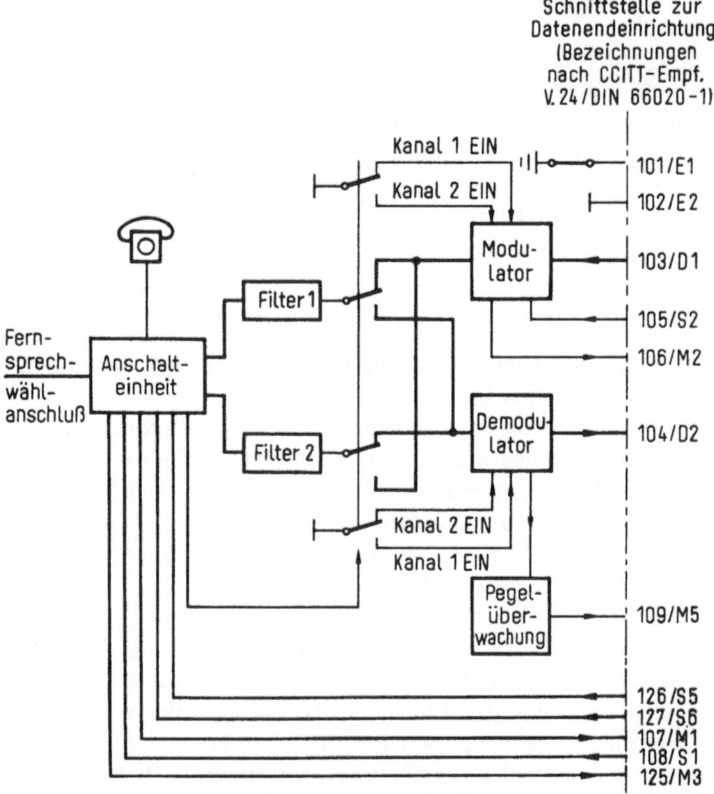

Bild 7.9   Modem für 200 bit/s.

Modulator

Aufgabe des Modulators ist die Umwandlung der über die Schnittstelle angelieferten binären Gleichstromdatensignale in frequenzmodulierte Signale. Hierzu kann direkt ein Oszillator entsprechend dem binären, rechteckförmigen Datensignal umgeschaltet werden. Diese harte Frequenzumtastung läßt sich durch unterbrechungsfreies Umschalten der Induktivität eines rückgekoppelten Oszillators realisieren (Bild 7.10). Dabei ergibt sich ein praktisch ideal binär frequenzmoduliertes Signal,

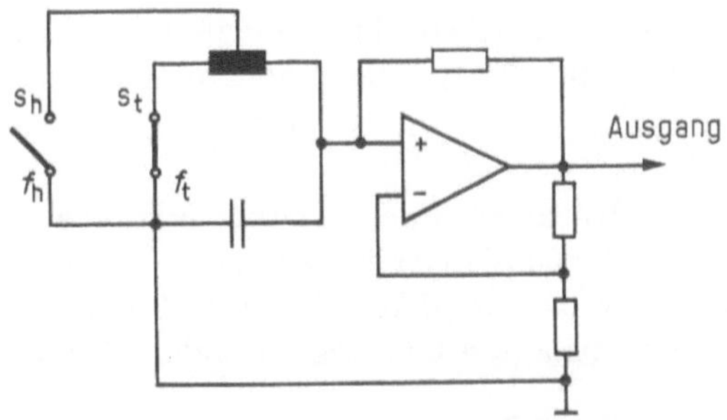

Bild 7.10   Frequenzumgetasteter Oszillator.

Zuordnung der erzeugten Frequenz zu den Schalterstellungen:

Schalter		Frequenz
s_t	s_h	
offen	geschlossen	hoch: f_h
geschlossen	offen	tief: f_t

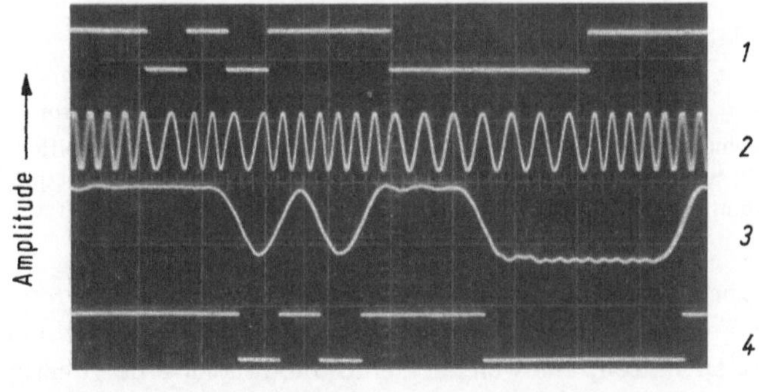

Bild 7.11   Signale bei Frequenzmodulation.

1 Sendedaten, *2* frequenzmoduliertes Signal, *3* demoduliertes Signal
(Signallaufzeit: etwa 2 Schrittlängen), *4* regeneriertes Datensignal.

d. h. ein Signal, bei dem zum Umschaltzeitpunkt kein Phasensprung
auftritt [7. 20], wie in Bild 7.11, Zeile 2, dargestellt.

Das binär frequenzmodulierte Signal kann statt mit solchen Analog-
schaltungen auch mit digitalen Schaltungen erzeugt werden. Dazu geht
man von einer hohen Frequenz — einem gemeinsamen Vielfachen der
beiden Kennfrequenzen — aus und erzeugt die jeweilige Kennfrequenz
durch Umschalten eines entsprechenden Teilers. Das rechteckförmige
Sendesignal stellt höhere Forderungen an die Dämpfung des Sendefilters

außerhalb des Übertragungsbereiches infolge seines gegenüber einem
sinusförmigen Signal (Bild 7.11, Zeile 2) höheren Oberwellengehaltes.

Demodulator

Allen Verfahren zur Rückgewinnung der Information aus dem frequenzmodulierten Signal im Empfänger ist gemeinsam, daß das empfangene
Signal zunächst durch das Empfangsfilter bandbegrenzt wird und dann
hinter einem die Signalamplitude begrenzenden Verstärker — einem

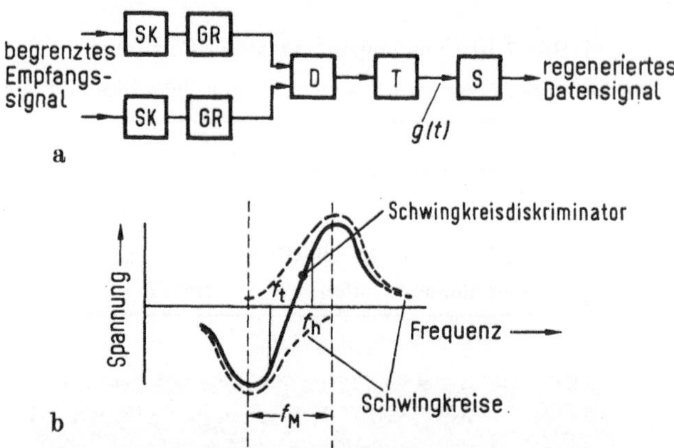

Bild 7.12   Demodulator mit Schwingkreisdiskriminator.
a) Blockschaltbild; SK: Schwingkreis, GR: Gleichrichter, D: Differenzbildung,
T: Tiefpaß, S: Schwellwertschaltung; b) Kennlinien; f_t: tiefe Kennfrequenz, f_h: hohe
Kennfrequenz; f_M: Bereich der auszuwertenden Momentanfrequenz.

„Begrenzer" — näherungsweise rechteckförmig zur weiteren Verarbeitung zur Verfügung steht. In diesem Signal ist die Information nur in der
Frequenz enthalten, aus welcher der Demodulator eine günstig auswert-
bare Größe, vorzugsweise eine der Frequenz proportionale Spannung,
gewinnen muß.

Der wohl am weitesten verbreitete Demodulator für frequenzmodulierte Signale, der mit *Schwingkreisdiskriminator*, ist in Bild 7.12a gezeigt.
Er enthält zwei in etwa auf die Kennfrequenzen abgestimmte Schwingkreise. Nach der Gleichrichtung der an den beiden Schwingkreisen entstehenden Signale wird deren Differenz gebildet, und nach der Unterdrückung der spektralen Anteile in der Umgebung des Trägers erhält
man ein Basisbandsignal $g(t)$, das bis auf die zusätzliche Bandbegrenzung
durch die Schwingkreise und den Tiefpaß der Momentanfrequenz des
Eingangssignals entspricht. Zur Veranschaulichung ist in Bild 7.12b die
Diskriminatorkennlinie gezeigt. Um die erwünschte Linearität im
Arbeitsbereich des Diskriminators herzustellen, müssen Dämpfung und

Resonanzfrequenzen der beiden Schwingkreise sorgfältig aufeinander abgestimmt sein. Das so zurückgewonnene bandbegrenzte Basisbandsignal, das noch einen gewissen Oberwellenanteil besitzt (Trägerrest, vgl. Bild 7.11, Zeile 3), kann unmittelbar einer Schwellwertschaltung zur Regenerierung des Datensignals (vgl. Bild 7.11, Zeile 4) zugeführt werden.

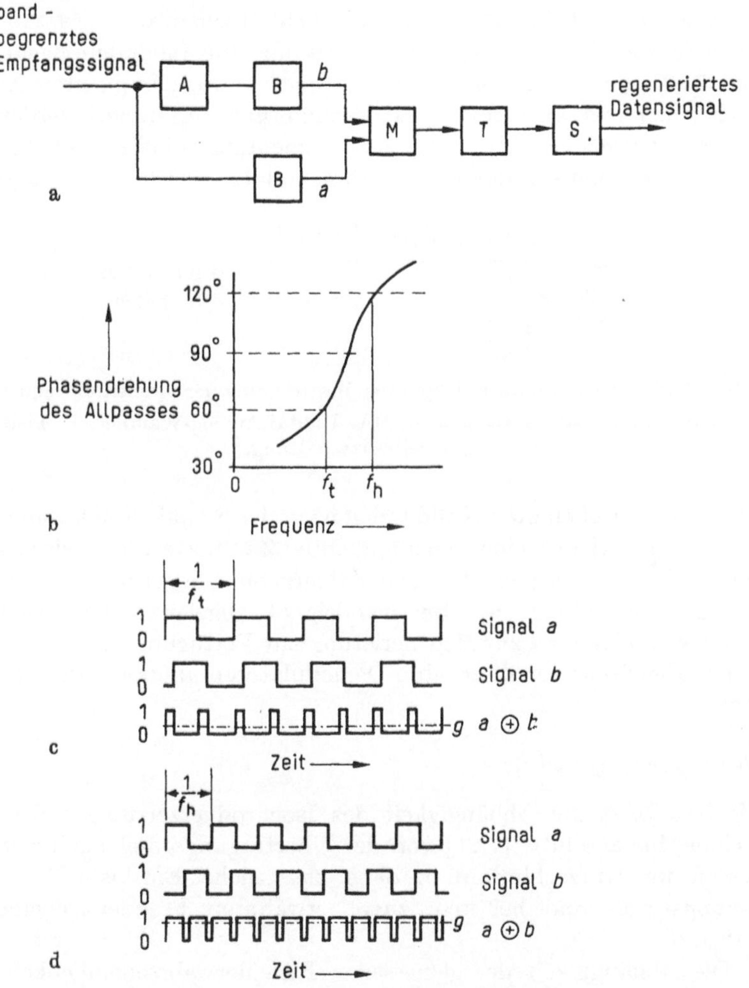

Bild 7.13   Demodulator mit Verzögerungsglied.

a) Blockschaltbild; A: Allpaß als Verzögerungsglied, B: Begrenzer, M: Multiplizierer, T: Tiefpaß, S: Schwellwertschaltung; b) Phasendrehung des Allpasses; c) Zeitdiagramm für die Kennfrequenz f_t: Phasendrehung $< 90°$, Gleichstromanteil g klein; d) Zeitdiagramm für die Kennfrequenz f_h: Phasendrehung $> 90°$, Gleichstromanteil g groß.

Bild 7.13a zeigt das Blockschaltbild eines aufwandgünstigen *spulenlosen Demodulators*, der aus RC-Netzwerken und digitalen Schaltkreisen aufgebaut werden kann [7.21]. Das bandbegrenzte Empfangssignal durchläuft ein als Verzögerungsglied wirkendes Allpaßnetzwerk (Signal a in Bild 7.13) und wird dann mit dem unverzögerten, bandbegrenzten Signal (Signal b) multipliziert. Durch geeignete Dimensionierung des Allpasses wird der Unterschied in der Phasendrehung beider Kennfrequenzen so gewählt (Bild 7.13b), daß der Gleichstromanteil g des Produktsignals für die eine Kennfrequenz positiv und für die andere negativ ist (Bild 7.13c und d). Nach Unterdrückung der trägerfrequenten Anteile durch einen Tiefpaß kann das Basisbandsignal regeneriert werden.

Eine *digitale* Bestimmung der Momentanfrequenz führt der in Bild 7.14 schematisch dargestellte Demodulator durch. Er mißt jeweils

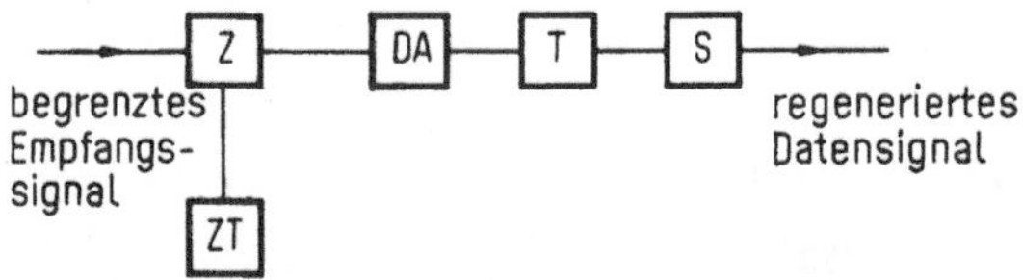

Bild 7.14   Demodulator mit digitaler Bestimmung der Momentanfrequenz.
Z: Zähler, ZT: Zähltaktgenerator, DA: Digital-Analog-Wandler, T: Tiefpaß,
S: Schwellwertschaltung.

die Zeiten zwischen zwei Nulldurchgängen des Signals durch Zählen der Anzahl der Perioden eines hochfrequenten Zähltaktes, die zwischen den Nulldurchgängen liegen. Aus den Zählergebnissen wird durch Digital-Analog-Umwandlung das Basisbandsignal abgeleitet, das wiederum hinter einem Tiefpaß zur Regenerierung zur Verfügung steht.

Die Eigenschaften dieser drei Demodulatoren unterscheiden sich nur wenig.

Übertragungseigenschaften

Bild 7.15 zeigt die Abhängigkeit des Isochronverzerrungsgrades eines Modems für 200 bit/s [7.21] von der Übertragungsgeschwindigkeit, gemessen im Kurzschluß, d. h. ohne zusätzliche Einflüsse des Übertragungsweges und bei dem zuvor erwähnten Frequenzversatz von ± 12 Hz.

Die Abhängigkeit der gemessenen Bitfehlerwahrscheinlichkeit vom Signal/Störabstand im Kurzschluß bei weißem Rauschen im Frequenzbereich 300 bis 3400 Hz als künstlich eingespeistem Störer ist in die Übersicht, Bild 7.16, als Kurve 1 eingetragen.

Der Grad der individuellen Schrittverzerrung und die Bitfehlerhäufigkeit die im Netz der Deutschen Bundespost [7.22] gemessen wurden, sind in

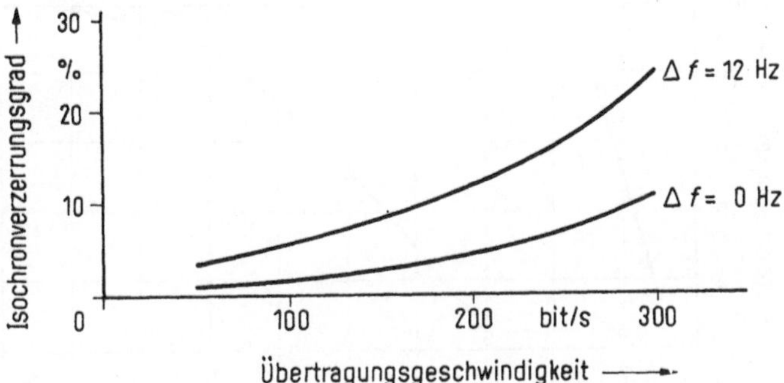

Bild 7.15   Isochronverzerrungsgrad eines Modems für 200 bit/s.
Δf Frequenzversatz des empfangenen Signals.

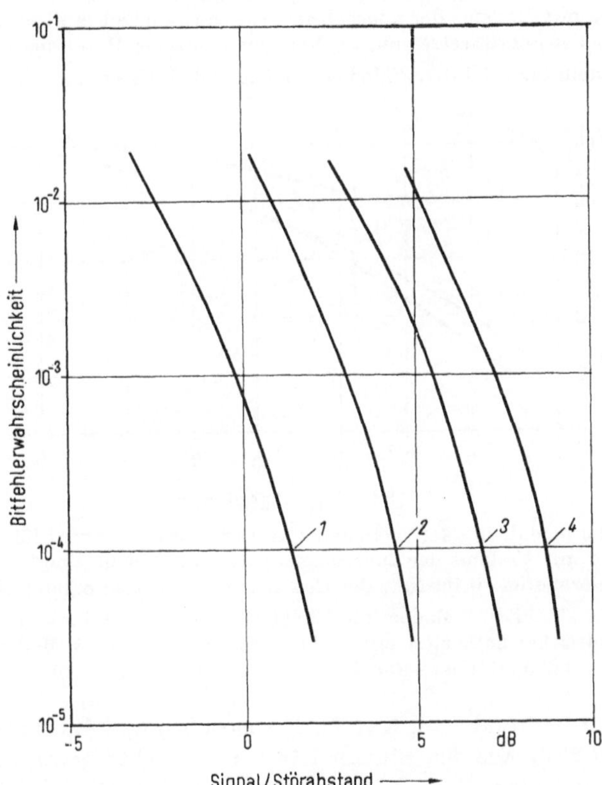

Bild 7.16   Bitfehlerwahrscheinlichkeit verschiedener Modems im Kurzschluß und
ohne Kompromißentzerrer in Abhängigkeit vom Signal/Störabstand bei weißem
Rauschen als Störer (Rauschbandbreite 3100 Hz).

1 Modem für 200 bit/s; *2* Modem für 1200/600 bit/s, 600-bit/s-Kanal; *3* Modem für
1200/600 bit/s, 1200-bit/s-Kanal; *4* Modem für 2400/1200 bit/s bei 2400 bit/s.

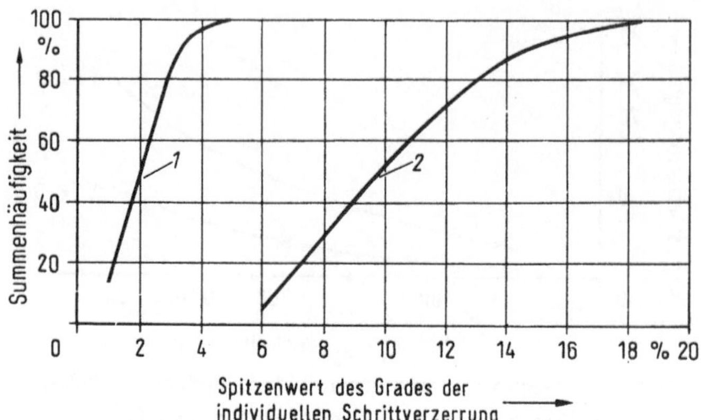

Bild 7.17 Summenhäufigkeit von Fernsprechwählverbindungen, für die sich bei Übertragung mit Modems der angegebenen Geschwindigkeit ein bestimmter Grad der individuellen Schrittverzerrung im Netz der Deutschen Bundespost ergab [7.22].

1 Modem für 200 bit/s, *2* Modem für 1 200/600 bit/s bei 1 200 bit/s.

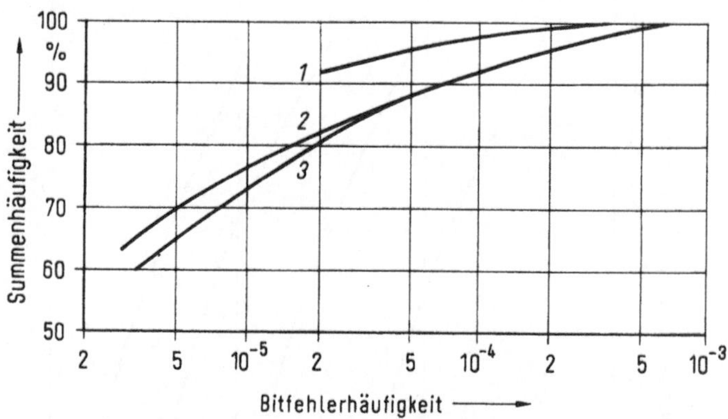

Bild 7.18 Summenhäufigkeit von Fernsprechwählverbindungen, für die sich bei Übertragung mit Modems der angegebenen Geschwindigkeit eine bestimmte Bit-fehlerhäufigkeit im Netz der Deutschen Bundespost ergab [7.22].

1 Modem für 200 bit/s, *2* Modem für 1 200/600 bit/s bei 1 200 bit/s und Modem für 2 400/1 200 bit/s bei 2 400 bit/s mit Codierungsalternative B, *3* Modem für 2 400/ 1 200 bit/s bei 2 400 bit/s und Codierungsalternative A.

den Bildern 7.17 und 7.18, Kurven 1, angegeben (zur Blockfehlerhäufig-keit vgl. [7.22]). Aus den Bildern 7.16 bis 7.18 geht hervor, daß sich im Vergleich mit den Modems für 1 200/600 bit/s (Abschn. 7.2.1.2) und 2 400/1 200 bit/s (Abschn. 7.2.1.3) für den Modem für 200 bit/s die geringste Schrittverzerrung und die geringste Bitfehlerhäufigkeit ergibt, wie es auch wegen des schmäleren benutzten Frequenzbandes erwartet werden kann.

Bei CCITT wurde eine Erweiterung des Anwendungsbereichs der Modems für 200 bit/s auf 300 bit/s festgelegt, da die bei den Diskussionen vorgelegten Meßergebnisse erwarten lassen (wie Bild 7.15 für den Kurzschlußfall zeigt), daß auch auf Fernsprechverbindungen mit sehr wenigen Ausnahmen mit den bisherigen Modems die Übertragung mit 300 bit/s möglich ist. Die neue Fassung der CCITT-Empf. V. 21 erhielt daher eine entsprechende Anmerkung.

7.2.1.2 *Modem für* 1200/600 bit/s

Bei der geschwindigkeitstransparenten Übertragung bis zu 1200 bit/s wird der größte Teil des Frequenzbereiches des Sprachkanals ausgenutzt. Daher kann der Modem für 1200/600 bit/s im Fernsprechwählnetz jeweils nur in einer Richtung Daten übertragen. Die Übertragungsrichtung läßt sich jedoch wechseln (Halbduplexbetrieb). Für besonders ungünstige Verbindungen kann der Modem über die Schnittstellenleitung 111 von der Maximalgeschwindigkeit 1200 bit/s auf 600 bit/s zurückgeschaltet werden. Neben dem Datenkanal ist für die gleichzeitige Übertragung von Quittungssignalen ein Hilfskanal für geschwindigkeitstransparente Übertragung bis zu 75 bit/s vorgesehen.

Übertragungsverfahren im Datenkanal

Das Übertragungsverfahren für die geschwindigkeitstransparente und auch die taktgebundene Übertragung mit 1200 und 600 bit/s ist durch die CCITT-Empf. V. 23 [7.4] festgelegt. Ebenso wie beim Modem für 200 bit/s wird binäre Frequenzmodulation benutzt.

Die Mittenfrequenz für die Übertragung bis zu 1200 bit/s ist 1700 Hz; der Frequenzhub beträgt ± 400 Hz. Für die Übertragung bis zu 600 bit/s wird die Mittenfrequenz 1500 Hz und ein Frequenzhub von ± 200 Hz verwendet Die Kennfrequenzen liegen also für 1200 bit/s bei 1300 Hz und 2100 Hz und für 600 bit/s bei 1300 Hz und 1700 Hz. Für den Modulationsindex $h = 2/3$ ergibt sich ein besonders günstiger Verlauf der spektralen Leistungsdichte (vgl. Band I, S. 156 und [7.23]). Die Kennfrequenzen dürfen vom Sollwert um höchstens ± 10 Hz abweichen. Infolge der auf den Übertragungswegen der TF-Technik (Band I, Abschn. 3.2.2.6) möglichen Frequenzverwerfung von ± 6 Hz ergibt sich damit am Empfänger für jede Frequenz ein maximaler Frequenzversatz von ± 16 Hz. Die besonderen Kennfrequenzen für den Übertragungsbereich bis zu 600 bit/s sind im Hinblick auf solche Verbindungen vorgesehen, bei denen die obere Grenzfrequenz des verfügbaren Frequenzbandes besonders niedrig liegt, wie z. B. bei mittel- und schwerpupinisierten Adernpaaren von Kabeln (vgl. Band I, Abschn. 3.1.3).

Aufbau

Bild **7.19** zeigt das Blockschaltbild dieses Modems mit den verwendeten Schnittstellenleitungen (s. a. [7.19, 7.21, 7.24, 7.25]). In der Anschalteinheit sind die Schaltungsteile für den Auf- und Abbau der Datenverbindung, auch in Zusammenarbeit mit der automatischen Wähleinrichtung (s. Abschn. 7.2.3), enthalten. Die Signale auf den Schnittstellenleitungen und deren Verknüpfungen bei dem hier vorliegenden Halb-

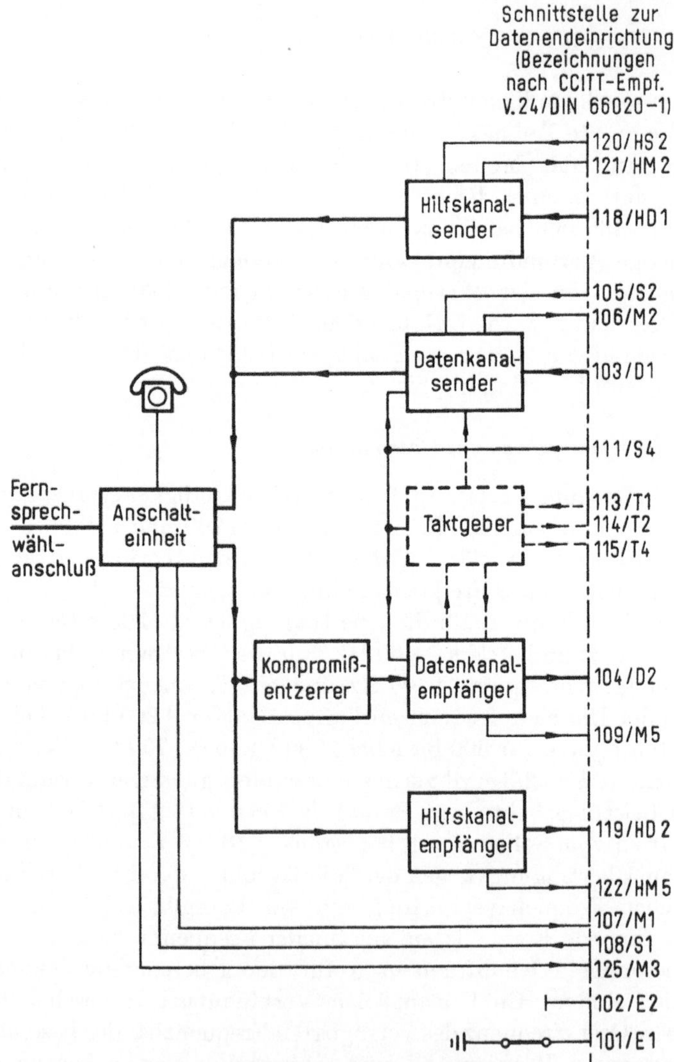

Bild **7.19**   Modem für 1 200/600 bit/s. (Taktgeber nur bei Bedarf.)

duplexbetrieb wurden bereits in Abschn. 7.1.1.5 diskutiert. Durch eine Gabelschaltung in der Anschalteinheit und durch die Sende- und Empfangsfilter innerhalb der Sender und Empfänger von Daten- und Hilfskanal ist gewährleistet, daß diese sich gegenseitig durch Übersprechen nicht stören. Bei Benutzung des Hilfskanals wird in Daten- und Hilfskanal jeweils mit der halben zulässigen Gesamtleistung gesendet, um die auf Fernsprechverbindungen zulässige mittlere Leistung nicht zu überschreiten.

Falls für die Übertragung isochroner Datensignale der Schrittakt von der Datenübertragungseinrichtung zur Verfügung gestellt werden soll, kann in diesem Modem ein Taktgeber vorgesehen werden. Während der Verzögerungszeit zwischen den EIN-Zuständen auf den Schnittstellenleitungen 105 und 106 wird eine 1010...-Synchronisierfolge gesendet. Beachtet werden muß dabei, daß diese Folge an der Schnittstelle auf der Leitung 104 erscheint während der Zeit, in der auf der Empfangsseite Leitung 109 bereits im EIN-Zustand ist und sich auf der Sendeseite die Leitung 106 noch im AUS-Zustand befindet.

Modulator und Demodulator des Datenkanals

Im Sender und im Empfänger des Datenkanals können die gleichen Schaltungsprinzipien für die Modulation und Demodulation verwendet werden wie beim Modem für 200 bit/s. Dabei ergeben sich hier wegen der — bezogen auf die Mittenfrequenz — relativ großen Bandbreite weitere Möglichkeiten [7.26], z. B. die *Nulldurchgangsdiskriminatoren*, welche den zeitlichen Abstand zwischen zwei Nulldurchgängen des frequenzmodulierten Signals messen, besonders aufwandgünstig auszuführen [7.27]. Wie aus dem Zeitdiagramm für eine spezielle Ausführungsform, Bild 7.20, hervorgeht, ergibt sich ein Impulszug mit einem von der Frequenz abhängigen Gleichstrommittelwert (Zeile d). Da die Nulldurchgangsdiskriminatoren das Frequenzband nicht begrenzen, ist ihre Störempfindlichkeit etwas größer als die eines mit Schwingkreisen aufgebauten Frequenzdiskriminators (vgl. Abschn. 7.2.1.1).

Um auch über Verbindungen mit ungünstigen Übertragungseigenschaften noch mit ausreichender Qualität übertragen zu können, werden Kompromißentzerrer eingesetzt, die die Gruppenlaufzeit- und Dämpfungsverzerrung einer Fernsprechverbindung, wie sie typisch für das jeweils zu betrachtende Netz ist, kompensieren (vgl. Band I, Abschn. 5.3.1.1).

Hilfskanal

Auch der Hilfskanal für maximal 75 bit/s arbeitet mit Frequenzmodulaotin, und zwar wird hier die Mittenfrequenz 420 Hz und ein Frequenzhub von ± 30 Hz verwendet; die Kennfrequenzen liegen also bei 390 Hz und 450 Hz. Die Toleranz aller dieser Frequenzen darf maximal ± 4 Hz betragen. Am Empfänger ergibt sich daher zusammen mit der maximalen Frequenzverwerfung durch TF-Systeme auf dem Übertragungsweg (s. Band I, Abschn. 3.2.2.6) für jede Frequenz ein maximaler

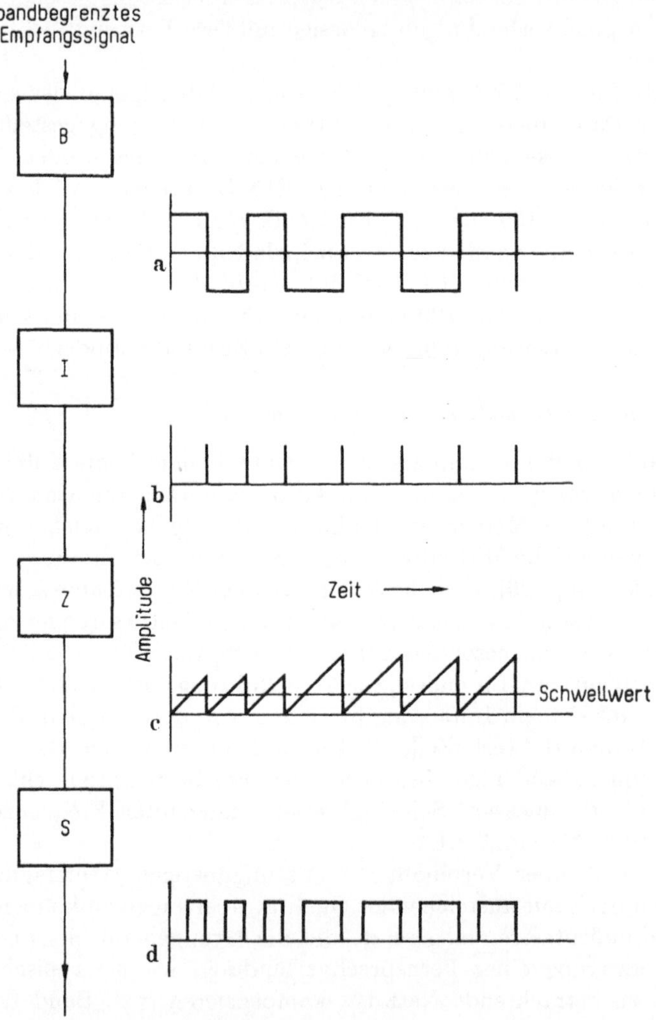

Bild 7.20 Nulldurchgangsdiskriminator und Zeitverlauf der Signale. Nicht eingezeichnet ist der auf die Schwellwertschaltung folgende Tiefpaß und eine zweite Schwellwertschaltung zur Regenerierung des Datensignals (vgl. dazu Bild 7.12a: Tiefpaß T und Schwellwertschaltung S).

B: Begrenzer, I: Schaltung zur Ableitung von Impulsen aus den Nulldurchgängen, Z: Zeitglied, S: Schwellwertschaltung.

Frequenzversatz von ± 10 Hz. Wegen der geringen relativen Bandbreite führen bei diesem Kanal die Frequenzfehler zu einer besonders starken Erhöhung der Schrittverzerrung. Praktisch verwendet man deshalb im Rückkanal häufig spezielle Regelschaltungen zur Korrektur des durch den Übertragungsweg verursachten Frequenzfehlers (s. Band I, Abschn. 5.2.2).

Übertragungseigenschaften

Bild 7.21 zeigt den Isochronverzerrungsgrad, der im Kurzschluß gemessen wurde. Wegen der hohen relativen Bandbreite ist hier ein Frequenzversatz ohne Bedeutung. Der Isochronverzerrungsgrad steigt für den

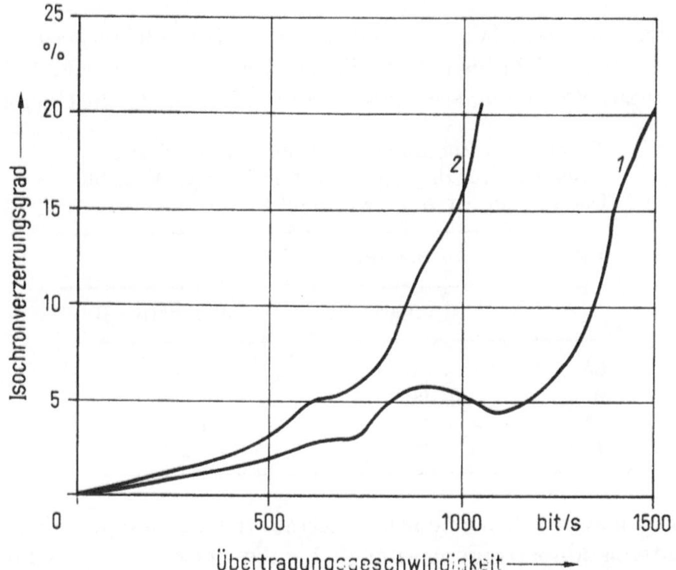

Bild 7.21   Isochronverzerrungsgrad eines Modems für 1 200/600 bit/s.
1 1 200-bit/s-Kanal, *2* 600-bit/s-Kanal.

600-bit/s-Datenkanal oberhalb 600 bit/s stark an, weil dieser Modem [7.21] eine der Übertragung mit 600 bit/s angepaßte Bandbegrenzung aufweist. Diese führt zu der geringeren Bitfehlerwahrscheinlichkeit des 600-bit/s-Kanals, verglichen mit dem 1 200-bit/s-Kanal (Bild 7.16, S. 35).

Wie für den Modem für 200 bit/s sind auch für den Modem für 1 200 bit/s auf S. 36 in Bild 7.17, Kurve 2, der Grad der individuellen Schrittverzerrung und in Bild 7.18, Kurve 2, die Bitfehlerhäufigkeit gezeigt, die im Fernsprechwählnetz der Deutschen Bundespost gemessen wurden [7.22]. In [7.22] sind zusätzlich die Blockfehlerhäufigkeiten angegeben.

7.2.1.3 *Modem für* 2 400/1 200 bit/s

Der Modem für 2 400/1 200 bit/s benutzt, wie der Modem für 1 200/600 bit/s, den größten Teil des Frequenzbereichs des Sprachkanals für die Datenübertragung; es ist also nur Halbduplexbetrieb möglich. Für besonders ungünstige Verbindungen kann der Modem auf 1 200 bit/s zurückgeschaltet werden. Zur Übertragung von Quittungssignalen ist wie beim Modem für 1 200/600 bit/s ein Hilfskanal für 75 bit/s vorgesehen.

Bedingt durch das Übertragungsverfahren ist nur die Übertragung isochroner Datensignale möglich.

Übertragungsverfahren

Das Übertragungsverfahren für einen Modem für 2 400 bit/s ist in CCITT-Empf. V. 26 bis [7.6] festgelegt. Wegen der — bezogen auf 2 400 bit/s — geringen zur Verfügung stehenden Bandbreite wurde ein Übertragungs-

Tabelle 7.4   Zuordnung der Dibits zu den Phasendifferenzen für die beiden in CCITT-Empf. V. 26 bis festgelegten Alternativen A und B

Dibit	Phasendifferenz	
	Alternative A	Alternative B
00	$+\ 0°$	$+\ 45°$
01	$+\ 90°$	$+135°$
11	$+180°$	$-135°$
10	$-\ 90°$	$-\ 45°$

verfahren gewählt, das eine bessere Bandbreiteausnutzung als die binäre Zweiseitenbandübertragung ermöglicht: die vierwertige Phasendifferenzmodulation (PhDM). Die Trägerfrequenz des Datenkanals liegt bei 1 800 ± 1 Hz. Zusätzlich zur Toleranz der Trägerfrequenz muß im Empfänger berücksichtigt werden, daß auf den Übertragungswegen der TF-Technik eine Frequenzverwerfung von ±6 Hz (Band I, Abschn. 3.2.2.6) auftreten kann.

Wegen der bei vierwertiger Codierung des Leitungssignals notwendigen Zusammenfassung von jeweils 2 Bits zu einem Dibit muß die Übertragung taktgebunden erfolgen (s. auch Band I, Abschn. 4.1.6). Die Zuordnung der Dibits zu den Phasendifferenzen zwischen zwei aufeinanderfolgenden Schritten des Leitungssignals geht aus Tab. 7.4 hervor. In der CCITT-Empf. V. 26 bis [7.6] ist für die Studienperiode 1973—1976 die Verwendung der beiden in Tab. 7.4 eingetragenen Codieralternativen A und B vorgesehen. Inzwischen wurde entschieden, daß in Zukunft nur noch die Codieralternative B gelten soll (s. dazu S. 48, *Übertragungs-eigenschaften*).

Für besonders ungünstige Verbindungen kann die Übertragungs-geschwindigkeit über die Schnittstellenleitung 111 auf 1200 bit/s herab-gesetzt werden. Hierbei wird dann binäre Phasendifferenzmodulation mit den Phasendifferenzen von $+90°$ für die binäre 0 und $-90°$ für die binäre 1 verwendet.

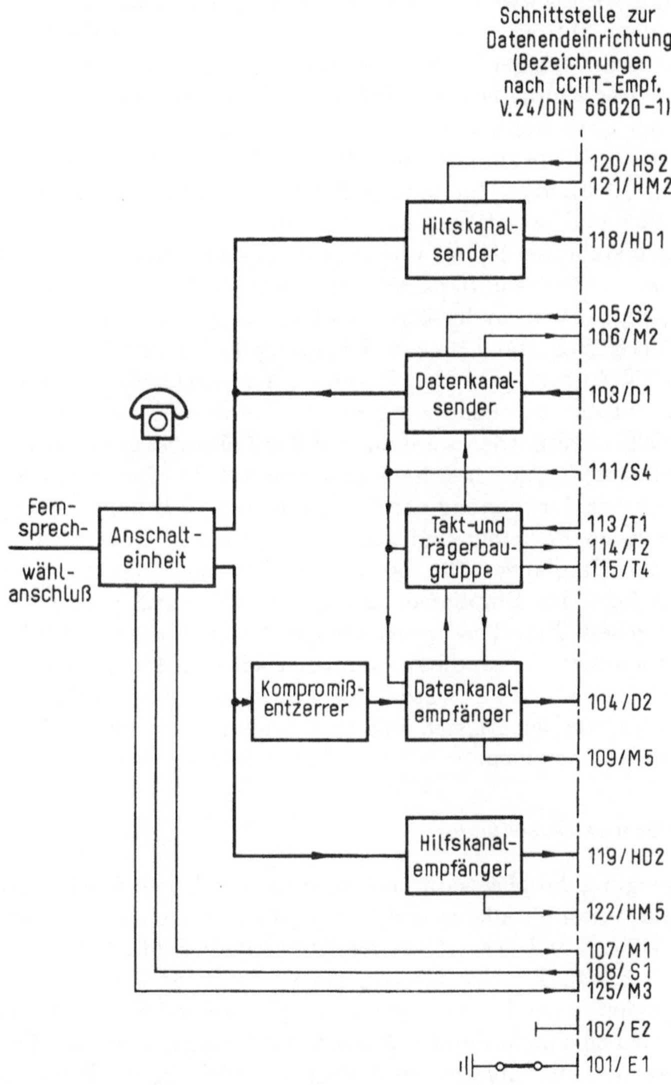

Bild 7.22   Modem für 2400/1200 bit/s.

Aufbau

Bild 7.22 zeigt das Blockschaltbild eines Modems mit den verwendeten Schnittstellenleitungen (s. auch [7.28]).

Die Anschalteinheit und der Hilfskanal unterscheiden sich nicht von denjenigen des Modems für 1 200/600 bit/s.

Sender und Empfänger des Datenkanals arbeiten taktgesteuert. Der Sendetakt wird entweder über die Schnittstellenleitung 113 von der Datenendeinrichtung geliefert, oder im Modem selbst erzeugt und dann über die Schnittstellenleitung 114 von der Datenendeinrichtung übernommen. Der Empfangstakt wird durch Kriterien, die aus dem Datensignal abgeleitet werden, mit dem Datensignal synchronisiert und der Datenendeinrichtung auf der Schnittstellenleitung 115 zugeführt (s. auch Abschn. 7.1.1.3). Zur Herstellung des Synchronismus zwischen Datenkanalsender und -empfänger nach Verbindungsaufbau wird ein phasendifferenzmoduliertes Signal übertragen, das entsprechend der Bitfolge 111... nur die Phasendifferenzen 180° bzw. −135° enthält. Dieses Synchronisiersignal wird in der Zeit vom Übergang der Schnittstellenleitung 105 in den EIN-Zustand bis zum Übergang der Schnittstellenleitung 106 in den EIN-Zustand gesendet. Während der anschließenden Datenübertragung müssen bei Benutzung der Codieralternative A längere Bitfolgen 0000... vermieden werden, weil das Leitungssignal sonst aus dem unmodulierten Träger bestünde und keine Taktinformation enthielte. Aber auch bei Verwendung der Codieralternative B kann abhängig von der spektralen Formung und vom Verfahren zur Rückgewinnung des Taktes im Empfänger für bestimmte Bitfolgen der Synchronismus zwischen lokal im Empfänger erzeugtem Takt und dem Datensignal verloren gehen. Eine Festlegung der spektralen Formung des Leitungssignals ist notwendig für die Zusammenarbeit von Modems verschiedener Hersteller. Von CCITT wurde die Festlegung eines Phasentoleranzschemas als am wichtigsten erachtet und auch in die CCITT-Empf. V. 26 bis aufgenommen.

Modulator und Demodulator

Zur Erzeugung des phasendifferenzmodulierten Datensignals können wie bei Quadraturamplitudenmodulation (QAM) orthogonale Trägerschwingungen $\sin \omega_0 t$ und $\cos \omega_0 t$ verwendet werden (Bild 7.23; vgl. Band I, Abschn. 4.3.1.3). Bei der Überlagerung von binär modulierten Orthogonalsignalen entsteht ein vierwertig phasenmoduliertes Signal. Der Unterschied zu dem in Band I, Abschn. 4.3.1.3 beschriebenen Quadraturamplitudenmodulationsverfahren liegt lediglich im Codierer, weil als Träger der Information nicht die Amplituden der einzelnen Orthogonalsignale, sondern die Phasendifferenzen im Summensignal, bezogen auf den jeweils vorhergehenden Abtastzeitpunkt, definiert sind.

Im Empfänger kann die Information durch die in Band I, Abschn. 4.3.3 beschriebene kohärente oder differentiell kohärente Produkt-

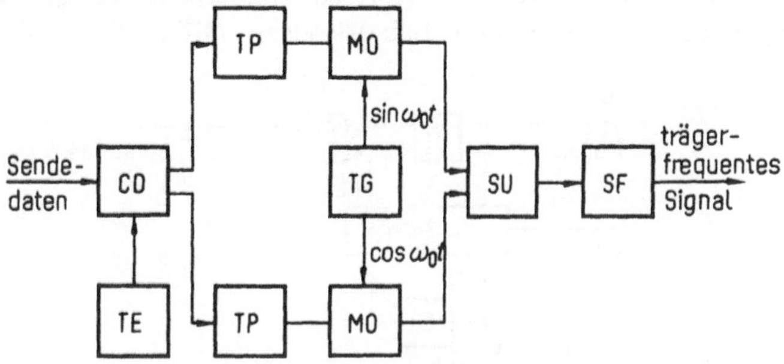

Bild 7.23 Erzeugung von phasendifferenzmodulierten Signalen mit orthogonalen Trägerschwingungen

CD Codierer,	TG Trägergenerator,
TE Takterzeugung,	SU Summierer,
TP Tiefpaß,	SF Sendefilter.
MO Modulator,	

demodulation zurückgewonnen werden. Ein Blockschaltbild eines Empfängers für kohärente Demodulation zeigt Bild 7.24. Wie der bereits kurz beschriebene Modulator arbeitet der Demodulator ebenfalls mit orthogonalen Trägerschwingungen $\sin \omega_0 t$ und $\cos \omega_0 t$, und der Unter-

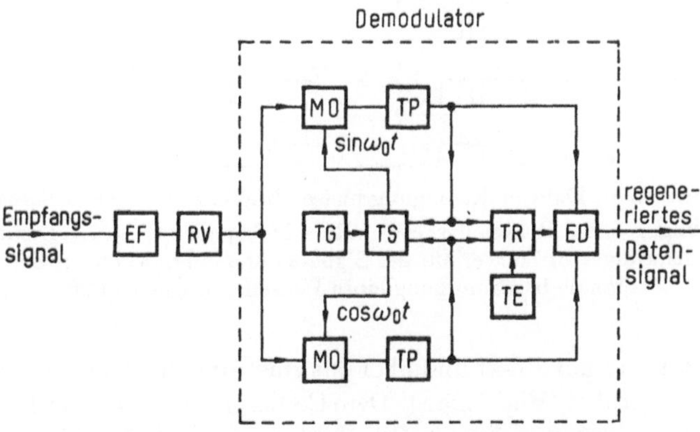

Bild 7.24 Empfänger für phasendifferenzmodulierte Signale mit orthogonalen Trägerschwingungen und Produktdemolulation.

EF Empfangsfilter,	TS Trägersynchronisierung,
RV Regelverstärker,	TE Takterzeugung,
MO Modulator,	TR Taktrückgewinnung,
TP Tiefpaß,	ED Entscheidungsstufe und
TG Trägergenerator,	Decodierer.

schied zu einem Empfänger für das QAM-Verfahren liegt auch hier nur im Decodierer.

Als Alternative zu diesem Modulations- und Demodulationsverfahren wird in [7.29] und [7.30] ein Verfahren beschrieben, bei dem die Modulation und Demodulation im Trägerfrequenzbereich erfolgt. Die Realisierung erfolgt mit digitalen Schaltkreisen (Bild 7.25). Die binären

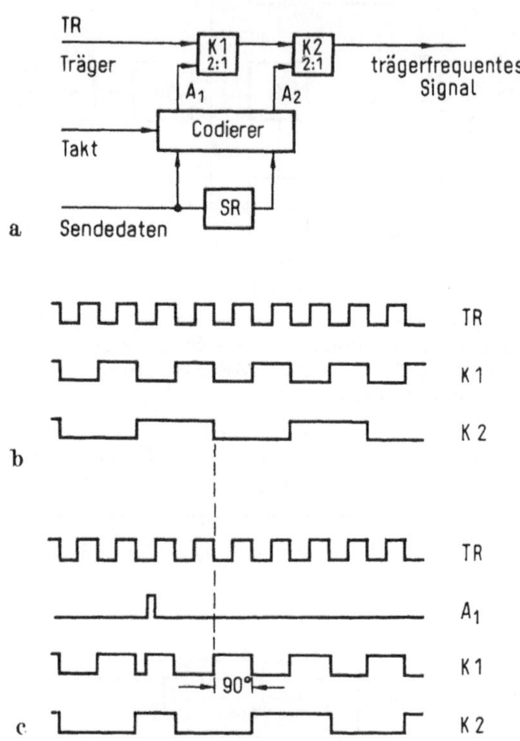

Bild 7.25   Digitale Erzeugung phasendifferenzmodulierter Signale.
a) Schaltung, K_1, K_2: Binärteilerkette, SR: Schieberegister, A_1, A_2: Steuerleitungen für Phasensprünge; b) Zeitverlauf der Signale ohne Modulation; c) Zeitverlauf der Signale bei Einfügung eines Phasensprunges von 90°.

Sendedaten werden direkt und über das einstufige Schieberegister SR dem Codierer zugeführt (Bild 7.25a). Dem Codierer stehen dadurch jeweils die zwei notwendigen Bits für die Dibitbildung zur Verfügung. Er ordnet den Dibits Ausgangsimpulse (A_1 und A_2) zu, die durch Einblendung in die Trägerschwingung TR, deren Grundfrequenz der vierfachen Trägerfrequenz des zu sendenden Datensignals entspricht, die informationstragenden Phasensprünge Φ_n^{T} erzeugen. Die vier Kombinationen Impuls/kein Impuls an den Codiererausgängen A_1 und A_2 definieren die vier

Phasensprünge $\Phi_n{}^{\mathrm{T}} = 0°$, $\pm 90°$, $180°$ (vgl. Band I, Abschn. 4.3.3). Als Beispiel ist im Zeitdiagramm (Bild 7.25c) die Entstehung des Phasensprungs $+90°$ im Sendesignal, d. h. am Ausgang des Binärteilers K2, durch Einblenden eines Impulses am Eingang des Binärteilers K1 dargestellt.

Als Frequenz der Trägerschwingung TR wählt man gegenüber der gewünschten Trägerfrequenz des Datensignals von 1 800 Hz eine hohe Frequenz, z. B. 27 kHz [7.29], um unerwünschte Überlagerungen mit an der Frequenz Null gespiegelten Seitenbändern zu vermeiden. In der gleichen Frequenzlage kann der im folgenden beschriebene Demodulator realisiert werden. Die Frequenzen, die für Modulator und Demodulator nötig sind, werden dann gleich. Die Impulsformung im Sender erfolgt in der gewählten hohen Trägerfrequenzlage, aus der dann lediglich in den Sprachfrequenzbereich auf die Trägerfrequenz von 1 800 Hz umgesetzt werden muß.

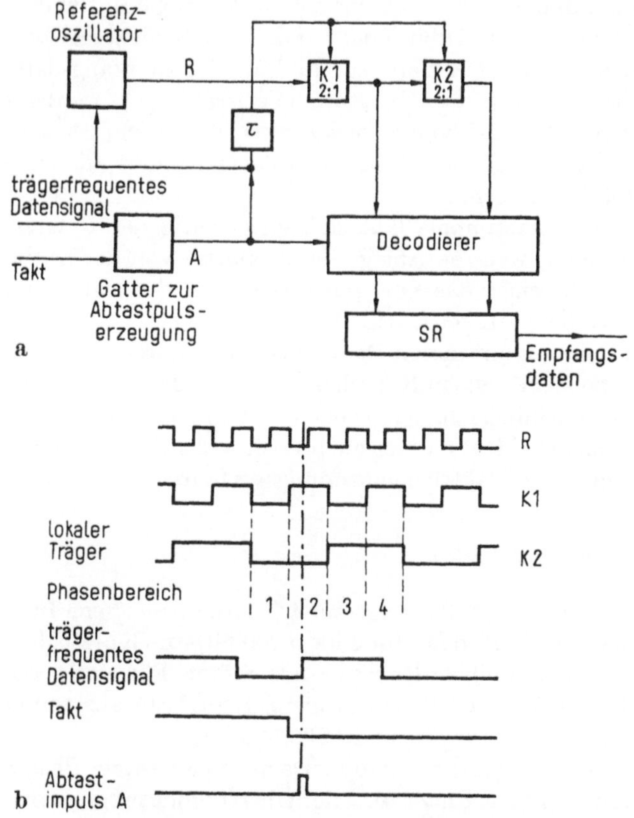

Bild 7.26 Demodulator für vierwertig phasendifferenzmodulierte Signale.
a) Schaltung; b) Zeitverlauf der Signale.

Das gilt auch für die Demodulation durch direkten Phasenvergleich in der Trägerfrequenzlage (vgl. Abschn. 4.3.3). Bild 7.26a zeigt einen Demodulator mit Phasenvergleich zwischen dem trägerfrequenten Datensignal und einem synchronen Referenzträger R [7.29, 7.30], der digital realisiert werden kann. Der Binärteilerkette K1, K2 wird eine Referenzschwingung R zugeführt, deren Grundfrequenz gleich der vierfachen Trägerfrequenz ist. Die vier Zustandskombinationen der Teilerausgänge K1 und K2 definieren in der unmodulierten Trägerschwingung vier Phasenbereiche (Bild 7.26b) zur Bewertung des empfangenen Datensignals. Die zeitliche Verzögerung des Abtastimpulses gegenüber der Abtastflanke des Taktes ist vernachlässigbar klein, wenn man die Trägerfrequenz groß (z. B. 27 kHz, [7.29]) gegenüber der Schrittgeschwindigkeit (1 200 Bd) wählt.

Jedem Phasenbereich ist eine der möglichen Phasendifferenzen $\Phi_n^{\mathrm{T}} = 0°$, $\pm 90°$, $180°$ zugeordnet. Mit dem Abtastimpuls A wird die Zustandskombination K1, K2 und damit Φ_n^{T} abgefragt und im Decodierer in das zugeordnete Dibit umgewandelt. Im Schieberegister SR erfolgt die Parallel-Serien-Umsetzung zur Bildung der Empfangsdaten.

Unmittelbar nach der Abtastung (Verzögerung τ) werden die Teilerausgänge K1, K2 auf Null zurückgesetzt, damit sie, gesteuert von der Referenzschwingung, im nächsten Abtastzeitpunkt die neue Phasendifferenz Φ_n^{T} anzeigen.

Mit dem Abtastimpuls läßt sich gleichzeitig der Referenzoszillator synchronisieren, weil die Ablage des Impulses von der zeitlichen Mitte eines Phasenbereichs das Vor- oder Nacheilen des Datensignals gegenüber dem Referenzträger markiert.

Wie nahe man mit diesen Demodulatoren bei Kurzschluß und künstlich eingespeistem weißem Rauschen als Störer der theoretisch möglichen Fehlerwahrscheinlichkeit bei gegebenem Signal/Störabstand kommt, ist schwer zu entscheiden, da hier auch noch wesentlich die jeweils verwendeten Träger- und Taktrückgewinnungsverfahren eingehen.

Übertragungseigenschaften

Bild 7.16, Kurve 4, (S. 35) zeigt zunächst die gemessene Bitfehlerwahrscheinlichkeit eines Modems für 2 400/1 200 bit/s im Kurzschluß bei künstlich zugesetztem weißem Rauschen als Störer. Für eine bestimmte Bitfehlerwahrscheinlichkeit ist ein größerer Signal/Störabstand erforderlich als bei den Modems für 200 und 1 200/600 bit/s.

Bei der Übertragung mit 2 400 bit/s mit vierwertiger Phasendifferenzmodulation reicht zur Entzerrung der Übertragungswege ein Kompromißentzerrer aus (vgl. CCITT-Empf. V. 26 bis). Bild 7.18, Kurve 2, (S. 36) zeigt, daß sich im Fernsprechwählnetz der DBP mit diesem Verfahren bei

der Codieralternative B mit einem für dieses Netz ausgelegten Kompromißentzerrer (s. Band I, Abschn. 5.3.1.1) die gleiche Fehlerhäufigkeit ergibt,
wie bei der Übertragung mit 1200 bit/s und dem gleichen Kompromißentzerrer [7.22] (Blockfehlerhäufigkeit s. ebenfalls [7.22]). Bild 7.18,
Kurve *3*, zeigt, daß mit dem gleichen Übertragungsverfahren, aber bei
der Codieralternative A etwas größere Fehlerhäufigkeiten gemessen
werden.

7.2.1.4 *Modem für* 4800 /2400 bit/s

Das *Übertragungsverfahren* und die sonstigen notwendigen Festlegungen
für einen Modem für die taktgebundene Übertragung mit 4800 bit/s
über Wählverbindungen wurden bei CCITT lange diskutiert. Als Übertragungsverfahren wurden vierwertige Amplitudenmodulation mit Restseitenbandübertragung (4-RSB), zweiwertige Quadraturamplitudenmodulation (QAM) und achtwertige Phasendifferenzmodulation (8-PhDM)
betrachtet. Schließlich wurde in der CCITT-Empf. V. 27 ter* 8-PhDM
festgelegt mit der Codierung und der Trägerfrequenz von 1800 ± 1 Hz
entsprechend dem Übertragungsverfahren der Modems für 4800 bit/s
auf festgeschalteten Verbindungen nach CCITT-Empf. V. 27 [7.7] und
V. 27 bis* (s. Abschn. 7.3.2.1).

Da der Modem für 4800/2400 bit/s — wie die Modems für 2400/
1200 bit/s und 1200/600 bit/s — den größten Teil des Frequenzbereichs
des Sprachkanals für die Datenübertragung benutzt, ist nur Halbduplexbetrieb möglich.

Auf besonders ungünstigen Verbindungen, die keinen Betrieb mit
4800 bit/s bei ausreichend geringer Fehlerrate erlauben, kann auf
2400 bit/s zurückgeschaltet werden, wobei die Codieralternative A der
Modems für 2400 bit/s (s. Abschn. 7.2.1.3) verwendet wird.

Zur Übertragung von Quittungssignalen ist, wie bei den Modems für
2400/1200 bit/s und 1200/600 bit/s, ein Hilfskanal für 75 bit/s vorgesehen.

Im Empfänger muß berücksichtigt werden, daß auf den Übertragungswegen der TF-Technik eine Frequenzverwerfung von ± 6 Hz (Band I,
Abschn. 3.2.2.6) auftreten kann.

Alle Übertragungsverfahren für die Übertragung mit 4800 bit/s über
Fernsprechwählverbindungen setzen einen *adaptiven Entzerrer im Emp-
fänger* voraus; denn bei dieser Übertragungsgeschwindigkeit ist die
Empfindlichkeit gegenüber der sehr unterschiedlichen Dämpfungs- und
Gruppenlaufzeitverzerrung der verschiedenen Fernsprechwählverbin-
dungen zu groß für die Kompensation mit Hilfe eines Kompromiß-

---

* Siehe Fußnote auf S. 5.

entzerrers, und ein manueller Entzerrer (vgl. Band I, Abschn. 5.3.1.2) kommt wegen des Zeitaufwandes für seine Einstellung nicht in Betracht.

Bei den folgenden Betrachtungen zu adaptiven Entzerrern wird vorausgesetzt, daß die Demodulation in zwei orthogonalen Kanälen erfolgt (vgl. Abschn. 7.2.1.3). Ein in den USA bereits eingesetzter Modem, der mit 8-PhDM arbeitet, verwendet einen Entzerrer im Trägerfrequenzbereich [7.31, 7.32]; er wird hier nicht betrachtet.

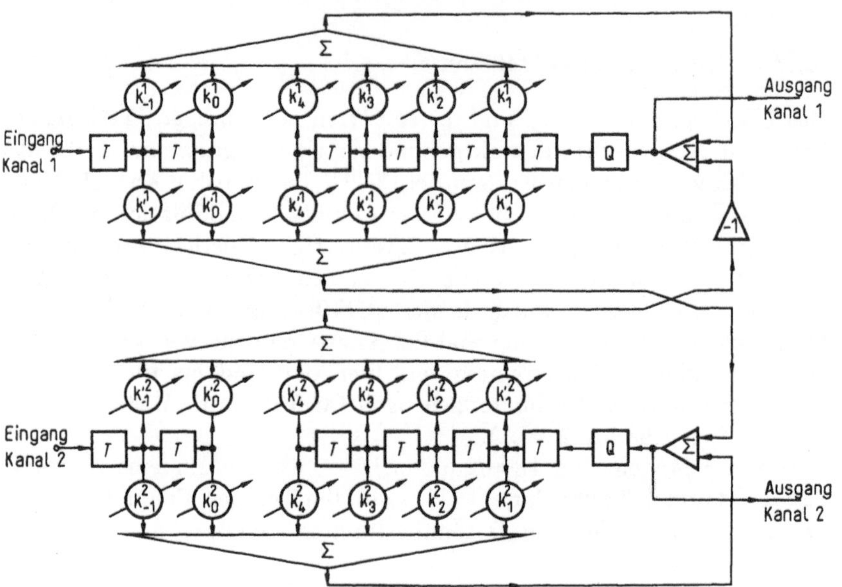

Bild 7.27   Adaptiver Entzerrer für Signale, die mit orthogonalen Trägerschwingungen demoduliert werden (Kanäle 1 und 2).

T Verzögerungsglied entsprechend der Modulationsgeschwindigkeit;

Σ Summierglied;

Q Quantisierer;

$k_n{}^1$, $k_n{}^2$ Koeffizienten des 1. oder 2. Kanals zur Minimierung der Verzerrungen im eigenen Kanal (a_{11}, a_{22});

$k_n'^1$, $k_n'^2$ Koeffizienten des 1. oder 2. Kanals zur Minimierung der Übersprechens zwischen den Kanälen (a_{12}, a_{21}).

Durch die Übertragung in zwei orthogonalen Kanälen (1 und 2) im gleichen Frequenzbereich ergibt sich eine Verformung des Empfangssignals durch die Einflüsse des Übertragungsweges in den beiden Kanälen selbst (a_{11} und a_{22}), die einander gleich sind ($a_{11} = a_{22}$), und durch die Einflüsse des Übersprechens zwischen den beiden Kanälen (a_{12} und a_{21}), die einander entgegengesetzt gleich sind ($a_{12} = -a_{21}$) [7.33]. Entsprechend der Verformung des Empfangssignals, die sich aus den vier Komponenten a_{11}, a_{12}, a_{21}, a_{22} zusammensetzt, sind auch **vier** Koeffizientensätze für die Entzerrung notwendig, wenn man die Struktur eines Entzerrers nach Bild 7.27 benutzt.

Durch die Verwendung der Beziehung $a_{11} = a_{22}$ und $a_{12} = -a_{21}$ und durch Zeitmultiplexbetrieb des Entzerrers kommt man aber auch mit der Hälfte der Koeffizienten aus. Ein Beispiel zeigt Bild 7.28. Diese

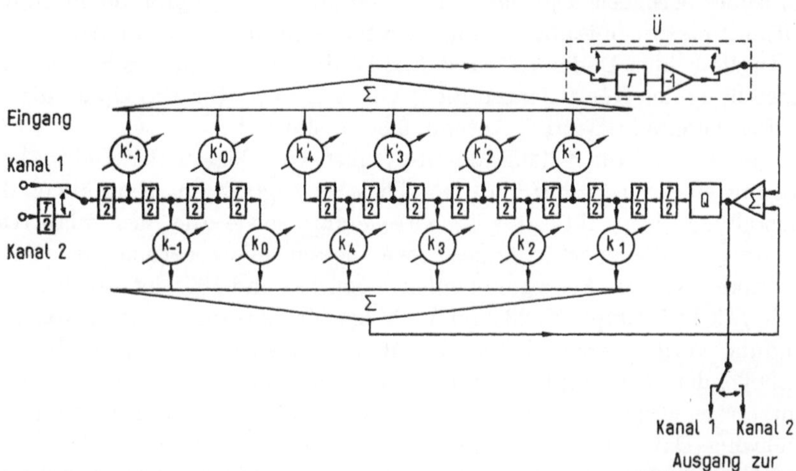

Bild 7.28   Adaptiver Entzerrer mit Zeitmultiplexausnutzung für Signale, die mit orthogonalen Trägerschwingungen demoduliert werden (Kanäle 1 und 2).

$T/2$ Verzögerungsglied entsprechend der halben Modulationsgeschwindigkeit,
Σ Summierglied,
Q   Quantisierer,
k_n Koeffizienten zur Minimierung der Verzerrungen im eigenen Kanal
  (a_{11} und a_{22}),
k_n' Koeffizienten zur Minimierung des Übersprechens der Kanäle (a_{12} und a_{21}),
Ü   Schaltung zur Berücksichtigung der Beziehung $a_{12} = -a_{21}$ bei der Zeitmultiplexausnutzung.

Zeitmultiplexausnutzung des Entzerrers wird auch bei digitaler Realisierung verwendet. In diesem Fall wird am Eingang des Entzerrers das analoge Signal mit einem entsprechend genauen Analog-Digital-Umsetzer in ein digitales umgesetzt und rein digital weiterverarbeitet. Durch die obengenannten Beziehungen $a_{11} = a_{12}$ und $a_{12} = -a_{21}$ sind nicht vier, sondern nur zwei Koeffizientensätze zu speichern und ein Vorzeichen zu berücksichtigen.

Das abgetastete Signal des Kanals 1 steht direkt am Eingang des adaptiven Entzerrers zur Verfügung, dasjenige des zweiten Kanals wird für die Zeit $T/2$ in einem Analogwert-Abtasthalteglied gespeichert (T bedeutet hier die Länge eines Schrittes im jeweiligen Kanal). Die Abtastwerte werden im Rhythmus $2/T$ durch den adaptiven Entzerrer geschoben. Die im unteren Teil des Entzerrers mit k_n ($n = -1$ bis 4) bezeichneten Koeffizienten besorgen die Entzerrung der Verzerrungen $a_{11} = a_{22}$, die im oberen Teil gezeichneten Koeffizienten k_n diejenige durch Übersprechen zwischen den beiden Kanälen. Die Schaltung Ü im oberen Teil des Bildes berücksichtigt das Vorzeichen ($a_{12} = -a_{21}$) und die durch die Zeitmultiplexausnutzung bedingte Zeitverzögerung dieses Signals.

In die beiden Bilder 7.27 und 7.28 ist die Ermittlung des Fehlers zur Einstellung der Koeffizienten nicht eingezeichnet. Die Prinzipien hierzu wurden bereits in Band I, Abschn. 5.3.2 diskutiert.

Der Modem für 4800/2400 bit/s führt vor Beginn der Datenübertragung eine *Startprozedur* durch. Diese ermöglicht im Empfänger die Einstellung der Takt- und Trägerregelung sowie die des adaptiven Entzerrers; die hierfür angesetzten Zeiten (Verzögerung der EIN-Zustände zwischen Schnittstellenleitungen 105 und 106) entsprechen den in den CCITT-Empf. V. 23 und V. 26 bis für den Aufbau der Datenverbindung vorgesehenen Zeiten. Bei dem sich an die Startprozedur anschließenden Halbduplexbetrieb bleibt die Einstellung des adaptiven Entzerrers gespeichert während der Zeit, in der in entgegengesetzter Richtung Daten übertragen werden. Daher ist bei Wechsel der Übertragungsrichtung die Startprozedur (Verzögerung zwischen Schnittstellenleitung 105 und 106) kürzer als die erstmalige; hierfür ist eine Zeit von etwa 50 ms vorgesehen. Im übrigen entspricht die Schnittstelle der des Modems für 2400/1200 bit/s (Bild 7.22, S. 43).

Zu den *Übertragungseigenschaften* dieses Modems liegen bisher nur wenig Aussagen vor. Daher kann hier lediglich der Signal/Störabstand im Kurzschluß bei weißem Rauschen im Frequenzbereich 300 bis 3400 Hz als Störer genannt werden. Er beträgt für eine Bitfehlerwahrscheinlichkeit von 10^{-5} etwa 17 dB (vgl. Bild 7.16). Bei der hohen Bandbreiteausnutzung, die die Übertragung mit 4800 bit/s erfordert, müssen hier auch Phasenschwankungen (Band I, Abschn. 3.2.2.6) betrachtet werden. Im Kurzschluß sind Phasenschwankungen von etwa 25° zulässig, ohne daß Fehler auftreten.

7.2.2 Modems für parallele Datenübertragung

Während mit den bisher beschriebenen Übertragungseinrichtungen alle Daten, d. h. alle Bits eines Zeichens, in einem einzigen Kanal nacheinander — *seriell* — übertragen werden, ist es andererseits auch möglich, nach Aufteilung des zur Verfügung stehenden Frequenzbandes in mehrere Kanäle mehrere Bits gleichzeitig — *parallel* — zu übertragen. Bei paralleler Datenübertragung läßt sich die Sendestation mit sehr geringem

Aufwand realisieren. Dieses Verfahren kommt daher hauptsächlich für Datensammelsysteme — viele Sendestationen (Außenstationen) übertragen zu wenigen Empfangsstationen (Zentralstationen) — in Betracht und eignet sich auch für Auskunftssysteme (digitale Anfrage — Sprachantwort).

Abschn. 7.2.2.1 behandelt entsprechende Modems für die universelle Anwendung im Fernsprechwählnetz. Hier wird als Sendestation ein Modem mit Schnittstelle zur Datenendeinrichtung verwendet. Der für die Übertragung verwendete Frequenzbereich — 900 bis 2000 Hz — ist so festgelegt, daß keine Signalisiersysteme gestört werden [7.9].

Ein System, das als einfachste Sendestation den Tastaturfernsprecher selbst benutzt, aber wegen des benutzten Frequenzbandes (680 Hz bis 1650 Hz) nicht überall einsetzbar ist, wird in Abschn. 7.2.2.2 diskutiert.

7.2.2.1 Modems für die universelle Anwendung in Fernsprechwählnetzen

Sowohl der Modem der Außenstation als auch der Modem der Zentralstation besitzt eine Schnittstelle zur Datenendeinrichtung. Beim Modem der Zentralstation entsprechen die elektrischen Eigenschaften der Schnittstellenleitungen der CCITT-Empf. V. 28. Der Modem der Außenstation besitzt eine Kontaktschnittstelle nach CCITT-Empf. V. 31 [7.17], die es gestattet, sehr einfache Datenendeinrichtungen — im einfachsten Fall eine Tastatur mit Kontakten ohne eigene Stromversorgung — zu verwenden.

Übertragungsverfahren und Rücksignale

Nach CCITT-Empf. V. 20* (früher V. 30) werden die Daten mit vierwertiger Frequenzmodulation in zwei oder drei Frequenzgruppen übertragen (Bild 7.29).

Bei m Gruppen von jeweils 4 Frequenzen, von denen immer eine gesendet wird, können 4^m Frequenzkombinationen übertragen werden. CCITT-Empf. V. 20* (früher V. 30) sieht wahlweise zwei oder drei Frequenzgruppen vor, wobei jedoch eine Frequenzkombination als Ruhekombination reserviert ist; so erhält man einen Vorrat von 15 bzw. 63 frei wählbaren Frequenzkombinationen. Es können bis zu 40 Frequenzkombinationen in der Sekunde übertragen werden; da zwischen zwei frei wählbaren Kombinationen jeweils die Ruhekombination eingeschoben wird, ergibt sich für die frei wählbaren Kombinationen eine Übertragungsgeschwindigkeit von bis zu 20 Frequenzkombinationen je Sekunde (Bild 7.29, Systeme 1 und 2). Bei den Systemen 3 und 4 des

---

* Siehe Fußnote auf S. 5.

Bildes 7.29, die hier nicht weiter betrachtet werden, geht die Einfachheit des Parallelübertragungssystems zum Teil verloren.

Rücksendemöglichkeiten von der Zentral- zur Außenstation sind auch bei Parallelübertragung vorgesehen: Sprachsignale oder ein

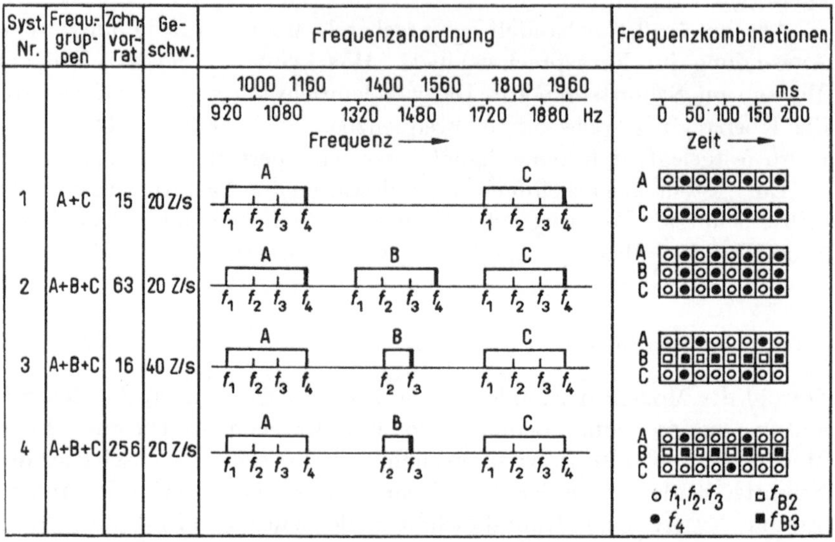

Syst. Nr.	Frequ-gruppen	Zchn-vorrat	Ge-schw.	Frequenzanordnung	Frequenzkombinationen
1	A+C	15	20 Z/s		
2	A+B+C	63	20 Z/s		
3	A+B+C	16	40 Z/s		
4	A+B+C	256	20 Z/s		

Bild 7.29 Frequenzanordnung und Frequenzkombinationen bei der Parallelübertragung mit Modems nach CCITT-Empf. V. 20* (früher V. 30).

akustisch oder elektrisch auswertbarer Bestätigungston. Für dieses Tonsignal, dessen Amplitude moduliert werden kann (Schrittgeschwindigkeit: bis zu 5 Bd), ist eine Frequenz von 420 Hz festgelegt. Das Tonsignal kann gleichzeitig mit den zur Zentralstation übertragenen Datensignalen gesendet werden. Sprachsignale dagegen können nur abwechselnd mit den Datensignalen übertragen werden, denn diese beanspruchen das gesamte zur Verfügung stehende Frequenzband.

Für alle gesendeten Frequenzen ist eine Toleranz von ± 4 Hz festgelegt, so daß sich bei einer Frequenzverwerfung von ± 6 Hz auf dem Übertragungsweg (s. Band I, Abschn. 3.2.2.6) am Empfänger ein maximaler Frequenzversatz von ± 10 Hz ergibt.

Aufbau der Modems der Außenstation und der Zentralstation

Ein Blockschaltbild des Modems der Außenstation (Sendemodem) und der Zentralstation (Empfangsmodem) zeigt Bild 7.30 (vgl. auch [7.34 bis 7.37]). Die Anschalteinheit des Modems der Zentralstation unter-

---

* Siehe Fußnote auf S. 5.

scheidet sich nur unwesentlich von der solcher Modems, die im Halbduplexbetrieb mit Serienübertragung arbeiten. Auf die Anschalteinheit des Modems der Außenstation wird noch gesondert eingegangen.

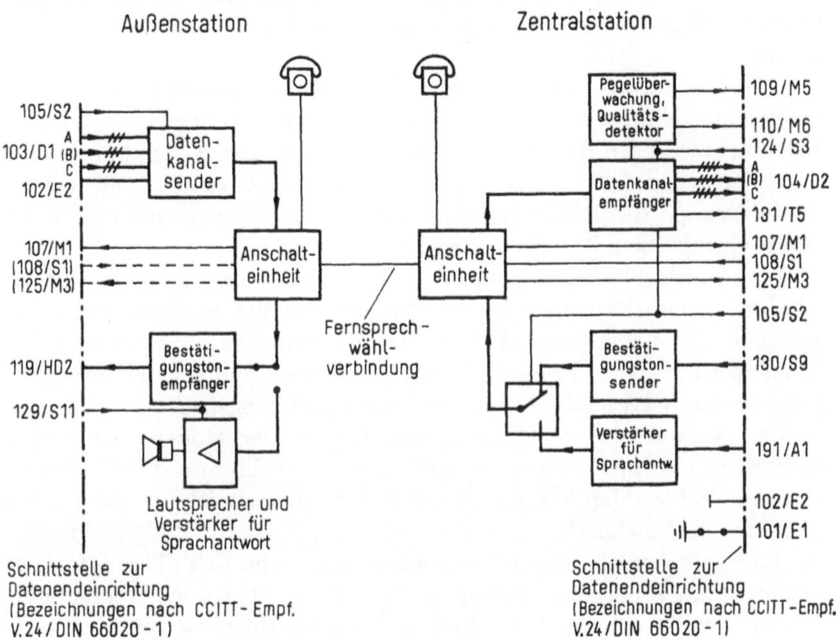

Bild 7.30   Modems für die Parallelübertragung nach CCITT-Empf. V. 20* (früher V. 30).

Modem der Außenstation

Um in den Sendestationen einfache Datenendeinrichtungen ohne eigene Stromversorgung verwenden zu können, besitzt der Modem der Außenstation eine Kontaktschnittstelle (Abschn. 7.1.4). Auch der Modem der Außenstation selbst kann für die Speisung aus der Amtsbatterie (Schleifenstrom) ausgelegt werden, ist dann also ebenfalls unabhängig vom Stromversorgungsnetz.

Die Anschaltung des Modems der Außenstation kann bei Speisung aus dem Stromversorgungsnetz wie bei den Modems für Serienübertragung erfolgen, die im Halbduplexbetrieb arbeiten. Bei Modems der Außenstation, die aus der Amtsbatterie gespeist werden, sind die Schnittstellenleitungen 108 und 125 aus Gründen der Leistungsersparnis normalerweise nicht vorgesehen. Die Umschaltung von Fernsprechen auf

---

* Siehe Fußnote auf S. 5.

Datenübertragung erfolgt hier manuell durch Einlegen des Handapparates des Fernsprechers in eine Mulde. Dadurch werden die Kontakte zur Umschaltung betätigt [7.34]. Automatisch kann mit Hilfe der Schnittstellenleitungen 108 und 125 umgeschaltet werden, wenn für diese Schnittstellenleitungen besondere elektrische Bedingungen festgelegt sind [7.34].

Die Oszillatoren des Senders sind mit umschaltbaren Schwingkreisen ausgeführt (Abschn. 7.2.1.1), die jeweils zwischen vier Frequenzen umgetastet werden. Wenn in einer Gruppe keine der drei Schnittstellenleitungen 103 *Sendedaten* (Bild 7.30) im Zustand 1 ist, wird in dieser Gruppe die Ruhefrequenz ausgesendet. Als gemeinsamer Rückleiter wird die Schnittstellenleitung 102 benutzt[1].

Der Summenleistungspegel, den der Modem der Außenstation abgibt, wird wie derjenige für den Datenkanal der Serienmodems festgelegt (s. Band I, Abschn. 3.2.2.1). Der Leistungspegel in den einzelnen Kanälen ist für zwei Frequenzgruppen um 3 dB und für drei Frequenzgruppen um 5 dB niedriger als der Summenleistungspegel.

Zur Auswertung der Rücksignale besitzt der Modem der Außenstation im allgemeinen zwei Empfänger, die wahlweise durch Brücken eingeschaltet werden können. Einer der Empfänger ist für die Verstärkung der Sprachsignale vorgesehen, die über einen im Modem eingebauten Lautsprecher wiedergegeben werden. Die in der CCITT-Empf. V. 20* (früher V. 30) vorgesehene Schnittstellenleitung 192 für die Übergabe der elektrischen Sprachsignale an die Datenendeinrichtung kann nur benutzt werden, wenn das Abhören anderer Gespräche (Nebensprechen) nicht möglich ist. Dazu notwendige Maßnahmen im Empfänger sind jedoch für die einfache Außenstation zu aufwendig. Ein weiterer Empfänger wertet den 420-Hz-Bestätigungston aus und übergibt die binäre Information über die Kontaktschnittstelle an das Endgerät.

Bei Speisung aus der Amtsbatterie kann einer der beiden Empfänger abwechselnd mit dem Sender betrieben werden; bei Außenstationen mit eigener Stromversorgung wäre gleichzeitiger Betrieb von Sender und 420-Hz-Bestätigungstonempfänger möglich.

Modem der Zentralstation

Im Modem der Zentralstation wird das ankommende Signal zunächst zwei oder drei Bandpässen — entsprechend den festgelegten Frequenzgruppen — zugeführt. Danach wird die in jeder Frequenzgruppe empfangene Frequenz jeweils mit Hilfe eines Demodulators bestimmt, und

---

[1] Alle anderen Schnittstellenleitungen der Kontaktschnittstelle (s. Abschn. 7.1.4) haben jeweils eigene Hin- und Rückleiter.

* Siehe Fußnote auf S. 5.

schließlich werden die Schnittstellenleitungen 104 *Empfangsdaten* entsprechend den empfangenen Frequenzen angesteuert. Der Zeitpunkt, zu dem die auf diesen Schnittstellenleitungen parallel übergebenen Signale durch die Datenendeinrichtung ausgewertet werden sollen, wird der Datenendeinrichtung auf der Schnittstellenleitung 131 *Empfangsseitige Abtastmarkierung* angezeigt.

Im Unterschied zur zweiwertigen Frequenzmodulation erweist es sich hier als vorteilhaft, mit Hilfe einzelner, auf die Sollfrequenzen abgestimmter Filter die Empfangsfrequenz zu bestimmen (*Filterdemodulator* [7.38]).

Das Verfahren der Parallelübertragung ermöglicht zusätzlich, im Empfänger auf einfache Art in begrenztem Umfang Übertragungsfehler zu erkennen; hierzu wird überprüft, ob in jeder Frequenzgruppe eine und nur eine Frequenz empfangen wurde. Erkannte Übertragungsfehler werden der Datenendeinrichtung über die Schnittstellenleitung 110 *Empfangsgüte* angezeigt. Für den Betrieb von Modems der Zentralstation, die mit Empfängern für drei Frequenzgruppen ausgestattet sind und die abwechselnd mit Außenstationen mit Sendern für zwei oder drei Frequenzgruppen zusammenarbeiten, muß die Anzahl der Frequenzgruppen von der Datenendeinrichtung über die Schnittstellenleitung 124 *Alle Frequenzgruppen verwenden* umschaltbar sein.

Der Sender für den 420-Hz-Bestätigungston kann gleichzeitig mit dem Datenkanalempfänger betrieben werden. Soll eine Sprachantwort gesendet werden, wird über die Schnittstellenleitung 105 vom Bestätigungstonsender auf den Verstärker für Sprachantwort umgeschaltet. Gleichzeitig wird der Datenkanalempfänger abgeschaltet, da sonst durch die Sprachsignale auf den Leitungen 104 unechte Zustandswechsel erzeugt werden könnten.

Übertragungseigenschaften

Bild 7.31 zeigt zunächst die gemessene Fehlerwahrscheinlichkeit eines Parallelübertragungssystems nach CCITT-Empf. V. 20* (früher V. 30) mit Filterdemodulator im Kurzschluß abhängig vom Signal/Störabstand bei künstlich zugesetztem weißem Rauschen als Störer. Man sieht, daß die Übertragung nur einen sehr geringen Signal/Störabstand erfordert (vgl. dazu Bild 7.16, S. 35). Entsprechend haben Messungen im Wählnetz der DBP gezeigt, daß bei 95% aller gewählten Verbindungen keine Fehler auftreten, d. h., daß die Fehlerhäufigkeit sehr gering ist. Von den auf den restlichen Verbindungen auftretenden Fehlern wird ein hoher Prozentsatz automatisch durch den Modem der Zentralstation erkannt [7.22].

---

* Siehe Fußnote auf S. 5.

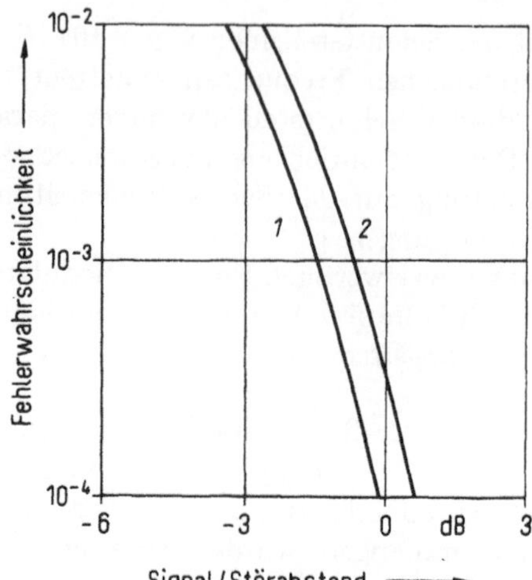

Bild 7.31   Fehlerwahrscheinlichkeit bei der Parallelübertragung mit Modems nach CCITT-Empf. V. 20* (früher V. 30; Fehlerwahrscheinlichkeit bedeutet hier den Anteil der fehlerhaft übertragenen Frequenz- oder Ruhekombinationen). Messung im Kurzschluß mit künstlich zugesetztem weißem Rauschen der Bandbreite 3100 Hz.

Kurve 1: 2 Frequenzgruppen (A und C), Kurve 2: 3 Frequenzgruppen (A, B und C).

7.2.2.2 Einrichtungen für die Datenübertragung mit den Tastwahlfrequenzen

Auch der Fernsprecher selbst läßt sich als Datenend- und Datenübertragungseinrichtung benutzen. Besonders die Tastatur des Tastenfernsprechers eignet sich zur Eingabe kleiner numerischer Datenmengen; als Empfänger für Sprachantwort oder Tonsignale kann die Hörkapsel im Handapparat dienen.

Das in Mehrfrequenzcode-Tastenfernsprechern angewendete Verfahren nach CCITT-Empf. Q. 23 [7.39] ist dem für die Parallelmodems nach

Tabelle 7.5   Frequenzanordnung bei Mehrfrequenzcode-Tastenfernsprechern

Frequenzgruppe A:	697	770	852	941	Hz
Frequenzgruppe B:	1 209	1 336	1 477	1 633	Hz

CCITT-Empf. V. 20* (früher V. 30) — Ausführung für 15 Kombinationen — sehr ähnlich: Auch hier gibt es zwei Frequenzgruppen A und B zu je vier Frequenzen (Tab. 7.5), von denen jeweils nur eine gesendet wird. Zwei Frequenzkombinationen werden in diesem Fall jedoch nicht durch

* Siehe Fußnote auf S. 5.

eine Ruhekombination, sondern durch eine Sendepause getrennt. Daher
stehen hier alle 16 Frequenzkombinationen für die Übertragung zur Verfügung. Zehn Frequenzkombinationen können je Sekunde übertragen
werden mit einer minimalen Signaldauer von 30 ms und einer minimalen
Pause von 25 ms.

Die einzelnen Frequenzen haben nicht, wie die der Parallelmodems
nach CCITT-Empf. V. 20* (früher V. 30) gleichen Abstand (s. Bild 7.29),
sondern ihre Werte sind Glieder einer geometrischen Reihe, so daß für
die Erzeugung jeder dieser Frequenzen Bauteile mit gleicher relativer
Toleranz verwendet werden können. Für die Tastenwahl ist außer den
Frequenzen selbst auch ihre Zuordnung zu den Ziffern in der CCITT-
Empf. Q. 23 festgelegt (Tab. 7.6). Die sechs übrigen Plätze sind für

Tabelle 7.6   Zuordnung der Frequenzen zu den Ziffern
beim Mehrfrequenzcode-Verfahren nach CCITT-Empf. Q. 23

Frequenzen in Hz	1 209	1 336	1 477	1 633
697	1	2	3	A
770	4	5	6	B
852	7	8	9	C
941	*	0	#	· D

zusätzliche, in ihrer Bedeutung noch nicht genauer definierte Zeichen
vorgesehen.

Die Frequenzkombination wird vom Tastenfernsprecher ausgesendet,
solange eine Taste gedrückt ist; nur für diese Zeit wird das Mikrofon im
Handapparat abgeschaltet.

Für den Empfänger der Datensignale, d. h. den Modem der Zentralstation, wurde von CCITT bereits eine Empfehlung V. 19* ausgearbeitet.
An diesen Empfänger für die Datensignale beim fernen Teilnehmer
werden höhere Anforderungen gestellt als an den Empfänger, der in der
dem Teilnehmer zugeordneten Vermittlungsstelle die Wählzeichen des
Tastenfernsprechers erhält. Letzterer hat nur die Dämpfung zwischen
Teilnehmer und Vermittlungsstelle zu überbrücken, der Empfänger für
die Datensignale die höhere Dämpfung und die etwaige Frequenzverwerfung auf der gesamten Verbindung zwischen den Teilnehmern. Ferner
muß der Empfänger für die Datensignale so ausgelegt sein, daß durch
Hörerechos (s. Band I, Abschn. 3.2.2.5) keine Fehler auftreten. Das ist
nur möglich, wenn das Hörerecho nicht nach dem Ende der empfangenen
Frequenzkombination beginnt, wenn es also weniger als 30 ms verzögert
ist; sonst könnte es in der Pause u. U. als neue Frequenzkombination

---

* Siehe Fußnote auf S. 5.

ausgewertet werden. Um das Ende einer gesendeten Frequenzkombination sicher erkennen zu können, muß der Pegel des Hörerechos wenigstens etwa 15 dB unterhalb des Pegels des Empfangssignals liegen.

Da in den Pausen zwischen zwei Frequenzkombinationen das Mikrofon im Handapparat des Tastfernsprechers eingeschaltet ist, können Sprache und andere Raumgeräusche als elektrische Signale auf die Leitung gelangen und die Übertragung stören. Die Empfänger müssen also so ausgelegt werden, daß durch diese Störsignale möglichst selten Frequenzkombinationen vorgetäuscht werden. Derartige Empfänger mit Sprachschutz sind z. B. in [7.40] und [7.41] beschrieben.

7.2.3 Automatische Wähleinrichtung für Datenverbindungen

Auch im Fernsprechwählnetz muß außer dem Betrieb mit bedienten Datenstationen der Betrieb mit unbedienten Datenstationen möglich sein. Für die unbediente *rufende* Station bedeutet dies, daß die sonst

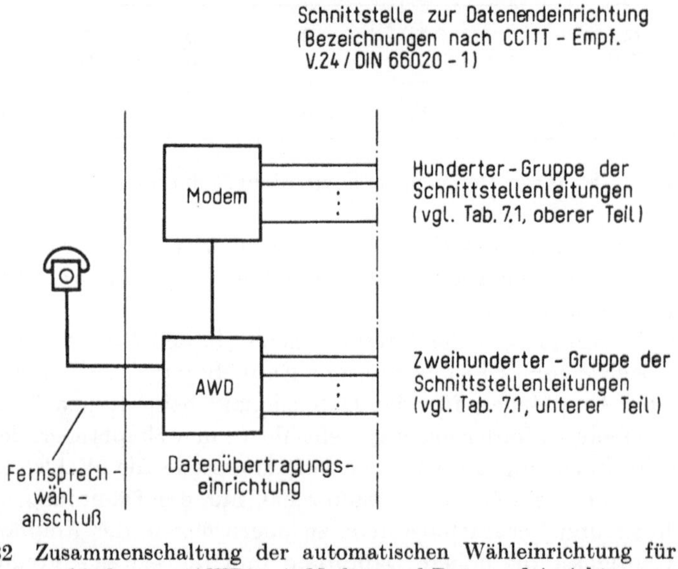

Bild 7.32 Zusammenschaltung der automatischen Wähleinrichtung für Datenverbindungen (AWD) mit Modem und Datenendeinrichtung.

von der Bedienperson mit Hilfe des Fernsprechers zum Verbindungsaufbau durchgeführten Vorgänge — Abnehmen des Handapparates, Abwarten des Wähltones, Wahl der Rufnummer — von der Datenendeinrichtung über die Schnittstelle zur Datenübertragungseinrichtung (Bild 7.32) abgewickelt wird. Der für den automatischen Verbindungsaufbau vorgesehene Teil der Datenübertragungseinrichtung ist die automatische Wähleinrichtung für Datenverbindungen (AWD); sie ist durch einen besonderen Stecker mit der Datenendeinrichtung verbunden.

Die Schnittstelle und die Prozedur des automatischen Verbindungsaufbaus nach CCITT-Empf. V. 25 sind in Abschn. 7.1.1.1 beschrieben; die Definitionen der Schnittstellenleitungen für die automatische Wahl sind ebenso wie die der Modemschnittstellen in der CCITT-Empf. V. 24 enthalten, in den elektrischen Eigenschaften entsprechen sie CCITT-Empf. V. 28. Die Nummern der Leitungen gehören zu der Zweihunderter-Gruppe (Tab. 7.1, unterer Teil).

Vor Durchführung des Verbindungsaufbaus meldet zunächst die Datenendeinrichtung auf der Schnittstellenleitung 202 (s. Abschn. 7.1.1.1) den Verbindungswunsch; daraufhin schließt die AWD die Ortsschleife, wodurch der Fernsprechwählvermittlung der Zustand *Handapparat abgenommen* signalisiert wird. Nach Erkennen des Wähltons (als Wahlaufforderung) übernimmt die AWD eine Ziffer der Rufnummer nach der anderen von der Datenendeinrichtung und überträgt sie zur Fernsprechvermittlung, z. B. indem sie bei Teilnehmersignalisiersystemen mit Nummernschalterwahl die Ortsschleife im gleichen Rhythmus unterbricht wie der Nummernschalter während einer ablaufenden Wählscheibe. Bei Teilnehmersignalisiersystemen mit Tastenwahl läuft die Prozedur über die Schnittstelle in genau der gleichen Weise ab; die AWD sendet dann lediglich anstelle der Schleifenstromunterbrechungen die den übernommenen Ziffern entsprechenden Tastwahlfrequenzen.

Anschließend an den Wählvorgang sendet die AWD für die Dauer von jeweils 0,5 bis 0,7 s einen Rufton z. B. mit der niedrigen Kennfrequenz des zugehörigen Modems, um bei einer falschen Verbindung dem gerufenen Teilnehmer anzuzeigen, daß er mit einer automatisch rufenden Datenstation verbunden ist.

In den 1,5 bis 2,5 s langen Pausen zwischen zwei gesendeten Ruftönen wartet die AWD auf den Antwortton (2100 Hz) der gerufenen Datenstation. Nachdem sie ihn erkannt hat, schaltet sie die Fernsprechleitung auf den Modem der eigenen Station um. Zwischen den beiden Stationen kann dann die Datenverbindung aufgebaut werden (vgl. Abschn. 7.1.1.2).

7.3 Datenübertragungseinrichtungen zum Einsatz auf festgeschalteten Verbindungen

In diesem Abschnitt werden die Datenübertragungseinrichtungen für festgeschaltete Verbindungen betrachtet, die einen Übertragungsweg benutzen, wie er im Fernsprechnetz für die Übertragung analoger Signale vorgesehen ist: Niederfrequenzkabel und Pupinkabel im Nahbereich sowie Verbindungen mit Sprachbandbreite und Primärgruppenverbindungen im Fernbereich (s. Band I, Abschn. 3). Auf die Datenübertragungseinrichtungen, die in Datennetzen festgeschaltete Verbindungen ermöglichen, wird in Abschn. 7.4 eingegangen.

Von den Fernmeldeverwaltungen werden entweder Übertragungswege des Fernsprechnetzes zur Verfügung gestellt, an die der Teilnehmer eigene Datenübertragungseinrichtungen anschließen kann, oder dem Teilnehmer werden die Übertragungswege einschließlich der Datenübertragungseinrichtungen, d. h. Datenverbindungen von Schnittstelle zu Schnittstelle angeboten.

Neben der Möglichkeit, außer dem Sprachkanal auch Niederfrequenzoder Pupinkabel oder Primärgruppenverbindungen benutzen zu können, bieten festgeschaltete Verbindungen des Fernsprechnetzes folgende Vorteile gegenüber Fernsprechwählverbindungen:

— Die Verbindung kann vierdrähtig ausgeführt werden, d. h., gleichzeitige Übertragung in beiden Richtungen (Duplexbetrieb) ist möglich, auch wenn der verfügbare Frequenzbereich bereits in einer Übertragungsrichtung voll ausgenutzt wird.

— Eine spezielle Auswahl und eine Entzerrung des Übertragungsweges ist möglich, so daß für alle hier betrachteten Modems, verglichen mit denen für Fernsprechwählverbindungen, günstigere Verhältnisse vorliegen bezüglich linearer Verzerrungen, Störungen und sonstiger Einflüsse des Übertragungsweges (vgl. Band I, Abschn. 3).

— Die Anschaltung mehrerer, räumlich entfernter Datenübertragungseinrichtungen an einen gemeinsamen oder mehrere, vierdrähtig geführte Verbindungswege ist möglich (Mehrpunktbetrieb mit Leitungsverzweigern, vgl. Abschn. 8.1.2.2). Bei dieser Betriebsart arbeitet eine Zentralstation abwechselnd mit verschiedenen peripheren Datenstationen zusammen, die an den Übertragungsweg angeschlossen sind. Wie beim Halbduplexbetrieb sind hier eine Steuerung des Senders und kurze Verzögerungszeiten beim Wechsel von einer peripheren Station zur anderen nötig, d. h. kurze Zeiten für den jeweiligen Aufbau der Datenverbindung.

Wie die Datenübertragungseinrichtungen zum Einsatz in Fernsprechwählnetzen werden diejenigen für festgeschaltete Verbindungen auch als Modems bezeichnet, da sie wie dort die Aufgabe haben, die von der Datenendeinrichtung abgegebenen binären Datensignale so umzuwandeln, daß sie in dem nutzbaren Frequenzbereich des Übertragungsweges übertragen werden können. Um eine internationale Zusammenarbeit der Modems verschiedener Herkunft für den Fernbereich zu ermöglichen, werden ihre Eigenschaften wie diejenigen der Modems für Fernsprechwählnetze auch international — durch Empfehlungen des

CCITT — vereinbart. Für die Modems für den Nahbereich brauchen dagegen keine internationalen Vereinbarungen getroffen zu werden, da sie nur im nationalen Bereich der Verwaltungen verwendet werden.

Einen Überblick über die Modems, die in den folgenden Abschnitten behandelt werden, zeigt Tab. 7.7.

Da die Modems für festgeschaltete Verbindungen fast ausschließlich für die gleichzeitige Übertragung in beiden Richtungen (Duplexbetrieb, s. Abschn. 7.1) eingesetzt werden, können bereits an dieser Stelle an einem vereinfachten Blockschaltbild die für die Schnittstelle zur Datenendeinrichtung wesentlichen Schnittstellenleitungen gezeigt werden (Bild 7.33).

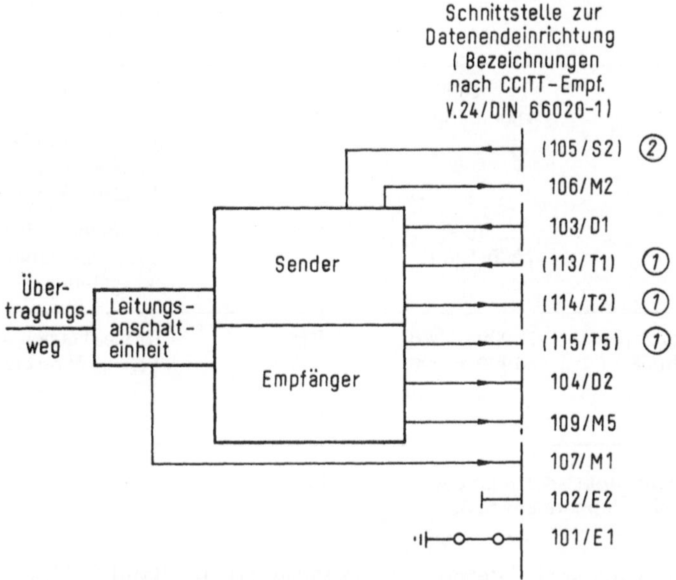

Bild 7.33   Modem für festgeschaltete Verbindungen bei Duplexbetrieb. (1) nur bei taktgebundener Übertragung erforderlich, (2) nur bei Steuerung des Senders (Mehrpunkt- oder auch Halbduplexbetrieb) erforderlich.

Bei festgeschalteten Verbindungen von Sprachbandbreite ist es mit Hilfe einer besonderen Zusatzeinrichtung möglich, alternativ zur Datenübertragung Sprechverkehr durchzuführen. Die in Bild 7.33 gezeigten Schnittstellenleitungen werden dann um die Leitungen 108 und 125 ergänzt (vgl. Abschn. 7.1).

7.3.1 Modems für Niederfrequenz- und Pupinkabel

Im Nahbereich stehen als festgeschaltete Verbindungen die Adernpaare von Niederfrequenz-(NF-)Kabeln (Band I, Abschn. 3.1.2) oder für größere

Tabelle 7.7   Modems zum Einsatz auf festgeschalteten Verbindungen

Übertragungsweg	Geschwindigkeit bit/s	CCITT-Empf.	Betriebsweise
Niederfrequenz-kabel	bis 9600 und darüber	—	Duplexbetrieb auf Vier-draht-[1] oder Zweidraht-verbindungen; geschwin-digkeitstransparent oder taktgebunden
		—	Duplexbetrieb über Vierdrahtverbindungen; im allgemeinen takt-gebunden
Sprachkanal	4800 4800/2400	V. 27 V. 27 bis*	Duplexbetrieb auf Vierdrahtverbindungen[1] und Halbduplexbetrieb auf Zweidrahtverbin-dungen; taktgebunden
	9600/ 7200/4800	V. 29*	Duplexbetrieb auf Vier-drahtverbindungen[1]; taktgebunden
Primärgruppen-verbindung	72000/64000/ 56000/48000	V. 36*	Duplexbetrieb auf Vierdrahtverbindungen

[1] Mehrpunktbetrieb ist ebenfalls möglich.
* Siehe Fußnote auf S. 5.

Entfernungen auch Adernpaare von Pupinkabeln (Band I, Abschn. 3.1.3) zur Verfügung.

Da sie auch Bestandteil einer Verbindung mit dem Frequenzband eines Sprachkanals sein können, sind die in Abschn. 7.2 und 7.3.2 be-schriebenen Modems, die mit Übertragungsverfahren mit moduliertem Träger und bei Geschwindigkeiten bis 9600 bit/s arbeiten, verwendbar, wobei durch Pupinkabel der Frequenzbereich des Sprachkanals nicht zu stark begrenzt sein darf (s. Band I, Tab. 3.3). Diese Modems für Über-tragungsgeschwindigkeiten ab 1200 bit/s arbeiten wegen des begrenzten Frequenzbandes mit mehrwertiger Übertragung und erfordern für Ge-schwindigkeiten oberhalb 4800 bit/s eine sehr genaue Entzerrung.

Anstelle der Übertragungsverfahren mit moduliertem Träger (Band I, Abschn. 4.3) können auf festgeschalteten Verbindungen im Nahbereich aber häufig auch die wesentlich einfacher zu realisierenden Basisband-

Übertragungsverfahren	Entzerrung	Bemerkungen
Doppelstromtastung	im allgemeinen keine; Reichweiteerhöhung durch Kompromißentzerrer (Abschn. 7.3.1.1)	Für Duplexbetrieb über Zweidrahtverbindungen Zusatzeinrichtung erforderlich (Abschn. 7.3.1.1)
verschiedene Übertragungsverfahren möglich (s. auch Bemerkungen)	einstellbarer oder automatischer Entzerrer (s. Abschn. 7.4.1.3)	Im Netz der Deutschen Bundespost wird das pseudoternäre Übertragungsverfahren verwendet (Abschn. 7.4.1.3).
achtwertige Phasendifferenzmodulation	manueller Entzerrer adaptiver Entzerrer	Hilfskanal bis 75 bit/s wahlweise
Quadraturamplitudenmodulation, 16-wertiges Signal	adaptiver Entzerrer	
zweiwertige Amplitudenmodulation mit Einseitenbandübertragung	Entzerrung des Übertragungsweges	In der CCITT-Empf. V. 35 ist für 48 kbit/s ein weiterer Modem festgelegt (s. Abschn. 7.3.3).

übertragungsverfahren (s. Band I, Abschn. 4.2) eingesetzt werden. Sie
erlauben auf Adernpaaren von NF-Kabeln auch höhere Übertragungsgeschwindigkeiten, z. B. 48 kbit/s (s. Abschn. 7.3.1.2). Auf Adernpaaren
von Pupinkabeln erreicht man mit diesen Basisbandübertragungsverfahren jedoch nur etwa 2400 bit/s; für höhere Geschwindigkeiten müssen
hier wegen des durch die Pupinisierung begrenzten Frequenzbereiches
(Band I, Abschn. 3.1.3) Modems für das Sprachband eingesetzt werden.

Die Basisbandübertragungseinrichtungen werden vielfach auch als
„Modems für den Nahbereich" bezeichnet, denn sie verhalten sich von
der Datenendeinrichtung her gesehen wie die entsprechenden und verbreiteten Modems. Für den Geschwindigkeitsbereich bis 9600 bit/s kommen alle in Band I, Abschn. 4.2 beschriebenen Übertragungsverfahren
in Frage. Wichtig für die Auswahl ist die maximal zulässige Sendespannung, von der bei gegebener maximaler Reichweite die minimale

Empfangsspannung und damit die Empfindlichkeit gegenüber Störungen abhängt.

Bild 7.34 zeigt die zulässige Sendespitzenspannung für verschiedene Basisbandübertragungsverfahren, die bei psophometrischer Bewertung (entsprechend der Empfindlichkeit des menschlichen Ohres, Abschn. 11.2.4.1) eine Geräuschspannung von weniger als 0,2 mV in einem Nachbaradernpaar bewirkt. Diese Grenze der Geräuschspannung wird z. B. von der DBP vorgeschrieben, um die Sprachübertragung nicht unzulässig zu stören. Andere Verwaltungen haben ähnliche Forderungen.

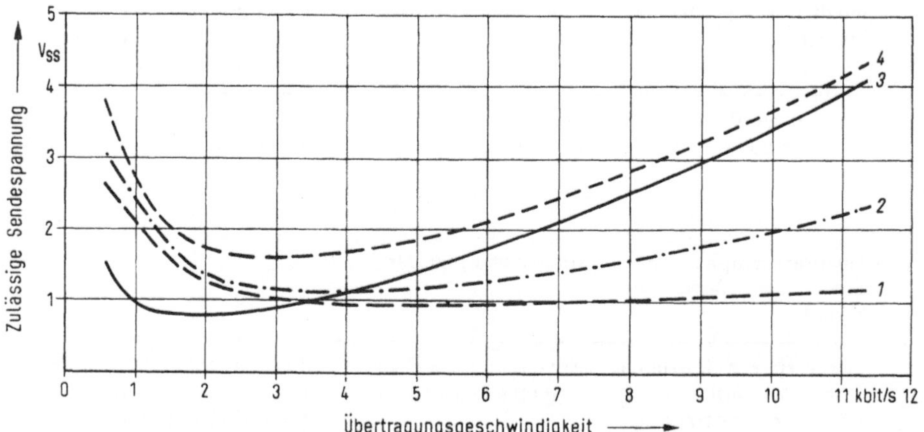

Bild 7.34 Zulässige Sendespannung für verschiedene Übertragungsverfahren. Gültig für stochastische Folgen rechteckförmiger Impulse bei Leitungsabschluß mit 150 Ω und bei Berücksichtigung der zulässigen Geräuschspannung von 0,2 mV$_{\text{eff}}$ in Nachbaradern.
1 Gleichstromtastung, *2* Bipolar-Verfahren, *3* Coded-Diphase-Verfahren, *4* Pseudoternär-Verfahren.

Vorausgesetzt ist, daß in den Sendern keine Impulsformung stattfindet, daß also näherungsweise rechteckförmige Impulse gesendet werden. Die höchste Sendespannung erlaubt demnach das pseudoternäre Übertragungsverfahren. Dieses Übertragungsverfahren wurde deshalb auch von der DBP für die Übertragungseinheiten zum Einsatz in Datennetzen (Abschn. 7.4.1.2) ausgewählt [7.42, 7.43].

Bei höheren Übertragungsgeschwindigkeiten als 9600 bit/s müssen außer der obengenannten Geräuschspannungsforderung für den Sprachkanal die sonstigen, in anderen Adernpaaren des NF-Kabels betriebenen Systeme berücksichtigt werden, die durch die Datenübertragung nicht gestört werden dürfen (Band I, Tab. 3.4).

Die wesentlichen Anwendungen von Modems im Nahbereich liegen im Geschwindigkeitsbereich unter 9600 bit/s. Dort wird zum Teil auch geschwindigkeitstransparente Übertragung gefordert; mit Ausnahme der Einfach- und Doppelstromtastung erfordern aber alle in Band I, Abschn. 4.2 beschriebenen Basisbandübertragungsverfahren — auch das für den Einsatz im Datennetz ausgewählte pseudoternäre — taktgebundene Übertragung. Daher werden für diesen Geschwindigkeitsbereich Nahbereichsmodems realisiert, die die (gegenüber Einfachstromtastung günstigere) Doppelstromtastung (s. Band I, Abschn. 4.2.1) verwenden [7.44 bis 7.46] und somit für die Übertragung anisochroner und isochroner Datensignale in gleicher Weise geeignet sind.

7.3.1.1 Modem für Niederfrequenz- und Pupinkabel und Geschwindigkeiten bis 9600 bit/s

Um weitgehend unabhängig von Störspannungen zu sein, die gleichzeitig auf beiden Adern eines Paares eines NF-Kabels auftreten können, betreibt man die Leitung, also das Adernpaar, symmetrisch und erdfrei. Eine erste grundsätzliche Forderung an Modems für den Nahbereich, die Gleichstromtastung verwenden, ist daher die Potentialtrennung zwischen den an Erdpotential gebundenen Schnittstellenstromkreisen und dem Übertragungsweg.

Bei den Modems für den Nahbereich mit Gleichstromtastung, die auch einen Gleichstromanteil zu übertragen haben, kann die Potentialtrennung für die binären Datensignale durch Übertrager erzielt werden, wenn die binären Datensignale in hochfrequente Schwingungen umgesetzt werden [7.44]. Heute verwendet man optoelektronische Koppler zur Potentialtrennung [7.46].

Im gesamten Geschwindigkeitsbereich bis 9600 bit/s wird die Doppelstromtastung bei einer Sendespannung von ± 350 mV durchgeführt (vgl. Bild 7.34, Kurve *1*). Das Sendesignal wird niederohmig (z. B. $< 20\,\Omega$) eingespeist; auch der Empfänger arbeitet bei Unteranpassung an das NF-Kabel (z. B. mit etwa $200\,\Omega$) [7.46]. Man erzielt dadurch erstens eine geringere Anfälligkeit gegenüber hochohmig auf das Adernpaar des Kabels eingespeisten Störungen und zweitens eine Verringerung der Dämpfungs- und Gruppenlaufzeitverzerrung (s. Band I, Abschn. 3.1.2, Bilder 3.5b und 3.6).

Modems für den Nahbereich verwenden darüber hinaus Kompromißentzerrer, die erst ab einer gewissen Leitungslänge eingeschaltet werden [7.46]. Das Kriterium für die Einschaltung der Entzerrer ist die Amplitude des Empfangssignals, d. h. — da die Sendespannung festliegt — die Dämpfung der Adernpaare des Kabels.

Bild 7.35 zeigt für die geschwindigkeitstransparente Übertragung den Isochronverzerrungsgrad mit und ohne Kompromißentzerrer für Adernpaare mit 0,8 mm Leiterdurchmesser in Abhängigkeit von der Kabellänge. Für einen gegebenen, für einen bestimmten Anwendungsfall zulässigen Isochronverzerrungsgrad können aus diesem Bild die Reich-

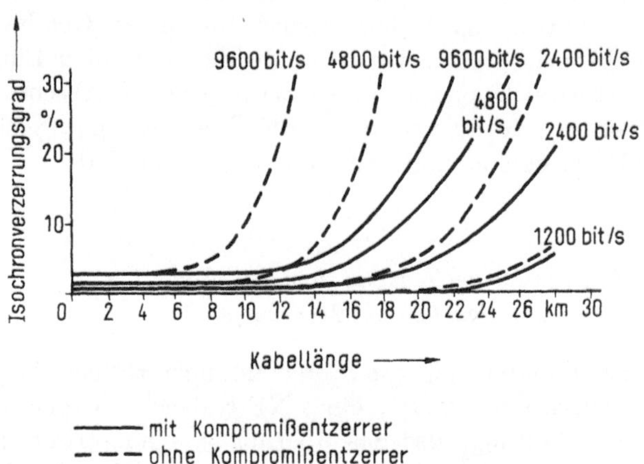

Bild 7.35   Isochronverzerrungsgrad bei Duplexbetrieb über eine Vierdrahtverbindung. Leiterdurchmesser der Adernpaare: 0,8 mm.
- - - ohne Kompromißentzerrer, —— mit Kompromißentzerrer.

weiten abgelesen werden. Bei Synchronbetrieb mit einem zusätzlichen Taktgeber und eventuell auch einem Verwürfler, der es dann erlaubt, beliebige Bitfolgen zu übertragen, können etwa die Reichweiten zu Grunde gelegt werden, die sich bei einem Isochronverzerrungsgrad von 20% ergeben.

Die Kurven in Bild 7.35 für Geschwindigkeiten unterhalb 2400 bit/s enden bei 28 km Kabellänge. Bei dieser Kabellänge hat ein Adernpaar mit 0,8 mm Leiterdurchmesser etwa 2 kΩ Gleichstromschleifenwider-stand. Bei dem obengenannten Empfängereingangswiderstand von 200 Ω ergibt sich mit der Sendespannung von $\pm$350 mV bei dieser Kabellänge eine Empfangsspannung von etwa $\pm$30 mV. Diese Empfangsspannung sollte wegen der auftretenden Störungen auf der Leitung nicht unter-schritten werden. Da die Kabellänge von 28 km sich aus dem Spannungs-teilerverhältnis ergibt, spricht man daher hier von *Spannungsreichweite*.

Für *Duplexübertragung* ohne besondere Zusatzeinrichtungen sind zwei Adernpaare notwendig, d. h. eine *vierdrähtige* Verbindung. Die Geräte werden meist so ausgeführt, daß sie auch für Mehrpunktbetrieb (Abschalten des Senders) und für Halbduplexbetrieb über zweidrähtige Verbindungen eingesetzt werden können. Die Schnittstelle zur Datenendeinrichtung bietet für diese Betriebsfälle dann alle Schnittstellenleitungen, die in Bild 7.33 eingezeichnet sind. Die für den Halbduplex- und Mehrpunktbetrieb notwendige kurze Verzögerungszeit zwischen den Schnittstellenleitungen 105 und 106 kann hier bis auf etwa 10 ms reduziert oder derjenigen der jeweils entsprechenden Modems angepaßt werden.

Durch Kompensation des eigenen Sendesignals des Modems für den Nahbereich am Empfängereingang ergibt sich aber auch die Möglichkeit der *Duplexübertragung über Zweidrahtverbindungen.* Das kann geschehen

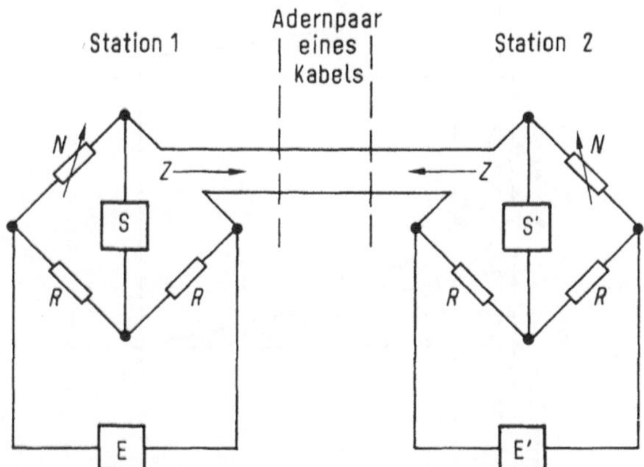

Bild 7.36 Brückenanordnung für Zweidraht-Duplexübertragung beim Nahbereichsmodem mit Gleichstromtastung.

S, S′: Sender, E, E′: Empfänger, R Widerstand, N Nachbildung, Z Eingangswiderstand des Kabels.

durch Nachbildung des Eingangswiderstandes des verwendeten Adernpaares in einem Zweig einer Brückenanordnung (Bild 7.36). Die Nachbildungen beider in Bild 7.36 gezeigten Stationen müssen abgeglichen werden. Der Abgleich der Nachbildung erfordert Meßgeräte und ist zeitraubend.

Ein Verfahren, bei dem das Sendesignal am Empfängereingang im Zeitbereich kompensiert wird, erlaubt einen wesentlich günstigeren Abgleich [7.46]. Das Prinzip dieser Kompensation des eigenen Sendesignals einer Station am Empfängereingang zeigt stark vereinfacht Bild 7.37.

Dargestellt ist in Bild 7.37 a der zu kompensierende Leitungsstrom $i_\mathrm{L}(t)$ des Senders nach einer Änderung des Zustandes der Datenleitung zum Zeitpunkt $t = 0$. In Bild 7.37 b ist zur Veranschaulichung die Approximation dieses Impulses durch Geradenstücke unterschiedlicher Steigung und unterschiedlicher Anfangswerte (a_1, a_2, a_3, in verschiedenen

Zeitbereichen gezeigt. Die Bereiche, in denen die Geradenstücke zur Approximation beitragen, sind unterschiedlich schraffiert. Schließlich ist in Bild 7.37c die Differenz aus diesem nachgebildeten Strom $i_\mathrm{N}(t)$ und dem Leitungsstrom $i_\mathrm{L}(t)$ als verbleibender Reststrom $\Delta i = i_\mathrm{L}(t) - i_\mathrm{N}(t)$ am Empfängereingang dargestellt.

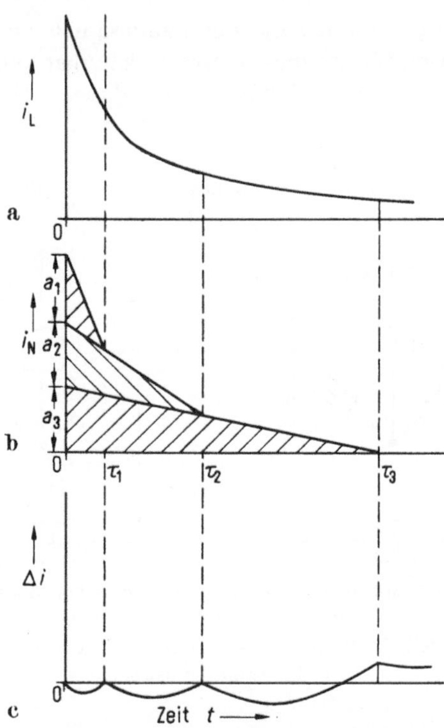

Bild 7.37   Prinzip der Kompensation des Sendesignals am Empfängereingang einer Station.

a) Leitungsstrom des Senders: $i_\mathrm{L}(t)$; b) nachgebildeter Strom $i_\mathrm{N}(t)$; c) Differenzstrom am Empfängereingang $\Delta i = i_\mathrm{L}(t) - i_\mathrm{N}(t)$.

Die Geradenstücke werden für die Realisierung durch Exponentialfunktionen mit unterschiedlichen Exponenten und unterschiedlichen Anfangswerten ersetzt, mit denen sich auch eine bessere Approximation erzielen läßt. Die unterschiedlichen Exponenten werden durch entsprechende Zeitkonstanten von RC-Gliedern ($R_1 C_1 \dots R_n C_n$), die unterschiedlichen Anfangswerte durch die mit veränderbaren Widerständen (P_1 bis P_n) einstellbare Verstärkung von Operationsverstärkern realisiert (Bild 7.38). Zusätzlich ist in Bild 7.38 ein Abgleich (P_0) für einen eventuellen Gleichstromanteil eingezeichnet.

Den Verlauf der Differenz zwischen Leitungs- und nachgebildetem Strom am Empfängereingang, der mit einer derartigen Kompensationsschaltung erzielt wurde, zeigt Bild 7.39. In dieses Bild sind Zeitbereiche I

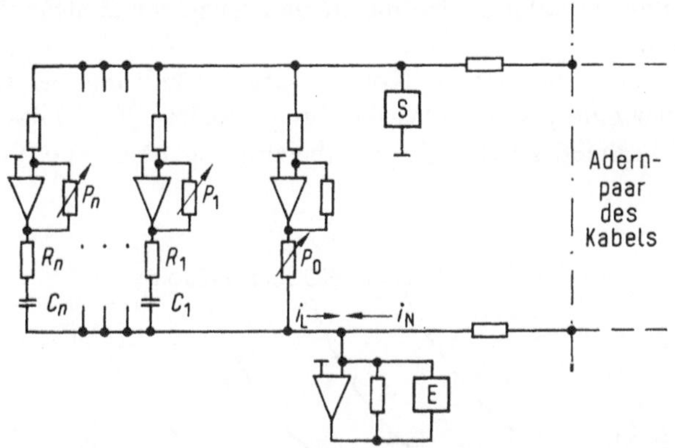

Bild 7.38   Schaltung für die Kompensation im Zeitbereich.
S: Sender, i_L: Leitungsstrom, E: Empfänger, i_N: nachgebildeter Strom.

bis IV eingezeichnet (entsprechend $\tau_n - \tau_{n-1}$ in Bild 7.37), in denen die einzelnen RC-Glieder entsprechend ihren Zeitkonstanten hauptsächlich wirksam sind. Man mißt den Differenzstrom jeweils nur in diesen Zeitbereichen und vergleicht ihn mit der Schwelle ($\pm \Delta i_{\max}$ in Bild 7.39),

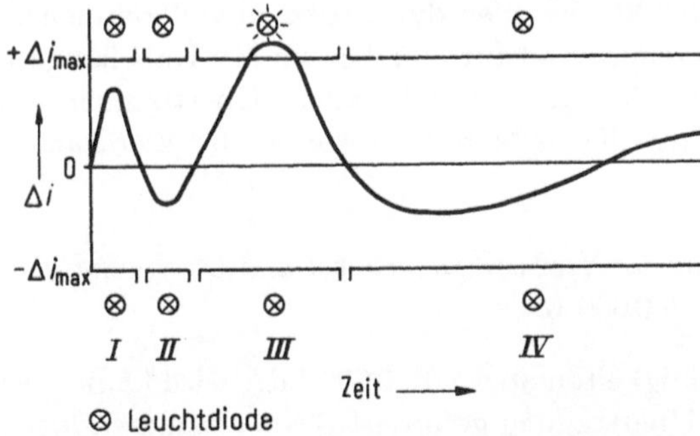

Bild 7.39   Verlauf der Differenz zwischen Leitungsstrom und nachgebildetem Strom $\Delta i = i_L - i_N$ am Empfängereingang.

unter der das kompensierte Sendesignal am Empfängereingang liegen muß. Diese Schwelle für den Differenzstrom muß so gewählt werden, daß sich ein genügender Abstand zum minimalen Empfangssignalstrom ergibt. Die Anzeige einer Überschreitung kann durch Leuchtdioden geschehen, wie in Bild 7.39 angedeutet. Im Zeitbereich III überschreitet der Differenzstrom die Grenze $+\Delta i_{\max}$. Der Betrag des in diesem

Zeitbereich wirksamen *RC*-Gliedes muß mit dem entsprechenden veränderbaren Widerstand abgeglichen werden; außerdem sind auch die übrigen veränderbaren Widerstände neu einzustellen, da sich die Beiträge der nachgebildeten Ströme in den einzelnen Zeitbereichen etwas beeinflussen.

Die mit einer derartigen Kompensationsschaltung bei Duplexübertragung über eine Zweidrahtverbindung erzielten Ergebnisse zeigt Bild 7.40. Im Vergleich zu der Duplexübertragung über eine Vierdrahtver-

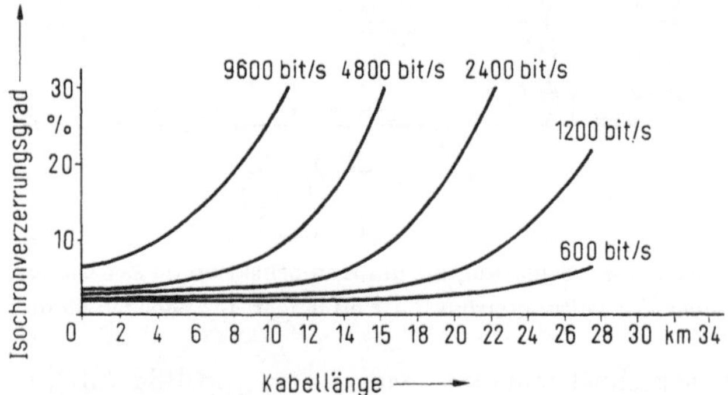

Bild 7.40   Isochronverzerrungsgrad bei Duplexübertragung über eine Zweidrahtverbindung. Leiterdurchmesser des Adernpaares: 0,8 mm.

bindung (Bild 7.35) ist hier durch den unvollkommenen Abgleich der Isochronverzerrungsgrad für eine bestimmte Kabellänge und Geschwindigkeit höher. Für die taktgebundene Übertragung und Spannungsreichweite gelten die Bedingungen wie bei der Vierdrahtverbindung.

7.3.1.2 *Modem für Niederfrequenzkabel und Geschwindigkeiten oberhalb* 9600 *bit/s*

Für Geschwindigkeiten oberhalb 9600 bit/s wird kaum geschwindigkeitstransparente Übertragung gefordert. Daher kommen hier alle in Band I, Abschn. 4.2 genannten Verfahren in Frage. Zu beachten ist dabei besonders, daß die Dienste der Verwaltungen auf Nachbaradern durch Nebensprechen nicht gestört werden dürfen (vgl. Band I, Tab. 3.4). Da zur Zeit die Anwendung hoher Übertragungsgeschwindigkeiten nur in geringem Umfang genutzt wird, sei hier als Beispiel für die bei 48 kbit/s erzielbare Reichweite lediglich erwähnt, daß sich mit dem pseudoternären Verfahren (vgl. auch Absch. 7.4.1.3) und mit einer Sendespannung von 6 V bei 0,6 mm Leiterdurchmesser eine Reichweite von etwa 12 km ergibt.

7.3.2 Modems für Kanäle mit Sprachbandbreite

Selbstverständlich sind die im Fernsprechwählnetz einsetzbaren Modems (Abschn. 7.2) auch für die Übertragung auf festgeschalteten Kanälen von Sprachbandbreite geeignet. Auf festgeschalteten Verbindungen ist jedoch Duplexbetrieb selbst dann möglich, wenn das Übertragungsverfahren das gesamte Frequenzband des Sprachkanals benötigt, da hier Vierdrahtverbindungen verwendet werden können. Ferner können auf festgeschalteten Verbindungen Echosperren (Band I, Abschn. 3.2.2.5) dauernd ausgeschaltet werden. Verbindungen besonderer Qualität lassen sich schalten mit Übertragungseigenschaften entsprechend CCITT-Empf. M. 1020* (früher M. 102; s. Band I, Abschn. 3.2). Daneben besteht auch die Möglichkeit, die festgeschalteten Verbindungen durch Maßnahmen in den Übertragungseinrichtungen selbst besonders genau zu entzerren. Daher können auf diesen Verbindungen höhere Übertragungsgeschwindigkeiten erreicht werden als im Wählnetz, zumal durch direkte Unterbrechungen des Schleifenstroms verursachte Störungen entfallen, so daß ein besserer Signal/Störabstand erzielt wird.

In Abschn. 7.3 wird nur auf Modems zur Übertragung mit höheren Geschwindigkeiten als 2400 bit/s eingegangen. Die hierfür geeigneten Übertragungsverfahren sind durchweg mehrwertig und daher taktgebunden.

Für Modems für 2400 bit/s auf festgeschalteten Verbindungen gibt es die CCITT-Empf. V. 26 [7.5]. Sie sieht auch in Zukunft neben der Codieralternative B die Codieralternative A vor, die in der ab Ende 1976 geltenden Fassung der Empfehlung V. 26 bis* [7.6] für Modems für 2400 bit/s auf Wählverbindungen nicht mehr enthalten sein wird (vgl. Abschn. 7.2.1.3). Ansonsten weicht die CCITT-Empf. V. 26 aber nur geringfügig von derjenigen für Modems für Fernsprechwählverbindungen ab.

7.3.2.1 *Modems für* 4800 bit/s

Von CCITT wurden zwei Modems festgelegt, die die Übertragung mit 4800 bit/s über Vierdrahtverbindungen im Duplexbetrieb, aber auch die Übertragung über Zweidraht- oder Vierdrahtverbindungen im Halbduplexbetrieb und die Anwendung im Mehrpunktbetrieb erlauben. Bei beiden Modems kann gleichzeitig zur Übertragung im Datenkanal ein Hilfskanal für 75 bit/s betrieben werden (vgl. Abschn. 7.2.1.2).

Die beiden Modems unterscheiden sich vor allem durch das Entzerrungsverfahren. Beim Modem nach CCITT-Empf. V. 27 [7.7] ist ein

---

* Siehe Fußnote auf S. 5.

manuell einstellbarer Entzerrer vorgesehen, beim Modem nach CCITT-Empf. V. 27 bis* ein adaptiver Entzerrer.

Da sich die Modems in ihren sonstigen Eigenschaften nicht wesentlich unterscheiden, werden sie hier gemeinsam behandelt. Auf die Unterschiede wird jeweils eingegangen. Der Modem nach CCITT-Empf. V. 27 bis* mit adaptiven Entzerrer entspricht im übrigen praktisch demjenigen für Fernsprechwählverbindungen nach CCITT-Empf. V. 27 ter* (vgl. Abschn. 7.2.1.4).

Übertragungsverfahren

Als Übertragungsverfahren für beide Modems für 4800 bit/s wurde achtwertige Phasendifferenzmodulation (Band I, Abschn. 4.3.3) festgelegt. Dabei werden die zu übertragenden Bits in Dreiergruppen, *Tribits*,

Tabelle 7.8   Zuordnung der Tribits
zu den Phasendifferenzen
nach CCITT-Empf. V. 27 und V. 27 bis*

Tribit	Phasendifferenz
0 0 1	0
0 0 0	45°
0 1 0	90°
0 1 1	135°
1 1 1	180°
1 1 0	−135°
1 0 0	−90°
1 0 1	−45°

zusammengefaßt und den acht möglichen Phasendifferenzen entsprechend Tabelle 7.8 zugeordnet [7.7]. Wie beim Modem für Fernsprechwählverbindungen ist beim Modem mit adaptivem Entzerrer eine Rückschaltmöglichkeit auf 2400 bit/s vorgesehen (vgl. Abschn. 7.2.1.4). Die Trägerfrequenz beträgt 1800 ±1 Hz. Am Empfängereingang muß wie bei Wählverbindungen mit einer zusätzlichen Frequenzverwerfung von ±6 Hz gerechnet werden.

Aufbau

Für beide Modems können die gleichen Modulatoren und Demodulatoren verwendet werden, wie sie in Abschn. 7.2.1.3 beschrieben sind, lediglich mit der Erweiterung von vierwertiger auf achtwertige Phasendifferenzmodulation.

---

* Siehe Fußnote auf S. 5.

Ein Beispiel für einen manuellen Entzerrer für den Modem nach CCITT-Empf. V. 27 ist in Band I, Abschn. 5.3.1.2 enthalten. Adaptive Entzerrer für den Modem nach CCITT-Empf. V. 27 bis* wurden in Abschn. 7.2.1.4 beschrieben. Wie der Modem für Fernsprechwählverbindungen (s. Abschn. 7.2.1.4) führt auch dieser Modem vor Beginn der Datenübertragung eine Startprozedur durch.

Die Schnittstelle der Modems entspricht der in Bild 7.33 gezeigten. Die elektrischen Eigenschaften wurden in Abschn. 7.1.4 diskutiert.

Neben einer langen Verzögerungszeit zwischen den Schnittstellenleitungen 105 und 106 von etwa 1 s sind bei beiden Modems für Halbduplex- oder Mehrpunktbetrieb auch kurze Verzögerungszeiten vorgesehen. Sie werden bei diesen Modems mit Hilfe besonderer Startsignale für die schnelle Einphasung des Taktes sowie (beim Modem mit adaptivem Entzerrer) für die Einstellung des Entzerrers erzielt. Festgelegt sind für den Modem nach CCITT-Empf. V. 27 wahlweise 20 ± 3 ms oder 50 ± 20 ms, für denjenigen nach CCITT-Empf. V. 27 bis* 50 ms entsprechend der Dauer der Startprozedur.

Um unabhängig von der gerade übertragenen Bitfolge Takt- und Trägerphase im Empfänger zurückgewinnen und beim Modem mit adaptivem Entzerrer die günstigste Einstellung beibehalten zu können, werden die Daten verwürfelt [7.7].

Einflüsse von Störungen

Da über die Fehlerhäufigkeit bei Übertragung mit 4 800 bit/s auf festgeschalteten Verbindungen wenig Aussagen vorliegen, kann hier nur der Signal/Störabstand im Kurzschluß bei weißem Rauschen im Frequenzbereich 300 bis 3 400 Hz als Störer genannt werden. Er beträgt für eine Bitfehlerwahrscheinlichkeit von 10^{-5} etwa 17 dB. Im Kurzschluß sind Phasenschwankungen (Band I, Abschn. 3.2.2.6) von etwa 25° zulässig, ohne daß Fehler auftreten.

7.3.2.2 Modem für 9 600 bit/s

Für die Modems für 9 600 bit/s kommen nur Übertragungsverfahren in Frage, die bereits ohne den Übergang auf Mehrwertigkeit eine möglichst hohe Bandbreiteausnutzung erlauben. Nach Band I, Abschn. 4.3 sind das Amplitudenmodulation mit Einseitenband- oder Restseitenbandübertragung und Quadraturamplitudenmodulation (QAM). Amplitudenmodulation mit Einseitenbandübertragung bei Verwendung von Partial-Response-Impulsen der Klasse 4 weist die bestmögliche Bandbreiteausnutzung auf, nämlich 2 bit/s je Hz (vgl. Band I, Bild 4.34 c); die der

---

* Siehe Fußnote auf S. 5.

anderen Verfahren liegt darunter. Die Bandbreiteausnutzung für die
Übertragung von 9600 bit/s über einen Sprachkanal muß etwa 4 bit/s je
Hz betragen im Hinblick auf den zur Verfügung stehenden nutzbaren
Frequenzbereich des Sprachkanals von etwa 2800 Hz.

Die Bandbreiteausnutzung ist jedoch nicht der einzige Gesichtspunkt
für die Auswahl des Übertragungsverfahrens für 9600 bit/s. Wegen der
hohen Bandbreiteausnutzung sind adaptive Entzerrer selbstverständlich,
die die linearen Verzerrungen des Übertragungsweges genügend genau
entzerren, so daß diese Einflüsse des Übertragungsweges nicht gesondert
berücksichtigt werden müssen. Diese Entzerrer und auch die Träger-
phasenregelung (vgl. Band I, Abschn. 4.4.2) können aber schnellen
Phasenschwankungen auf dem Übertragungsweg nur ungenügend
folgen und auch keine nichtlinearen Verzerrungen ausgleichen, die bei
einer derart hohen Bandbreiteausnutzung wesentlich sind. Von CCITT
wurde in der Empf. V. 29* daher ein Modem für 9600 bit/s festgelegt,
welcher mit QAM arbeitet; denn dieses Verfahren ist unempfindlicher
gegenüber Trägerphasenfehlern (s. Band I, Abschn. 4.4.2) als Amplitudenmodulation mit Einseitenband- oder Restseitenbandübertragung.
Da allerdings große Phasenschwankungen nur bei wenigen Verbindungen,
z. B. wenn diese über ältere TF-Systeme geführt werden (Band I,
Abschn. 3.2.2.6), auftreten, haben sich auch die mit dem letztgenannten
Übertragungsverfahren realisierten Modems [7.47] bewährt.

Übertragungsverfahren

Das Signaldiagramm des in der CCITT-Empf. V. 29* niedergelegten
Übertragungsverfahrens für 9600 bit/s mit Rückschaltmöglichkeit auf
7200 und 4800 bit/s zeigt Bild 7.41. In das Signaldiagramm ist für
9600 bit/s die Bitzuordnung der jeweils vier zusammengefaßten Bits eingetragen. Bei diesem Modem ist auch Multiplexbetrieb vorgesehen. Möglich ist auf Grund der vier zusammengefaßten Bits 9600 bit/s : 4 =
2400 bit/s als niedrigste Geschwindigkeit. Es können beliebige Kombinationen der Geschwindigkeiten 2400, 4800 und 7200 bit/s verwendet
werden, deren Summe 9600 bit/s ergibt. Die Trägerfrequenz beträgt
1700 Hz. Am Empfängereingang muß wie bei Wählverbindungen mit
einer zusätzlichen Frequenzverwerfung von ± 6 Hz gerechnet werden.

Aufbau

Die Modulatoren, Demodulatoren und adaptiven Entzerrer für die
Quadraturamplitudenmodulation wurden bereits in Abschn. 7.2.1.3 und
7.2.1.4 behandelt.

---

* Siehe Fußnote auf S. 5.

Die Schnittstelle des Modems entspricht der in Bild 7.33 gezeigten. Bei Multiplexbetrieb müssen entsprechend der jeweiligen Aufteilung mehr Schnittstellenstromkreise vorgesehen werden.

Die Übertragung mit 9600 bit/s erfordert eine besondere Startprozedur wie diejenige der Modems für 4800 bit/s (vgl. Abschn. 7.2.1.4 und 7.3.2.1), um zunächst Träger- und Taktphase und dann den adaptiven

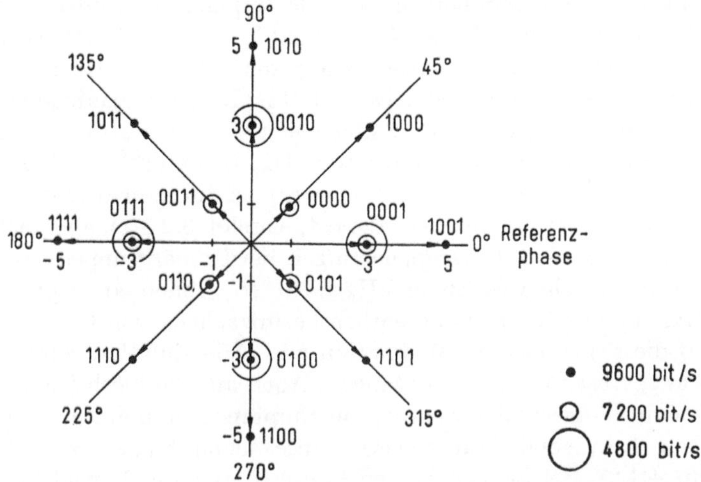

Bild 7.41 Signaldiagramm für verschiedene Übertragungsgeschwindigkeiten beim Modem für 9600 bit/s.

Entzerrer einstellen zu können. Im Hinblick auf besonders ungünstige Übertragungswege wird dabei der adaptive Entzerrer zunächst mit einer niedrigeren Übertragungsgeschwindigkeit eingestellt. Die Dauer der Startprozedur nach CCITT-Empf. V. 29* beträgt etwa 150 ms.

Wie bei den Modems für 4800 bit/s werden die Daten verwürfelt, um unabhängig von der zu übertragenden Datenfolge Takt- und Träger-phase im Empfänger zurückgewinnen und den adaptiven Entzerrer einstellen zu können.

Einflüsse von Störungen

Nach den Angaben bei den Diskussionen bei CCITT beträgt der notwendige Signal/Störabstand bei weißem Rauschen als Störer (Bandbreite 3100 Hz) etwa 25 dB für eine Fehlerwahrscheinlichkeit von 10^{-5}. Phasenschwankungen von etwa 25° verursachen im Kurzschluß keine Fehler.

---

* Siehe Fußnote auf S. 5.

7.3.3 Modems für Breitbandkanäle

Für die taktgebundene Übertragung über eine Primärgruppenverbindung (Band I, Abschn. 3.2.3) wurde in der CCITT-Empf. V. 36* ein Verfahren festgelegt, welches die Geschwindigkeiten 48, 56, 64 oder 72 kbit/s erlaubt. Es arbeitet mit zweiwertiger Amplitudenmodulation und mit Einseitenbandübertragung. Als Impulsform wird der Partial-Response-Impuls der Klasse 4 (s. Band I, Abschn. 4.1.5) verwendet und damit eine Bandbreiteausnutzung von 2 bit/s je Hz erzielt. Die Trägerfrequenz beträgt 100 kHz $\pm$ 1 Hz. Bei der maximalen Übertragungsgeschwindigkeit von 72 kbit/s erstreckt sich also der erforderliche Frequenzbereich von 64 bis 100 kHz. In CCITT-Empf. H. 14 ist zwar nur eine Entzerrung der Primärgruppendurchschaltefilter im Bereich 68 bis 100 kHz vorgesehen (Band I, Abschn. 3.2.3.1), aber man kann davon ausgehen, daß die Gruppenlaufzeit der Primärgruppenverbindung im Bereich zwischen 64 bis 68 kHz nicht so schnell ansteigt, daß die Übertragung mit 72 kbit/s wesentlich beeinträchtigt würde.

Auf die Prinzipien zur Modulation und Demodulation wurde bereits in Band I, Abschn. 4.1.5 eingegangen. Auch auf die hierbei notwendige sehr genaue Trägerrückgewinnung im Empfänger und auf die Kopplung zwischen Takt- und Trägerphase wurde schon hingewiesen (Band I, Abschn. 4.4.2). Bei Benutzung von Formkriterien des Partial-Response-Impulses können Takt- und Trägerphasenregelungen realisiert werden, die es auch gestatten, etwaige auf dem Übertragungsweg vorhandene Phasenschwankungen auszuregeln [7.50]. Für eine Fehlerwahrscheinlichkeit von 10^{-7} sind bei weißem Rauschen als Störer im Frequenzbereich von 68 bis 100 kHz bei ausgeführten Geräten etwa 20 dB Signal/Störabstand erforderlich. Bei Trägerphasenschwankungen von 10° mit einer Frequenz bis 100 Hz erhöht sich dieser Signal/Störabstand um 0,5 dB [7.46].

Die Schnittstelle dieses Modems entspricht der in Bild 7.33 gezeigten. Die elektrischen Eigenschaften entsprechen CCITT-Empf. V. 10* und V. 11* (vgl. Abschn. 7.1.4).

Neben dem beschriebenen Modem nach CCITT-Empf. V. 36* mit Amplitudenmodulation, Partial-Response-Codierung und Einseitenbandübertragung gibt es noch einen Modem für — mit Einschränkungen — geschwindigkeitstransparente oder taktgebundene Übertragung mit 48 kbit/s nach CCITT-Empf. V. 35 [7.8]. Für die Übertragung wird hier Amplitudenmodulation mit Restseitenbandübertragung und einer Trägerfrequenz von 100 kHz verwendet. Dieser Modem, dessen Schnittstelle zur Daten-

---

* Siehe Fußnote auf S. 5.

endeinrichtung auch in ihren elektrischen Eigenschaften von der des neuerdings festgelegten abweicht (s. Abschn. 7.1.4, Tab. 7.2), hat keine große Bedeutung erlangt.

7.4 Datenübertragungseinrichtungen zum Einsatz in Datennetzen

Die Datenübertragungseinrichtungen in Datennetzen — sowohl in Vermittlungsnetzen (Abschn. 9.3 und 9.4) als auch in Knotennetzen (Abschn. 9.5) — erfüllen zwei Aufgaben: Zum einen ermöglichen sie den Datentransport auf den Anschlußleitungen (Bild 7.42, *4*) zwischen den

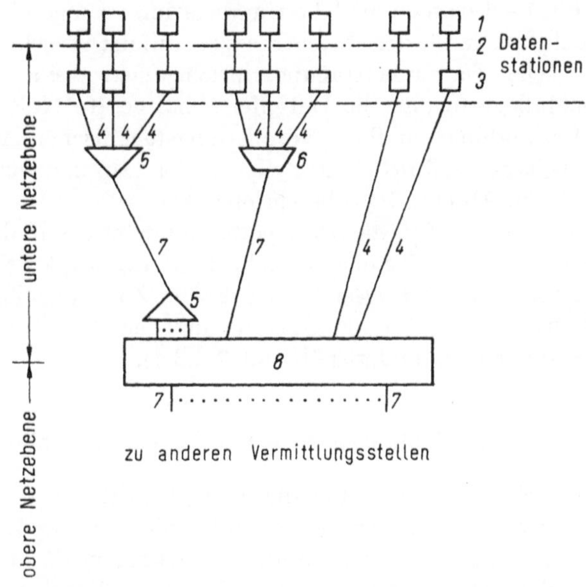

Bild 7.42   Aufbau eines Datenvermittlungsnetzes.

1 Datenendeinrichtungen,
2 Schnittstellen zwischen Datenübertragungseinrichtungen beim Teilnehmer und Datenendeinrichtungen,
3 Anschlußgeräte oder Datenfernschaltgeräte,

4 Anschlußleitung,
5 Multiplexer,
6 Konzentrator,
7 Verbindungsleitung,
8 Vermittlungsstelle.

Datenstationen und den Netzknoten (in Bild 7.42 den Multiplexern, Konzentratoren oder Vermittlungsstellen) und auf den Verbindungsleitungen (Bild 7.42, *7*) zwischen den Netzknoten; zum anderen bündeln sie mehrere Datenkanäle zur Übertragung auf *einem* Übertragungsweg (Bild 7.42, *5*).

Die Übertragungsgeschwindigkeiten in den Datenkanälen richten sich nach den für Datennetze in CCITT-Empf. X. 1* [7.48] festgelegten Teilnehmerklassen: für Start/Stop-Datenendeinrichtungen Geschwindigkeiten von 50 bis 300 bit/s, für Synchron-Datenendeinrichtungen die Geschwindigkeiten 0,6, 2,4, 4,8, 9,6 und 48 kbit/s und für Paket-Datenendeinrichtungen 2,4, 4,8, 9,6 und 48 kbit/s (s. Abschn. 9.2.1)[1]. Entsprechend CCITT-Empf. X. 1* und X. 2* [7.49] müssen die Datenkanäle bis 300 bit/s arrhythmische Start/Stop-Zeichenfolgen, oberhalb 300 bit/s isochrone Datensignale mit beliebigen Bitfolgen übertragen können; außerdem muß auf allen Verbindungen in Datennetzen Duplexbetrieb, d. h. Verkehr gleichzeitig in beiden Richtungen möglich sein (s. Abschn. 9.2).

In Abschn. 7.4.1 werden die Übertragungseinrichtungen für den Teilnehmeranschluß, d. h. für den Datentransport auf den Anschlußleitungen geschildert. (Die Datenübertragungseinrichtungen beim Teilnehmer — die Anschlußgeräte und die Datenfernschaltgeräte (Bild 7.42, *3*) — werden in Verbindung mit ihren vermittlungstechnischen Aufgaben in Abschn. 8.2 behandelt; ihre Schnittstellen zu den Datenendeinrichtungen wurden bereits in Abschn. 7.1.3 beschrieben.)

Die Einrichtungen für die Datenkanalbündelung auf den Verbindungsleitungen — die Frequenz- und die Zeitmultiplex-Systeme — werden in Abschn. 7.4.2 dargestellt. In diesem Zusammenhang werden auch die Einrichtungen für die Übertragung der Bitströme von Zeitmultiplex-Systemen geschildert (Abschn. 7.4.2.4).

7.4.1 Übertragungseinrichtungen für den Teilnehmeranschluß

Für den Teilnehmeranschluß für die Start/Stop-Klassen und für die Synchron-Klassen von Datennetzen bis 9600 bit/s, der in den folgenden Abschnitten 7.4.1.1 und 7.4.1.2 behandelt wird, können als Übertragungswege im Nahbereich Niederfrequenzkabel und im Fernbereich Kanäle mit Sprachbandbreite und Pupinkabel (s. Band I, Abschn. 3) verwendet werden.

Beim Teilnehmeranschluß im Fernbereich sind dabei die Anforderungen an die Übertragungseinrichtungen nicht so hoch, wie bei den Modems (s. Abschn. 7.2 und 7.3), da nur die Entfernungen zur nächsten Vermittlungsstelle oder zur nächsten Multiplexeinrichtung überbrückt

---

* Siehe Fußnote auf S. 5.

[1] Die Anforderungen an die Übertragungseinrichtungen für die Teilnehmerklassen für Paket-Datenendeinrichtungen sind die gleichen wie die an die Übertragungseinrichtungen für die Teilnehmerklassen für die Synchron-Datenendeinrichtungen. Daher werden die folgenden Ausführungen auf die Übertragungseinrichtungen für die Start/Stop- und Synchron-Teilnehmerklassen beschränkt.

werden müssen. Nach bisherigen Planungen sind dabei etwa zwei Trägerfrequenzabschnitte (s. Band I, Abschn. 3.2) oder etwa 50 km Pupinkabel (s. Band I, Abschn. 3.1.3) zu berücksichtigen.

Für den Teilnehmeranschluß für die Synchron-Teilnehmerklasse von 48 kbit/s (Abschn. 7.4.3) kommen NF-Kabel oder Primärgruppenverbindungen (s. Band I, Abschn. 3) als Übertragungsweg in Frage.

7.4.1.1 Teilnehmeranschluß für die Start/Stop-Klassen von Datennetzen

Für den Anschluß von Start/Stop-Datenendeinrichtungen mit Übertragungsgeschwindigkeiten von 50 bis 300 bit/s entsprechend den in der CCITT-Empf. X. 1* [7.48] festgelegten Geschwindigkeiten im Bereich von 50 bis 300 bit/s ist geschwindigkeitstransparente Übertragung erforderlich.

Als Übertragungsverfahren kann bei niedrigen Geschwindigkeiten (unterhalb 100 bit/s) Einfach- oder Doppelstromtastung mit hohem Sendepegel (Sendespannung 120 V oder ± 60 V) angewendet werden. Sie wurde bisher insbesondere im Telexnetz verwendet als „direkte" Anschlußtechnik, die beim Teilnehmer eine Empfangseinrichtung (Relais) ohne eigene Stromversorgung erlaubt. Sie erfordert jedoch für den in Datennetzen geforderten Duplexbetrieb eine vierdrähtige Anschlußleitung. Ferner ist die Potentialtrennung zwischen Anschlußleitung und den Schnittstellenstromkreisen der Vermittlungseinrichtungen oder den Multiplexeinrichtungen notwendig (s. Abschn. 7.3.1.1); hier werden heute optoelektronische Koppler eingesetzt.

Für die Übertragung mit Geschwindigkeiten oberhalb etwa 100 bit/s ist eine Impulsformung erforderlich zur Vermeidung unzulässig hoher Geräuschspannungen in benachbarten Adernpaaren durch Nebensprechen (vgl. Band I, Abschn. 3.1.4 und Abschn. 7.3.1).

Bei Anwendung der in Abschn. 7.3.1.1 beschriebenen Verfahren für Modems mit Doppelstromtastung bei niedrigem Sendepegel kann über zweidrähtige Verbindungen im Duplexbetrieb unter Einhaltung der Geräuschspannungsforderungen übertragen werden. Die erzielbaren Reichweiten gehen aus Abschn. 7.3.1.1, Bilder 7.35 und 7.40, hervor.

Ein Verfahren, das sich mit geringerem Aufwand realisieren läßt und das im Netz der DBP neuerdings auch für den Anschluß von Telexteilnehmern verwendet wird [7.51, 7.52], benutzt Frequenzmodulation in zwei getrennten Frequenzbereichen für die beiden für den Duplexbetrieb erforderlichen Kanäle. Die Mittenfrequenz des einen Kanals liegt bei 600 Hz, der Frequenzhub beträgt ± 100 Hz, im anderen Kanal werden 2700 $\pm$ 350 Hz verwendet; die Festlegung dieser Größen geschah

---

* Siehe Fußnote auf S. 5.

im Hinblick auf möglichst geringe Anforderungen an die Filter und Demodulatoren. Ein geeigneter Nulldurchgangsdiskriminator wurde beispielsweise in Abschn. 7.2.1.2 beschrieben.

Dieses Wechselstromverfahren erlaubt sowohl die Übertragung über NF-Kabel, die auch galvanisch abgeriegelt sein können, als auch über Kanäle mit Sprachbandbreite. Es erfordert nur einen zweidrähtigen Übertragungsweg und bietet den betrieblichen Vorteil, daß die Adern eines Paares auch vertauscht werden können.

Mit diesem Übertragungsverfahren lassen sich ohne Entzerrung z. B. auf Adernpaaren von NF-Kabeln bei 0,8 mm Leiterdurchmesser 20 km Reichweite erzielen, bei pupinisierten Kabeln je nach Bespulung bis etwa 150 km. Ohne wesentliche Erhöhung der Telegrafieverzerrung kann auch über die für den Teilnehmeranschluß im Fernbereich erwähnten 2 Trägerfrequenzabschnitte übertragen werden.

Erwähnt werden soll hier noch, daß u. U. auch die in Abschn. 7.2.1.1 beschriebenen Modems in vereinfachter Ausführung für den Teilnehmeranschluß benutzt werden können.

7.4.1.2 *Teilnehmeranschluß für die Synchron-Klassen von Datennetzen bis* 9 600 bit/s

Für den Teilnehmeranschluß in den Synchron-Geschwindigkeitsklassen nach CCITT-Empf. X. 1* [7.48] ist eine höhere Übertragungsgeschwindigkeit notwendig als diejenige der jeweiligen Teilnehmerklasse, wenn im Datenfernschaltgerät oder im Anschlußgerät oder zu einem späteren Zeitpunkt vielleicht bereits in der Datenendeinrichtung Bitgruppen gebildet werden (s. Abschn. 9.3.1.6, 9.3.2.5). In solchen Bitgruppen werden meist 6 oder 8 Informationsbits mit 2 zusätzlichen Bits zusammengefaßt. Die Geschwindigkeit erhöht sich bei Bitgruppen von $(6+2)$ auf $8/6$ und bei Bitgruppen von $(8+2)$ auf $10/8$ derjenigen der jeweiligen Teilnehmerklasse. Tabelle 7.9 zeigt die sich ergebenden Übertragungsgeschwindigkeiten.

Für die Betrachtung der Übertragungsverfahren ist die jeweils höchste Geschwindigkeit wichtig. Daher werden im folgenden zur Vereinfachung nur die Übertragungsgeschwindigkeiten bei $(6+2)$-Bitgruppen betrachtet. Sowohl für den Teilnehmeranschluß im Nahbereich über NF-Kabel als auch im Fernbereich über Kanäle von Sprachbandbreite ist im allgemeinen ein vierdrähtiger Übertragungsweg erforderlich. Auf Ausnahmen wird besonders eingegangen.

Für den *Teilnehmeranschluß im Nahbereich* über NF-Kabel bis 12 800 bit/s kommen praktisch alle in Band I, Abschn. 4.2 beschriebenen Übertragungsverfahren in Frage. In geschwindigkeitstransparenten

---

* Siehe Fußnote auf S. 5.

Datennetzen kann nur die für Modems für den Nahbereich in Abschn. 7.3.1.1 beschriebene Doppelstromtastung verwendet werden.

Besonders günstig ist das bereits in Abschn. 7.3.1 genannte pseudoternäre Übertragungsverfahren. Wie erwähnt, ermöglicht es die höchste Sendespannung, wenn man die zulässige Geräuschspannung in benachbarten Sprachkanälen berücksichtigt (vgl. Bild 7.34). Messungen im Netz der Deutschen Bundespost haben gezeigt, daß dieses Verfahren am besten geeignet ist [7.42, 7.52, 7.53].

Tabelle 7.9 Übertragungsgeschwindigkeiten für den Teilnehmeranschluß (Synchron-Datenendeinrichtungen)

Geschwindigkeit der Teilnehmerklasse	Übertragungsgeschwindigkeit	
	bei Bitgruppen von (6 + 2) Bits	bei Bitgruppen von (8 + 2) Bits
bit/s	bit/s	bit/s
600	800	750
2400	3200	3000
4800	6400	6000
9600	12800	12000

Dieses Verfahren erlaubt auch die aus betrieblichen Gründen wichtige Vertauschung der Adernpaare und die Übertragung über galvanisch abgeriegelte Adernpaare.

Bei Verwendung des pseudoternären Übertragungsverfahrens — wie auch bei allen anderen Verfahren — muß zur Erzielung großer Reichweiten die durch das Tiefpaßverhalten der Leitung (Band I, Abschn. 3.1.1) verursachte Dämpfungs- und Gruppenlaufzeitverzerrung rückgängig gemacht werden. Im allgemeinen gelingt das bereits durch einfache einstellbare Entzerrer, bei denen praktisch nur Widerstände verändert werden müssen.

Die Einstellung der Entzerrung kann aber auch automatisiert werden. Dazu macht man sich die Tatsache zunutze, daß der Dämpfungsverlauf der Leitung bei verschiedenen Leiterdurchmessern sehr ähnlich ist, wenn man Leitungen gleicher Dämpfung (bei einer gegebenen Frequenz), d. h. unterschiedlicher Länge für die verschiedenen Leiterdurchmesser betrachtet. Ein Beispiel dafür ist in Bild 7.43 gezeigt. Daraus wird ersichtlich, daß z. B. für Adernpaare mit der Dämpfung 23 dB bei 10 kHz oder für solche mit der Dämpfung 12 dB bei 15 kHz die Unterschiede im Dämpfungsverlauf jeweils gering sind. Als Einstellkriterium kann man also die Dämpfung der Leitung benutzen oder bei gegebener Sendespannung die Empfangsamplitude. Diese muß bei dem dreistufigen Pseudoternär-Verfahren sowieso gemessen werden, um das Empfangssignal zur Abtastung mit zwei festen Schwellen auf einen konstanten Wert einregeln zu können. Über einen elektrisch steuerbaren Widerstand (z. B. einen Feldeffekt-Transistor) in einem Hochpaß kann der Entzerrer dann auf verschiedene typische Dämpfungsverläufe eingestellt werden. Die Wirkung dieser Entzerrung zeigt Bild 7.44 an Hand des Augendiagramms.

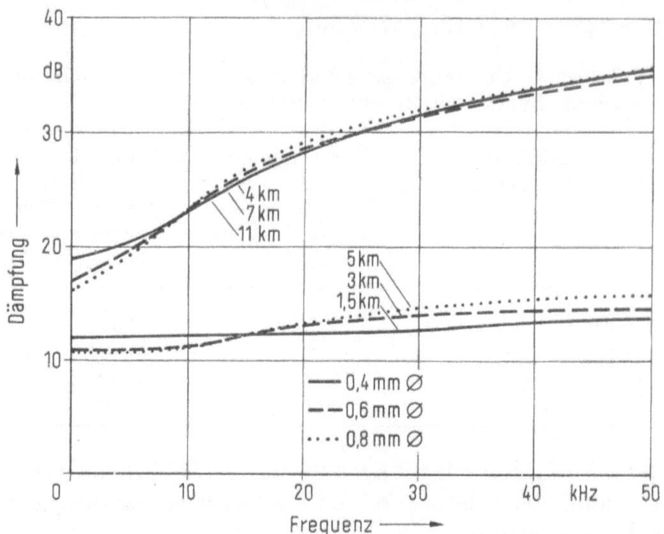

Bild 7.43   Dämpfungsverlauf von Adernpaaren in NF-Kabeln. Die Kabellänge wurde jeweils so gewählt, daß sich für die Adernpaare mit unterschiedlichem Leiterdurchmesser gleiche Dämpfung bei einer bestimmten Frequenz ergibt.

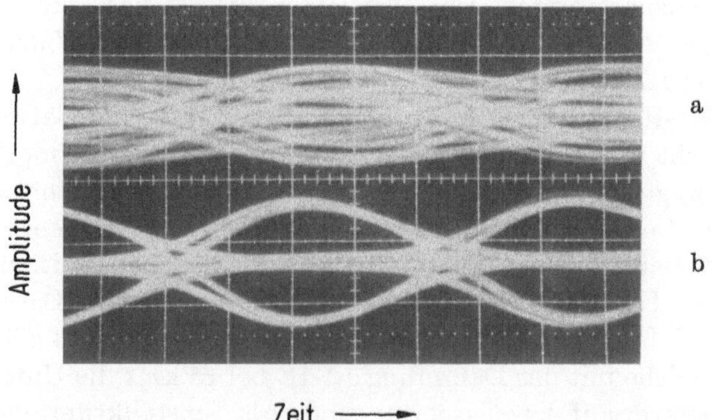

Bild 7.44   Augendiagramm bei Übertragung pseudoternärer Signale (a) vor und (b) nach der Entzerrung. Übertragungsgeschwindigkeit 3,2 kbit/s, Kabellänge 27 km, Leiterdurchmesser 0,6 mm.

Um die Taktrückgewinnung sicherzustellen und unabhängig von den zu übertragenden Daten die Empfangsamplitude genügend genau messen zu können sowie um Taktschwankungen und einzelne Spektrallinien bei periodischen Datenfolgen zu vermeiden, müssen die Daten verwürfelt werden.

Die mit diesem Verfahren erzielbaren Reichweiten zeigt Tab. 7.10.

Tabelle 7.10 Reichweiten bei Verwendung des Pseudoternär-Verfahrens und einer Sendespitzenspannung U_{ss} zwischen 1 und 2 V

Leiterdurchmesser der Adernpaare im Kabel	Reichweiten in km bei den Übertragungsgeschwindigdigkeiten				
in mm	0,8	3,2	6,4	12,8	kbit/s
0,4	22	20	15	12	
0,6	35	31	24	18	
0,8	49	44	35	25	

Für den *Teilnehmeranschluß im Fernbereich* sind je nach Übertragungsgeschwindigkeit verschiedene Übertragungsverfahren notwendig.

Als *Übertragungsverfahren für 800 bit/s im Fernbereich* sind zwei Lösungen möglich.

Bei der ersten Lösung kann für die Übertragung über Vierdraht-Verbindungen binäre Frequenzmodulation verwendet werden, wie für den Modem für 1 200 bit/s in CCITT-Empf. V. 23 (Abschn. 7.2.1.2) festgelegt. Die Anforderungen an die Filter sind dann gering, und es können aufwandgünstige Demodulatoren eingesetzt werden, z. B. Nulldurchgangsdiskriminatoren (Abschn. 7.2.1.2, Bild 7.20).

Bei einer zweiten Lösung könnte wie bei dem in Abschn. 7.4.1.1 beschriebenen System binäre Frequenzmodulation verwendet werden in zwei Kanälen von getrennter Frequenzlage, so daß über Zweidrahtverbindungen übertragen werden kann.

Die *Übertragung mit 3 200 bit/s im Fernbereich* kann in Anlehnung an die CCITT-Empf. V. 26 und V. 26 bis mit vierwertiger Phasendifferenzmodulation (4-PhDM), Codieralternative B (Abschn. 7.2.1.3) geschehen.

Wegen der gegenüber den Modems für 2 400 bit/s höheren Übertragungsgeschwindigkeit ergibt sich eine stärkere Bandbegrenzung des Empfangssignals. Dadurch können bei periodischen Datenfolgen nicht alle für die Taktrückgewinnung erforderlichen Spektrallinien übertragen werden. Die Datenbits müssen daher verwürfelt werden, um unabhängig von der Bitfolge die Taktrückgewinnung zu gewährleisten.

Für die Übertragung mit 3200 bit/s über bis zu zwei Trägerfrequenzabschnitte und über bis zu etwa 50 km Pupinkabel reicht ein einfacher Kompromißentzerrer aus. Bei höheren Forderungen muß ein in wenigen Stufen umschaltbarer Entzerrer vorgesehen werden, der bei der Inbetriebnahme eingestellt wird.

Diese Übertragungseinrichtung für 3200 bit/s kann auch auf 2400 bit/s umgeschaltet werden, eine Geschwindigkeit, wie sie für die Verbindung von Multiplexsystemen (s. Abschn. 7.4.2.4) benötigt wird. Dafür ist nur ein geringer Mehraufwand notwendig (Umschaltung der Taktsignale und der Impulsformung).

Außerdem bietet die Übertragungseinrichtung infolge der Verwendung von 4-PhDM die einfache Möglichkeit, auf 2-PhDM und damit auf die halbe Übertragungsgeschwindigkeit zurückzuschalten, wodurch für festgeschaltete Verbindungen auch eine Teilnehmergeschwindigkeit von 1200 bit/s möglich wäre.

Für die *Übertragung mit* 6400 bit/s *im Fernbereich* kann das für den Modem für 4800 bit/s nach CCITT-Empf. V. 27 festgelegte Verfahren, nämlich 8wertige Phasendifferenzmodulation verwendet werden. Auch das QAM-Verfahren, wie es beim Modem für 9600 bit/s bei Rückschaltung auf 7200 bit/s verwendet wird, kommt in Frage (Abschn. 7.3.2.3, Bild 7.41).

Für die Übertragungsgeschwindigkeit von 6400 bit/s muß ein adaptiver Entzerrer vorgesehen werden. Mit einem manuell einstellbaren Entzerrer nach CCITT-Empf. V. 27 [7.7] kommt man wegen der höheren Empfindlichkeit gegenüber linearen Verzerrungen nicht mehr aus.

Zur Realisierung einer *Übertragungseinrichtung für* 12800 bit/s *im Fernbereich* könnte man von den mehrwertigen Übertragungsverfahren ausgehen, wie sie bei Modems für 9600 bit/s mit adaptiven Entzerrern verwendet werden (vgl. Abschn. 7.3.2.3). Um die höhere Bandbreiteausnutzung für die Übertragung mit 12800 bit/s zu erzielen, müßte eine noch höhere Anzahl von Signalzuständen vorgesehen werden als bei den Verfahren für 9600 bit/s. Bei der daraus resultierenden Störempfindlichkeit kann man nicht mehr mit der für den Einsatz im Datennetz erforderlichen niedrigen Fehlerwahrscheinlichkeit rechnen. Außerdem wäre eine derartige Übertragungseinrichtung noch aufwendiger als ein Modem für 9600 bit/s.

Es könnten auch zwei Bitströme zu je 6400 bit/s mit Hilfe von Übertragungseinrichtungen für 6400 bit/s über zwei Sprachkanäle übertragen werden.

Schließlich wäre es möglich, auf die Übertragung der Bitgruppen bis zum Teilnehmer zu verzichten, d. h. mit 9600 bit/s zu übertragen. Mit Hilfe von Zusatzeinrichtungen zu den Übertragungseinrichtungen muß dann eine entsprechende Geschwindigkeitswandlung erfolgen. Weiter ist die sonst in den Bitgruppen enthaltene Information zur Umschaltung von der Verbindungsaufbauphase in die Datenübertragungsphase und von dieser in die Verbindungsabbauphase zu übertragen (s. Abschn. 9.3.1.6).

7.4.1.3 Teilnehmeranschluß für die Synchron-Klasse 48 kbit/s von Datennetzen

Im *Nahbereich*, d. h. bei der Übertragung über NF-Kabel, kann für die Übertragungseinrichtung das in Abschn. 7.4.1.2 beschriebene pseudoternäre Übertragungsverfahren eingesetzt werden, welches infolge der Bitgruppenbildung (s. Abschn. 7.4.1.2) mit 64 kbit/s betrieben wird. Bei Verwendung des in dem genannten Abschnitt erläuterten Entzerrungsverfahrens kann dabei eine Reichweite von etwa 10 km bei 0,8 mm Leiterdurchmesser der Adernpaare des Kabels erreicht werden.

Im *Fernbereich* muß als Übertragungsweg eine Primärgruppenverbindung verwendet werden und das Übertragungsverfahren für 64 kbit/s wie für den Modem für festgeschaltete Verbindungen (Abschn. 7.3.3).

7.4.2 Einrichtungen für die Bündelung von Übertragungskanälen

In diesem Abschnitt werden zunächst die Verfahren zur Bündelung von Übertragungskanälen grundsätzlich betrachtet (Abschn. 7.4.2.1). Weiter werden die Multiplexeinrichtungen behandelt, die in der unteren und oberen Netzebene von Datennetzen und auch im Telexnetz eingesetzt werden können: Frequenzmultiplexeinrichtungen (Abschn. 7.4.2.2) und Zeitmultiplexeinrichtungen (Abschn. 7.4.2.3). Schließlich wird auf die Einrichtungen eingegangen, die für die Übertragung der Multiplexbitströme von Zeitmultiplexeinrichtungen notwendig sind (Abschn. 7.4.2.4).

7.4.2.1 Grundsätzliches zur Bündelung von Übertragungskanälen

Die möglichen Arten von Multiplex-Verfahren, d. h. von Verfahren zur Bündelung mehrerer unabhängiger Einzelkanäle, ergeben sich aus den Koordinaten (s. Band I, Abschn. 2.2.1), die eine übertragbare Informationsmenge bestimmen. Während der Zeitdauer t kann man über eine Bandbreite B die Informationsmenge $I = K \cdot B \cdot t \cdot \mathrm{ld}\, M$ bit übertragen, wobei M die Anzahl der im Signal benutzten Sollwerte eines Signalparameters (Amplitude, Phase oder Frequenz) bedeutet. Der dimensionslose Faktor K hängt vom Übertragungsverfahren ab (s. Band I,

S. 186, Bild 4.54) und soll hier nicht weiter betrachtet werden; die drei
Faktoren ld M, B und t, die die Informationsmenge auf der Übertragungsstrecke bestimmen, können nun durch Aufteilung mehreren Kanälen
zugeordnet werden und damit zu einem Multiplex-System führen. Es
gibt daher im Prinzip Signalparameter-, Frequenz- und Zeitmultiplex-
Systeme (oder Mischungen aus diesen).

Signalparameter-Multiplexsysteme haben z. B. zur Bündelung zweier
Kanäle auf Kurzwellenverbindungen im Duoplex-System (s. a. Abschn.
10.3.1) mit vier Frequenzen (d. h. $M = 4$) vorübergehend Bedeutung ge-
habt. Eine Steigerung der Kanalanzahl ist hier wegen der logarithmischen Funktion ld M ohnehin limitiert; für drei Kanäle würde man
schon $M = 8$ Sollwerte, für vier Kanäle sogar $M = 16$ Sollwerte benötigen. Solche Multiplexsysteme werden daher an dieser Stelle nicht
weiter betrachtet.

Die Übertragung mit mehr als zwei Sollwerten eines Signalparameters
hat jedoch heute in anderem Zusammenhang Bedeutung, wenn nämlich
das binäre Signal *einer* Datenquelle nach Bildung von *Dibits* ($M = 4$)
oder *Tribits* ($M = 8$) in ein M-wertiges Signal verwandelt wird, um auf
einer Übertragungsstrecke mit begrenzter Bandbreite eine höhere Übertragungsgeschwindigkeit zu erzielen (vgl. z. B. Abschn. 7.2 und 7.3).
Dabei kann ein solches M-wertiges Signal entsprechend der Anzahl der
zusammengefaßten Bits wieder in unabhängige Einzelkanäle aufgespalten
werden (vgl. Abschn. 7.3.2.2).

Während die Signalparameter-Multiplexsysteme in Einzelfällen in
Verbindung mit Modems angewendet werden (Abschn. 7.3.2.2), arbeiten
die in Datennetzen bedeutsamen Multiplexsysteme großer Bündelstärke
im Frequenz- oder im Zeitmultiplex.

7.4.2.2 Frequenzmultiplex-Systeme

Frequenzmultiplex-Systeme sind heute sehr verbreitet, sowohl in der
Trägerfrequenz-(TF-)Technik, z. B. für die Bündelung von Sprach-
kanälen in Fernsprechnetzen (s. Band I, Abschn. 3.2) als auch für die
Bündelung von Übertragungskanälen in Fernschreib- und Datennetzen.
In Frequenzmultiplex-Systemen für die Fernschreib- und Datenübertragung wird das Sprachband (0,3 bis 3,4 kHz) oder das Frequenzband
einer TF-Primärgruppe (60 bis 108 kHz) mit Hilfe von Filtern in eine
Anzahl von Teilfrequenzbändern B_1 bis B_N aufgeteilt (Bild 7.45), die den
einzelnen Kanälen des Frequenzmultiplex-Systems zugewiesen sind. Die
Filter für die Einzelkanäle im Sender und im Empfänger müssen genügend
hohe Sperrdämpfung im Bereich der anderen Kanäle haben, um die
gegenseitigen Störeinflüsse der Kanäle klein zu halten.

In jedem dieser Kanäle werden Daten übertragen, heute fast ausschließlich mit binärer Frequenzmodulation (Band I, Abschn. 4.3.2). Der halbe Abstand der beiden Kennfrequenzen, der Frequenzhub, beträgt in der Regel ein Viertel des Mittenfrequenzabstandes benachbarter Kanäle.

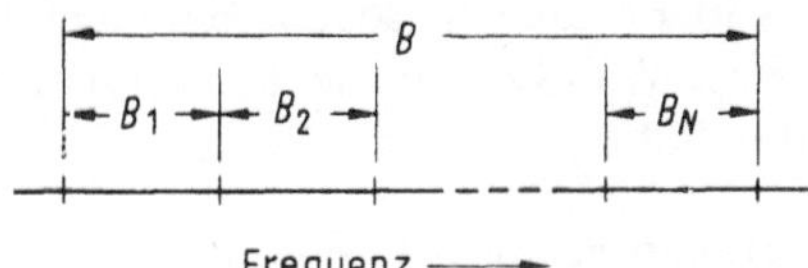

Bild 7.45   Frequenzmultiplex-Prinzip.

Der Hauptvorteil eines Frequenzmultiplex-Systems liegt in seiner betrieblichen Flexibilität. Die einzelnen Kanäle können unabhängig voneinander betrieben werden. Darüber hinaus ist jeder Kanal geschwindigkeitstransparent, d. h., die Zustandsänderungen des zu übertragenden Signals können oberhalb eines bestimmten zeitlichen Mindestabstandes zu beliebigen Zeiten erfolgen. Ihre Wiedergabe am Empfängerausgang ist allerdings mit einer kleinen zeitlichen Streuung behaftet, der isochronen Schrittverzerrung (s. Abschn. 11.3.1); diese hat ihre Ursachen in einem restlichen „Übersprechen" von frequenzbenachbarten Kanälen und — infolge der begrenzten Bandbreite — in einer zeitlichen Nachwirkung einer Zustandsänderung auf die nächste Änderung des Signals (Intersymbol-Interferenz, vgl. Band I, Abschn. 4.1) im betrachteten Kanal.

Frequenzmultiplex-Systeme im Sprachband

In dem von 0,3 bis 3,4 kHz reichenden Sprachband der heutigen, international genormten Weitverkehrsnetze werden Frequenzmultiplex-Systeme für die Telegrafie- und Datenübertragung mit niedriger Geschwindigkeit (50 bis 200 bit/s) benutzt. Man nennt sie auch *Wechselstrom-Telegrafiesysteme*, kurz *WT-Systeme* [7.54, 7.55]. Die Bezeichnung ist bei ihrer Einführung entstanden, um sie sinnfällig von den bis dahin benutzten Telegrafieleitungen mit getastetem Gleichstrom zu unterscheiden.

Die wesentlichen Eigenschaften der von CCITT standardisierten WT-Systeme mit Frequenzmodulation sind in Tab. 7.11 zusammengestellt [7.56 bis 7.58]. Kanäle der drei aufgeführten Systeme können auch gemischt in einem Sprachkanal gebündelt werden.

Die in Tab. 7.11 genannten Sendepegel je Kanal ergeben —8,7 dBm0 als Leistungspegel für ein vollbestücktes WT-System, der einem TF-Kanal mit Sprachbandbreite angeboten wird; die Dimensionierung der

TF-Systeme beruht aber auf einem mittleren Sprachpegel je Kanal in der Hauptverkehrsstunde von nur -15 dBm0. Daher ist die Belegung eines TF-Systems mit WT auf *ein* WT-System je Primärgruppe eingeschränkt. Dies ist in Ländern mit einem dichten Telexnetz, wie der Bundesrepublik Deutschland, nicht immer ausreichend. Daher wird z. Z. eine Senkung des WT-Sendepegels in Betracht gezogen. Bei einer Pegelabsenkung um 3 dB könnte man zwei WT-Systeme je Primärgruppe einsetzen. (Siehe auch Band I, Abschn. 3.2.2.)

Tabelle 7.11   Wechselstromtelegrafie-Systeme mit Frequenzmodulation

Übertragungsgeschwindigkeit	Kanalabstand	Frequenzhub	Anzahl der Kanäle je Sprachband	Mittenfrequenz des Kanals n	Sendepegel je Kanal am rel. Pegel Null bezogen auf 1mW	CCITT-Empfehlung
bit/s	Hz	Hz		Hz	dBm0	
50	120	$\pm$ 30	24	420 + $(n-1)\,120$	$-22,5$	R. 35
100	240	$\pm$ 60	12	480 + $(n-1)\,240$	$-19,5$	R. 37
200	480	$\pm$120	6	600 + $(n-1)\,480$	$-16,5$	R. 38 A

Sondersysteme

Neben den bereits genannten WT-Systemen gibt es für bestimmte Einsatzfälle Zusatzeinrichtungen und Sonder-WT-Systeme.

Zur besseren Ausnutzung besonders teurer Sprachkanäle (z. B. in Seekabeln) kann z. B. zur Übertragung von Datensignalen mit der Geschwindigkeit 200 bit/s neben dem in Tab. 1 genannten WT-System nach CCITT-Empf. R. 38 A ein Sondersystem eingesetzt werden (CCITT-Empf. R. 38 B), das unter Zulassung etwas höherer Verzerrung 8 Kanäle mit einem auf 360 Hz herabgesetzten Kanalabstand enthält [7.59].

Außerdem können mit Hilfe des Frequenzmultiplex-Prinzips festgeschaltete Verbindungen mit Sprachbandbreite auch gleichzeitig für mehrere Zwecke ausgenützt werden: Das von 0,3 kHz bis 3,4 kHz reichende Sprachfrequenzband wird durch eine Tiefpaß-Hochpaß-Weiche in zwei Frequenzbereiche aufgeteilt. Der untere, bis etwa 2,5 kHz reichende Anteil kann benutzt werden für Sprache oder Faksimile oder Datenübertragung (z. B. mit einem Bitstrom von 1200 bit/s gemäß CCITT-Empf. V. 23). Der obere Frequenzbereich, etwa von 2,7 kHz bis 3,4 kHz, dient in allen genannten Fällen zur Aufnahme eines oder mehrerer WT-Kanäle nach Tabelle 7.11, d. h. entsprechend den Empfehlungen R. 35 [7.56], R. 37 [7.57] oder R. 38A [7.58] für 50 bit/s, 100 bit/s oder 200 bit/s.

Auf Einseitenband-Kurzwellen-Funkverbindungen werden ebenfalls WT-Systeme zur Fernschreib- und Datenübertragung eingesetzt. Wegen der zeitlich schwankenden Übertragungsbedingungen auf Kurzwellen-Funkstrecken haben diese Systeme besondere Eigenschaften, die in Abschn. 10.3.2 erläutert werden.

Das Frequenzmultiplex-Prinzip und die binäre Frequenzmodulation in den einzelnen Kanälen kann auch auf breiteren Frequenzbändern als dem Sprachfrequenzband angewendet werden. So lassen sich z. B. im Frequenzband der Primärgruppe (60 bis 108 kHz) mit diesem Verfahren 12 Kanäle für 2400 bit/s oder 2 Kanäle für 9600 bit/s anordnen.

Die Kennwerte dieses Frequenzmultiplex-Systems sind in CCITT-Empf. X. 40 [7.60] niedergelegt. Die wichtigsten Kennwerte sind in Tab. 7.12 zusammengestellt.

Tabelle 7.12 Frequenzmultiplex-System zum Einsatz in der Primärgruppe

Übertragungs-geschwindig-keit	Kanal-abstand	Frequenz-hub	Anzahl der Kanäle je Primärgruppe	Mitten-frequenz des Kanals n	Sendepegel je Kanal am rel. Pegel Null bezogen auf 1 mW
bit/s	kHz	kHz		kHz	dBm0
2400	4	± 1	12	$106 -$ $(n-1)\,4$	-15
9600	24	± 4	2	$96 -$ $(n-1)\,24$	-7[1]

[1] Wenn genügend häufig Signalwechsel vorkommen.

7.4.2.3 Zeitmultiplex-Systeme

Allgemeine Eigenschaften

Für die Bündelung von Datenübertragungskanälen sind neben den im vorigen Abschnitt behandelten Frequenzmultiplex-Systemen *Zeitmultiplex-Systeme* von Bedeutung. Das hat verschiedene Gründe. Zum einen erlauben sie in einigen Fällen eine bessere Ausnutzung der verfügbaren Bandbreite und lassen sich insbesondere in taktgesteuerte Datennetze effektiver eingliedern als Frequenzmultiplex-Systeme (vgl. Abschn. 9.3.2). Zum anderen lassen sich die Zeitmultiplex-Systeme mit ihrem digitalen

Arbeitsprinzip heute mit den verfügbaren digitalen integrierten Schaltkreisen besonders wirtschaftlich realisieren. Ein weiterer Grund für ihre wachsende Bedeutung liegt in der zunehmenden Anzahl von PCM-Verbindungen, deren Multiplexsignale unmittelbar zur Aufteilung in Datenkanäle nach dem Zeitmultiplex-Verfahren geeignet sind.

Zeitmultiplex-Systeme ordnen den verfügbaren Gesamtbitstrom der Übertragungsstrecke in periodisch wiederkehrender Weise zeitlich nacheinander den einzelnen Kanälen des Multiplex-Systems zu. Die Preiode dieses Vorgangs — der *Rahmen* des Zeitmultiplex-Systems — ist in Bild 7.46 schematisch dargestellt. Zur Synchronisierung des Rahmens ist ein relativ geringer Teil von Gesamtbitstrom abzuzweigen; diese der *Rahmenkennung* dienenden Bits sind entweder in einem zusammenhängenden *Synchronisierwort* (Bild 7.46) oder über den Rahmen

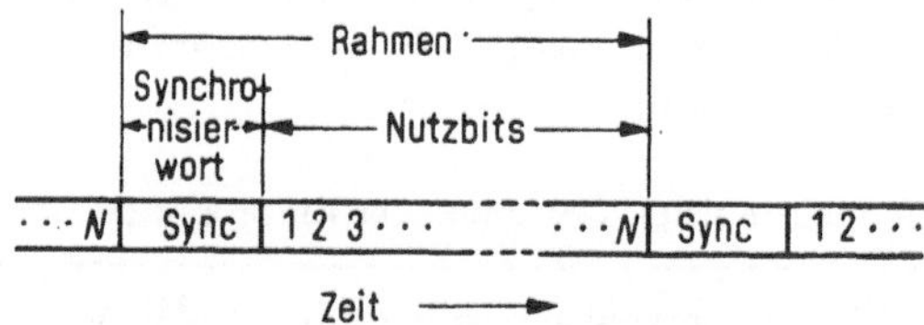

Bild 7.46   Zeitmultiplex-Prinzip.

verteilt angeordnet. Nachdem auf diese Weise der Rahmenbeginn gekennzeichnet ist, können die Nutzbits durch einfaches Abzählen einzeln (bitweise verschachtelt) oder in Bitgruppen zusammengefaßt (bitgruppenweise verschachtelt) den Kanälen zugeteilt werden.

Bild 7.47 zeigt in schematischer Form den Aufbau eines Zeitmultiplex-Systems, wobei zur besseren Übersichtlichkeit nur eine Übertragungsrichtung dargestellt ist. Die zu übertragenden Datensignale werden durch einen systemeigenen Einlesetakt des Zeitmultiplex-Systems in die sendeseitigen Kanaleingangsschaltungen $KE_1 \cdots KE_N$ übernommen und so lange gespeichert, bis sie vom Multiplexer an der dem jeweiligen Kanal zugeordneten Stelle des Rahmens (Bild 7.46) in den Gesamtbitstrom eingefügt werden können. Die Information zur Rahmensynchronisierung wird ebenfalls an der ihr zugewiesenen Stelle, z. B. als zusammenhängendes Synchronisierwort am Rahmenanfang, in den Gesamtbitstrom übernommen. Dieser wird mit Hilfe der Übertragungseinrichtungen $ÜE_S$ und $ÜE_E$ auf dem Übertragungsweg zwischen Sende- und Empfangsteil des Zeitmultiplex-Systems übertragen (s. Abschn. 7.4.2.4) [7.43, 7.52].

Im Empfangsteil des Zeitmultiplex-Systems wird das Synchronisierwort zur Rahmenkennung durch die Synchronisiereinrichtung erkannt und fortlaufend kontrolliert. Der Demultiplexer wird durch die Synchronisiereinrichtung in die richtige, d. h. dem Eintreffen des Synchronisierwortes entsprechende Phasenlage gestellt, so daß die den einzelnen Kanälen zugeordneten Nutzbits zeitrichtig ausgeblendet und auf die Kanalausgangsschaltungen $KA_1 \cdots KA_N$ verteilt werden. Von diesen werden die Datensignale in ihrer ursprünglichen Form wieder abgegeben.

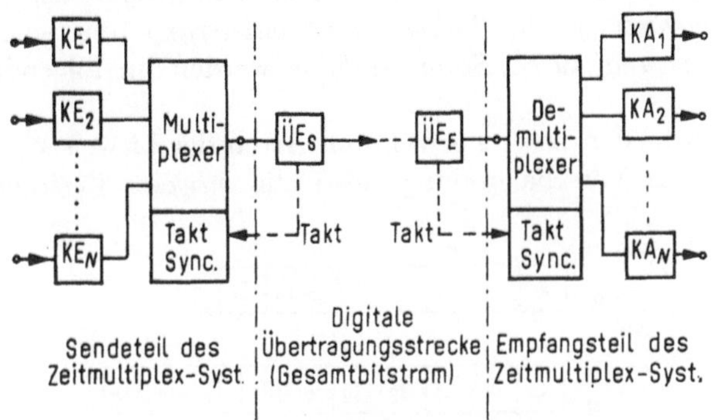

Bild 7.47   Schema eines Zeitmultiplex-Systems (nur für eine Übertragungsrichtung gezeichnet).

$KE_1 \cdots KE_N$ Kanal-Eingangsschaltungen,
$KA_1 \cdots KA_N$ Kanal-Ausgangsschaltungen,
Takt-Sync   Taktgeber und Einrichtung zur Rahmen-Synchronisierung,
$ÜE_S$, $ÜE_E$ Sende- und empfangsseitige Übertragungseinheit für den Gesamtbitstrom.

Zeitmultiplex-Systeme sind mit der zur Übertragung des Gesamtbitstroms benutzten digitalen Übertragungsstrecke bitsynchronisiert. Betrachtet man die Übertragungseinheiten als taktbestimmend, so wird der Bittakt von den Übertragungseinheiten auf der Sende- und der Empfangsseite an das Zeitmultiplex-System übergeben, wie es in Bild 7.47 dargestellt ist (auf der Sendeseite *kontradirektionell* zum Bitstrom). Diese Betriebsweise ist immer möglich, auch dann, wenn die digitale Übertragungsstrecke ein Zeitkanal einer PCM-Strecke ist. Andererseits ist es aber auch möglich, den Bittakt stets in Richtung des Datenflusses zu übermitteln. Dann werden der Takt wie die Daten auf der Sendeseite vom Zeitmultiplex-System an die Übertragungseinheit $ÜE_S$ übergeben (*kodirektionell*), also in umgekehrter Richtung als in Bild 7.47 gezeichnet.

Die kodirektionelle Betriebsweise ist bei Übertragungseinrichtungen für Sprachband- oder Primärgruppenverbindungen sowie für Niederfrequenzkabel stets durchführbar, da diese Übertragungseinrichtungen taktgesteuert werden können. Bei Benutzung eines taktautonomen PCM-Zeitkanals zur Übertragung des Gesamtbitstroms entsteht jedoch dann zwischen dem Sendeteil des Zeitmultiplex-Systems und dem Zeitkanal des PCM-Systems eine Taktstoßstelle [7.61]. Die Übertragung des Gesamt-

bitstroms erfordert in diesem Fall Einrichtungen zur Geschwindigkeitsanpassung (Stopfeinrichtungen).

Zeitmultiplex-Parameter

Die wichtigsten Parameter eines Zeitmultiplex-Systems, wie die *Art
der Verschachtelung*, die *Rahmensynchronisierung* und eine *Geschwindigkeitsanpassung durch Stopfverfahren* werden im folgenden kurz erläutert.

Von den beiden bereits erwähnten Arten der bitweisen und der bitgruppenweisen Verschachtelung führt die *bitweise Verschachtelung* zu

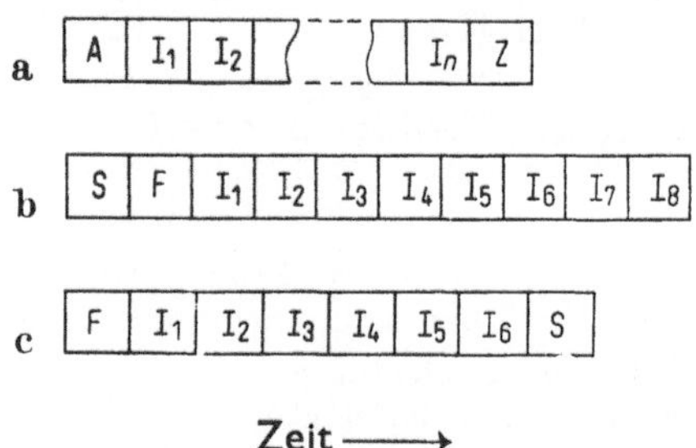

Bild 7.48 Bitgruppen mit zusammengehörigen Informationen.
a) Start/Stop-Zeichen; A: Startbit, $I_1 \cdots I_n$: Informationsbits, Z: Stopbit;
b) $(8 + 2)$-Envelope; S: Zustandsbit, F: Synchronisierbit, $I_1 \cdots I_8$: Informationsbits;
c) $(6 + 2)$-Envelope; F: Synchronisierbit, $I_1 \cdots I_6$: Informationsbits, S: Zustandsbit.

einer besonders einfachen Arbeitsweise des Zeitmultiplex-Systems. Das
je Kanal zu übertragende Datensignal wird bitweise vom Multiplexer in
den Gesamtbitstrom übernommen, so daß in der Kanaleingangsschaltung
(KE in Bild 7.47) nur ein Bit zwischenzuspeichern ist, bis es an der zugeordneten Stelle im Rahmen eingefügt werden kann. Da die Phasenlage
des zu übertragenden Datensignals relativ zum Zwischenspeichertakt
maximal um eine Bitlänge verschoben sein kann, beträgt die gesamte
maximale Eigenlaufzeit des Zeitmultiplex-Systems für die Überführung
eines Bits in den Gesamtbitstrom zwei Bitlängen. Die Aufteilung des
Gesamtbitstroms ist wegen der bitweisen Zuordnung zu den einzelnen
Kanälen äußerst flexibel und ermöglicht die Bündelung von Trans-
parent- und Stuffingkanälen (s. Abschn. *Kanalarten*) verschiedener Geschwindigkeiten in einem System. Die bitweise Verschachtelung ist
immer dann zweckmäßig, wenn die Übertragungsgeschwindigkeiten in
den Kanälen entweder gleich sind oder ganzzahlige Vielfache einer gemeinsamen „Grundgeschwindigkeit" und wenn dem Multiplexer nur rein

übertragungstechnische Aufgaben zufallen (vgl. dagegen Multiplexer mit Zeichenrahmenbindungen für Privatnetze).

Bei der *bitgruppenweisen Verschachtelung* wird der je Kanal zu übertragende Bitstrom in Bitgruppen der vorgesehenen Länge aufgespalten. Sie ist besonders sinnvoll, wenn eine solche Bitgruppe zusammengehörige Informationen wie z. B. die Bits eines Start/Stop-Zeichens (Bild 7.48a) oder eines Envelopes (Bild 7.48b und c) enthält und wenn der Multiplexer Verarbeitungsaufgaben in Verbindung mit der Datenübertragung zu übernehmen hat, wie z. B. die Wiederherstellung des Stop-Schrittes oder die Auswertung kanalindividueller Steuerinformation. Die Kanaleingangsschaltung KE muß hierbei laufend den Beginn von Zeichen oder Envelopes erkennen und dann alle zugehörigen Schritte in einem Speicher aufnehmen. In einem weiteren Zwischenspeicher wird die Bitgruppe bereitgehalten, bis sie vom Multiplexer an der dem Kanal zugewiesenen Stelle im Rahmen übernommen werden kann. Die Eigenlaufzeit des Zeitmultiplex-Systems kann bei bitgruppenweiser Verschachtelung daher die Dauer zweier Zeichen oder Envelopes betragen.

Zur *Rahmensynchronisierung* wird ein relativ kleiner Anteil der gesamten im Rahmen enthaltenen Bits mit einem festen Synchronisiermuster belegt, dessen Erkennung im Empfänger die richtige Zuordnung der im Rahmen enthaltenen Nutzbits zu den einzelnen Kanälen des Zeitmultiplex-Systems gewährleistet. Die zur Rahmensynchronisierung benutzten Bits können als zusammenhängendes Synchronisierwort am Anfang des Rahmens stehen (Bild 7.46) oder — im anderen Extremfall — gleichmäßig über den ganzen Rahmen verteilt sein.

In Datennetzen mit Taktsteuerung (Abschn. 9.3.2) wird der volle Synchronismus aller Netzkomponenten angestrebt. Solange dieses Ziel nicht erreicht ist, muß in einem Zeitmultiplex-Übertragungssystem ein isochrones Datensignal über eine synchrone Verbindung übertragen werden, die nicht mit dem Datensignal synchronisiert ist, deren Geschwindigkeit also von der des Datensignals abweichen kann. Nach der Übertragung soll das Datensignal ohne verlorene oder überzählige Bits mit seinem ursprünglichen Bittakt wiedergewonnen werden können. Diese Aufgabe kann durch ein *Stopfverfahren* (stuffing) gelöst werden, das im wesentlichen folgende Merkmale aufweist:

— Es wird ein Stopfrahmen gebildet, der häufig mit dem Grundrahmen oder einem mehrere Grundrahmen umfassenden Überrahmen des Zeitmultiplex-Systems übereinstimmt. Die Anzahl der im Stopfrahmen verfügbaren Bits ist größer als die der in ihm enthaltenen Datenbits, um die beiden folgenden Merkmale zu ermöglichen.

— Es ist entweder mindestens ein „Füllbit" vorhanden, das Daten enthalten kann oder nicht (*starrer Stopfrahmen*), oder es ist mindestens ein Leerbit vorhanden, das zum Geschwindigkeitsausgleich je nach Bedarf unterdrückt oder auf zwei Leerbit ergänzt werden kann (*variabler Stopfrahmen*).

— Mit einer mehrere Bits umfassenden Stopfinformation wird der Empfangsseite des Zeitmultiplex-Systems mitgeteilt, ob (bei starrem Stopfrahmen) das Füllbit Daten enthält oder nicht oder ob (bei variablem Stopfrahmen) das Leerbit erhalten bleibt, unterdrückt oder auf zwei Leerbits ergänzt wird. Bei variablem Stopfrahmen kann eine besondere Stopfinformation auch entfallen; der jeweilige Beginn des Rahmens wird durch die Rahmensynchronisierung erkannt.

Durch die Anzahl der Stopfprozesse je Zeiteinheit kann in Verbindung mit dem Takt der Übertragungsstrecke im empfangsseitigen Zeitmultiplex-System der Bittakt des übertragenen Datensignals wiedererhalten werden.

Für den Gesamtbitstrom (z. B. 64 kbit/s) eines Zeitmultiplex-Systems tritt ein solches Stopfproblem dann auf, wenn der Takt des Zeitmultiplex-Systems durch Synchronismus mit anderen Datennetzkomponenten bereits festliegt und als Übertragungsweg eine taktautonome digitale Strecke eines PCM-Systems benutzt wird. Da der Rahmen des Zeitmultiplex-Systems trotz des Stopfvorgangs erhalten bleiben soll, wird der Stopfrahmen gleich dem Grundrahmen (oder einem Überrahmen) gewählt und ein Leerbit vorgesehen, das zur Taktanpassung sporadisch unterdrückt oder auf zwei Leerbits ergänzt wird.

Kanalarten

Die Übertragungseigenschaften eines Zeitmultiplex-Systems sind außer von den bereits behandelten Parametern von der Eigenart der Kanalschaltungen (KE und KA in Bild 7.47) abhängig. Im folgenden werden Transparentkanäle, Stuffing-Kanäle, Synchronkanäle mit Envelope-Struktur und Kanäle mit Zeichenrahmenbindung betrachtet.

Jeder Kanalart entspricht eine spezifische Bearbeitung oder Umsetzung des dem Sendereingang zugeführten Signals im Multiplexsystem und in umgekehrter Weise auf der Empfangsseite. Diese kanalindividuellen Vorgänge können in moderner Technologie für alle Kanäle eines Systems gemeinsam durch einen zentralen Prozessor durchgeführt werden.

Transparentkanäle übertragen die Übergänge zwischen den beiden Kennzuständen des zu übertragenden Signals in dem vom Empfänger abgegebenen Signal bis auf eine kleine Ungenauigkeit (*Verzerrung*) zeitgerecht. Solche Kanäle eines Zeitmultiplex-Systems verhalten sich daher sehr ähnlich den im Abschn. 7.4.2.2 behandelten Kanälen eines Frequenzmultiplex-Systems.

Legt man für einen Transparentkanal eines Zeitmultiplex-Systems eine maximale Verzerrung von 5% zugrunde, so benötigt man 20 Abtastimpulse je Signalelement (Bild 7.49: Feinraster). Je vier aufeinanderfolgende Abtastintervalle werden zu Gruppen zusammengefaßt; diese bestimmen das Grobraster für die zu übertragende Bitfolge. Für jedes Datensignalelement werden daher anstelle der 20 Abtastimpulse nur 5 Bits übertragen, die in binär codierter Form Richtung und zeitliche Lage des Schrittumschlags im Datensignal enthalten. Nach einem Schrittumschlag im Datensignal z. B. von 0 nach 1 kennzeichnet das nächste übertragene Bit den neuen Kennzustand, also 1, des Datensignals. Es ist zugleich das Startbit eines aus 3 Bits bestehenden „Mikrotelegramms".

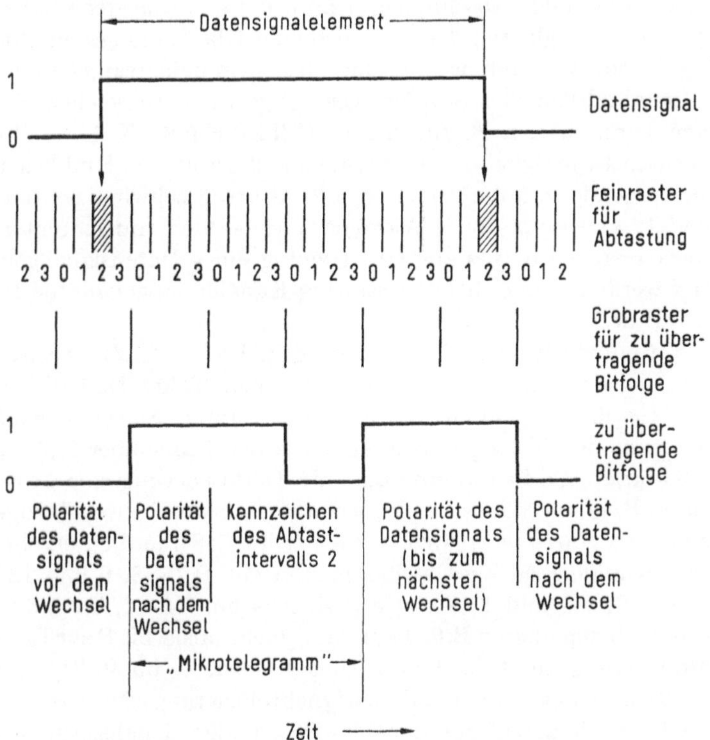

Bild 7.49   Codierverfahren mit gleitendem Index.

Die beiden auf das Startbit folgenden Bits beschreiben die genaue Lage des Schrittumschlages in einem der vier Intervalle des Feinrasters. Im Beispiel von Bild 7.49 sind die beiden kennzeichnenden Bits 1 und 0, da der Schrittumschlag in das Abtastintervall 2 fällt. Nach dem Mikrotelegramm wird so lange der bestehende Kennzustand des Datensignals übertragen, bis ein erneuter Schrittumschlag im Datensignal erfolgt. Da je Datensignalelement 5 Bits zur Verfügung stehen, aber nur 3 Bits je Mikrotelegramm benötigt werden, können auch Signale, die z. B. infolge Verzerrung bis zu 40% verkürzt sind, ohne besondere Maßnahmen übertragen werden. Das Prinzip dieses Codierverfahrens „mit gleitendem Index" (*sliding index*) wurde zuerst von Travis und Yaeger angegeben [7.62].

Bei Geschwindigkeiten von 600 bit/s und darüber werden zwischen zwei Teilnehmern eines Datennetzes nur isochrone Datensignale übertragen (s. Abschn. 9.2). Hierfür sind zwar die Transparentkanäle auch geeignet. Wirtschaftlicher ist es jedoch, jedem Datensignalelement direkt ein Bit in der zu übertragenden Bitfolge zuzuordnen. In Datennetzen ohne Taktsteuerung (Abschn. 9.3.1) muß dann wegen der unterschiedlichen Geschwindigkeiten der verschiedenen Übertragungseinrichtungen im Zuge einer Verbindung für eine Geschwindigkeitsanpassung, z. B. durch kanalindividuelles Stopfen, gesorgt werden. In solchen *Stuffing-Kanälen* kann man z. B. für die in CCITT-Empf. X. 1* [7.48] festgelegten Geschwindigkeiten 0,6, 2,4, 4,8 und 9,6 kbit/s im Hinblick auf die zu übertragende Stopfinformation die Bruttogeschwindigkeiten 0,75, 3, 6 und 12 kbit/s vorsehen. Während also bei den transparenten Zeitmultiplex-Kanälen 5 Bits zur Übertragung eines Datensignalelementes benötigt werden, sind es bei den Stuffing-Kanälen im genannten Beispiel nur 1,25 Bits.

In Datennetzen mit Taktsteuerung (Abschn. 9.3.2) arbeiten alle Übertragungseinrichtungen mit dem gleichen Takt. Deshalb ergeben sich die Geschwindigkeiten der hier eingesetzten *Synchronkanäle* unmittelbar aus den Nettogeschwindigkeiten der Teilnehmer (0,6, 2,4, 4,8 und 9,6 kbit/s). Da in Datennetzen mit Taktsteuerung eine bestimmte Anzahl, z. B. je acht oder sechs Informationsbits durch zwei hinzugefügte Bits zu einem *Envelope* ergänzt werden (Bild 7.48b und c), ergeben sich für diese Kanäle Bruttogeschwindigkeiten von 0,75, 3, 6 und 12 kbit/s bzw. 0,8, 3,2, 6,4 und 12,8 kbit/s (vgl. Abschn. 7.4.1.2, Tab. 7.9). Von den beiden hinzugefügten Bits dient das Synchronisierbit F zur Envelopesynchronisierung auf Teilnehmerleitungen sowie — im Multiplexsystem für (6 + 2)-Envelopes — zur Rahmensynchronisierung; das Zustandsbit S kennzeichnet, ob die Informationsbits Daten oder Signalisierinformation enthalten.

Wegen der festen Envelope-Struktur des Signals in Synchronkanälen verschiedener Geschwindigkeiten liegt es nahe, die Kanäle im Zeitmultiplex-System envelopeweise zu verschachteln. Man kann dann übertragungstechnische und vermittlungstechnische Funktionen da-

---

* Siehe Fußnote auf S. 5.

durch integrieren, daß der envelopeweise verschachtelte Gesamtbitstrom dem Vermittlungssystem unmittelbar zur Verarbeitung zugeführt wird (s. Abschn. 9.3.2).

Häufig sind nur Start/Stop-Zeichen eines bestimmten Formats und einer Geschwindigkeit zu übertragen, wie z. B. in Teilnehmerklasse 1 des Datennetzes (s. Abschn. 9.2.1.1) oder im Telex-Netz. Hier können *Kanäle mit Zeichenrahmenbindung* eingesetzt werden. Gesteuert durch den Beginn eines Startschrittes wird jeder Schritt des Zeichens im Raster des Zeitmultiplex-Systems einmal abgetastet. Jedem Datensignalelement ist also nur 1 Bit im Gesamtbitstrom zugeordnet. Der Stopschritt variabler Länge (s. Band I, Abschn. 2.2.3.2) wird hierbei ebenfalls in dasganzzahlige Schrittraster des Gesamtbitstromes eingeordnet, wobei auch Geschwindigkeitsabweichungen des zu übertragenden Start/Stop-Zeichens aufgefangen werden (entzerrende Wirkung).

Aufbau von Zeitmultiplex-Systemen

Im folgenden werden die wesentlichen Eigenschaften der auf internationaler Ebene diskutierten und praktisch eingesetzten Arten von Zeitmultiplex-Systemen erläutert.

Auf Übertragungswegen mit *Sprachbandbreite*, welche im allgemeinen mit geringem Aufwand nur für die Übertragung von 2,4 kbit/s eingerichtet werden können, kommen die Zeitmultiplex-Systeme in Betracht, die bei wirtschaftlicher Ausnutzung des Bitstromes Kanäle niedriger Geschwindigkeit bündeln: die Systeme mit Zeichenrahmenbindung [7.63].

In Datenwählnetzen ohne Taktsteuerung werden Kanäle für Zeichenrahmen zwischen 7,5 und 11 Schritten bei Geschwindigkeiten von 50 bis 300 bit/s benötigt (Teilnehmerklassen 1 und 2; Abschn. 9.2.1.1); außerdem ist naheliegend, in das gleiche Zeitmultiplex-System auch die für das Telex-Netz erforderlichen Kanäle (Zeichenrahmen: 7,5 Schritte, Geschwindigkeit: 50 bit/s) aufzunehmen. Um in diesem Netz das von der Zielvermittlungsstelle zur Ursprungsvermittlungsstelle zu übertragende Verbundensignal nicht unzulässig zu verzögern, werden die Kanäle bitweise verschachtelt. Auch die Signalisierungsinformation zwischen den Vermittlungseinrichtungen wird über die gleichen Kanäle übertragen; wenn sie nicht von vornherein dem Zeichenrahmen angepaßt ist, wird hierzu vorübergehend die Zeichenrahmenbindung aufgehoben.

Zur Mischung von Daten- und Telexkanälen wird der für mehrere Telexkanäle verfügbare Bitanteil einem Datenkanal zugeordnet. Bei einem Gesamtbitstrom von 2,4 kbit/s ergeben sich zunächst rechnerisch 48 Kanäle zu je 50 bit/s und damit ein Grundrahmen von 48 bit. Hiervon ist (mindestens) ein Bit für die Rahmensynchronisierung abzuzweigen. Ferner wird ein weiteres Bit bei der Übertragung im Gesamtbitstrom unterdrückt. Hierdurch wird es möglich, auch bei Start/Stop-Zeichen mit einfachem Stopschritt und einer innerhalb bestimmter Toleranzgrenzen liegenden Übergeschwindigkeit den Stopschritt mit Sicherheit zu übertragen. Damit verbleiben 46 Kanäle je 50 bit/s, und die Mischbarkeit mit Datenkanälen höherer Geschwindigkeiten ist nur leicht eingeschränkt.

Sofern die Sollgeschwindigkeiten der Datenkanäle nicht Vielfache von 50 bit/s sind, werden Kanäle höherer Geschwindigkeit mit Hilfe von Füllbits auf die gewünschte Geschwindigkeit gebracht. So bietet das zeichenrahmengebundene Zeitmultiplex-System nach CCITT-Empf. R. 101* [7.64] verschiedene Möglichkeiten, einen 2,4-kbit/s-Bitstrom aufzuteilen (Tab. 7.13); auch Mischungen von Kanälen unterschiedlicher Geschwindigkeiten und Zeichenrahmen sind möglich.

Tabelle 7.13　Möglichkeiten der Aufteilung eines 2,4-kbit/s-Bitstroms im zeichenrahmengebundenen Zeitmultiplex-System nach CCITT-Empf. R 101*

Kanalgeschwindigkeit bit/s	50	75	100	110	134,5	150	200	300
Zeichenrahmen Schritte	7,5	7,5	7,5 10	11	9	10	7,5 10 11	10 11
Anzahl der Kanäle	46	30	22	22	15	15	10	7

Neben zeichenrahmengebundenen Zeitmultiplex-Systemen mit Bitverschachtelung sind in privaten Datennetzen, insbesondere in den USA, auch solche mit zeichenweiser Verschachtelung im Einsatz, da hierbei die längere Systemlaufzeit nur eine untergeordnete Rolle spielt. Andererseits hat die zeichenweise Verschachtelung einige Vorteile. Der systemeigene Zeichensynchronismus läßt hierbei eine höhere Ausnutzung zu, da Start- und Stopschritte für die Übertragung unterdrückt und erst am Empfängerausgang wieder hinzugefügt werden können. Die zeichenweise Verschachtelung erleichtert außerdem das Erfassen von im Multiplex-Bitstrom neben den Datensignalen enthaltenen Informationen, im Falle von beim Teilnehmer aufgestellten Multiplex-Einrichtungen z. B. über den Zustand von Schnittstellenleitungen zu den Datenendeinrichtungen.

Auf Übertragungswegen, die einen *Bitstrom von* 64 kbit/s erlauben, werden Zeitmultiplexsysteme mit bitweiser und mit envelopeweiser Verschachtelung eingesetzt.

Für die Bündelung von Transparentkanälen mit niedrigen Geschwindigkeiten (50 bis 300 bit/s) wird bei CCITT neben dem erwähnten zeichen-

---

* Siehe Fußnote auf S. 5.

rahmengebundenen ein System mit *bitweiser Verschachtelung* betrachtet (CCITT-Empf. R. 111*) [7.65]. Bei dem hohen Gesamtbitstrom ist es vertretbar, daß für Transparentkanäle, wie weiter oben ausgeführt, 5 Bits auf der Übertragungsstrecke je Datensignalelement benötigt werden. Um den Nutzbitanteil frei verfügbar zu haben, wird für die Rahmensynchronisierung und weitere systeminterne Funktionen (Überwachung, Stopfen u. a.) ein Anteil von 4 kbit/s abgezweigt. Der verbleibende

Tabelle 7.14 Möglichkeiten der Aufteilung eines 12-kbit/s-Teilbitstroms im Zeitmultiplexsystem mit bitweiser Verschachtelung nach CCITT-Empf. R 111* in Transparentkanäle (Verzerrung $\leq 5\%$)

Kanalgeschwindigkeit bit/s	50	100	200	300
Bitstrom je Kanal bit/s	250	500	1 000	1 500
Anzahl der Kanäle	48	24	12	8

nutzbare Bitstrom von 60 kbit/s wird in fünf Teile zu je 12 kbit/s aufgeteilt, von denen man einen oder mehrere mit Transparentkanälen belegt. Für jeden dieser Teilbitströme ergeben sich die in Tab. 7.14 angegebenen Bündelstärken.

Aus den Teilbitströmen von 12 kbit/s lassen sich andererseits auch Bitströme von 2,4 kbit/s ableiten, auf denen die beschriebenen zeichenrahmengebundenen Zeitmultiplex-Systeme eingesetzt werden können.

Zeitmultiplex-Systeme *mit envelopeweiser Verschachtelung* sind für taktgesteuerte Datennetze von Bedeutung (Abschn. 9.3.2). Je nach dem Aufbau der Envelopes aus acht oder sechs Informationsbits und zwei Zusatzbits (Bild 7.48b, c) ergeben sich für die Netto-Kanalgeschwindigkeiten 0,6, 2,4, 4,8 und 9,6 kbit/s die in Tab. 7.15 aufgeführten Brutto-Kanalgeschwindigkeiten und Kanalanzahlen.

Bei dem Zeitmultiplex-System für (8 + 2)-Envelopes nach CCITT-Empf. X. 51* wird wie bei dem bereits erwähnten Zeitmultiplex-System mit bitweiser Verschachtelung für Transparentkanäle von dem 64-kbit/s-Bitstrom ein Anteil von 4 kbit/s für die Rahmensynchronisierung und weitere systeminterne Funktionen abgezweigt. Der verbleibende Bitstrom von 60 kbit/s steht für die Übertragung der (8 + 2)-Envelopes zur Verfügung. Da hierbei — im Unterschied zu dem anschließend beschriebenen Zeitmultiplexsystem für (6 + 2)-Envelopes — nicht auf die Zusatzbits in den Envelopes zurückgegriffen wird, ist mit

---

* Siehe Fußnote auf S. 5.

diesem System auch die Übertragung beliebiger Bitfolgen mit den Brutto-Kanalgeschwindigkeiten möglich.

Bei dem Zeitmultiplex-System für (6 + 2)-Envelopes nach CCITT-Empf. X. 50 [7.66] werden die Kanäle in einen gemeinsamen, 80 Envelopes umfassenden Rahmen eingeordnet. Für die Rahmensynchronisierung werden auf der Sendeseite die 80 Synchronisierbits (Bild 7.48c) der in einem Rahmen enthaltenen Envelopes, die außerhalb des Zeitmultiplex-

Tabelle 7.15   Möglichkeiten der Aufteilung des 64-kbit/s-Bitstroms in den Zeitmultiplex-Systemen mit envelopeweiser Verschachtelung nach CCITT-Empf. X. 51* und X. 50

Netto-Kanalgeschwindigkeit kbit/s	0,6	2,4	4,8	9,6
Brutto-Kanalgeschwindigkeit im Zeitmultiplex-System				
für (8 + 2)-Envelopes kbit/s	0,75	3	6	12
für (6 + 2)-Envelopes kbit/s	0,8	3,2	6,4	12,8
Anzahl der Kanäle	80	20	10	5

Bitstromes der kanalindividuellen Synchronisierung dienen, mit einem definierten, durch ein Schieberegister erzeugten, 72 Bits umfassenden Bitmuster belegt; 8 Bits stehen für systeminterne Funktionen (z. B. Überwachung) zur Verfügung. Auf der Empfangsseite werden die Envelopes den Kanalausgängen zugeordnet und hierbei die Synchronisierbits wieder mit dem kanalindividuellen Synchronisierbitmuster versehen.

7.4.2.4 *Einrichtungen für die Übertragung der Bitströme von Zeitmultiplex-Systemen*

Wie aus Abschn. 7.4.2.3 hervorgeht, sind für die Übertragung der Bitströme von Zeitmultiplex-Systemen Übertragungseinrichtungen notwendig für die Übertragungsgeschwindigkeiten 2,4 kbit/s (eventuell auch 4,8 und 9,6 kbit/s) sowie für 64 kbit/s.

Für eine Übertragungsgeschwindigkeit von 2,4 kbit/s können die Modems für 2400 bit/s (Abschn. 7.2.1.3 und 7.3) zum Einsatz in Sprachkanälen oder auf Niederfrequenz- und Pupinkabeln verwendet werden. Es kann jedoch betrieblich von Vorteil sein, die für den Teilnehmeranschluß vorhandenen Übertragungseinrichtungen (Abschn. 7.4.1.2) auch hier einsetzen zu können. Da diese Übertragungseinrichtungen je nachdem, ob (6 + 2)- oder (8 + 2)-Bitgruppen verwendet werden, für 3,2 kbit/s oder 3,0 kbit/s ausgelegt werden müssen, ist — wie bereits in

---

* Siehe Fußnote auf S. 5.

Abschn. 7.4.1.2 diskutiert — ein geringer Mehraufwand für die entsprechende Takterzeugung und die Impulsformung notwendig. Dies gilt auch für die Übertragungsgeschwindigkeit 4,8 kbit/s, während für 9,6 kbit/s modifizierte Modems verwendet werden dürften (Einschränkungen bezüglich der Übertragungseinrichtung für 12 800 bit/s im Fernbereich: s. Abschn. 7.4.1.2).

Für einen Multiplexbitstrom von 64 kbit/s kommen im Nahbereich NF-Kabel und im Fernbereich Primärgruppenverbindungen in Frage und die in Abschn. 7.4.1.3 genannten Übertragungseinrichtungen. Ferner werden künftig in zunehmendem Maße Zeitschlitze von PCM-Systemen verwendet. Bei den im Fernsprechnetz eingesetzten PCM-Systemen sind dabei in den Multiplexeinrichtungen die in Abschn. 7.4.2.3 beschriebenen Taktzuordnungen zu berücksichtigen und eine Anpassung an die elektrischen Eigenschaften der Schnittstelle des PCM-Systems. Daneben werden aber auch besondere PCM-Systeme für die Datenübertragung eingerichtet. So sieht die Deutsche Bundespost im Weitverkehrsnetz spezielle PCM-Systeme für die Datenübertragung vor [7.67, 7.68].

8 Datenvermittlungseinrichtungen

In Band I, Abschn. 6 wurden die Aufgaben von Datenvermittlungseinrichtungen, ihre grundsätzliche Arbeitsweise und damit zusammenhängende verkehrstheoretische Probleme behandelt. Hier wird nun ein Überblick darüber gegeben, welche Vermittlungseinrichtungen in Datennetzen tatsächlich verwendet werden und wie sie aufgebaut sind.

An erster Stelle sind *Vermittlungseinrichtungen in Netzknoten* zu nennen. Dabei ist zwischen nichtschaltbaren und schaltbaren Netzknoten (Band I, Abschn. 6.1.1) zu unterscheiden. Datennetze mit nichtschaltbaren Netzknoten werden als *Knotennetze* bezeichnet, Datennetze mit schaltbaren Netzknoten als *Vermittlungsnetze*. (Der Begriff Vermittlung wird hierbei in einem engeren Sinn nur für Vorgänge in einem Netz mit schaltbaren Netzknoten verwendet.) Entsprechend wird im folgenden die Gesamtheit der Vermittlungseinrichtungen in einem schaltbaren Netzknoten als *Vermittlungsanlage* bezeichnet, während bei nichtschaltbaren Netzknoten von *Knoteneinrichtungen* gesprochen wird. Für einen schaltbaren Netzknoten wird auch der Begriff *Vermittlungsstelle* gebraucht und zwar dann, wenn mehr auf die Funktionen im Datennetz als auf den Aufbau hingewiesen werden soll; sind Vermittlungsanlagen nach einem einheitlichen Konzept aus aufeinander abgestimmten Bausteinen aufgebaut, dann wird für die Gesamtheit dieser Bausteine der Begriff *Vermittlungssystem* verwendet.

Vermittlungstechnische Einrichtungen der Datenstationen dienen dazu, in Zusammenarbeit mit den Datenvermittlungseinrichtungen in schaltbaren Netzknoten den Verbindungsauf- und -abbau zu steuern; dies kann jedoch auch durch die Datenendeinrichtungen geschehen. Je nach der Aufteilung dieser Aufgabe werden in den Datenstationen Datenfernschaltgeräte oder Anschlußgeräte eingesetzt, welche die Schnittstellen zur Datenendeinrichtung nach Abschn. 7.1 besitzen. In Knotennetzen wird dagegen der gesamte Datenaustausch stets mit Hilfe von Datenübertragungsprozeduren durch die Datenendeinrichtungen gesteuert.

8.1 Datenvermittlungseinrichtungen in Netzknoten

8.1.1 Einrichtungen in schaltbaren Netzknoten (Datenvermittlungsanlagen)

Einteilung

Vermittlungsstellen haben je nach ihrer Stellung im Datennetz recht unterschiedliche Funktionen zu erfüllen. Hier sind zunächst Vermittlungsstellen, an die nur Verbindungsleitungen zu anderen Vermittlungsstellen angeschlossen sind (Transitvermittlungsstellen), von solchen zu unterscheiden, an die nur oder auch Anschlußleitungen zu Datenstationen angeschlossen sind. Im zuletzt genannten Fall können die Steuerfunktionen vielfältiger sein, da die Signalisierungsverfahren auf Anschlußleitungen i. allg. mit denen auf Verbindungsleitungen nicht übereinstimmen. Auch in bezug auf Sonderdienste für den Teilnehmer (Abschn. 9.2) ergeben sich Unterschiede in den Steuerfunktionen, und schließlich sind die unterschiedlichen Eigenschaften des Verkehrs zu berücksichtigen. Andererseits sind die Steuerfunktionen von solchen Transitvermittlungsstellen besonders umfangreich, an die Verbindungsleitungen zu unterschiedlichen Datennetzen angeschlossen sind.

Praktisch spielt aber eine andere Unterscheidung eine noch größere Rolle, nämlich die zwischen *Konzentratoren* und den *übrigen Vermittlungsanlagen*. Konzentratoren dienen dazu, den von peripheren Datenstationen kommenden Verkehr zusammenzufassen, so daß er auf wenigen Verbindungsleitungen einer übergeordneten Vermittlungsstelle oder — in privaten Datennetzen — einer zentralen Datenstation, z. B. einer Datenverarbeitungsanlage, zugeführt wird; umgekehrt dienen Konzentratoren

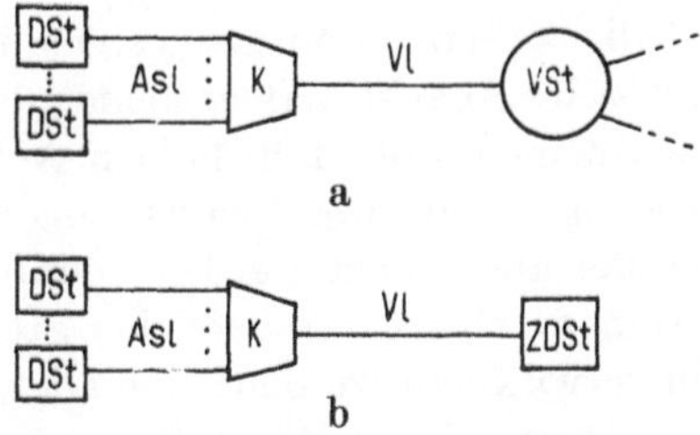

Bild 8.1   Datenvermittlungseinrichtungen in schaltbaren Netzknoten.
  a) Konzentrator und Vermittlungsstelle; b) Konzentrator.

DSt	Datenstation,	VSt	Vermittlungsstelle,
Asl	Anschlußleitungen,	ZDSt	Zentrale Datenstation,
K	Konzentrator,		z. B. Datenverarbeitungs-
Vl	Verbindungsleitung(en),		anlage.

auch dazu, Verkehr von dorther den peripheren Datenstationen zuzuleiten (Bild 8.1). Verbindungen zwischen den an einen Konzentrator angeschlossenen Datenstationen führen i. allg. über die übergeordnete Vermittlungsstelle. (Solche Konzentratoren werden auch als *Leitungskonzentratoren* bezeichnet im Unterschied zu ähnlichen Einrichtungen, die dazu dienen, die Verbindung zwischen (vielen) Leitungen und (wenigen) Steuereinrichtungen herzustellen, z. B. zu Registern zur Aufnahme von Wählzeichen, und die *Registerkonzentratoren* genannt werden.)

In erster Linie wird der Aufbau von Vermittlungsanlagen jedoch durch das *Vermittlungsverfahren* bestimmt (Band I, Abschn. 6.1.2), welches davon abhängt, ob eine durchgehende Verbindung zwischen den Datenstationen aufgebaut werden soll oder nicht. Im ersten Fall brauchen die Daten in den Netzknoten nicht zwischengespeichert zu werden (*Durchschaltevermittlung*); wird jedoch jeweils nur eine Teilstrecke der Verbindung belegt, dann ist eine Zwischenspeicherung der Daten erforderlich (*Teilstreckenvermittlung*). Dabei werden ganze Nachrichten zwischengespeichert (*Speichervermittlung*) oder Teile von Nachrichten (*Paketvermittlung*).

Unter den Durchschaltevermittlungsanlagen und ebenso unter den Vermittlungsanlagen mit Zwischenspeicherung der Daten gibt es wiederum eine Vielfalt unterschiedlicher Einrichtungen. Das Vermittlungsverfahren selbst kann auf sehr verschiedene Weise verwirklicht werden: z. B. Durchschaltung im Raum- oder im Zeitmultiplex, Durchschaltung im Zeitmultiplex von Polaritätswechseln oder von Bitgruppen, Zwischenspeicherung auf Lochstreifen oder auf magnetischen Datenträgern. Von großer Bedeutung ist auch die Art der Steuerung: dezentral oder zentral, festverdrahtet oder speicherprogrammiert.

Struktur und Abfertigungsverfahren

Die Vielfalt von Möglichkeiten, vermittlungstechnische Funktionen zu realisieren, hat es mit sich gebracht, daß es keine allgemeingültige Struktur von Vermittlungsanlagen gibt, d. h. keinen Aufbau aus Grundbausteinen, die — unabhängig von ihrer Realisierung — in jeder Vermittlungsanlage voneinander abgegrenzt werden könnten. Wohl müssen — bei gleichen Vermittlungsverfahren und gleicher Stellung im Netz — die gleichen Funktionen verwirklicht werden; eine allgemeingültige und eindeutige Zuordnung zu bestimmten Bausteinen ist aber kaum möglich. Aus diesem Grunde ist die folgende Darstellung an technisch ausgeführten Beispielen orientiert. So ist auch erklärlich, daß Einrichtungen mit gleichen oder ähnlichen Aufgaben z. T. unterschiedlich bezeichnet werden. Im folgenden werden i. allg. die Bezeichnungen verwendet, die sich in der Literatur über das jeweils dargestellte Vermittlungssystem finden, soweit die angestrebte Einheitlichkeit der Darstellung es zuläßt.

Als *Abfertigungsverfahren* werden die Verfahren bezeichnet, nach denen Anforderungen zum Belegen bestimmter Einrichtungen behandelt werden. Dabei sind Steuereinrichtungen von den Einrichtungen zum Durchschalten oder Zwischenspeichern von Daten zu unterscheiden. Ein Wartesystem liegt beim Belegen zentraler Steuereinrichtungen vor, d. h. auf das Freiwerden dieser Einrichtungen wird gewartet — i. allg. mit begrenzter Anzahl der Warteplätze und nach Prioritäten gestaffelt. Ein Beispiel dafür sind die Warteschlangen, die von einem Steuerrechner in einer Vermittlungsanlage mit speicherprogrammierter Steuerung bearbeitet werden. Dagegen wird u. U. auf das Freiwerden dezentraler Steuereinrichtungen nicht gewartet, z. B. auf das Freiwerden von Speicherbereichen zur Zwischenspeicherung von für den Verbindungsaufbau benötigten Daten; hier liegt dann ein Verlustsystem vor. Auch beim Belegen von Einrichtungen, die zum Durchschalten von Daten benötigt werden und während des Verbindungsaufbaus für die gesamte Dauer der Verbindung belegt werden, z. B. Zwischenleitungen eines Raummultiplex-Durchschaltenetzwerkes, gibt es häufig keine Wartemöglichkeiten. Zu unterscheiden sind davon die Vorgänge beim Durchschalten im Zeitmultiplex; hier handelt es sich um Wartesysteme.

Beurteilungskriterien

Bevor einzelne Beispiele erläutert werden, seien schließlich einige Beurteilungskriterien genannt. Zuerst ist der *Anwendungsbereich* zu betrachten, d. h. die Übertragungsgeschwindigkeit und die Gleichlaufverfahren, die für den Austausch von Steuerinformationen zum Verbindungsaufund -abbau und für die Datenübermittlung selbst möglich sind. In engem Zusammenhang damit steht die *Flexibilität*. Angesichts der Entwicklung von Datennetzen in den kommenden Jahren ist es von großer Bedeutung, daß Vermittlungsanlagen nicht nur an eine zunehmende Anzahl der angeschlossenen Leitungen und an zunehmenden Verkehr angepaßt werden können, sondern daß sie den Übergang zu anderen Übertragungsgeschwindigkeiten und Gleichlaufverfahren oder die Einführung neuer Sonderdienste für den Teilnehmer ermöglichen.

Die *Leistungsfähigkeit* einer Vermittlungsanlage läßt sich grob kennzeichnen durch die Anzahl der anschließbaren Leitungen, durch den Verkehrswert, der insgesamt zulässig ist, und durch Angaben über die zu übertragenden Daten, vor allem die Übertragungsgeschwindigkeit. Diese Angaben kennzeichnen bei Anlagen mit Durchschaltevermittlung die Leistungsfähigkeit beim Durchschalten, bei Anlagen mit Teilstreckenvermittlung die Leistungsfähigkeit beim Empfangen und Senden von

Nachrichten, und, wenn zusätzlich die Nachrichtenlängen bekannt sind, die Kapazität des Zwischenspeichers. Erforderlich sind daneben Angaben über die Leistungsfähigkeit der Steuereinrichtungen, d. h. über die Anzahl der Verbindungen, die während einer bestimmten Zeit auf- und abgebaut werden können, oder über die Anzahl der je Zeiteinheit bearbeitbaren Nachrichten. Solche Angaben lassen sich jedoch nur dann vergleichen, wenn zusätzlich die Art der aufzubauenden Verbindungen oder die der zu bearbeitenden Nachrichten, die Verteilung der Anrufabstände und Verbindungsdauern und ähnliche Parameter spezifiert sind.

Eine große Bedeutung, insbesondere bei zentral gesteuerten Anlagen, kommt schließlich der *Verfügbarkeit* der Vermittlungsanlage als ganzer zu. Sie wird gekennzeichnet durch die mittlere Zeit zwischen zwei Totalausfällen des Systems (mean time between failures, MTBF) oder durch ähnliche Angaben [8.1]. Um eine hohe Verfügbarkeit zu gewährleisten, kann die Vermittlungsanlage oder können zentrale Teile davon doppelt oder verdreifacht sein, während dezentrale Teile i. allg. nicht redundant vorhanden sind. In diesem Zusammenhang ist es von Interesse, auf wieviel Anschlüsse sich der Ausfall eines nicht verdoppelten zentralen oder dezentralen Teils der Vermittlungsanlage auswirkt; diese Anzahl wird als Ausfallbreite bezeichnet. Bei Durchschaltevermittlungsanlagen wird vielfach eine Ausfallbreite von einigen zehn Anschlüssen als zulässig betrachtet.

8.1.1.1 Vermittlungsanlagen mit Durchschaltung der Daten

Das Verfahren der Durchschaltevermittlung wird verwendet, wenn Daten möglichst ohne Verzögerung von der sendenden zur empfangenden Datenstation übermittelt werden sollen. Diese Forderung wird insbesondere an öffentliche Datenwählnetze gerichtet, die deshalb das Hauptanwendungsgebiet der Durchschaltevermittlung darstellen. Für dieses Verfahren spricht außerdem der im Vergleich zu Anlagen mit Zwischenspeicherung der Daten geringere technische Aufwand.

*Vermittlungsanlagen mit Durchschaltung der Daten in
öffentlichen Netzen*

Dezentral gesteuerte Anlagen, etwa solche, deren Koppelfelder wie im System TW 39 aus Wählern aufgebaut sind [8.2], können in Datennetzen mit niedrigen Übertragungsgeschwindigkeiten eingesetzt werden, wenn keine besonderen Forderungen in bezug auf die Leistungsfähigkeit beim Verbindungsauf- und -abbau, besonders bei Berücksichtigung unterschiedlicher Signalisierungsverfahren, oder in bezug auf Sonderdienste gestellt werden. Im allgemeinen kommen jedoch rein dezentral gesteuerte Vermittlungsanlagen für Datennetze nicht in Betracht.

In den folgenden Beispielen sind deshalb nur *zentral gesteuerte Anlagen* berücksichtigt. Unter den Anlagen mit Durchschaltung im Raummultiplex (Band I, Abschn. 6.1.3.1) — typisch sind hierbei mit Relais aufgebaute Koppelfelder — finden sich solche mit festverdrahteter und solche mit speicherprogrammierter Steuerung. Demgegenüber haben Anlagen mit Durchschaltung im Zeitmultiplex (Band I, Abschn. 6.1.3.2) durchweg eine speicherprogrammierte Steuerung, die leichter als eine festverdrahtete an geänderte oder erweiterte Aufgabenstellungen angepaßt werden kann. Bei Anlagen mit Zeitmultiplexdurchschaltung kommt hinzu, daß u. U. der hier benötigte Verbindungsspeicher als Teil des Arbeitsspeichers realisiert werden kann, den eine speicherprogrammierte Anlage ohnehin hat. (Der Verbindungsspeicher enthält die Zuordnung der miteinander verbundenen Leitungen, im Durchschaltespeicher werden die durchzuschaltenden Daten kurzzeitig zwischengespeichert; s. Band I, Abschn. 6.1.3.3). Statt von Anlagen mit speicherprogrammierter Steuerung (stored program control) wird vielfach von rechnergesteuerten Anlagen gesprochen. Neben Allzweckrechnern werden hierbei, besonders für große Vermittlungsanlagen, eigens für Vermittlungsaufgaben entwickelte Rechner oder Programmsteuerungseinheiten verwendet. Mit ihnen läßt sich die größtmögliche Leistungsfähigkeit beim Verbindungsauf- und -abbau erreichen.

Der Anwendungsbereich der im folgenden genannten Anlagen umfaßt Übertragungsgeschwindigkeiten auf den einzelnen Leitungen bis zu 48000 bit/s. Die Anzahl der anschließbaren Leitungen liegt zwischen einigen hundert und einigen zehntausend, die Anzahl von Verbindungen, die im Mittel je Sekunde auf- und abgebaut werden können, beträgt maximal etwa 100. Bei Anlagen mit speicherprogrammierter Steuerung liegt die berechnete mittlere Zeit zwischen zwei Totalausfällen in der Größenordnung von zehn Jahren.

Beispiel 1

Zuerst wird eine Vermittlungsanlage mit *Durchschaltung im Raummultiplex und zentraler,* aber nicht speicherprogrammierter *Steuerung* betrachtet. Das hierfür gewählte Beispiel ist eine Anlage, die als Transitvermittlungsstelle eingesetzt wird und die, bedingt durch hier verwendete Schaltelemente, für Übertragungsgeschwindigkeiten bis zu 2400 bit/s geeignet ist [8.3].

Das *Durchschaltenetzwerk,* im Blockschaltbild (Bild 8.2) als Wegenetzwerk bezeichnet, ist nicht einstufig ausgeführt, sondern vierstufig mit vollkommener Erreichbarkeit im Leerlauf, d. h. wenn keine Verbindungen

bestehen (Band I, Abschn. 6.2.1.1). Die Koppelvielfache mit je 60 oder
120 Koppelpunkten (diese Anzahl ist konstruktiv bedingt) sind aus
Relais aufgebaut. Bei der hier gezeigten Ausbaustufe können maximal
792 Verbindungsleitungen angeschlossen werden, die alle sowohl von
anderen Vermittlungsstellen her (ankommend) als auch zu anderen Vermittlungsstellen hin (abgehend) belegt werden können.

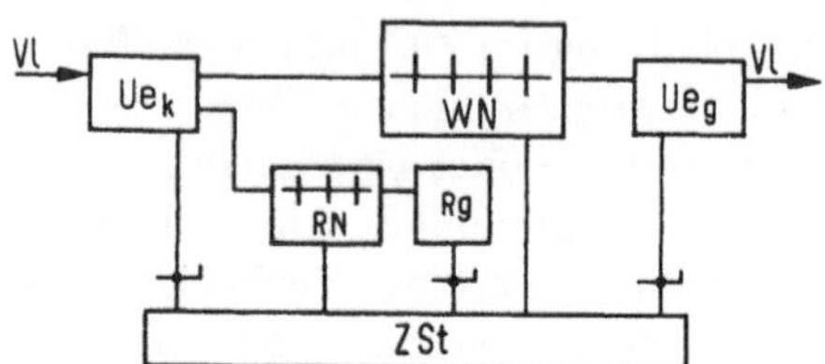

Bild 8.2   Beispiele einer zentralgesteuerten Transitvermittlungsstelle mit Durchschaltung im Raumkomplex.

Ue_k	Übertragung, ankommend belegt,	ZSt	Zentrale Steuereinrichtung,
WN	Wegenetzwerk,	Vl	Verbindungsleitung,
Ue_g	Übertragung, abgehend belegt,	→	Richtung des Verbindungs-
RN	Netzwerk zur Ankopplung von Registern,		aufbaus,
Rg	Register,	⊣	Vielfachschaltung.

Die je Anschluß vorhandenen Einrichtungen werden als *Übertragungen* bezeichnet: ihre vermittlungstechnischen Aufgaben sind in
erster Linie der Empfang und die Bestätigung von Anrufen und die
Verbindungsüberwachung. Für Empfang, Zwischenspeicherung und
Senden von Wählziffern und Verkehrsklassenzeichen werden *Register*
verwendet, bei Maximalausbau bis zu 75 Register. Sie werden über ein
dreistufiges Koppelnetzwerk, das Registernetzwerk, mit den Übertragungen verbunden. Die in Bild 8.2 getrennt gezeichneten ankommend
und abgehend zu belegenden Übertragungen sind jeweils in einer Einrichtung vereinigt, das Wegenetzwerk ist „gefaltet".

Die *zentrale Steuereinrichtung* ist in drei Steuereinheiten gegliedert:
Der Registernetzwerkeinsteller dient zum Anschalten der Register, der
Wahlbewerter entscheidet, ob die Wahlinformation für den weiteren
Verbindungsaufbau ausreichend, nicht ausreichend oder unbrauchbar
ist, und die dritte Steuereinheit dient zum Durchführen aller übrigen
Funktionen beim Verbindungsaufbau, von der Wahl der Richtung und
dem Ermitteln der abgehend zu belegenden Leitung über die Wegesuche
im Wegenetzwerk und das Einstellen der Koppelelemente bis zum Belegen
der abgehenden Leitung. Das Zuordnen von Richtungen, Leitungs-
bündeln, Betriebsarten und Netzklassen kann den Betriebsbedingungen,
z. B. bei einer Erweiterung der Vermittlungsstelle, angepaßt werden, ist
also nicht starr vorgegeben. Schließlich gibt es noch eine Reihe hier nicht

gezeigter Schaltungen, mit deren Hilfe die Steuereinheiten Steuerinformationen von den Übertragungen, Registern und Koppelnetzwerken erhalten und dorthin senden.

Die Verfügbarkeit der Vermittlungsanlage kann durch Verdoppelung der zentralen Steuereinrichtung erhöht werden, die Leistungsfähigkeit durch das Zusammenschalten von maximal drei der bisher beschriebenen Anlagen über zusätzliche Koppelanordnungen: Mittels Koordinierungsschaltungen wird eine enge Zusammenarbeit der zentralen Steuereinrichtungen erreicht, die zu einer höheren Ausnutzung der Leitungen und zu einer höheren Leistung der Vermittlungseinrichtungen führt als bei getrenntem Betrieb dieser Vermittlungsanlagen. Bei Ausfall einer Steuereinheit werden ihre Aufgaben durch die entsprechenden Steuereinheiten in den beiden anderen Teilanlagen übernommen, so daß durch das Zusammenschalten auch die Verfügbarkeit höher ist als bei getrenntem Betrieb ohne Verdoppelung der zentralen Steuereinrichtungen [8.4].

Beispiel 2

Als zweites Beispiel dient eine Vermittlungsanlage mit *Durchschaltung im Raummultiplex und speicherprogrammierter Steuerung.* Auch diese Anlage ist für Übertragungsgeschwindigkeiten bis zu 2400 bit/s geeignet. Von den verschiedenen Ausführungsformen wird im folgenden die betrachtet, die auch den Anschluß von Leitungen zu Datenstationen erlaubt und deshalb eine etwas komplexere Struktur hat als die Ausführungsform für Transitvermittlungsstellen [8.5].

Den Kern des Durchschaltenetzwerkes, dessen Koppelvielfache aus Reedrelais aufgebaut sind, bilden die in Bild 8.3 als *Verbindungs-* und als *Mischkoppelstufe* bezeichneten Funktionsstufen. Zwischen ihnen und den Verbindungsleitungen oder den Anschlußleitungen zu Datenstationen liegt eine *Konzentrationsstufe*, die den von den Datenstationen auf den Anschlußleitungen kommenden Verkehr zusammenfaßt und den zu ihnen gehenden aufteilt (Band I, Abschn. 6.1.6). Umgekehrt wird durch diese Stufe der von den Verbindungsleitungen — sie haben i. allg. hohe Verkehrswerte — kommende Verkehr aufgeteilt, der zu ihnen gehende konzentriert. Das gesamte Durchschaltenetzwerk hat vollkommene Erreichbarkeit im Leerlauf (Band I, Abschn. 6.2.1.1).

Die *Anschlußschaltungen für Verbindungsleitungen* erfüllen vor allem die Funktionen der Anruferkennung und Anrufbestätigung und der Verbindungsüberwachung, und sie ermöglichen die Abfrage des Leitungszustands. Die *Teilnehmeranschlußschaltungen* haben dagegen nur die an dieser Stelle unbedingt erforderlichen Funktionen, in erster Linie die der Anruferkennung; die übrigen Funktionen sind in den *Verbindungssätzen* realisiert, an einer Stelle also, an der der Verkehr von oder zu den Datenstationen bereits konzentriert ist.

Anruf und Anrufbestätigung, Schlußzeichen und Schlußzeichenbestätigung werden von den Anschlußschaltungen oder Verbindungssätzen empfangen oder gesendet; diese Schaltungen können über ein
weiteres Koppelnetzwerk, das Signalnetzwerk, mit Sendern und Empfängern für die Steuersignale zum Verbindungsauf- und -abbau, die durch
Codezeichen dargestellt sind, verbunden werden.

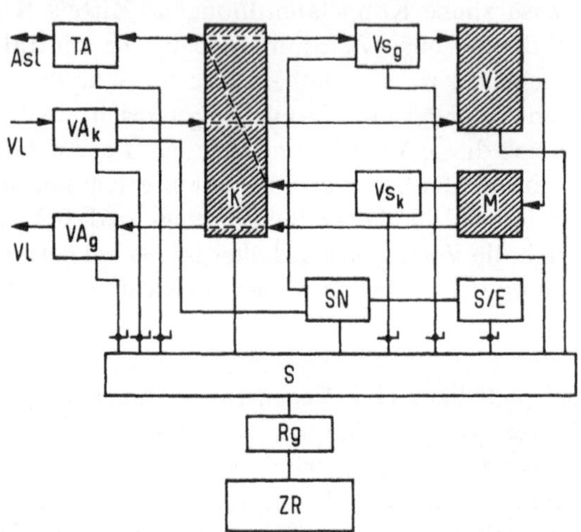

Bild 8.3 Beispiel einer Vermittlungsanlage mit Durchschaltung im Raummultiplex und speicherprogrammierter Steuerung (Redundanz nicht gezeigt).

Asl	Anschlußleitung,	V	Verbindungskoppelstufe,
TA	Teilnehmeranschlußschaltung,	M	Mischkoppelstufe,
Vl	Verbindungsleitung,	SN	Signalnetzwerk,
VA_k	Anschlußschaltung für ankommend belegte Verbindungsleitung,	S/E	Sender und Empfänger für Codezeichen,
VA_g	Anschlußschaltung für abgehend belegte Verbindungsleitung,	S	Schaltungen zur Übernahme und Abgabe von Steuerinformationen,
K	Konzentrations- bzw. Expansionsstufe,	Rg	Register,
		ZR	Zentraler Steuerrechner,
Vs_k	Verbindungssatz, ankommend belegt,		Durchschaltenetzwerk,
Vs_g	Verbindungssatz, abgehend belegt,	$\rightarrow$	Richtung des Verbindungsaufbaus,
		$\dashv\vdash$	Vielfachschaltung.

Zwischengespeichert werden die Steuersignale in *Registern*, die das
Bindeglied zum zentralen Steuerrechner bilden. Die Register nehmen
auch Zustandsinformationen von Leitungen, Verbindungssätzen und
Koppelnetzwerken sowie Steuerinformationen für Verbindungssätze und
Koppelnetzwerke auf; zwischen diesen Einrichtungen und den Registern
liegen weitere, hier nicht im einzelnen genannte Schaltungen.

Die *Steuerrechner* sind speziell für den Einsatz in Vermittlungsanlagen entwickelt. Je Sekunde können etwa 20 Verbindungen auf- und abgebaut werden [8.5]; diese Anzahl kann durch Einsatz eines leistungsfähigeren Steuerrechners erhöht werden. Zur Sicherung der Verfügbarkeit können die Steuerrechner verdoppelt werden; dadurch erreicht die mittlere Zeit zwischen zwei Ausfällen beider Steuerrechner, wenn geeignete Wartungsprogramme vorliegen, den Wert von etwa 40 Jahren [8.6].

Beispiel 3

Schließlich soll eine Vermittlungsanlage mit *Durchschaltung im Zeitmultiplex* und *speicherprogrammierter Steuerung* erläutert werden [8.7, 8.8]. Sie ist für den Einsatz in Datennetzen ohne Taktsteuerung (Abschn. 9.3.1) mit Übertragungsgeschwindigkeiten bis zu 9600 bit/s und für den Einsatz in Datennetzen mit Taktsteuerung (Abschn. 9.3.2) mit Übertragungsgeschwindigkeiten bis zu 48000 bit/s vorgesehen. Im folgenden wird eine Ausbaustufe mit Durchschaltung der Polaritätswechsel der Datensignale beschrieben, die in erster Linie in Datennetzen ohne Taktsteuerung verwendet wird; bei der Durchschaltung der Polaritätswechsel bleibt außer Betracht, ob es sich um isochrone oder anisochrone Signale handelt und welche Zeichenrahmen und Übertragungsgeschwindigkeiten verwendet werden. Daneben ist auch die Durchschaltung von Bitgruppen möglich; diese Form ist in erster Linie für Datennetze mit Taktsteuerung vorgesehen.

Bei der Zeitmultiplexdurchschaltung von Polaritätswechseln tritt an die Stelle eines Koppelnetzwerks der *Verbindungsspeicher*, der die Zuordnung der miteinander verbundenen Leitungen enthält. Er befindet sich bei der in Bild 8.4 gezeigten Ausbaustufe im Arbeitsspeicher, einem Teil der Speichereinheit. Ein auf einer Leitung eintreffender und von einer Anschlußschaltung erkannter Polaritätswechsel führt dazu, daß im Verbindungsspeicher die Adresse der Leitung gefunden wird, die mit der erstgenannten verbunden ist und auf der der Polaritätswechsel weiterzusenden ist. Da jede Leitung unmittelbar als mit jeder anderen verbunden gekennzeichnet werden kann, liegt eine einstufige Durchschaltung mit vollkommener, von der Belastung unabhängiger Erreichbarkeit vor.

Die *Anschlußschaltungen* dienen lediglich zum Empfangen und Senden von Polaritätswechseln. Besteht bereits eine Verbindung, dann werden Polaritätswechsel in der oben beschriebenen Weise durchgeschaltet; anderenfalls werden empfangene Polaritätswechsel von der *Programmsteuerungseinheit* verarbeitet, die alle übrigen vermittlungstechnischen Funktionen ausführt. Dadurch sind die dezentralen Einrichtungen so aufwandarm wie möglich. Teilzentrale Schaltungen wie Verbindungssätze

oder Register entfallen; da sie auf bestimmte Signalisierungsverfahren
und auf Übertragungsgeschwindigkeit und Coderahmen der Steuerzeichen zugeschnitten sein müßten, wird durch den Verzicht darauf

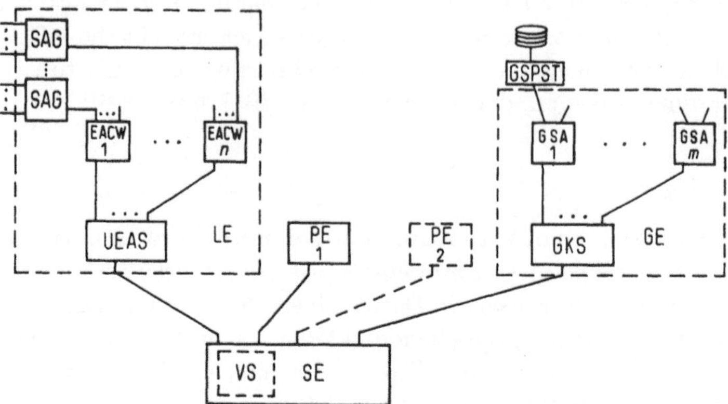

Bild 8.4 Beispiel einer Vermittlungsanlage mit Durchschaltung im Zeitmultiplex
         und speicherprogrammierter Steuerung (Redundanz nicht gezeigt).

LE	Leitungsanschlußeinheit,	GSPST	Großspeichersteuerung
SAG	Systemanschlußgruppe		(mit Plattenspeicher),
	(Anschlußschaltungen),	GSA	Geräteschnittstellenanpassung,
EACW	Ein-/Ausgabecodewandler,	GKS	Gerätekanalsteuerung,
UEAS	Übertragungsablauf-	SE	Speichereinheit (Arbeits-
	steuerung,		speicher),
PE	Programmsteuerungseinheit,	VS	Verbindungsspeicher.
GE	Geräteanschlußeinheit,		

gleichzeitig erreicht, daß eine Anpassung an geänderte Einsatzbedingungen
ohne Änderung von Schaltungen möglich ist.

Bei dieser Aufgabenverteilung wird jedoch die Programmsteuerungseinheit stark belastet. Wird es in Vermittlungsstellen mit hohem Verkehr erforderlich, sie zu entlasten, dann bietet sich neben der Möglichkeit,
eine weitere Programmsteuerungseinheit einzusetzen (Bild 8.4), auch die
Erweiterung des Systems um Baugruppen zum Empfang und zum Senden
von Zeichen oder um eine spezielle Funktionseinheit für diese Aufgaben.

Zur Sicherung der Verfügbarkeit sind sämtliche zentralen Systemeinheiten dieser Vermittlungsanlage verdoppelt, und zwar in der Weise,
daß die verdoppelten Einheiten synchron und parallel arbeiten und ihre
Signale ständig verglichen werden (Bild 8.5). Durch die Verbindung
dieser Einheiten untereinander (modulare Verdopplung) wird die Wahrscheinlichkeit eines Totalausfalls im Vergleich mit einem System, das als
ganzes verdoppelt ist, beträchtlich verringert.

Die *Leitungsanschlußeinheit* kann so weit ausgebaut werden, daß etwa
24 500 Leitungen des Datennetzes angeschlossen werden können (bis zu

sechs Ein-/Ausgabecodewandler mit je 4096 Anschlüssen; ein weiterer
Ein-/Ausgabecodewandler wird für Sonderaufgaben, z. B. für den Anschluß von Bedieneinrichtungen, verwendet). Wenn für eine bestimmte

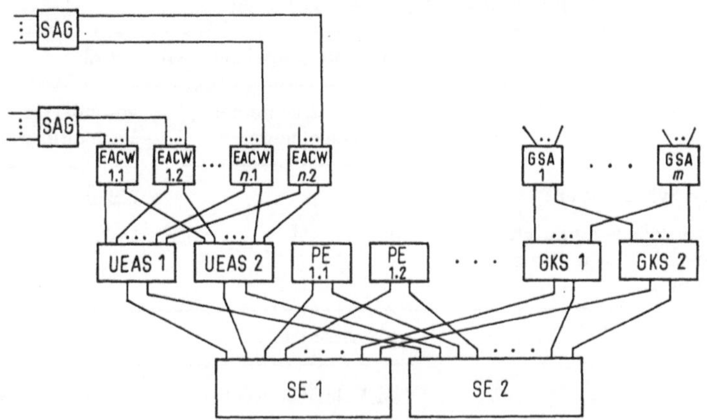

Bild 8.5 Beispiel einer Vermittlungsanlage mit modularer Verdoppelung von
Systemeinheiten.

SAG	Systemanschlußgruppe,	GSA	Geräteschnittstellenanpassung,
EACW	Ein-/Ausgabecodewandler,	GKS	Gerätekanalsteuerung,
UEAS	Übertragungsablaufsteuerung,	SE	Speichereinheit.
PE	Programmsteuerungseinheit,		

Vermittlungsstelle festgelegt werden soll, wieviele Leitungen tatsächlich
angeschlossen werden können, dann ist die Leistungsfähigkeit beim Ver-
bindungsauf- und -abbau zu berücksichtigen — abhängig von den verwendeten Signalisierungsverfahren können je Sekunde etwa 40 bis etwa
100 Verbindungen auf- und abgebaut werden — und die Leistungsfähigkeit
beim Durchschalten (Tab. 8.1). Die zulässige mittlere Belastung des
Verbindungsspeichers hängt zunächst davon ab, wie die Einfallsabstände
der durchzuschaltenden Polaritätswechsel verteilt sind und welche Ver-
zögerungen beim Durchschalten zulässig sind, d. h. welche Grenzwerte
für Verzerrungen oder für Bitfehler oder Bitverlust eingehalten werden
müssen (vgl. Abschn. 9.3.1.1). Ist, wie in der hier betrachteten Ausbaustufe, der Verbindungsspeicher Teil des Arbeitsspeichers (Tab. 8.1, links),
dann ist zusätzlich zu beachten, daß auch für andere Aufgaben, z. B. die
der Programmsteuerungseinheit, genügend Zugriffsmöglichkeiten zum
Arbeitsspeicher vorhanden sein müssen.

Die Leistungsfähigkeit beim Durchschalten läßt sich durch den Einsatz eines schnellen Verbindungsspeichers erhöhen, der nur für die Durchschaltung im Zeitmultiplex zur Verfügung steht, und dadurch, daß Bit-

gruppen durchgeschaltet werden (Angaben in Tab. 8.1, rechts entsprechend dem in [8.9] angegebenen Beispiel).

Tabelle 8.1   Leistungsfähigkeit einer Vermittlungsanlage mit Durchschaltung im Zeitmultiplex und speicherprogrammierter Steuerung

	Verbindungsspeicher realisiert als	
	Teil des allgemeinen Arbeitsspeichers	gesonderter Verbindungsspeicher
Speicherzyklusdauer	0,8 µs	0,2 µs
Mittlere Belastung durch Zeitmultiplexdurchschaltung (Annahme)	60%	90%

	Durchschaltung	
	von Polaritätswechseln	von Bitgruppen
Mittlere Anzahl der durchschaltbaren Polaritätswechsel bzw. Bitgruppen je Sekunde	$0,75 \cdot 10^6$	$4,5 \cdot 10^6$

	Übertragungsgeschwindigkeit			
	200 bit/s	2,4 kbit/s	2,4 kbit/s	48 kbit/s
	halbduplex	duplex	duplex	duplex
Mögliche Anzahl gleichzeitig bestehender Verbindungen	7 500	312	11 250	562

Der bis hierher gegebene Überblick über Durchschaltevermittlungsanlagen in öffentlichen Datennetzen ließe sich noch ergänzen durch Beschreibungen weiterer Anlagen, etwa der in [8.10] erläuterten mit Zeitmultiplexdurchschaltung. Die Behandlung der Durchschaltevermittlungsanlagen — abgesehen von Konzentratoren — soll an dieser Stelle jedoch durch Bemerkungen zu Durchschaltevermittlungsanlagen in privaten Datennetzen abgeschlossen werden.

Vermittlungsanlagen mit Durchschaltung der Daten in privaten Netzen

In privaten Datennetzen können i. allg. bestimmte Funktionen entfallen, z. B. die Gebührenerfassung, und die Vielfalt unterschiedlicher Klassen — auf Grund von Teilnehmerberechtigungen oder auf Grund technischer Merkmale wie Übertragungsgeschwindigkeit oder Gleichlaufverfahren — ist, wenn überhaupt vorhanden, geringer als in einem öffentlichen Datennetz. Nicht zuletzt aber ist hier die Anzahl der an eine Vermittlungsstelle angeschlossenen Leitungen meistens geringer als in einem öffentlichen Datennetz. Zentrale Aufwendungen fallen daher stärker ins Gewicht, so daß stets zu erwägen ist, ob ein privates Datennetz nicht günstiger als geschlossene Teilnehmerklasse in einem öffentlichen Netz zu realisieren ist (Abschn. 9.2.3).

Häufig werden Vermittlungsanlagen in einem privaten Datennetz über einige Verbindungsleitungen mit dem öffentlichen Datennetz verbunden; solche Anlagen werden als *Nebenstellenanlagen* bezeichnet. Hier sei nur ein Beispiel einer Nebenstellenanlage erwähnt (Bild 8.6).

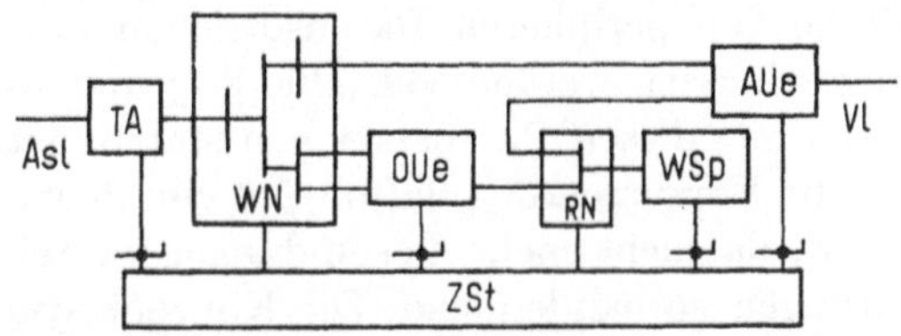

Bild 8.6 Beispiel einer zentralgesteuerten Nebenstellenanlage mit Durchschaltung im Raummultiplex.

Asl	Anschlußleitung,	AUe	Amtsübertragung,
TA	Teilnehmeranschlußschaltung,	Vl	Verbindungsleitung zur Ver-
WN	Wegenetzwerk,		mittlungsstelle im öffent-
OUe	Ortsübertragung (Verbindungssatz),		lichen Datennetz („Amt"),
RN	Netzwerk zur Ankopplung von	ZSt	Zentrale Steuereinrichtung,
	Registern,	+⊢	Vielfachschaltung.
WSp	Wahlspeicher (Register),		

Es handelt sich um eine Anlage ähnlich der in Bild 8.2 gezeigten mit *zentraler Steuerung* und *Durchschaltung im Raummultiplex*; auch diese Anlage ist für Übertragungsgeschwindigkeiten bis zu 2400 bit/s vorgesehen [8.11].

Das Durchschaltenetz ist dreistufig, die Koppelvielfache sind aus Relais aufgebaut. Maximal können 400 Anschlußleitungen und 66 Verbindungsleitungen zur übergeordneten Vermittlungsstelle oder zu verschiedenen übergeordneten Vermittlungsstellen angeschlossen werden.

Die Teilnehmeranschlußschaltungen ermöglichen die Erkennung von Anrufen und die Abfrage des Leitungszustandes. Verbindungen innerhalb des Nebenstellennetzes werden mit Hilfe der *Ortsübertragungen* aufgebaut, Verbindungen von oder zu übergeordneten Vermittlungsstellen mit Hilfe von *Amtsübertragungen*. Die Ortsübertragungen entsprechen den Verbindungssätzen in Bild 8.3, die Amtsübertragungen den dort vorgesehenen Anschlußschaltungen für Verbindungsleitungen. Die von den Übertragungen über ein einstufiges Koppelnetzwerk erreichten Wahlspeicher (Register) dienen zur Aufnahme der Wahlinformation und zu ihrer Weiterleitung an die zentrale Steuerung. Die Steuerungsabläufe sind fest verdrahtet mit der Möglichkeit, ähnlich wie bei der als Beispiel 1 beschriebenen Vermittlungsanlage Zuordnungen zu ändern.

8.1.1.2 Konzentratoren mit Durchschaltung der Daten

Konzentratoren bilden auf Grund ihrer Aufgabe, der Konzentration des Verkehrs von vielen auf wenige Leitungen, eine besondere Gruppe innerhalb der Datenvermittlungsanlagen und werden deshalb hier gesondert dargestellt. Der Einsatz eines Konzentrators ist immer dann in Erwägung zu ziehen, wenn an eine Vermittlungsstelle oder eine zentrale Datenstation eine Reihe von peripheren Datenstationen mit niedrigen Verkehrswerten angeschlossen werden soll (Bild 8.1) und wenn wenig oder kein Verkehr zwischen diesen Datenstationen stattfindet. Niedrige Verkehrswerte sind die Voraussetzung dafür, daß eine Konzentration überhaupt möglich ist, da nicht mehr Verbindungen bestehen können, als Verbindungsleitungen vorhanden sind. Die Konzentration des Verkehrs ist zu unterscheiden von der übertragungstechnischen Bündelung, bei der Datenkanäle, z. B. Anschlußleitungen, so zusammengefaßt werden, daß alle Datenkanäle gleichzeitig belegt werden können. Der Einsatz eines Konzentrators kommt dann in Betracht, wenn Datenstationen anzuschließen sind, die weit von der Zentrale entfernt und nahe beieinander liegen, oder wenn es für den Aufbau oder die Arbeitsweise der Zentrale vorteilhaft ist, daß statt vieler Anschlußleitungen nur wenige Verbindungsleitungen angeschlossen sind.

Konzentratoren mit Durchschaltung der Daten in öffentlichen Netzen

In Bild 8.1 sind zwei unterschiedliche Einsatzmöglichkeiten für Konzentratoren gezeigt; in öffentlichen Datennetzen arbeitet ein Konzentrator stets mit einer übergeordneten Vermittlungsstelle zusammen (Bild 8.1 a).

Die besondere Aufgabenstellung für Konzentratoren bringt mit sich, daß bestimmte vermittlungstechnische Funktionen von vornherein entfallen, z. B. die Richtungswahl beim Aufbau einer Verbindung von einer der angeschlossenen Datenstationen aus. Darüber hinaus können weitere Funktionen in die übergeordnete Vermittlungsstelle verlagert werden, wenn dies durch den dadurch erreichbaren einfacheren Aufbau des Konzentrators als gerechtfertigt erscheint. Beispiele dafür sind die Gebührenerfassung oder die Ausführung von Teilnehmerdiensten wie Kurzwahl (Abschn. 8.2.3). Diese Verlagerung bedingt aber eine Erweiterung der Signalisierung, denn die übergeordnete Vermittlungsstelle braucht die Adresse der rufenden Datenstation, d. h. der Station, von der aus eine Verbindung aufgebaut werden soll.

Außer durch die besondere Aufgabenstellung unterscheiden sich Konzentratoren auch dadurch von den übrigen Vermittlungsstellen, daß die Anzahl der angeschlossenen Leitungen i. allg. wesentlich geringer ist. Bei manchen Konzentratoren beträgt die Anzahl der bei Vollausbau anschließbaren Leitungen zu Datenstationen nur einige zehn. Bei einer so geringen Anzahl von Anschlußleitungen wird bei den Konzentratoren im Unterschied zu den Vermittlungsanlagen auf die Verdoppelung zentraler Einrichtungen verzichtet.

Grundsätzlich brauchen sich Konzentratoren trotz der Unterschiede in Aufgabenstellung und Ausbaugröße in ihrem Aufbau nur wenig von den übrigen Vermittlungsanlagen zu unterscheiden. Im folgenden werden jedoch nur Realisierungsmöglichkeiten gezeigt, die den Aufgabenbereich von Konzentratoren besonders deutlich widerspiegeln.

Die einfachste Lösung ergibt sich, wenn vor der übergeordneten Vermittlungsstelle ein zusätzlicher Konzentrator spiegelbildlich zum ersten

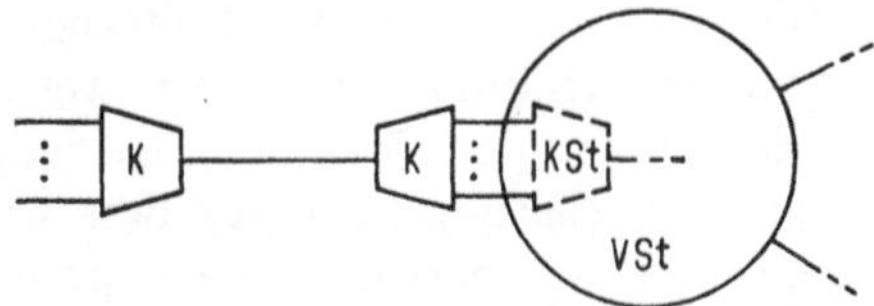

Bild 8.7   Spiegelbildliche Anordnung zweier Konzentratoren.
K: Konzentrator, KSt: Konzentrationsstufe, VSt: Vermittlungsstelle.

angeordnet ist (Bild 8.7). Die Adresse einer rufenden oder die einer gerufenen Datenstation wird jeweils nur zwischen den beiden Konzentratoren ausgetauscht; für die übergeordnete Vermittlungsstelle unterscheiden sich die so angeschlossenen Datenstationen nicht von direkt angeschlossenen. Konzentratoren und übergeordnete Vermittlungsstelle sind in ihrer Arbeitsweise weitgehend unabhängig voneinander; wegen des dafür erforderlichen Aufwandes enthalten die im folgenden genannten Konzentratoren diese Struktur nicht.

Als zweites Beispiel wird ein Konzentrator betrachtet, der außer durch die Verbindungsleitungen durch eine Steuerleitung mit der übergeordneten Vermittlungsstelle verbunden ist (Bild 8.8, [8.12]). Wird von einer der angeschlossenen Datenstationen aus der Aufbau einer Verbindung begonnen, dann erkennt die Teilnehmeranschlußschaltung den Anruf; dieses Ereignis und die Adresse der rufenden Datenstation werden dann über die Steuerleitung der übergeordneten Vermittlungsstelle mitgeteilt. Nach dem Durchschalten im Konzentrator — bei dem in Bild 8.8 gezeigten Beispiel wird im Raummultiplex durchgeschaltet — können die weiteren Steuersignale zum Verbindungsaufbau unmittelbar zwischen Datenstation und Vermittlungsstelle ausgetauscht werden. Die Verbindungsüberwachung braucht nur in der übergeordneten Vermitt-

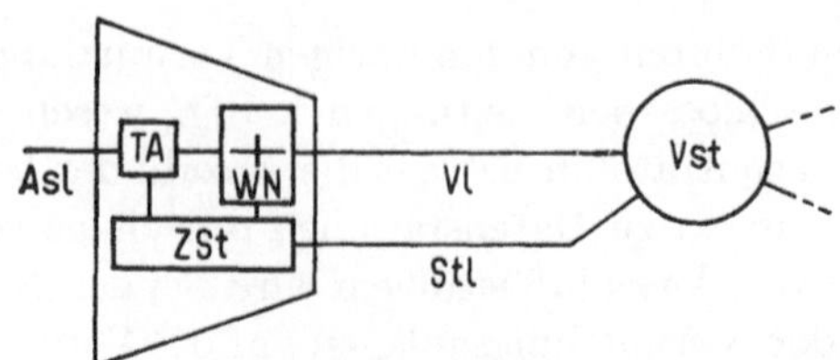

Bild 8.8   Beispiel eines ferngesteuerten Konzentrators (mit Durchschaltung im
Raummultiplex).

Asl	Anschlußleitung,	Vl	Verbindungsleitung,
TA	Teilnehmeranschlußschaltung,	Stl	Steuerleitung,
WN	Wegenetzwerk,	Vst	Übergeordnete Vermittlungsstelle.
ZSt	Zentrale Steuereinrichtung,		

lungsstelle durchgeführt zu werden; der Empfang des Schlußzeichens für
eine bestimmte Verbindung wird dem Konzentrator über die Steuerleitung mitgeteilt. Die Leistungsfähigkeit eines ferngesteuerten Konzentrators beim Verbindungsauf- und -abbau ist weitgehend durch die
Leistungsfähigkeit der steuernden Vermittlungsstelle und die Übertragungskapazität der Steuerleitung bedingt; diese muß i. allg. wesentlich höher sein als die einer der angeschlossenen Leitungen.

Schließlich kann ein Konzentrator wie ein Teil der übergeordneten
Vermittlungsstelle, der zu einer Gruppe von Datenstationen hin vor-
verlegt wird, realisiert werden. Ein solcher Konzentrator ist in [8.13]
beschrieben. Auf der Verbindungsleitung zwischen Konzentrator und
Vermittlungsstelle werden die gleichen Informationen ausgetauscht wie
auf den Leitungen der internen Schnittstelle zwischen Ein-/Ausgabe-
codewandler und Übertragungsablaufsteuerung in der Vermittlungsstelle (Bild 8.9), und zwar werden für die Durchschaltung im Zeitmulti-

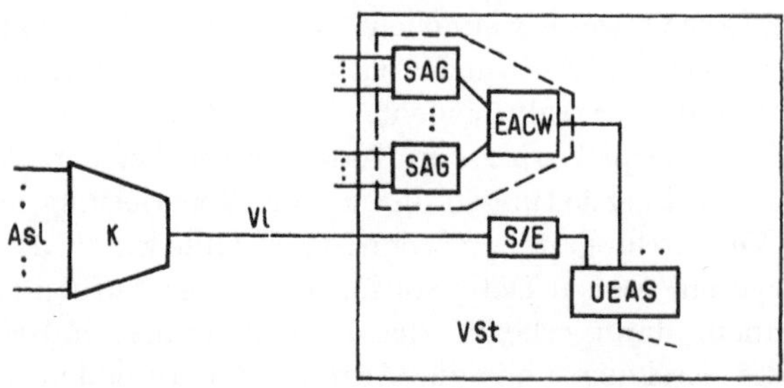

Bild 8.9   Beispiel eines Konzentrators als vorverlegter Teil einer Vermittlungsstelle
(mit Durchschaltung im Zeitmultiplex).

Asl	Anschlußleitungen,	S/E	Sende- und Empfangseinrichtung
K	Konzentrator,		(mit Puffer),
Vl	Verbindungsleitung(en),	UEAS	Übertragungsablaufsteuerung,
SAG	Systemanschlußgruppe,	VSt	Übergeordnete Vermittlungsstelle.
EACW	Ein-/Ausgabecodewandler,		

plex jeweils der Polaritätswechsel und die Adresse der Leitung benötigt, von der er empfangen wurde oder an die er zu senden ist. Da die Übertragungskapazität der Verbindungsleitungen weit geringer ist als die der Leitungen der internen Schnittstelle, müssen für die über die Verbindungsleitungen zu übertragenden Informationen Puffer vorgesehen werden. Dieses Verfahren ist für die Durchschaltung von Polaritätswechseln und ebenso für die von Bitgruppen anwendbar. Da der Konzentrator sie unabhängig davon bearbeitet, ob es sich um Steuersignale oder um zu übertragende Daten handelt, ist der Verbindungsaufbau Aufgabe allein der übergeordneten Vermittlungsstelle. Die Leistungsfähigkeit des Konzentrators beim Durchschalten hängt in erster Linie von der Übertragungskapazität der Verbindungsleitung ab, die beträchtlich höher sein muß als die einer der Anschlußleitungen.

Konzentratoren mit Durchschaltung der Daten in privaten Netzen

In privaten Datennetzen können Konzentratoren prinzipiell in gleicher Weise eingesetzt werden wie in öffentlichen Datennetzen. Im folgenden wird jedoch nur der in Bild 8.1 b gezeigte Anwendungsfall betrachtet, der ausschließlich in privaten Datennetzen vorkommt, also Konzentratoren zwischen peripheren Datenstationen und einer zentralen Datenstation, i. allg. einer Datenverarbeitungsanlage.

In einem solchen Datennetz wird meistens eine einheitliche Datenübertragungsprozedur für die Verständigung zwischen peripheren Datenstationen und der zentralen Datenstation verwendet. Diese Prozedur kann deshalb auch für den Informationsaustausch mit dem Konzentrator verwendet werden, so daß der Verbindungsauf- und -abbau, gesteuert im Rahmen der Signalisierung, und das Herstellen der Datenverbindung im Rahmen der Datenübertragungsprozedur nicht streng getrennt sind. Ein Beispiel hierfür ist die Auswahl einer Datenstation beim Verbindungsaufbau von der zentralen Datenstation aus: Statt durch Wählzeichen als Teil der Signalisierung kann dem Konzentrator die Adresse der Datenstation im Rahmen der Datenübertragungsprozedur mitgeteilt werden. Ein anderes Beispiel ist das Auslösen der Verbindung nach Erkennen eines speziellen Steuerzeichens anstelle des vermittlungstechnischen Schlußzeichens.

Konzentratoren für den in Bild 8.1 b gezeigten Anwendungsfall können im Raum- oder Zeitmultiplex durchschalten. Die Anzahl der anschließbaren Datenstationen beträgt einige zehn. Die technische Realisierung der Steuereinrichtungen des Konzentrators ist besonders einfach, wenn der Verbindungsaufbau nur von den peripheren Datenstationen zur zentralen Datenstation hin erfolgt, da der Konzentrator in diesem Fall keinerlei Wahlinformationen zu verarbeiten hat.

Im folgenden wird ein Konzentrator mit Durchschaltung im Raummultiplex betrachtet [8.14]. Er ist für den Aufbau privater Datennetze mit Übertragungsgeschwindigkeiten bis zu 4800 bit/s ausgelegt, wobei die Verwendung bestimmter Datenübertragungsprozeduren zwischen den Datenstationen und der Zentrale vorausgesetzt wird. An diesen Konzentrator (Bild 8.10) können — in seiner größten Ausbaustufe — bis zu

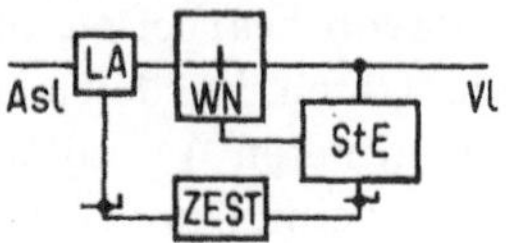

Bild 8.10   Beispiel eines Konzentrators für private Datennetze mit Durchschaltung
im Raummultiplex.

Asl	Anschlußleitung,	Vl	Verbindungsleitung,
LA	Leitungsanschlußschaltung,	ZEST	Zentraler Einsteller,
WN	Wegenetzwerk,	┼	Vielfachschaltung.
StE	Steuereinrichtungen je Verbindungsleitung,		

60 Anschlußleitungen und bis zu 4 Verbindungsleitungen angeschlossen werden. Wegen der geringen Anzahl von Koppelpunkten ist das Wegenetzwerk mit Hilfe elektronischer Schaltungen einstufig realisiert. In den Leitungsanschlußschaltungen werden im wesentlichen die Anrufe seitens der Datenstationen erkannt. Der zentrale Einsteller dient außer zur Weiterleitung von Anrufen der Datenstationen auch zur Steuerung der Reihenfolge, in der die Anrufe behandelt werden, und insgesamt auch zur zeitlichen Koordinierung von Steuerungsabläufen. Im übrigen wird der Konzentrator durch Steuerzeichen gesteuert, welche von Steuereinrichtungen empfangen werden, die den Verbindungsleitungen zugeordnet sind. Diese Einrichtungen werten, wenn Verbindungen auch von der zentralen Datenstation aus aufgebaut werden, die Adressen der Datenstationen aus; zu ihren Aufgaben gehört ferner das Senden von Steuerzeichen, die Steuerung des Wegenetzwerkes und schließlich die Verbindungsüberwachung; die Verbindung wird nach dem Erkennen des Endezeichens der Datenübertragungsprozedur abgebaut.

Anstelle von Anschlußleitungen können an diesen Konzentrator auch Verbindungsleitungen von weiteren — gleichen — Konzentratoren angeschlossen werden, d. h., eine zweistufige Konzentration ist möglich. In diesem Fall ist in dem übergeordneten Konzentrator eine zusätzliche, in Bild 8.10 nicht gezeigte, zentrale Steuereinrichtung erforderlich, die für die gleichberechtigte Abfertigung der Anrufe der Datenstationen sorgt, unabhängig davon, ob sie an einen untergeordneten oder an den übergeordneten Konzentrator angeschlossen sind.

8.1.1.3 Vermittlungsanlagen mit Zwischenspeicherung der Daten

Auf die Eigenschaften der Teilstreckenvermittlung, verglichen mit denen der Durchschaltevermittlung, wurde bereits früher hingewiesen (Band I, Abschn. 6.1.2.2). Neben der höheren Ausnutzung von Verbindungsleitungen und der Möglichkeit zur Code- und Geschwindigkeitswandlung kann es gerade in privaten Datennetzen von besonderem Interesse sein, in einfacher Weise Nachrichten nach ihrer Priorität unterscheiden oder sie an mehrere Datenstationen senden zu können (Rundsenden). Daneben kann die Teilstreckenvermittlung eine Entlastung der an das Datennetz angeschlossenen zentralen Datenstationen, z. B. Datenverarbeitungsanlagen, von Steuerungsaufgaben mit sich bringen, und zwar nicht nur wegen der geringen Anzahl der Anschlüsse an den zentralen Datenstationen: Die Vermittlungsanlage kann die zwischengespeicherten und zu übertragenden Daten hinsichtlich Format, Übertragungsgeschwindigkeit und Datenübertragungsprozedur an die Möglichkeiten der zentralen Datenstationen anpassen. Schließlich sei erwähnt, daß solche Vermittlungsanlagen auch eine Vorverarbeitung der Daten übernehmen können. Bisher wurde das Verfahren der Teilstreckenvermittlung nur in privaten Datennetzen verwendet; in der besonderen Form der Paketvermittlung (s. Abschn. 9) wird dies Verfahren neuerdings aber auch in öffentlichen Datennetzen eingesetzt [8.15].

Zur Zwischenspeicherung der Nachrichten werden in älteren Speichervermittlungsanlagen Lochstreifen verwendet. Solche Anlagen bestehen im wesentlichen aus den Einrichtungen zum Empfangen der Nachrichten und zum Erzeugen der Lochstreifen, zum Verteilen, Zwischenspeichern und Abrufen dieser Lochstreifen und aus den Sendeeinrichtungen. Später wurden Anlagen mit anderen Speichermedien, z. B. Magnetbändern, entwickelt und zentral gesteuerte Anlagen eingeführt [8.16].

Bei den zur Zeit neu eingesetzten Speichervermittlungsanlagen und bei den Anlagen, die in Netzen mit Paketvermittlung eingesetzt werden, handelt es sich durchweg um Datenverarbeitungsanlagen, die entweder in ihrer Ausstattung an die Vermittlungsaufgabe angepaßt oder speziell dafür entwickelt wurden [8.17, 8.18]. Besonders erwähnt seien an dieser Stelle die Prozeduren, die die Übermittlung der einzelnen Nachrichten oder Teilnachrichten regeln. In einem Netz mit Paketvermittlung können diese Prozeduren auch den Zusammenhang der einzelnen Pakete einer Nachricht sicherstellen; der Datenfluß im Netz muß gesteuert werden, und durch Testnachrichten muß die Funktionsfähigkeit des Netzes überprüft werden. Solche Aufgaben lassen sich vorteilhaft mit Datenverarbeitungsanlagen realisieren, welche auch eine Datenverarbeitung übernehmen können.

Anlagen, die für Aufgaben der Teilstreckenvermittlung entwickelt worden sind, lassen sich bei geeigneter Anlagenausstattung oder Modifikation auch für Aufgaben der Durchschaltevermittlung einsetzen. Ein Beispiel dafür ist das in [8.19] beschriebene Speichervermittlungssystem, das auch zur Durchschaltung von Daten verwendet werden kann, und zwar zur Durchschaltung von Zeichen (Bitgruppen) im Zeitmultiplex [8.20]. Umgekehrt kann jedes Durchschaltevermittlungssystem, bei dem im Zuge der Durchschaltung im Zeitmultiplex eine kurzzeitige Zwischenspeicherung der Daten stattfindet, auch für Speichervermittlungsaufgaben eingesetzt werden. Das gilt z. B. auch für das in [8.7, 8.8] beschriebene System. Ein interessantes Beispiel für eine Kombination von Durchschalte- und Speichervermittlung bietet eine Nebenstellenanlage für den Fernschreibverkehr [8.21], bei der die Zwischenspeicherung über die Vermittlungsfunktion hinaus dazu dient, den Benutzer bei der Bearbeitung der zu übermittelnden Nachrichten zu unterstützen.

Speichervermittlungsanlagen

Bei Speichervermittlungsanlagen ist die Anzahl der anschließbaren Leitungen wesentlich geringer als bei Durchschaltevermittlungsanlagen. Es werden Anlagen mit einer kleinsten Ausbaustufe von 12 Leitungen angeboten; charakteristisch sind Werte von einigen hundert anschließbaren Leitungen bei Vollausbau, wobei meist davon ausgegangen wird, daß auf diesen Leitungen nur zu einem Teil mit mittleren, überwiegend jedoch mit niedrigen Übertragungsgeschwindigkeiten bis zu 200 bit/s gearbeitet wird. Als typische dynamische Belastung während der Hauptverkehrsstunde (Band I, Abschn. 6.2.4.1) kann gelten, daß einige tausend Zeichen je Sekunde zu empfangen und zu senden sind. Während der Hauptverkehrsstunde ergeben sich u. U. längere Wartezeiten, so daß Zwischenspeicher mit einer Kapazität von 10^8 bit und darüber erforderlich sein können. Verwendet werden Trommel- oder Plattenspeicher. Sollen die Nachrichten darüber hinaus archiviert werden, z. B. um im Fehlerfall Kontrollen durchführen zu können, dann sind Speicher mit einer noch größeren Kapazität erforderlich; i. allg. werden dafür Magnetbänder verwendet.

Eine Speichervermittlungsanlage mittlerer Größe zeigt Bild 8.11 [8.22]. Maximal können 240 Leitungen niedriger oder mittlerer Übertragungsgeschwindigkeit angeschlossen werden. Die Zusammenarbeit mit ihnen ist Aufgabe der Datenübertragungseinheit, die dafür bis zu 4 Leitungsanschlußgruppen enthält, an die jeweils 60 Leitungen anschließbar sind. Die Zentraleinheit, der Kern der Anlage, enthält neben dem zentralen Prozessor auch den Arbeitsspeicher. Zur kurzzeitigen Zwischenspeicherung der Nachrichten (für Minuten bis Stunden) dienen hier

Plattenspeicher, zu einer länger dauernden Speicherung Magnetbänder. Um die Gefahr eines Gesamtausfalls zu verringern, ist — in Bild 8.11 nicht gezeigt — diese Anlage verdoppelt, wobei eine der Anlagen führend ist und die andere als Reserve mitläuft. Diese Art der Verdopplung soll

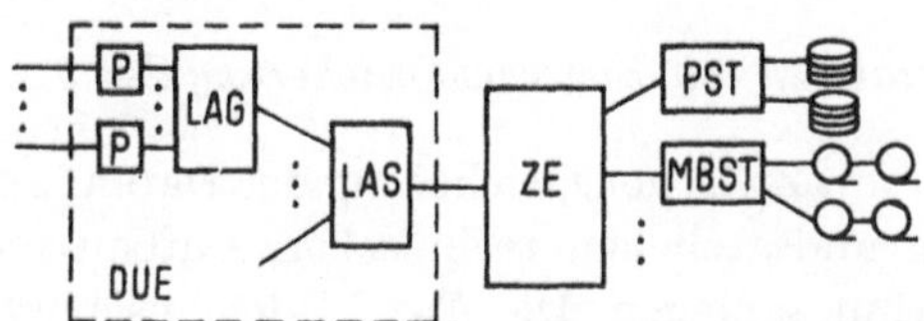

Bild 8.11   Beispiel einer Speichervermittlungsanlage.

DUE	Datenübertragungseinheit,	ZE	Zentraleinheit,
P	Puffer,	PST	Plattenspeichersteuerung,
LAG	Leitungsanschlußgruppe,	MBST	Magnetbandsteuerung.
LAS	Leitungsanschlußsteuerung,		

an dem folgenden, in Bild 8.12 gezeigten Beispiel näher erläutert werden. Diese Anlage [8.19] enthält bis zu 7 Leitungsanschlußeinheiten, an die jeweils — je nach Ausführung — 125 Leitungen niedriger Übertragungsgeschwindigkeit (bis zu 200 bit/s) oder 30 Leitungen mittlerer Über-

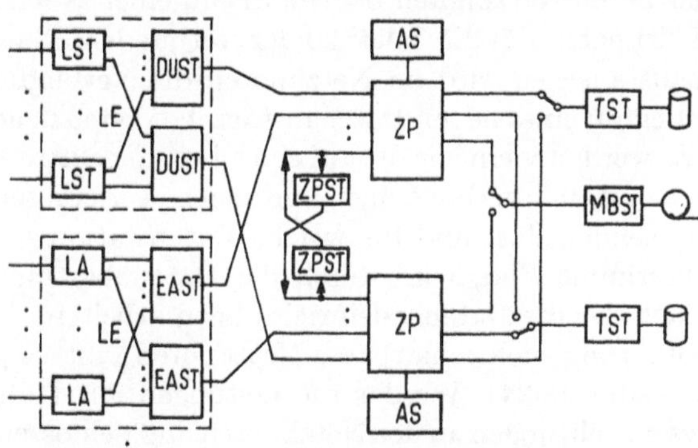

Bild 8.12   Beispiel einer verdoppelten Speichervermittlungsanlage.

LE	Leitungsanschlußeinheit,	ZPST	Steuerung des zentralen Prozessors,
LST	Leitungssteuerung,	ZP	Zentraler Prozessor,
DUST	Datenübertragungssteuerung,	AS	Arbeitsspeicher,
LA	Leitungsanschlußschaltung,	TST	Trommelsteuerung,
EAST	Ein-/Ausgabesteuerung,	MBST	Magnetbandsteuerung.

tragungsgeschwindigkeit (600 bit/s bis 4 800 bit/s) anschließbar sind. Bei Vollausbau handelt es sich also um eine große Anlage. Die zentralen Teile der Leitungsanschlußeinheiten, z. B. die Datenübertragungssteuerungen, sind verdoppelt, ebenso der zentrale Prozessor mit dem Arbeitsspeicher sowie einige oder alle Gerätesteuerungen und Geräte. In der in Bild 8.12 gezeigten Anlagenausstattung sind dies z. B. die Trom-

melspeicher, die zur kurzzeitigen Zwischenspeicherung der Nachrichten
dienen. Eines der Teilsysteme übernimmt die Speichervermittlungsaufgaben; das andere nimmt zwar auch Nachrichten auf, führt im übrigen
aber Überwachungs- oder Zusatzaufgaben aus.

8.1.1.4 Konzentratoren mit Zwischenspeicherung der Daten

Konzentratoren mit Zwischenspeicherung der Daten [8.23] unterscheiden
sich in ihrem grundsätzlichen technischen Aufbau nicht von anderen
Speichervermittlungsanlagen. Die Anzahl der anschließbaren Leitungen
ist im allgemeinen aber geringer, und auf eine Verdopplung der Anlage
wird verzichtet. Die Zusammenarbeit zwischen dem Konzentrator und
der zentralen Datenstation, z. B. einer Datenverarbeitungsanlage, aber
auch zwischen den peripheren Datenstationen und dem Konzentrator
wird im Rahmen der Datenübertragungsprozeduren gesteuert.

8.1.2 Einrichtungen in nichtschaltbaren Netzknoten (Knoteneinrichtungen)

In nichtschaltbaren Netzknoten bleiben die an einen Netzknoten heran-
geführten Leitungen ständig miteinander verbunden. Nach dem Ende
eines Datenaustausches wird im Netzknoten die Verbindung nicht abgebaut, vor Beginn eines neuen Datenaustausches keine neue Verbindung
aufgebaut. Es werden vielmehr die auf einer Leitung eintreffenden Daten
stets auf den mit ihr verbundenen Leitungen weitergesendet. Welche
Datenstation senden darf und für welche Datenstation oder -stationen
die Daten bestimmt sind, wird durch die Datenübertragungsprozedur
bestimmt, nach der die Datenendeinrichtungen arbeiten.

Zur Realisierung nichtschaltbarer Netzknoten gibt es grundsätzlich
zwei Möglichkeiten [8.24]: Werden die Leitungen mit Hilfe von Datenübertragungseinrichtungen an den Netzknoten angeschlossen (Bild 8.13a),
dann sind dort die gleichen Schnittstellen wie zwischen Datenend- und
Datenübertragungseinrichtungen zu verbinden; die dazu erforderliche
Einrichtung wird als *Schnittstellenvervielfacher* bezeichnet. Die zweite
Möglichkeit besteht darin, die Leitungen unter Verzicht auf Datenübertragungseinrichtungen miteinander zu verbinden (Bild 8.13b); hierfür
werden *Leitungsverzweiger* verwendet.

8.1.2.1 Schnittstellenvervielfacher

In einem Schnittstellenvervielfacher werden die Schnittstellen so miteinander verbunden, daß die Signale *von einer* Schnittstelle (Bild 8.14:
Schnittstelle S) stets *zu allen übrigen* (Bild 8.14: Schnittstellen S 1 bis

S 4) geführt werden, Signale *von diesen* jedoch *nur zu der einen* (Bild 8.14).
Bisher werden nur Vervielfacher für Schnittstellen mit Schnittstellenleitungen entsprechend CCITT-Empf. V. 24* eingesetzt. Bei Synchron-

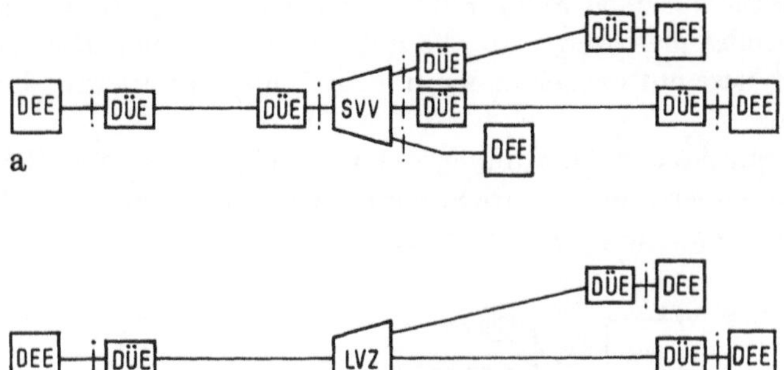

Bild 8.13　Knotennetz a) mit Schnittstellenvervielfacher SSV,
b) mit Leitungsverzweiger LVZ.
DEE: Datenendeinrichtung, DÜE: Datenübertragungseinrichtung,
—·—·— Schnittstelle zwischen Datenend- und Datenübertragungseinrichtung.

betrieb dient eine zusätzliche Einrichtung dazu, Taktunterschiede beim
Senden von einer der vervielfachten Schnittstellen zu der einfachen
Schnittstelle auszugleichen.

Es gibt zunächst die Möglichkeit, die Schnittstelle von einer Datenendeinrichtung zu mehreren Datenübertragungseinrichtungen hin zu

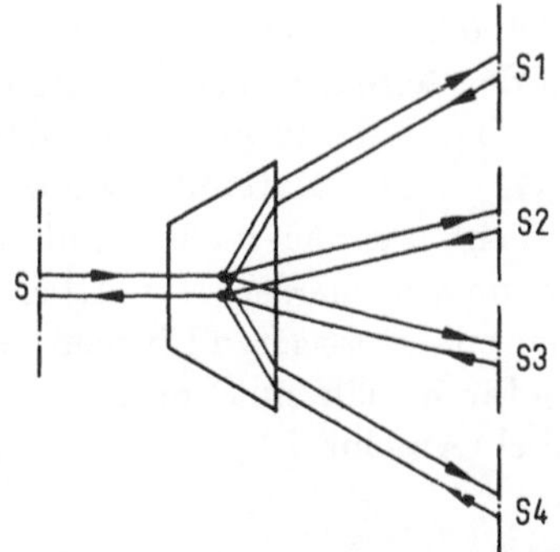

Bild 8.14　Signalfluß in einem Schnittstellenvervielfacher.

---

* In diesem Abschnitt sind die CCITT-Empfehlungen nach dem derzeitigen
Stand angegeben. Einige von ihnen wurden während der z. Z. noch laufenden
Studienperiode 1973—1976 des CCITT erst erarbeitet oder gegenüber der im Green
Book Genf: ITU: 1973) veröffentlichten Fassung wesentlich überarbeitet; in man-
chen Fällen wurden auch ihre Bezeichnungen geändert. Diese Empfehlungen sind
durch * gekennzeichnet (s. a. Anhang).

verzweigen; als Datenendeinrichtung kommt hierbei im allgemeinen eine Datenverarbeitungsanlage in Betracht, die mit mehreren anderen Datenstationen zusammenarbeitet (Bild 8.15a) und dazu bei dieser Art des Anschlusses nur eine Schnittstelle benötigt. Die Datenverarbeitungsanlage sendet gleichzeitig an alle mit ihr verbundenen Datenstationen, während diese nur nacheinander, d. h. auf eine Aufforderung hin, senden dürfen.

Die umgekehrte Anordnung, die Verzweigung der Schnittstelle von einer Datenübertragungseinrichtung zu mehreren Datenendeinrichtungen hin, wird verwendet, wenn mehrere räumlich benachbarte Datenendein-

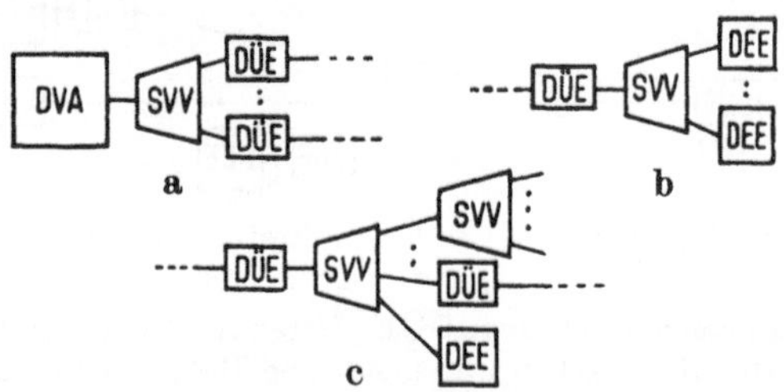

Bild 8.15   Beispiele für die Verwendung von Schnittstellenvervielfachern SSV.
DEE: Datenendeinrichtung, DÜE: Datenübertragungseinrichtung, DVA: Datenverarbeitungsanlage.

richtungen über eine gemeinsame Anschlußleitung mit dem Datennetz verbunden sind (Bild 8.15b). Auch hier dürfen diese Datenendeinrichtungen nur nacheinander senden.

Schnittstellenvervielfacher dürfen hintereinander geschaltet werden, und es ist zulässig, auf der Seite der vervielfachten Schnittstellen Datenendeinrichtungen und Datenübertragungseinrichtnugen nebeneinander anzuschließen (Bild 8.15c). Die Datenübertragungseinrichtungen einer Teilstrecke brauchen nicht mit denen einer anderen übereinzustimmen, so daß — besonders wenn verschiedenartige Übertragungswege zur Verfügung stehen — die jeweils günstigsten Einrichtungen eingesetzt werden können, z. B. Modems für Kanäle mit Sprachbandbreite neben Modems für Niederfrequenzkabel (Abschn. 7.3).

8.1.2.2 Leitungsverzweiger

Mit Hilfe von Leitungsverzweigern lassen sich Übertragungsleitungen im einfachsten Fall (Zweidrahtverbindung) so miteinander verbinden, daß die auf einer Leitung eintreffenden Daten jeweils an alle übrigen weitergeleitet werden. Bei Vierdrahtverbindungen können jedoch wegen der hier erforderlichen Verstärker — ähnlich wie bei Schnittstellenvervielfachern — Daten *von einer* bestimmten Leitung *zu den übrigen, von diesen* aber nur jeweils *zu der einen* Leitung gelangen. Auch beim Einsatz von Leitungsverzweigern darf immer nur eine der an das Knotennetz angeschlossenen Datenstationen senden.

Zum Aufbau eines Knotennetzes mit Leitungsverzweigern, an das *n* Datenstationen angeschlossen werden sollen, werden genau *n* Datenübertragungseinrichtungen gebraucht. Sie müssen alle miteinander kompatibel sein — im Unterschied zu einem Knotennetz mit Schnittstellenvervielfachern, in dem dies nur für die beiden Datenübertragungseinrichtungen einer Teilstrecke gilt.

8.2 Vermittlungstechnische Einrichtungen der Datenstationen

Die Aufgaben der Datenstationen beim Verbindungsauf- und -abbau in Datenvermittlungsnetzen, d. h. Datennetzen mit schaltbaren Netzknoten, verteilen sich auf die — im folgenden nicht betrachteten — Datenendeinrichtungen und auf Datenfernschaltgeräte oder Anschlußgeräte. Die Aufteilung dieser Aufgaben ist in erster Linie durch die Schnittstellen zwischen Datenend- und Datenübertragungseinrichtungen (Abschn. 7.1.3) bestimmt. *Datenfernschaltgeräte* sind dadurch gekennzeichnet, daß sie, wie es ihre Schnittstelle auf der Grundlage von CCITT-Empf. V. 24* erfordert, in wesentlichem Umfang an der Steuerung des Verbindungsauf- und -abbaus mitwirken. Die Schnittstellenempfehlungen X. 20* und X. 21* des CCITT sehen dagegen vor, daß die vermittlungstechnischen Aufgaben vorwiegend oder vollständig von den Datenendeinrichtungen wahrgenommen werden; in diesem Fall werden *Anschlußgeräte* verwendet.

8.2.1 Datenfernschaltgeräte

8.2.1.1 Datenfernschaltgeräte mit einer Schnittstelle auf der Grundlage von CCITT-Empf. V. 24

CCITT-Empf. V. 24* zu den Schnittstellenleitungen zwischen Datenend- und Datenübertragungseinrichtungen und die übrigen Empfehlungen zu den Schnittstellen selbst zielen darauf ab, daß Datenendeinrichtungen unabhängig von der Art des Nachrichtennetzes, d. h. über Fernsprechverbindungen und Modems ebenso wie über Einrichtungen eines Datennetzes mit anderen Datenendeinrichtungen verkehren können. Ein Datenfernschaltgerät mit einer der CCITT-Empf. V. 24* entsprechenden Schnittstelle hat deshalb grundsätzlich eine Umsetzung zwischen der Prozedur auf den Schnittstellenleitungen und der auf der Anschlußleitung des Datennetzes verwendeten Signalisierung durchzuführen.

---

* Siehe Fußnote auf S. 127.

Für den Einsatz in einem Datennetz ohne Taktsteuerung und mit Übertragungsgeschwindigkeiten bis zu 2,4 kbit/s ist ein Datenfernschaltgerät bestimmt, das die Prozeduren der Schnittstellen nach CCITT-Empf. X. 20 bis* und X. 21 bis*, die den Schnittstellen in den CCITT-Empfehlungen der V-Serie entsprechen (Abschn. 7.1.1), in die Signalisierung auf den Anschlußleitungen des Datennetzes umsetzt. Die Steuerzeichen werden vom Datenfernschaltgerät entsprechend den Zuständen der Steuerleitungen gesendet, oder sie werden empfangen, und der Verbindungszustand wird über die entsprechenden Meldeleitungen der Datenendeinrichtung gemeldet; die Wählzeichen können manuell mit Hilfe einer Tastatur, die Teil des Datenfernschaltgerätes ist, oder von Seiten der Datenendeinrichtung über die Schnittstelle (entprechend CCITT-Empf. V. 25) eingegeben werden. Anruf und Schlußzeichen und die Bestätigungen dazu sind keine Codezeichen, sondern als Signale bestimmter Dauer bei gleichbleibender Polarität definiert (Abschn. 7.1.3); auch diese Signale werden vom Datenfernschaltgerät gesendet bzw. erkannt.

Eine zusätzliche Aufgabe hat das Datenfernschaltgerät, wenn die von den Datenendeinrichtungen gesendeten Daten nicht ohne weiteres von den Steuersignalen, vor allem dem Schlußzeichen, unterschieden werden können; dieser Fall tritt insbesondere dann auf, wenn isochrone Datensignale in gleicher Weise wie die Steuerzeichen längere Folgen von Bits gleicher Polarität enthalten. Das Datenfernschaltgerät der sendenden Datenstation muß in diesem Fall durch geeignete Maßnahmen bewirken, daß in der Phase des Datenaustausches Bitfolgen gleicher Polarität nur mit äußerst geringer Wahrscheinlichkeit übertragen werden. Ein Mittel hierzu ist der Einsatz eines Verwürflers (Abschn. 9.3.1.6), der die Daten nach einem bestimmten Schema verwürfelt; andere Mittel sind das regelmäßige (Abschn. 9.3.2.5) oder das unregelmäßige Einfügen zusätzlicher Bits zur Unterbrechung von Bitfolgen gleicher Polarität. Das Datenfernschaltgerät der empfangenden Datenstation muß den Umformungsvorgang jeweils rückgängig machen.

8.2.1.2 *Fernschaltgeräte für die Datenübertragung im Telex-Netz*

In CCITT-Empf. S. 16* (früher V. 11) ist eine Schnittstelle zwischen einem Fernschaltgerät im Telexnetz und einer Datenendeinrichtung festgelegt (Abschn. 7.1.2). Der Verbindungsaufbau muß hierbei vollständig, d. h. bis einschließlich Kennungsgeberabruf, nach den Regeln des Telexnetzes erfolgen; der Übergang zur Phase des Datenaustausches wird durch die in beiden Richtungen übertragene Folge von viermal Kombination Nr. 19 im CCITT-Alphabet Nr. 2 (Band I, Abschn. 2.4.3.2) eingeleitet (CCITT-Empf. S. 15*, früher V. 10).

----

* Siehe Fußnote auf S. 127.

Für den Verbindungsaufbau gibt es zwei Möglichkeiten. Bei der ersten wird dafür wie im Telexnetz ein Fernschreiber mitverwendet, der ebenfalls an das Datenfernschaltgerät angeschlossen ist; nach dem Eintreffen der erwähnten Zeichenfolge von viermal Kombination Nr. 19 werden im Datenfernschaltgerät die Datenleitungen automatisch oder manuell vom Fernschreiber zur Datenendeinrichtung umgeschaltet. Voraussetzung für das automatische Umschalten ist die Fähigkeit des Datenfernschaltgerätes, jene Zeichenfolge zu erkennen. Dieses Verfahren entspricht dem bei der Datenübertragung im Fernsprechnetz ohne Beteiligung der Datenendeinrichtung am Verbindungsaufbau (Abschn. 7.1.1.1). Bei der zweiten Möglichkeit wählt stets die Datenendeinrichtung über besondere Schnittstellenleitungen, und es wird kein Fernschreiber verwendet; das Datenfernschaltgerät bildet den Kennungsgeber des Fernschreibers nach.

8.2.2 Anschlußgeräte

Bei den Schnittstellen nach CCITT-Empf. X. 20* und X. 21* (Abschn. 7.1.3) wird der Verbindungsauf- und -abbau durch die Datenendeinrichtungen gesteuert. Die Schnittstelle für im Start/Stop-Betrieb arbeitende Datenendeinrichtungen ist in CCITT-Empf. X. 20* festgelegt, für synchron arbeitende Datenendeinrichtungen in CCITT-Empf. X. 21*. Im ersten Fall gibt es keine Steuer- und Meldeleitungen, im zweiten Fall nur je eine. Anschlußgeräte sind deshalb technisch weniger aufwendig als Datenfernschaltgeräte.

8.2.2.1 Anschlußgeräte mit einer Schnittstelle entsprechend CCITT-Empf. X. 20

CCITT-Empf. X. 20* beschreibt zugleich mit der Schnittstelle zwischen Datenend- und Datenübertragungseinrichtung die Signalisierinformation auf der Anschlußleitung, da sie unmittelbar auf den Datensende- und -empfangsleitungen übermittelt wird (Abschn. 7.1.3.1). Soweit wie möglich werden dabei Start/Stop-Zeichen mit einer Übertragungsgeschwindigkeit von 200 bit/s im CCITT-Code Nr. 5 (Band I, Abschn. 2.4.3.2) verwendet (CCITT-Empf. X. 1*). Die Datenübertragungseinrichtung, d. h. das Anschlußgerät, hat keinerlei selbständige Funktionen beim Verbindungsauf- und -abbau.

---

* Siehe Fußnote auf S. 127.

8.2.2.2 Anschlußgeräte mit einer Schnittstelle entsprechend CCITT-Empf. X. 21

Bei Synchronbetrieb wird gefordert, in der Phase des Datentausches jedes beliebige Bitmuster übertragen zu können. Signalisierinformation kann deshalb nicht ohne weiteres von den zu übertragenden Daten unterschieden werden. Zusätzlich zu den Schnittstellenleitungen für Sende- und Empfangsdaten ist daher in CCITT-Empf. X. 21* je eine Steuer- und Meldeleitung vorgesehen, deren Zustände die Unterscheidung von Ruhezustand, Verbindungsaufbau, Datenaustausch und Verbindungsabbau ermöglichen (Abschn. 7.1.3.2).

Um die entsprechende Signalisierinformation unabhängig von der Datenbitfolge zwischen Vermittlungsstelle und Anschlußgerät übertragen zu können, ist im Anschlußgerät eine Umformung erforderlich z. B. in der Weise, daß die auf der Anschlußleitung übertragenen Bitgruppen zusätzliche Steuerbits erhalten (Bildung von Envelopes, Abschn. 9.3.2.5). Eine andere Möglichkeit besteht darin, in der Phase des Datenaustausches z. B. durch einen Verwürfler unabhängig von den übertragenen Daten Polaritätswechsel auf der Leitung zu erzwingen und Signalisierinformation bei abgeschaltetem Verwürfler unter Verwendung der Dauerlagen darzustellen (Abschn. 9.3.1.6).

---

* Siehe Fußnote auf S. 127.

9 Datennetze

9.1 Überblick

9.1.1 Anforderungen an Datennetze

Im Gegensatz zu den begrenzten und weitgehend einheitlichen Anforderungen der Fernsprechteilnehmer an die Übertragungs- und Vermittlungseinrichtungen des Fernsprechnetzes sind die Anforderungen von Datenteilnehmern an ein Nachrichtennetz weitgespannt und vielgestaltig. Dies ist bedingt durch die verschiedenartigen Typen von Datenfernverarbeitungssystemen: Dialogsysteme, Frage/Antwort-Systeme, Sammel- und Verteilsysteme (s. Band I, Abschn. 1.3) [9.1].

Die Breite und die Vielfalt der Anforderungen hat dazu geführt, daß zahlreiche private Netze aufgebaut wurden, die auf den jeweiligen speziellen Anwendungsfall zugeschnitten sind, da die vorhandenen öffentlichen Netze, das Fernsprechnetz und das Telexnetz, nicht allen Anforderungen gerecht werden konnten. Öffentliche Netze — vorausgesetzt, sie erfüllen durch entsprechende Auslegung die gestellten Anforderungen — weisen jedoch gegenüber privaten Netzen eine Reihe von Vorteilen auf:

— Sie erlauben eine bessere Ausnutzung der Übertragungswege, weil die Leitungsbündel und die Vermittlungsstellen von vielen Teilnehmern mit zeitlich unterschiedlichen Verkehrsspitzen benutzt werden,
— sie besitzen aus dem gleichen Grund eine höhere Sicherheit gegen Netzüberlastung,
— sie bieten eine größere Zuverlässigkeit durch ihren redundanten Aufbau und den Einsatz zentraler Überwachungseinrichtungen,
— sie erfordern geringere Einrichtungskosten beim Teilnehmer,
— sie lassen eher Netzerweiterungen und Änderungen beim Teilnehmer zu, z. B. Erhöhung der Anzahl der Anschlüsse oder Übergang auf eine andere Übertragungsgeschwindigkeit.

Die Möglichkeiten, für Datenfernverarbeitungssysteme eigenständige öffentliche Datennetze einzurichten, werden auf verschiedenen nationalen und internationalen Ebenen diskutiert. Dabei hat man die Anforderungen der Datenteilnehmer an diese Netze erörtert und entsprechend die *Leistungsmerkmale* der Datennetze, die die Teilnehmerklassen, die Netzparameter und die Teilnehmerdienste umfassen, festgelegt.

Wegen der unterschiedlichen Anforderungen der Datenendeinrichtungen bieten die Datennetze mehrere *Teilnehmerklassen*, die eingeteilt sind nach den Betriebsarten (Start/Stop-, Synchron-, Paket-Betrieb) und den Datenübertragungsgeschwindigkeiten in der Verbindungsauf- und -abbau- und in der Datenübertragungsphase (50 bit/s bis 48 kbit/s).

Weitere wichtige Leistungsmerkmale sind mit den *Netzparametern* vorgeschrieben, die in Parameter für Durchschaltenetze und in Parameter für Paketvermittlungsnetze gegliedert sind. Als Beispiele für die Netzparameter von Durchschaltenetzen seien genannt: *Bitfolgenunabhängigkeit der Übertragung* bei Synchron-Datenendeinrichtungen und *Duplexfähigkeit der Verbindungswege*. Netzparameter von Paketvermittlungsnetzen sind z. B. *Flußsteuerung* und *Fehlerkorrektur durch das Netz*.

Außer auf diese allgemeinen Merkmale wird auch auf die *Teilnehmerdienste*, die den Datenendeinrichtungen den Umgang mit dem Netz und anderen Datenendeinrichtungen erleichtern, besonderer Wert gelegt, wie z. B. auf die Dienste *Direktruf* und *Bildung geschlossener Teilnehmerklassen* von Durchschaltenetzen und die Dienste *Virtueller Ruf* und *Datagram* von Paketvermittlungsnetzen.

Wichtig für die Datenendeinrichtungen sind neben diesen Leistungsmerkmalen auch die *Schnittstellen zwischen den Datenendeinrichtungen und dem Datennetz*. Die Schnittstellen bilden die Grenze des Datennetzes; ihre elektrischen und funktionellen Eigenschaften müssen daher genau festgelegt sein (Abschn. 7.1).

9.1.2 Nachrichtennetze für die Datenübertragung

Obwohl Netze, die die geschilderten Anforderungen erfüllen sollen, erst im Entstehen sind, konnte die Datenfernverarbeitung bereits weltweit eingeführt werden, weil sich die bestehenden, weitverzweigten *Fernsprechnetze* durch den Einsatz von Modems für die Datenübertragung mit heranziehen ließen. Über Verbindungen in Fernsprechwählnetzen können heute Daten mit Geschwindigkeiten bis zu 4800 bit/s übertragen werden (Abschn. 7.2). Auf festgeschalteten Fernsprechwegen werden Geschwindigkeiten von 9600 bit/s erreicht (Abschn. 7.3). Den Anforderungen der Datenfernverarbeitungssysteme an die Übertragungsgeschwindigkeit kann also auf Fernsprechverbindungen weitgehend entsprochen werden. Den Anforderungen in ihrer ganzen Breite, darunter vor allem den Forderungen nach kurzen Verbingdunsauf- und -abbauzeiten, kann allerdings das Fernsprechwählnetz nicht genügen. Es bleibt aber für die Datenübertragung dann wichtig und unentbehrlich, wenn es auf seine weite Verzweigung ankommt.

In diesem Zusammenhang sind auch die besonderen Möglichkeiten zu sehen, die der Datenübertragung durch die meist vorhandenen Fernsprecher und Nebenstellenanlagen für den innerbetrieblichen Fernsprechverkehr geboten werden können. Es liegt nahe, diese Mittel auch für den innerbetrieblichen Datenverkehr zwischen Mensch und Datenverarbeitungsanlage mit einzusetzen. Die Fernsprechnebenstellenanlage kann dabei so ergänzt werden, daß sie die von verschiedenen Teilnehmern gleichzeitig gesendeten Daten zwischenspeichert, auf ihre Richtigkeit prüft und blockweise an die Datenverarbeitungsanlage weitergibt [9.2]. Als Datenein/ausgabegerät wird der Fernsprecher selbst benutzt: Mit Hilfe der Wähltasten kann die Bedienperson Daten eingeben und über die Hörkapsel analoge Signale — Sprache oder Quittungstöne — empfangen (Abschn. 7.2.2.2). Zusätzlich kann an den Fernsprecher zur Dateneingabe z. B. noch ein Ausweisleser oder ein Einzellochkartenleser angeschlossen sein; eine schriftliche Datenausgabe ist nach Anschluß eines Druckers möglich [9.3].

Für die eigenständigen *Datennetze* ist eine ganze Reihe von unterschiedlichen Konzepten entwickelt worden, wobei es von dem jeweiligen Ausgangspunkt abhängt, welche Lösung die meisten Vorteile bietet. Die Betrachtung der verschiedenen Konzepte zeigt zunächst zwei Familien: *Vermittlungsnetze* und *Knotennetze*.

Die Vermittlungsnetze kann man wiederum in zwei Gruppen gliedern, in *Durchschaltenetze* und in *Teilstreckennetze*. Beide Gruppen stellen zwischen den Datenstationen nur für eine begrenzte Zeit Verbindungen her: in Netzen mit Durchschaltebetrieb werden durchgehende Verbindungen für die Dauer der Datenübertragung aufgebaut, Netze mit Teilstreckenbetrieb besitzen in den Vermittlungsstellen Zwischenspeicher und geben die Daten abschnittweise von Vermittlungsstelle zu Vermittlungsstelle bis zur empfangenden Datenstation weiter.

Bei den *Durchschaltenetzen* findet man zwei Netztypen: *Durchschaltenetze ohne Taktsteuerung* und *Durchschaltenetze mit Taktsteuerung*. Netze des ersten Typs haben keinen übergeordneten Netztakt; die Übertragungs- und Vermittlungseinrichtungen besitzen eigenständige, voneinander unabhängige Taktgeber. Die Übertragungs- und Vermittlungsfunktionen in den Vermittlungsstellen sind i. allg. voneinander getrennt; man erreicht dadurch eine weitgehende Freizügigkeit bei der Auswahl der Übertragungs- und Vermittlungseinrichtungen und kann Datennetze auf der Basis bestehender Netze, z. B. des Telex-Netzes, aufbauen. Beachtet werden muß bei den Netzen ohne Taktsteuerung die Addition der beim Übertragen und Vermitteln in den einzelnen Abschnitten einer Verbindung entstehenden Schrittverzerrungen, die sich stets ergibt, wenn Übertragungs- und Vermittlungseinrichtungen mit Transparentkanälen eingesetzt werden (Abschn. 11.1). Bei Übertragungseinrichtungen mit Synchronkanälen müssen spezielle Verfahren angewendet werden, um einen Bitschlupf zwischen den einzelnen Abschnitten zu vermeiden.

In Durchschaltenetzen mit Taktsteuerung wird allen Übertragungs- und Vermittlungseinrichtungen ein Takt zugeführt, der dem Netz ein einheitliches Zeitraster vorgibt und alle Abläufe synchronisiert. Verzerrungen können sich daher nicht mehr addieren, und ein Bitschlupf kommt prinzipiell nicht vor. Der Einsatz von Zeitmultiplexübertragungs- und -vermittlungseinrichtungen wird erleichtert; die Übertragungsfunktionen lassen sich zum Teil mit den Vermittlungsfunktionen in den Vermittlungsstellen integrieren.

Bei den *Teilstreckennetzen* unterscheidet man zwischen *Speichervermittlungsnetzen*, die die Nachrichten als ganzes vermitteln und übertragen und *Paketvermittlungsnetzen*, die die Nachrichten in Teilen, den sogenannten Paketen, vermitteln und übertragen. Die Verzögerungszeiten, die in Speichervermittlungsnetzen auftreten, sind für manche Anwendungen der Datenfernverarbeitung, z. B. bei Frage/Antwort-Systemen, zu groß; Paketvermittlungsnetze weisen kürzere Verzögerungszeiten auf, die in den Vermittlungsstellen benötigten Speicher können kleiner sein.

In *Knotennetzen* finden im Unterschied zu den Vermittlungsnetzen keine Vermittlungsvorgänge statt; sie besitzen deshalb lediglich Einrichtungen — die Leitungsverzweiger und die Schnittstellenvervielfacher —, die in den Netzknoten entweder die dort mündenden Übertragungsleitungen oder die Schnittstellenleitungen der Datenendeinrichtungen dauernd fest miteinander verbinden (Abschn. 8.1.2). In Knotennetzen darf zu einem Zeitpunkt immer nur eine Datenstation senden. Um dies sicherzustellen, wird ein bestimmter Betriebsablauf festgelegt, in dessen Verlauf die Datenstationen zum Senden und zum Empfang aufgerufen werden.

In den Diskussionen über eigenständige Datennetze taucht immer wieder die Frage nach einer Zusammenfassung der verschiedenen Fernmeldedienste in einem universellen Netz auf. Diese Frage stellt sich jetzt durchaus nicht zum ersten Male. Seit langem werden schon die derzeitigen Übertragungswege für Analogsignale — Niederfrequenz-Kabel, Sprachkanäle — sowohl für die Übertragung von Telegrafie- als auch von Sprachsignalen benutzt. Bei der geschilderten Datenübertragung im Fernsprechwählnetz werden sogar alle Übertragungs- und Vermittlungseinrichtungen der Fernsprechtechnik auch für die Datenübertragungszwecke genutzt, wobei freilich nicht allen Anforderungen der Datenfernverarbeitungssysteme Rechnung getragen werden kann.

In unserer Zeit haben nun die beträchtlichen technologischen Fortschritte auf dem Gebiet der digitalen Schaltkreise dazu geführt, daß die technischen Vorteile, die beim Übertragen und Vermitteln digitaler Signale gegeben sind, auch für die Sprachübertragung genutzt werden können: digitale Fernsprechnetze mit Integration der Vermittlungs- und

Übertragungseinrichtungen — „IST"(= Integrated Switching and Transmission)-Netze — werden allmählich auch von der wirtschaftlichen Seite her interessant. Angesichts solcher digitaler Fernsprechnetze ist die Frage naheliegend, ob nicht mehrere unterschiedliche Fernmeldedienste, wie z. B. die Übertragung von Sprach-, Daten- und Videosignalen, in einem *universellen digitalen Nachrichtennetz* — „ISDN" (= Integrated Services Digital Network) — zusammengefaßt werden können [9.4].

Die Vorteile einer solchen Zusammenfassung könnten vor allem in der Vereinheitlichung von Entwicklung und Fertigung der Übertragungs- und Vermittlungseinrichtungen und in der Vereinheitlichung von Betrieb und Wartung der verschiedenen Fernmeldedienste liegen. Diesen Vorteilen stehen allerdings technische und wirtschaftliche Gesichtspunkte gegenüber, die für eine Trennung der verschiedenen Netze sprechen.

Die Ansprüche der verschiedenen Fernmeldedienste an die Technik eines universellen Netzes weichen zum Teil stark voneinander ab: Für die Datenübertragung werden verschiedene Übertragungsgeschwindigkeiten mit Schwerpunkt im Bereich von 50 bis 9600 bit/s benötigt; Fernsprechkanäle erfordern 64 kbit/s, für Bildfernsprechkanäle sind 8 Mbit/s notwendig. Die Anzahl der Rufe pro Zeiteinheit ist bei Datenteilnehmern wesentlich höher als bei Fernsprechteilnehmern, die Belegungsdauern sind meist kürzer. Datenteilnehmer fordern kürzere Verbindungsauf- und -abbauzeiten, stellen höhere Ansprüche an die Erreichbarkeit anderer Teilnehmer und wünschen kleinere Bitfehlerhäufigkeiten. Genannt werden müssen in diesem Zusammenhang auch die vielfältigen Teilnehmerdienste, die ein modernes Datennetz bietet.

Man kann nun ohne Zweifel von den technischen Möglichkeiten her ein Netz aufbauen, das diese unterschiedlichen Anforderungen der verschiedenen Fernmeldedienste berücksichtigt. Man muß dann aber in Kauf nehmen, daß die einzelnen Dienste nicht so wirtschaftlich wie in den speziellen Netzen realisiert werden.

Die Meinungen der Fernmeldeverwaltungen und der sonstigen Fachleute über den Nutzen und die Zweckmäßigkeit eines digitalen Nachrichtennetzes mit Integration der Fernmeldedienste sind zur Zeit sehr geteilt. Man ist sich grundsätzlich darüber einig, daß durch die Planungen und die jetzt laufenden Entwicklungen neuer öffentlicher Nachrichtennetze, d. h. des digitalen Fernsprechnetzes und des Datennetzes, der Weg zu einem späteren integrierten Netz nicht verbaut werden soll. Da man aber bemüht sein muß, die derzeitigen Netze im Hinblick auf die neueren Erfordernisse und technischen Möglichkeiten zügig auszubauen, wird dieser Weg sicherlich immer schwieriger gangbar.

9.2 Leistungsmerkmale öffentlicher Datennetze

Im Einvernehmen mit Anwendern und Herstellern von Datenfernverarbeitungssystemen hat CCITT in drei Empfehlungen festgelegt, welche Leistungsmerkmale öffentliche Datennetze besitzen sollen. Die Empfehlung X. 1* [9.5] enthält die Vereinbarungen über die Teilnehmerklassen, in der Empfehlung X. 95* sind die Netzparameter zusammengestellt, die Empfehlung X. 2* [9.6] gibt die Teilnehmerdienste an.

9.2.1 Teilnehmerklassen

Für die Datenübertragung in öffentlichen Datennetzen sind elf Teilnehmerklassen geschaffen worden, die entsprechend den unterschiedlichen Gruppen von Datenendeinrichtungen — Start/Stop-, Synchron- und Paket-Datenendeinrichtungen — in drei Gruppen eingeteilt wurden. Jede dieser Gruppen enthält mehrere Klassen mit unterschiedlichen Datenübertragungsgeschwindigkeiten (Tab. 9.1).

Tabelle 9.1   Die Teilnehmerklassen öffentlicher Datennetze

Klasse	Datenübertragungsphase	Verbindungsauf- und -abbauphase
Start/Stop-Datenendeinrichtungen		
1	300 bit/s, 11 Schritte je Start/Stop-Zeichen	300 bit/s, 11 Schritte je Start/Stop-Zeichen, CCITT-Alph. Nr. 5
2	50—200 bit/s, 7,5—11 Schritte je Start/Stop-Zeichen	200 bit/s, 11 Schritte je Start/Stop-Zeichen, CCITT-Alph. Nr. 5
Synchron-Datenendeinrichtungen		
3	600 bit/s	600 bit/s, CCITT-Alph. Nr. 5
4	2,4 kbit/s	2,4 kbit/s, CCITT-Alph. Nr. 5
5	4,8 kbit/s	4,8 kbit/s, CCITT-Alph. Nr. 5
6	9,6 kbit/s	9,6 kbit/s, CCITT-Alph. Nr. 5
7	48 kbit/s	48 kbit/s, CCITT-Alph. Nr. 5
Paket-Datenendeinrichtungen		
8	2,4 kbit/s	2,4 kbit/s, Signalisierungspakete
9	4,8 kbit/s	4,8 kbit/s, Signalisierungspakete
10	9,6 kbit/s	9,6 kbit/s, Signalisierungspakete
11	48 kbit/s	48 kbit/s, Signalisierungspakete

* In diesem Abschnitt sind die CCITT-Empfehlungen nach dem derzeitigen Stand angegeben. Sie wurden während der z. Z. noch laufenden Studienperiode 1973 bis 1976 des CCITT erarbeitet oder gegenüber der im Green Book veröffentlichten und im Literaturverzeichnis zu diesem Abschnitt zitierten Fassung wesentlich überarbeitet und sind daher durch * gekennzeichnet (s. a. Anhang).

9.2.1.1 Teilnehmerklassen für Start/Stop-Datenendeinrichtungen

Für die Start/Stop-Datenendeinrichtungen sind die Klassen 1 und 2 gebildet worden. Die *Klasse 1* ist vorgesehen für Start/Stop-Datenendeinrichtungen mit einer Datenübertragungsgeschwindigkeit von 300 bit/s und einem Zeichenrahmen von 11 Schritten (1 Startschritt, 8 Informationsschritte, 2 Stopschritte). In der Verbindungsaufbauphase werden für den Informationsaustausch zwischen dem Teilnehmer und dem Datennetz Start/Stop-Zeichen mit je 11 Schritten im CCITT-Alphabet Nr. 5 (s. Band I, Abschn. 2.4.3.2) und mit einer Übertragungsgeschwindigkeit von 300 bit/s benutzt.

Diskutiert wird, ob die Klasse 1 auch Start/Stop-Datenendeinrichtungen mit 300 bit/s und 10 Schritten je Zeichen (1 Startschritt, 8 Informationsschritte, 1 Stopschritt) aufnehmen soll. Beim Anschluß dieser Datenendeinrichtungen ist allerdings zu beachten, daß Zeichen mit einfachem Stopschritt nach einem Verlust des Zeichensynchronismus wesentlich mehr Zeit für die Neusynchronisierung benötigen als Zeichen mit zweifachem Stopschritt. In denjenigen Datennetzen, die Kanäle mit Zeichenrahmenbindung (Abschn. 7.4.2.3) besitzen, müssen nach einem Verlust des Zeichensynchronismus nicht nur die Datenendeinrichtungen, sondern auch die Kanaleinrichtungen neu synchronisieren, so daß insgesamt sehr lange Synchronisierzeiten zustande kommen können.

Für die Start/Stop-Datenendeinrichtungen, die nicht mit 300 bit/s und 11 Schritten je Zeichen arbeiten, wurde eine Sammelklasse, die *Klasse 2*, geschaffen. Diese Klasse enthält fünf Unterklassen mit 50 bit/s, 7,5 Schritten je Zeichen; 100 bit/s, 7,5 Schritten je Zeichen; 110 bit/s, 11 Schritten je Zeichen; 134,5 bit/s, 9 Schritten je Zeichen und 200 bit/s, 11 Schritten je Zeichen.

In der Verbindungsaufbauphase sind in der Klasse 2 Start/Stop-Zeichen mit 11 Schritten im CCITT-Alphabet Nr. 5 und der Übertragungsgeschwindigkeit 200 bit/s vorgeschrieben. Einige Fernmeldeverwaltungen lassen jedoch in der Verbindungsaufbauphase jeweils dieselbe Datenübertragungsgeschwindigkeit und denselben Zeichenrahmen zu wie in der Datenübertragungsphase.

9.2.1.2 Teilnehmerklassen für Synchron-Datenendeinrichtungen

Die *Klassen 3 bis 7* sind ausgelegt für den Anschluß von Synchron-Datenendeinrichtungen. Die Datenübertragungsgeschwindigkeit der Klasse 3 beträgt 600 bit/s, die der Klasse 4 2,4 kbit/s; die Klasse 5 erlaubt die Übertragung mit 4,8 kbit/s, die Klasse 6 mit 9,6 kbit/s, die Klasse 7 schließlich mit 48 kbit/s.

In der Datenübertragungsphase dürfen die Datenendeinrichtungen bei diesen Klassen beliebige Zeichenrahmen benützen. In der Verbindungsaufbauphase ist die Datenübertragungsgeschwindigkeit in den Klassen 3 bis 7 jeweils dieselbe wie in der Datenübertragungsphase; es wird hierbei wieder das CCITT-Alphabet Nr. 5 benützt, die Zeichen besitzen — da der Startschritt und die Stopschritte bei Synchronübertragung fehlen — 8 Schritte.

9.2.1.3 Teilnehmerklassen für Paket-Datenendeinrichtungen

Den Paket-Datenendeinrichtungen, die ihre Daten paketweise abgeben und aufnehmen (Abschn. 9.4.2), werden die *Klassen 8 bis 11* geboten. Die Klasse 8 besitzt die Datenübertragungsgeschwindigkeit 2,4 kbit/s, die Klasse 9 4,8 kbit/s, die Klasse 10 9,6 kbit/s, die Klasse 11 48 kbit/s.

Die Datenübertragungsgeschwindigkeit in der Verbindungsaufbauphase ist auch hier dieselbe wie in der Datenübertragungsphase. Die Signalisierungsinformation wird in Form von Signalisierungspaketen übergeben, die in CCITT-Empf. X. 25* festgelegt sind.

Neben den von CCITT empfohlenen Teilnehmerklassen findet man in öffentlichen Datennetzen weitere Klassen. So werden z. B. beim Netz der Deutschen Bundespost das Datennetz und das Telexnetz mit 50 bit/s und 7,5 Schritten je Zeichen im Alphabet Nr. 2 zu einem Netz vereinigt [9.7]; Netze in Kanada und den USA enthalten eine Klasse für Synchron-Datenendeinrichtungen mit der Datenübertragungsgeschwindigkeit 56 kbit/s [9.8 bis 9.10].

9.2.2 Netzparameter

Die Netzparameter zeigen besonders deutlich die Ausrichtung der Datennetze auf die Anforderungen der Datenfernverarbeitungssysteme. Sie sind eine wesentliche Voraussetzung für den wirksamen Betrieb solcher Systeme.

9.2.2.1 Netzparameter von Durchschaltenetzen

Die im folgenden aufgeführten Netzparameter von Durchschaltenetzen gelten in gleicher Weise auch für Standverbindungen.

---

* Siehe Fußnote auf S. 138.

— *Netztakt*

In Durchschaltenetzen erhalten die Datenendeinrichtungen der Teilnehmerklassen 3 bis 7 über eine Schnittstellenleitung der Schnittstelle zwischen Datenendeinrichtung und Datenübertragungseinrichtung (Abschn. 7.1.3) einen *Schrittakt,* der das Schrittraster für die Empfangs- und Sendedaten vorgibt.

Zusätzlich zum Schrittakt wollen einige Fernmeldeverwaltungen in ihren Datennetzen über eine weitere Schnittstellenleitung einen Zeichentakt liefern, der ein 8-bit-Zeichenraster festlegt.

— *Bitfolgenunabhängigkeit*

Die Teilnehmerklassen 3 bis 7 lassen in Durchschaltenetzen in der Datenübertragungsphase die *Übertragung beliebiger Bitfolgen* zu. In dieser Phase haben Bitfolgen, die in der Verbindungsauf- und -abbauphase Signalisierungsvorgänge bewirken, keinen Einfluß auf das Netz. Die Datenendeinrichtungen unterliegen also in der Datenübertragungsphase keinerlei Einschränkungen hinsichtlich des Zeichenrahmens, des Codes und der Zeichenfolge.

— *Geschwindigkeitstransparenz*

Bei einigen Durchschaltenetzen, z. B. dem Netz der Deutschen Bundespost [9.7], dürfen die Datenendeinrichtungen der Teilnehmerklasse 2 in der Datenübertragungsphase beliebige Datenübertragungsgeschwindigkeiten im Bereich von 50 bit/s bis 200 bit/s benützen. Das Netz ist in der Lage, die Datensignale dieser Datenendeinrichtungen aufzunehmen, zu übertragen und wieder abzugeben.

— *Symmetrische Duplex-Verbindungen*

Durchschaltenetze stellen bei den Teilnehmerklassen 1 bis 7 *Duplex-Verbindungen* mit gleicher Datenübertragungsgeschwindigkeit in beiden Übertragungsrichtungen zur Verfügung. Dieser Netzparameter ermöglicht es den Teilnehmern, gleichzeitig Daten zu senden und zu empfangen.

— *Überwachungszeiten*

Beim Verbindungsauf- und -abbau können Störungen im Bereich zwischen Datenendeinrichtung und Vermittlungstelle oder in der Datenendeinrichtung sowie in der Vermittlungsstelle selbst einen Stillstand im Signalisierungsablauf bewirken. Um einen derartigen Stillstand erkennen zu können, hat man in Durchschaltenetzen für die Vermittlungsstelle und für die Datenendeinrichtung *Überwachungszeiten* festgelegt. Diese Zeiten geben an, wann bei der Vermittlungsstelle bzw. bei der Datenendeinrichtung nach Aussenden eines Signals spätestens die Antwort der Gegenseite eingetroffen sein muß.

So erwartet z. B. die Vermittlungsstelle nach Aussenden der Wahlaufforderung (vgl. Abschn. 7.1.3) innerhalb einer vorgegebenen Zeit die Wählzeichen der Datenendeinrichtung; die Datenendeinrichtung rechnet damit, daß nach Aussenden der Wählzeichen innerhalb einer bestimmten Zeit die Durchschalteankündigung eintrifft (vgl. Bild 9.1a).

Nach Ablauf einer Überwachungszeit ergreifen die Vermittlungsstelle bzw. die Datenendeinrichtung Maßnahmen, die einen eindeutigen Signalisierungszustand herbeiführen. In den angegebenen Beispielen wird jeweils der Verbindungsaufbau abgebrochen und das Schlußzeichen zur Gegenseite gesendet.

Die Überwachungszeiten für die Vermittlungsstelle und die Datenendeinrichtung sind für alle Teilnehmerklassen von Durchschaltenetzen, d. h. die Teilnehmerklassen 1 bis 7 festgelegt worden. Sie sind für die Start/Stop-Klassen 1 und 2 in CCITT-Empf. X. 20* [9.11] und für die Synchron-Klassen 3 bis 7 in CCITT-Empf. X. 21* [9.12] enthalten.

— *Verbindungsauf- und -abbauzeiten*

Zu den Netzparametern von Durchschaltenetzen gehören auch die Verbindungsauf- und -abbauzeiten. Als *Verbindungsaufbauzeit* von Durchschaltenetzen bezeichnet man die Zeit, die benötigt wird, um eine Verbindung zwischen den Datenendeinrichtungen der Teilnehmer aufzubauen. Man unterscheidet drei Teilabschnitte.

Der erste Abschnitt beginnt mit dem Senden des Rufsignals durch den rufenden Teilnehmer und endet mit dem Eintreffen des Wahlaufforderungssignals bei diesem Teilnehmer. Die Länge dieses Abschnittes ist abhängig von der Signallaufzeit auf der Teilnehmeranschlußleitung und von der Zeit, die die Vermittlungsstelle benötigt, um das Rufsignal zu erkennen und sich auf den Empfang der Wählzeichen vorzubereiten.

Der zweite Abschnitt liegt zwischen der Ankunft des Wahlaufforderungssignals und dem Aussenden des Wahlendezeichens. Die Dauer dieses Abschnittes wird bestimmt durch die Anzahl der Wählzeichen, durch die Geschwindigkeit, mit der die Wählzeichen zur Vermittlungsstelle übertragen werden und gegebenenfalls durch Pausen zwischen den Wählzeichen.

Der dritte Abschnitt umfaßt den Zeitraum vom Ende der Wählzeichensendung bis zum Empfang der Durchschalteankündigung durch den rufenden Teilnehmer. In diesem Abschnitt wird die Verbindung stufenweise von Vermittlungsstelle zu Vermittlungsstelle bis hin zum

---

* Siehe Fußnote auf S. 138.

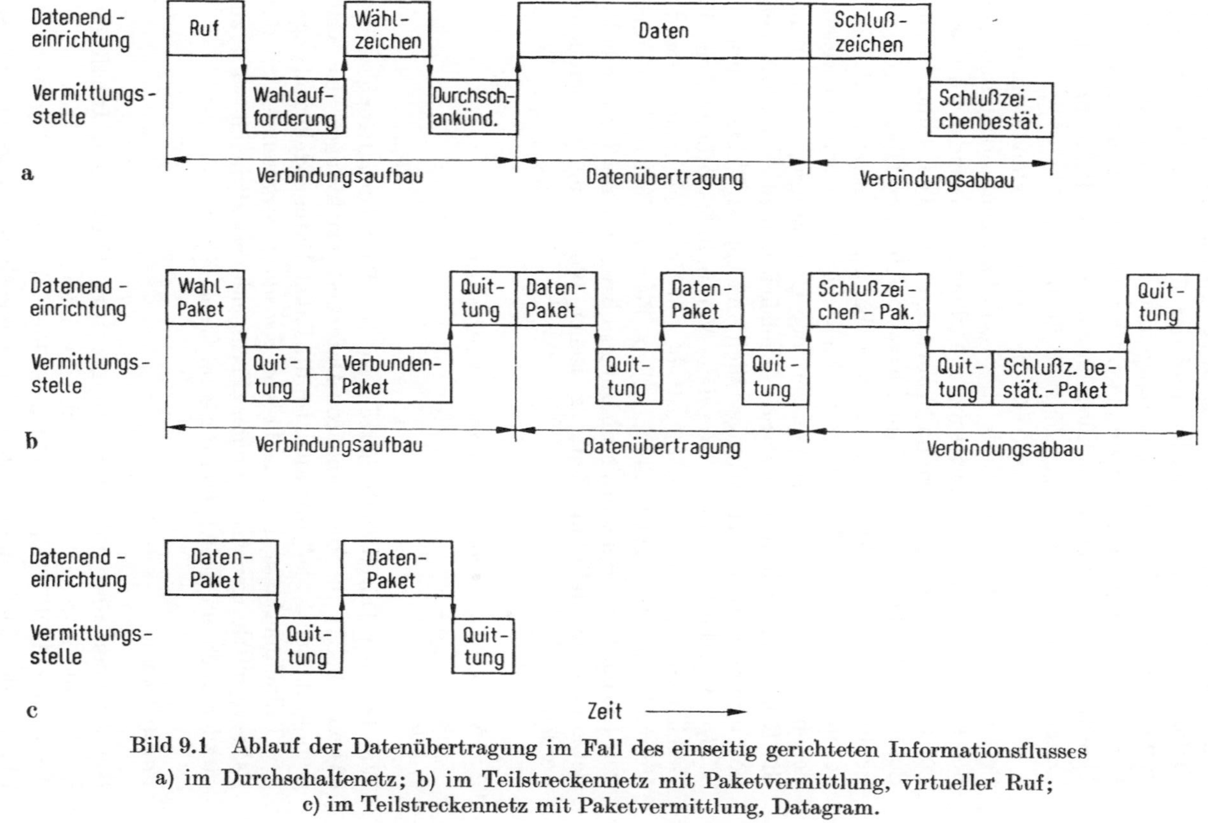

Bild 9.1 Ablauf der Datenübertragung im Fall des einseitig gerichteten Informationsflusses a) im Durchschaltenetz; b) im Teilstreckennetz mit Paketvermittlung, virtueller Ruf; c) im Teilstreckennetz mit Paketvermittlung, Datagram.

gerufenen Teilnehmer aufgebaut. Die Dauer dieses Vorganges ist abhängig von der zwischen den Vermittlungsstellen angewendeten Signalisierungsprozedur, der internen Verarbeitungsart und -geschwindigkeit der Vermittlungsstellen und der Anzahl der Vermittlungsstellen, die an der Verbindung beteiligt sind; sie ist weiterhin abhängig von der Übertragungsgeschwindigkeit und der Signallaufzeit auf den Übertragungsstrecken und schließlich auch von der Reaktionszeit der Datenendeinrichtung des gerufenen Teilnehmers.

Die *Verbindungsabbauzeit* ist die Zeitdauer vom Beginn des Schlußzeichens bis zum Ende der Schlußzeichenbestätigung. Das Schlußzeichen, das vom auslösenden Teilnehmer gesendet wird, wird von den Vermittlungsstellen und vom ausgelösten Teilnehmer mit der Schlußzeichenbestätigung beantwortet. Nach dem Übertragen der Schlußzeichenbestätigung ist das Netz bereit, einen neuen Ruf entgegenzunehmen. Die Dauer des Verbindungsabbaus wird im wesentlichen bestimmt durch die Laufzeit der Übertragungsstrecken und die Erkennungszeiten für das Schlußzeichen und die Schlußzeichenbestätigung in den Vermittlungsstellen und bei den Teilnehmern.

In Durchschaltenetzen werden Verbindungsaufbauzeiten im Bereich von 100 ms bis 1 s angestrebt; im Vergleich dazu liegen die Verbindungsaufbauzeiten der heutigen Fernsprechnetze im Bereich von 10 s bis 100 s. Bei den Verbindungsabbauzeiten der Durchschaltenetze muß ebenfalls mit Zeiten zwischen 100 ms und 1 s gerechnet werden.

9.2.2.2 *Netzparameter von Paketvermittlungsnetzen*

— *Netztakt*

Wie bei den Durchschaltenetzen ist bei Paketvermittlungsnetzen (Abschn. 9.4.2) für die Synchron-Datenendeinrichtungen der Teilnehmerklassen 3 bis 7 und auch für die Paket-Datenendeinrichtungen der Teilnehmerklassen 8 bis 11 ein *Schrittakt* vorgesehen; bei den Paketvermittlungsnetzen einiger Fernmeldeverwaltungen wird zusätzlich auch ein *Zeichentakt* für 8-bit-Zeichen geboten.

— *Paketformat*

Die Angaben über Paketformate betreffen Größe und Inhalt der Steuer- und Adressenfelder und die maximale Größe des Datenfeldes der Pakete. CCITT hat verschiedene Formate für die verschiedenen Phasen der Datenübermittlung in Paketvermittlungsnetzen festgelegt. Als Beispiele seien aufgezählt das Format der Pakete für den abgehenden und ankommenden Ruf und das Format der Datenpakete. Im einzelnen angegeben sind die Paketformate in CCITT-Empf. X. 25*.

— *Flußsteuerung*

Paketvermittlungsnetze steuern die Datenmengen, die von den Paket-Datenendeinrichtungen der Teilnehmerklassen 8 bis 11 gesendet werden. Die Netze nehmen keine Pakete von der sendenden Datenendeinrichtung mehr an, wenn die Zwischenspeicher der Vermittlungsstellen belegt sind oder wenn die empfangende Datenendeinrichtung vorübergehend keine Pakete aufnehmen kann. Die sendende Datenendeinrichtung erhält erst dann die Erlaubnis, weitere Pakete abzusetzen, wenn die Vermittlungsstellen und die empfangende Datenendeinrichtung diese wieder unterbringen können.

Noch nicht geklärt ist, in welcher Weise Paketvermittlungsnetze die Datenflüsse bei Datenendeinrichtungen der Teilnehmerklassen 1 bis 7, d. h. bei Datenendeinrichtungen, die keine Pakete benützen, steuern sollen.

— *Zusammenarbeit zwischen Datenendeinrichtungen verschiedener Teilnehmerklassen*

Paketvermittlungsnetze sollen die *Zusammenarbeit zwischen Datenendeinrichtungen*, die verschiedenen Teilnehmerklassen angehören, ermöglichen. Damit diese Forderung erfüllt werden kann, müssen die Netze zwischen unterschiedlichen Datenübertragungsgeschwindigkeiten, Betriebsverfahren (Start/Stop-, Synchron-Betrieb), Übertragungscodes, Datenübertragungsprozeduren, Zeilenformaten usw. umsetzen. Bis jetzt hat CCITT allerdings noch nicht festgelegt, in welchem Umfang die Netze Umsetzvorgänge, die über die Geschwindigkeitsumsetzung hinausgehen, übernehmen werden.

— *Fehlerkorrektur*

Fehler, die durch Übertragungsstörungen hervorgerufen werden, werden in Paketvermittlungsnetzen *automatisch korrigiert*. Den Paketen wird von den Paket-Datenendeinrichtungen der Teilnehmerklassen 8 bis 11 beim Senden eine Prüfzeichenfolge angefügt, die es der Vermittlungsstelle des Teilnehmers ermöglicht, Fehler im Paket zu erkennen und fehlerhafte Pakete noch einmal anzufordern. Das gleiche Verfahren wird auch bei Übertragung der Pakete von einer Vermittlungsstelle zur nächsten und bei der Übertragung von der Endvermittlungsstelle zur empfangenden Paket-Datenendeinrichtung angewandt.

---

* Siehe Fußnote auf S. 138.

Bei den Datenendeinrichtungen der Teilnehmerklassen 1 bis 7 werden die Pakete erst in der Vermittlungsstelle gebildet, Fehlererkennung und Fehlerkorrektur von Seiten des Netzes wird deshalb bei diesen Klassen nur bei der Übertragung zwischen den Vermittlungsstellen, nicht aber bei der Übertragung zwischen den Vermittlungsstellen und den Datenendeinrichtungen angewandt.

9.2.3 Teilnehmerdienste

Die Teilnehmerdienste öffentlicher Datennetze erleichtern den Teilnehmern den Umgang mit dem Netz und die Zusammenarbeit mit anderen Teilnehmern.

9.2.3.1 Teilnehmerdienste von Durchschaltenetzen

— *Direktruf*

Der Teilnehmerdienst *Direktruf* ermöglicht es dem Teilnehmer, eine Verbindung zu einem vorbestimmten anderen Teilnehmer ohne Wahl allein durch Aussenden eines Rufes — bewirkt z. B. durch Drücken einer Ruftaste — zu erhalten. Die Zuordnung der beiden Teilnehmer ist in der Vermittlungsstelle, an die der Teilnehmer mit Direktruf angeschlossen ist, gespeichert. Beim Ruf baut die Vermittlungsstelle mit der im Zuordnungsspeicher stehenden Adresse des gerufenen Teilnehmers die Verbindung in normaler Weise auf.

Der Teilnehmer, der den Dienst Direktruf in Anspruch nimmt, besitzt eine Rufnummer wie alle anderen Teilnehmer des Datennetzes, seine Erreichbarkeit durch andere Teilnehmer wird nicht beeinflußt.

Für festgeschaltete Verbindungen hat die Deutsche Bundespost das *öffentliche Direktrufnetz für die Übertragung digitaler Nachrichten* [9.13] geschaffen. Ein Anschluß am öffentlichen Direktrufnetz wird *Hauptanschluß für Direktruf* genannt. Diese Hauptanschlüsse für Direktruf sind fest miteinander verbunden; sie besitzen keine Rufnummer. Die Anschlüsse bieten die Übertragungsgeschwindigkeiten 50 bit/s, 200 bit/s, 1200 bit/s, 2400 bit/s, 4800 bit/s, 9600 bit/s und 48000 bit/s. Datenendeinrichtungen mit solchen Hauptanschlüssen für Direktruf können über weitere Teilnehmerschnittstellen auch an das öffentliche Fernsprech-, das Telex- und das Datennetz und an Fernsprechnebenstellenanlagen angeschlossen sein.

— *Geschlossene Teilnehmerklasse*

Die Bildung *geschlossener Teilnehmerklassen* ist ein weiterer wichtiger Dienst der öffentlichen Durchschaltenetze. Die Teilnehmerklassen stellen abgeschlossene Teilnehmerbereiche dar. Fremde Teilnehmer, die versuchen, einen Teilnehmer einer geschlossenen Teilnehmerklasse zu erreichen, werden vom Netz zurückgewiesen.

Die geschlossenen Teilnehmerklassen bieten Behörden, Geldinstituten, Industrieunternehmen usw. mit ausgeprägtem innerbetrieblichen Datenverkehr, zu dem Außenstehenden der Zugriff verwehrt werden soll, die Möglichkeit, das öffentliche Netz anstelle privater Netze zu benutzen.

Die Teilnehmerdienste *Direktruf* und *Geschlossene Teilnehmerklasse* werden nach CCITT-Empf. X. 2* von allen öffentlichen Durchschaltenetzen geboten. Neben diesen Teilnehmerdiensten sind in der CCITT-

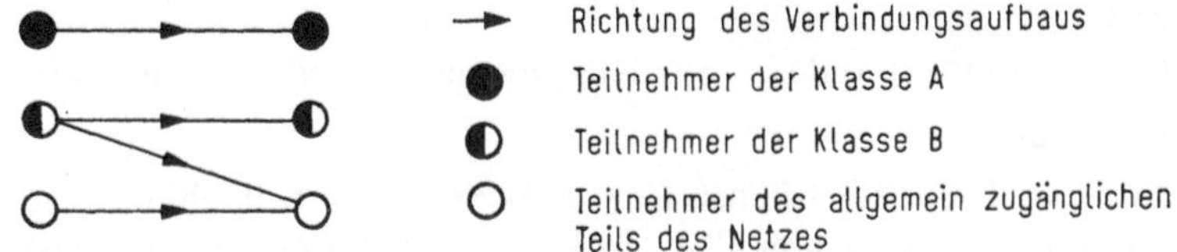

Bild 9.2 Die Verbindungsmöglichkeiten in Datennetzen mit geschlossenen Teilnehmerklassen.

Empf. X.2* die folgenden fünf enthalten, mit denen zunächst noch nicht in allen öffentlichen Durchschaltenetzen gerechnet werden kann.

— *Geschlossene Teilnehmerklasse mit Zugriff zum öffentlichen Teil des Netzes*

Während ein Teilnehmer einer geschlossenen Teilnehmerklasse nur Zugriff zu den Teilnehmern seiner Klasse hat (Bild 9.2, Klasse A), besitzt der Teilnehmer einer *geschlossenen Teilnehmerklasse mit Zugriff zum öffentlichen Teil des Netzes* die Berechtigung, zusätzlich auch alle Teilnehmer des allgemein zugänglichen Teiles des Netzes anzuwählen (Bild 9.2, Klasse B); er selber kann von diesen aber nicht erreicht werden.

— *Anschlußkennung des rufenden Teilnehmers*

Ein gerufener Teilnehmer, der diesen Dienst in Anspruch nimmt, erhält vom Durchschaltenetz Auskunft über die Identität des rufenden Teilnehmers. Die *Anschlußkennung des rufenden Teilnehmers* besteht aus der Rufnummer des rufenden Teilnehmers. Sie wird am Ende des Verbindungsaufbaus automatisch von der Vermittlungsstelle des rufenden Teilnehmers gesendet.

---

* Siehe Fußnote auf S. 138.

Der gerufene Teilnehmer kann sich mit dieser Kennung dagegen schützen, daß Unberechtigte Nachrichten bei ihm abrufen. Da die Kennung vom Netz und nicht vom rufenden Teilnehmer gesendet wird, ist das Vortäuschen einer Abrufberechtigung unterbunden.

— *Anschlußkennung des gerufenen Teilnehmers*

Bei diesem Teilnehmerdienst erhält der rufende Teilnehmer vom Durchschaltevermittlungsnetz die *Anschlußkennung des gerufenen Teilnehmers*. Die Kennung, die die Rufnummer des gerufenen Teilnehmers enthält, wird am Ende des Verbindungsaufbaus von der Vermittlungsstelle des gerufenen Teilnehmers gesendet.

Der rufende Teilnehmer kann mit dieser Kennung überprüfen, ob ihm oder dem Netz beim Verbindungsaufbau Fehler unterlaufen sind und sich damit dagegen schützen, daß die von ihm gesendeten Daten zu einem anderen als dem gewünschten Teilnehmer gelangen.

— *Kurzwahl*

Mit dem Teilnehmerdienst *Kurzwahl* kann der Teilnehmer eine vorbestimmte Gruppe von Teilnehmern mit Rufnummern erreichen, die gegenüber den normalen Nummern verkürzt sind. Die Zuordnung der verkürzten zu den normalen Rufnummern ist in der Vermittlungsstelle des Teilnehmers mit Kurzwahl gespeichert. Beim Eintreffen einer Kurzwahlnummer holt die Vermittlungseinrichtung aus dem Zuordnungsspeicher die normale Rufnummer und baut damit die Verbindung auf.

— *Rundsenden*

Beim *Rundsenden* verteilt das Netz die Nachricht des rufenden Teilnehmers an mehrere Empfänger und entlastet damit den Teilnehmer von häufigen Wahl- und Sendevorgängen. Man unterscheidet beim Rundsenden zwischen der Wahl mit Einzeladressen und der Wahl mit Gruppenadressen.

Bei der Wahl mit Einzeladressen können mit einer Rufnummernfolge, die die Einzeladressen enthält, beliebige Teilnehmer ausgewählt werden. Als Spezialfall ist hier auch die Benutzung von verkürzten Rufnummern möglich.

Bei der Verwendung von Gruppenadressen bestimmt der rufende Teilnehmer durch eine Nummer eine von mehreren in der Vermittlungsstelle gespeicherten Rufnummernlisten, die jeweils eine vorbestimmte Gruppe von Teilnehmern enthalten. Als Spezialfall ist hier der Direktruf möglich, der eine einzige vorbestimmte Rufnummernliste anspricht.

Über die von CCITT festgelegten Teilnehmerdienste hinaus können öffentliche Durchschaltenetze weitere Teilnehmerdienste enthalten. Als

Beispiel sei der Teilnehmerdienst *Gebührendaten-Zuschreiben* angeführt. Teilnehmer, die diesen Dienst benutzen, erhalten jeweils nach dem Verbindungsauslösen die Gebührendaten für die Verbindung zugeschrieben. Diese Daten werden mit der Übertragungsgeschwindigkeit, dem Zeichenrahmen und dem Alphabet der Verbindungsauf- und -abbauphase übertragen.

9.2.3.2 Teilnehmerdienste von Paketvermittlungsnetzen

— *Paketierung/Depaketierung*

Die Start/Stop-Datenendeinrichtungen der Teilnehmerklassen 1 und 2 und die Synchron-Datenendeinrichtungen der Teilnehmerklassen 4 bis 7 sind nicht in der Lage, Daten in Form von Paketen zu senden oder zu empfangen. Um den Anschluß dieser Datenendeinrichtungen an Paketvermittlungsnetze (Abschn. 9.4.2) zu ermöglichen, besitzen diese Netze Einrichtungen, die zum einen die von den Datenendeinrichtungen der Teilnehmerklassen 1 bis 7 abgegebenen Daten unter Hinzufügen der notwendigen Steuer- und Prüfinformation in die im Netz verwendeten Pakete einbauen (*Paketierung*); zum anderen bilden diese Einrichtungen aus den Paketen, die für Datenendeinrichtungen der Teilnehmerklassen 1 bis 7 bestimmt sind, wieder Daten in der für die Datenendeinrichtungen jeweils festgelegten Form (*Depaketierung*).

— *Virtueller Ruf*

Beim *virtuellen Ruf*, der in allen Teilnehmerklassen 1 bis 11 geboten wird, unterscheidet das Paketvermittlungsnetz drei Verbindungsphasen: Verbindungsaufbau-, Datenübertragungs- und Verbindungsabbauphase (Bild 9.1 b).

In der *Verbindungsaufbauphase* wird auf Grund des vom rufenden Teilnehmer gesendeten Wahlpaketes eine „virtuelle Verbindung" zwischen dem rufenden und dem gerufenen Teilnehmer hergestellt. Die Endvermittlungsstellen des rufenden und des gerufenen Teilnehmers reservieren Speicherplätze für die Anzahl von Paketen, die in dem Wahlpaket angegeben ist.

In der *Datenübertragungsphase* werden in den reservierten Speicherplätzen die von der sendenden Datenendeinrichtung oder von der Paketierungseinrichtung abgegebenen Pakete gespeichert und vor Weitergabe an die empfangende Datenendeinrichtung bzw. an die Depaketierungseinrichtung in die richtige Reihenfolge gebracht, falls die Pakete wegen unterschiedlicher Wege im Netz (vgl. Bild 9.15) in falscher Reihenfolge bei der Endvermittlungsstelle angekommen waren. Neben dem Sortieren führen die Endvermittlungsstellen in der

Datenübertragungsphase auch die bei den Netzparametern beschriebene Flußsteuerung (Abschn. 9.2.2.2) durch.

In der *Verbindungsabbauphase* wird die in den Endvermittlungsstellen vorgenommene Reservierung von Speicherplätzen wieder rückgängig gemacht.

— *Virtuelle Standverbindung*

Beim Teilnehmerdienst *Virtuelle Standverbindung*, der für alle Teilnehmerklassen 1 bis 11 vorgesehen ist, besteht zwischen den Verbindungspartnern eine dauernde Verbindung mit den Eigenschaften der Datenübertragungsphase des virtuellen Rufes; die Verbindungsaufbauphase und die Verbindungsabbauphase entfallen.

— *Geschlossene Teilnehmerklasse*

So wie die öffentlichen Durchschaltenetze besitzen auch die öffentlichen Paketvermittlungsnetze den Teilnehmerdienst *Geschlossene Teilnehmerklasse* (Abschn. 9.2.3.1).

In der CCITT-Empf. X. 2* sind neben den bisher geschilderten Teilnehmerdiensten, die für alle öffentlichen Paketvermittlungsnetze verbindlich sind, die folgenden weiteren Teilnehmerdienste angegeben, die nicht zwingend vorgeschrieben sind.

— *Datagram*

Beim *Datagram*-Dienst, der nur in den Teilnehmerklassen 8 bis 11 geboten wird, gibt es keine Verbindungsaufbauphase und keine Verbindungsabbauphase wie beim virtuellen Ruf. Das Paketvermittlungsnetz befördert jedes von der Datenendeinrichtung abgegebene Paket unmittelbar auf Grund der im Paketkopf enthaltenen Adresse zur empfangenden Dateneinrichtung (Bild 9.1 c).

Das Netz befördert hier nur Einzelpakete; dies gilt auch dann, wenn die Nachricht der Datenendeinrichtung die maximale Paketlänge überschreitet und die Datenendeinrichtung mehrere zusammengehörende Pakete sendet. Diese können nach Durchlaufen unterschiedlicher Wege mit unterschiedlichen Laufzeiten durch das Netz (vgl. Bild 9.15) in falscher Reihenfolge bei der empfangenden Datenendeinrichtung eintreffen. Die empfangende Datenendeinrichtung muß in diesem Fall die Pakete vor der Verarbeitung erst sortieren.

— *Geschlossene Teilnehmerklasse mit Zugriff zum öffentlichen Teil des Netzes*

Dieser Teilnehmerdienst entspricht dem Teilnehmerdienst Geschlossene Teilnehmerklasse mit Zugriff zum öffentlichen Teil des Netzes von Durchschaltenetzen (Abschn. 9.2.3.1).

---

* Siehe Fußnote auf S. 138.

— *Kurzwahl*

Dieser Teilnehmerdienst entspricht dem Teilnehmerdienst Kurzwahl
von Durchschaltenetzen (Abschn. 9.2.3.1).

9.3 Vermittlungsnetze mit Durchschaltebetrieb

Vermittlungsnetze mit Durchschaltebetrieb — Durchschaltenetze —
stellen zwischen der rufenden und der gerufenen Datenstation für die
gesamte Übertragungsdauer einen durchgehenden Verbindungsweg zur
Verfügung (Bild 9.3). Dieser Verbindungsweg wird aus einer Reihe von

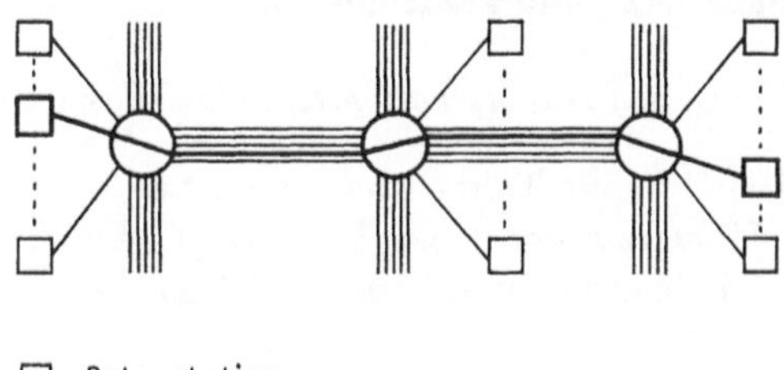

Bild 9.3   Vermittlungsnetz mit Durchschaltebetrieb.

Verbindungsabschnitten gebildet, die beim Verbindungsaufbau hintereinandergeschaltet werden. Er ist transparent hinsichtlich der von den
Datenstationen für die Datenübertragung benutzten Codes und Steuerungsverfahren. Die Laufzeit der Datensignale über den Verbindungsweg
ist konstant.

Man unterscheidet drei Verbindungsphasen: Verbindungsaufbau,
Datenübertragung und Verbindungsabbau (Bild 9.1 a). Der Verbindungsaufbau wird gesteuert durch die rufende Datenstation, die an ihre Vermittlungsstelle einen Ruf sendet, von der Vermittlungsstelle die Wahlaufforderung erhält und daraufhin der Vermittlungsstelle die Wählzeichen übergibt. Die Vermittlungsstelle wertet die Wählzeichen aus,
belegt einen Kanal des Kanalbündels zur nächsten Vermittlungsstelle
und übergibt dieser die für den weiteren Verbindungsaufbau erforderlichen Wählzeichen. Auf diese Weise wird abschnittweise die Verbindung
bis zur gerufenen Datenstation aufgebaut. Nach Abschluß dieses Vorgangs meldet das Netz der rufenden und der gerufenen Datenstation, daß
die Verbindung durchgeschaltet ist und für die Datenübertragung bereit-
steht.

Die Verantwortung für die Datenübertragung liegt von diesem Zeitpunkt an bei den Datenstationen. Die Datenstationen können entscheiden,
welche Maßnahmen sie zum Erkennen und Korrigieren von Übertragungs-

störungen ergreifen wollen; sie können diese Maßnahmen dem jeweiligen Anwendungsfall anpassen.

Der Verbindungsabbau kann von jeder der beiden Datenstationen durch ein Schlußzeichen eingeleitet werden. Das Schlußzeichen veranlaßt alle Vermittlungsstellen, die an der Durchschaltung des Verbindungsweges beteiligt sind, die Durchschaltung aufzuheben.

Bei den Vermittlungsnetzen mit Durchschaltebetrieb lassen sich zwei Typen unterscheiden: Netze ohne Taktsteuerung und Netze mit Taktsteuerung.

9.3.1 Durchschaltenetz ohne Taktsteuerung

9.3.1.1 Kennzeichen des Durchschaltenetzes ohne Taktsteuerung

Im Durchschaltenetz ohne Taktsteuerung gibt es keinen übergeordneten Netztakt. Die Übertragungs- und Vermittlungseinrichtungen besitzen eigenständige, voneinander unabhängige Taktgeber.

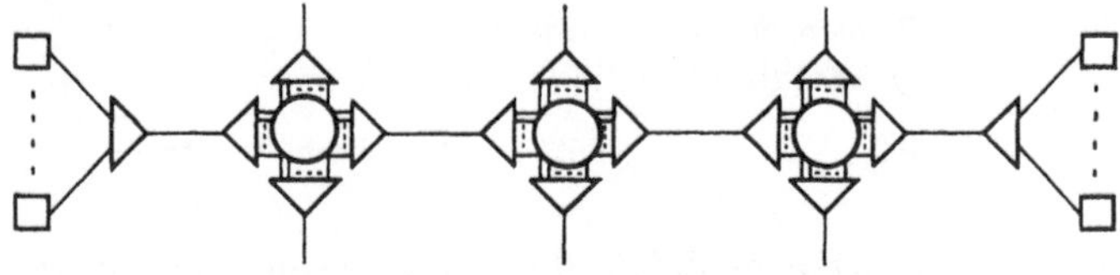

Bild 9.4   Durchschaltenetz ohne Taktsteuerung.

Bild 9.4 zeigt eine schematische Darstellung eines solchen Netzes mit den Datenstationen, den Multiplex-Übertragungseinrichtungen und den Vermittlungsstellen. Die Datenstationen werden hier über die Anschlußleitungen und die Kanäle der Multiplex-Übertragungssysteme an die Vermittlungsstellen angeschlossen. Die Vermittlungsstellen sind durch Kanalbündel miteinander verbunden. Die Kanalbündel werden vor den Vermittlungsstellen in Einzelkanäle aufgefächert.

Die Auffächerung erlaubt eine freizügige Netzgestaltung. So können für das Bündeln der Kanäle auf den Übertragungsstrecken nebeneinander Frequenzmultiplex- und Zeitmultiplex-Übertragungssysteme (Abschn. 7.4.2), für das Durchschalten der Kanäle in den Vermittlungsstellen Raummultiplex- und Zeitmultiplex-Durchschalteeinrichtungen (Band I, Abschn. 6.1.3) eingesetzt werden [9.14].

Diese Freizügigkeit bei der Wahl der Übertragungs- und Vermittlungseinrichtungen ist notwendig, wenn für Fernschreiben und für Datenübertragung ein gemeinsames Netz gebildet wird und dabei die vorhandenen technischen Einrichtungen des Fernschreibnetzes, wie z. B. Wechselstrom - Telegrafiesysteme (Abschn. 7.4.2.2), zunächst weiterbenützt werden sollen. Nach Maßgabe technischer und wirtschaftlicher Gegebenheiten können dann diese Einrichtungen Zug um Zug durch solche ergänzt oder ersetzt werden, die neueren Entwicklungen auf dem Gebiet der Nachrichtentechnik Rechnung tragen.

Wie Bild 9.4 zeigt, setzt sich ein Verbindungsweg zwischen der rufenden und der gerufenen Datenstation aus mehreren Übertragungsabschnitten, die durch die Vermittlungsstellen hintereinandergeschaltet sind, zusammen. Da jeder Übertragungsabschnitt und jede Vermittlungsstelle einen Anteil zur Gesamtverzerrung der übertragenen Datensignale beiträgt, muß möglichst verzerrungsarm übertragen und durchgeschaltet werden.

Die Verzerrungsarmut ist vor allem bei anisochronen Datensignalen wichtig, die prinzipiell nicht mehr entzerrt werden können. Isochrone Datensignale können dagegen nach jedem Übertragungsabschnitt und jeder Vermittlungsstelle entzerrt werden. Bei Zeitmultiplex-Übertragungssystemen mit Synchron-Kanälen oder mit Kanälen mit Zeichenrahmenbindung (Abschn. 7.4.2.3.) erfolgt die Entzerrung automatisch. Bei Frequenzmultiplex-Systemen, die geschwindigkeitstransparent sind (Abschn. 7.4.2.2), müßten für das Entzerren zusätzliche Einrichtungen eingesetzt werden. Wegen des damit verbundenen Aufwandes verzichtet man jedoch darauf, so daß hier wieder verzerrungsarme Übertragung und Durchschaltung gefordert werden muß.

9.3.1.2 *Zeitmultiplex-Übertragungssysteme im Durchschaltenetz ohne Taktsteuerung*

Im Durchschaltenetz ohne Taktsteuerung besitzt jedes Zeitmultiplex-Übertragungssystem seinen eigenen Takt, der unabhängig ist von den Takten der anderen Systeme. Die Taktfrequenzen der Zeitmultiplex-Übertragungssysteme sind daher unterschiedlich, d.h., die Verbindungswege zwischen den Teilnehmern setzen sich aus Abschnitten mit nicht genau gleichen Übertragungsgeschwindigkeiten zusammen.

Bei Zeitmultiplex-Übertragungssystemen mit *Synchronkanälen* (Abschn. 7.4.2.3), die jedem von der Datenendeinrichtung abgegebenen Bit ein Bit im Bitstrom der Übertragungsstrecke zuordnen, kann wegen der unterschiedlichen Übertragungsgeschwindigkeiten ab und zu ein Bitschlupf auftreten. Dies bedeutet, ein Bit wird nicht weitergegeben, weil das nachfolgende System zu langsam ist, oder ein Bit wird zuviel übertragen, weil das nachfolgende System zu schnell ist (Bild 9.5). Die Zeitmultiplex-Übertragungssysteme müssen deshalb im Durchschaltenetz ohne Takt-steuerung Geschwindigkeitsausgleichsverfahren anwenden, die bei jedem Datenkanal durch Hinzufügen oder Weglassen von „Leerbits" eine An-passung an die Übertragungsgeschwindigkeit der im Verbindungsweg davorliegenden Kanäle erzielen; man benötigt Zeitmultiplex-Über-tragungssysteme mit *Stuffing-Kanälen* (Abschn. 7.4.2.3).

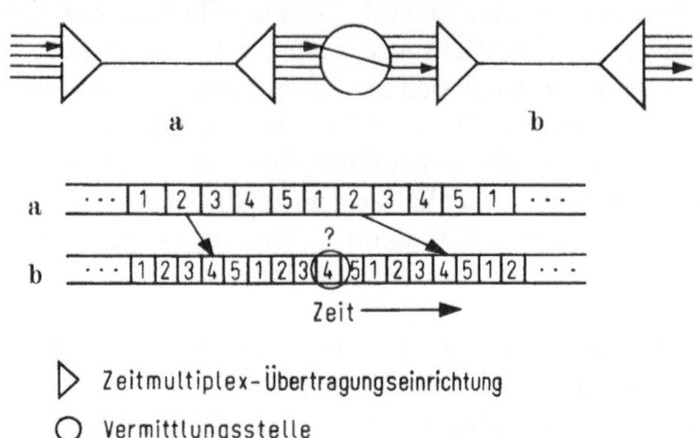

$\triangleright$ Zeitmultiplex-Übertragungseinrichtung

$\bigcirc$ Vermittlungsstelle

Bild 9.5   Bitschlupf im Durchschaltenetz ohne Taktsteuerung.

Mit Bitschlupf muß auch beim Einsatz von Zeitmultiplex-Über-tragungssystemen mit *Kanälen mit Zeichenrahmenbindung* (Abschn. 7.4.2.3) gerechnet werden. Diese Systeme müssen deshalb den Zeichen-rahmen erkennen und Geschwindigkeitsunterschiede zwischen den Daten-kanälen durch Verkürzen oder Verlängern der Stopschrittlänge um ein Bit auffangen.

Bei Zeitmultiplex-Übertragungssystemen mit *Transparentkanälen* (Abschn. 7.4.2.3), die die Signale der Datenendeinrichtung durch Zeit-lagencodierung in die zu übertragende Bitfolge umwandeln, gibt es das Bitschlupfproblem nicht; denn hierbei liegt das Signal nach jedem Über-tragungsabschnitt mit im Prinzip unveränderten Zeitrelationen vor und wird als solches weitergegeben. Allerdings muß der bei der Codierung unvermeidliche Rastfehler niedrig gehalten werden, damit die durch wiederholtes Codieren entstehende Gesamtverzerrung nicht zu groß wird.

9.3.1.3 *Zeitmultiplex-Vermittlungseinrichtungen im Durchschaltenetz ohne Taktsteuerung*

Zeitmultiplex-Vermittlungseinrichtungen mit bitserieller Durchschaltung (Band I, Abschn. 6.1.3.2) dürfen im Durchschaltenetz ohne Taktsteuerung

die Datensignale beim Durchschalten maximal um eine halbe Schrittdauer verzerren, wenn an die Vermittlungsstellen Zeitmultiplex-Übertragungssysteme mit Stuffing-Kanälen oder mit Kanälen mit Zeichenrahmenbindung angeschlossen sind.

Bei Einsatz von Zeitmultiplex-Übertragungssystemen mit Transparentkanälen oder von Frequenzmultiplex-Systemen darf die beim
bitseriellen Durchschalten auftretende Verzerrung nur gering sein, da
sie in die Gesamtverzerrung eingeht. Man könnte hier zwar im Fall
isochroner Datensignale Entzerrer zwischen Vermittlungseinrichtung
und Übertragungssystem einfügen, müßte dann aber in diesen Entzerrern
den im Abschn. 9.3.1.2 beschriebenen Geschwindigkeitsausgleich vornehmen und den damit verbundenen Aufwand in Kauf nehmen.

Bei Stuffing-Kanälen und bei Kanälen mit Zeichenrahmenbindung
können Zeitmultiplex-Vermittlungseinrichtungen auch die bitgruppenweise Durchschaltung anwenden, mit der höhere Durchschalteleistungen
erzielt werden (Abschn. 8.1.1.1, Beispiel 3, Tab. 8.1).

9.3.1.4 Struktur von Durchschaltenetzen ohne Taktsteuerung

Die Struktur eines Durchschaltenetzes ohne Taktsteuerung zeigt Bild 9.6;
es gibt die untere Netzebene wieder, die am Ort des Teilnehmers beginnt.
Die Grenze zwischen den Datenendeinrichtungen und dem Datennetz
bilden die Teilnehmer-Schnittstellen. Am Ort des Teilnehmers befinden
sich auch die Anschlußgeräte, die die übertragungstechnische Anpassung

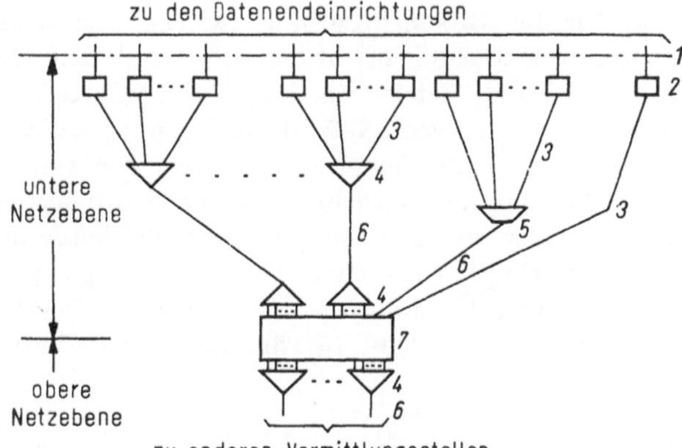

Bild 9.6   Struktur eines Durchschaltenetzes ohne Taktsteuerung.

1 Teilnehmerschnittstellen, *2* Anschlußgeräte oder Datenfernschaltgeräte,
3 Anschlußleitungen, *4* Multiplexer, *5* Konzentrator, *6* Verbindungsleitungen,
7 Vermittlungsstelle.

zwischen den Datenendeinrichtungen und dem Datennetz vornehmen (Abschn. 8.2.2). In den Fällen, in denen die Datenendeinrichtungen nicht unmittelbar über die Datenleitungen der Schnittstelle die Vorgänge für den Verbindungsauf- und -abbau steuern, werden anstelle der Anschlußgeräte Datenfernschaltgeräte eingesetzt, die zusätzlich die hierfür erforderlichen Einrichtungen enthalten (Abschn. 8.2.1).

Die Anschlußgeräte und die Datenfernschaltgeräte sind durch die Anschlußleitungen mit den Multiplexern oder den Konzentratoren des Netzes verbunden, die im allgemeinen am Ort der Knotenvermittlungsstellen des Fernsprechnetzes untergebracht sind. Die Multiplexer bilden Bündel, in denen die Anzahl der Kanäle gleich ist der Anzahl der Anschlußleitungen. Die Konzentratoren verdichten dagegen den über die Anschlußleitungen kommenden Verkehr, so daß im Bündel weniger Kanäle benötigt werden als Anschlußleitungen vorhanden sind (Abschn. 8.1.1.2).

Die Vermittlungsstellen des Datennetzes sind am Ort der Zentralvermittlungsstellen des Fernsprechnetzes zu finden, bei hoher Teilnehmerdichte auch am Ort der Hauptvermittlungsstellen des Fernsprechnetzes. Die Datenvermittlungsstellen in der oberen Netzebene sind weitgehend miteinander vermascht.

9.3.1.5 Taktversorgung der Synchron-Datenendeinrichtungen

In den CCITT-Empfehlungen über die Teilnehmer-Schnittstellen der Datenübertragungseinrichtungen für den Anschluß von Synchron-Datenendeinrichtungen an Datennetze (Abschn. 7.1.3) ist festgelegt, daß das Datennetz für den Bitsynchronismus zwischen der sendenden und der empfangenden Datenendeinrichtung sorgt und den Datenendeinrichtungen den Bittakt liefert. In Durchschaltenetzen ohne Taktsteuerung, die ja keinen internen Netztakt besitzen, wird diese Forderung durch Synchrontaktgeber in den Anschluß- oder den Datenfernschaltgeräten der Teilnehmer mit Synchron-Datenendeinrichtungen erfüllt. Die Synchrontaktgeber erzeugen den Sendetakt und leiten nach Aufbau der Verbindung den Empfangstakt aus den von der Gegenseite kommenden Datensignalen ab. Der auf diese Weise erzielte verbindungsindividuelle Bitsynchronismus bleibt für die Dauer der Verbindung erhalten.

9.3.1.6 Bitfolgenunabhängigkeit im Durchschaltenetz ohne Taktsteuerung

Die für die Übertragung zwischen Synchron-Datenendeinrichtungen geforderte Bitfolgenunabhängigkeit kann in Netzen ohne Taktsteuerung durch den Einsatz von Verwürflern (Abschn. 8.2.1.1, 8.2.2.2) [9.15] erreicht werden. Bei diesem Verfahren werden die von der Datenendeinrichtung abgegebenen Signale in der Datenübertragungsphase im Anschluß- oder Datenfernschaltgerät der Sendeseite verwürfelt. Im Anschluß- bzw. Datenfernschaltgerät der Empfangsseite werden die verwürfelten Signale durch einen Entwürfler wieder in die ursprünglichen Signale umgesetzt.

Die Anschluß- und Datenfernschaltgeräte schalten den Verwürfler vor Beginn der Datenübertragung ein und geben der Datenendeinrichtung erst nach einer Verzögerungszeit, während derer der Entwürfler der Gegenseite den Synchronismus herstellt, die Sendeerlaubnis. Der Verwürfler sorgt nun dafür, daß die bei der Vermittlungsstelle ankommenden Signale auch dann Polaritätswechsel enthalten, wenn die Datenendeinrichtung lange Folgen von Bits gleicher Polarität abgibt. Dadurch wird verhindert, daß die Verbindung ungewollt ausgelöst wird, da die als Schlußzeichen übliche Dauerfolge der Polarität 0 nicht auftritt.

Soll tatsächlich ausgelöst werden, so schalten die Anschluß- und Datenfernschaltgeräte, von der Datenendeinrichtung über eine Schnittstellenleitung gesteuert, den Verwürfler aus und senden eine Dauer-0-Folge auf die Übertragungsstrecke. Die Vermittlungsstellen lösen die Verbindung auf, wenn sie während einer bestimmten Zeitdauer aufeinanderfolgende Bits der Polarität 0 empfangen haben.

Die Bitfolgenunabhängigkeit kann nach einem anderen Verfahren auch dadurch erreicht werden, daß in der Datenübertragungsphase in den Anschlußgeräten oder Datenfernschaltgeräten regelmäßig zusätzliche Bits in die von der Datenendeinrichtung abgegebenen Bitfolgen eingefügt werden. Allerdings bringt dieses Verfahren eine Erhöhung der Übertragungsgeschwindigkeiten mit sich (vgl. Abschn. 9.3.2.5) und schränkt daher die in Durchschaltenetzen ohne Taktsteuerung gegebene Freizügigkeit in der Wahl der Übertragungseinrichtungen ein.

9.3.2 Durchschaltenetz mit Taktsteuerung

9.3.2.1 Kennzeichen des Durchschaltenetzes mit Taktsteuerung

Im Durchschaltenetz mit Taktsteuerung bestimmt ein übergeordneter Netztakt den zeitlichen Ablauf der Übertragungs- und Vermittlungsvorgänge. Er wird allen Einrichtungen des Netzes zugeführt (Bild 9.7), gibt dem ganzen Netz ein festes Zeitraster vor und sorgt für den Synchronismus aller Abläufe. Daher wird innerhalb des Netzes ausschließlich mit isochronen Signalen von definierter Dauer gearbeitet. Man findet hier deshalb nur Zeitmultiplex-Systeme, die Synchron-Kanäle oder Kanäle mit Zeichenrahmenbindung besitzen. Diese Zeitmultiplex-

Systeme sind den Eigenschaften des Netzes besser angepaßt als die mit
Transparent-Kanälen und die Frequenzmultiplex-Systeme. Verzerrungen,
die beim Übertragen und Durchschalten auftreten, werden bei diesen
Zeitmultiplex-Systemen automatisch wieder rückgängig gemacht.

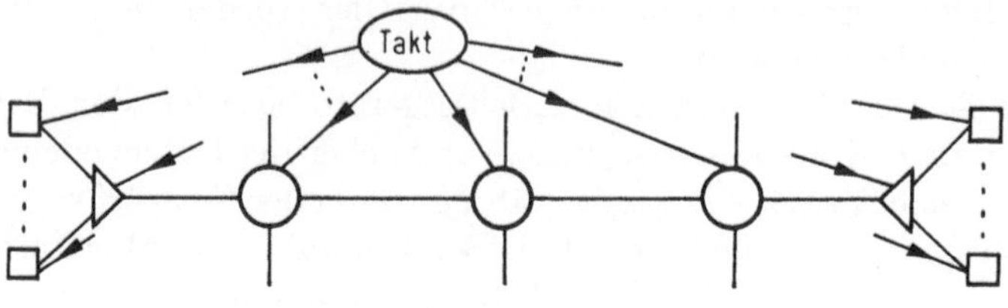

Bild 9.7   Durchschaltenetz mit Taktsteuerung.

Da alle Übertragungs- und Vermittlungseinrichtungen die gleiche
Taktfrequenz besitzen, gibt es keine Geschwindigkeitsunterschiede, die
einen Bitschlupf hervorrufen könnten. Im Netz sind deshalb keine
kanalindividuellen Geschwindigkeitsausgleichsmaßnahmen notwendig.
Dies gilt auch an der Peripherie des Netzes, wenn Synchron-Datenendeinrichtungen angeschlossen sind, die den Bittakt vom Netz erhalten.
Bei Start/Stop-Datenendeinrichtungen, die vom Netz unabhängige
Taktgeber besitzen, werden die Start/Stop-Signale der Datenendeinrichtung im Anschluß- oder Datenfernschaltgerät oder im peripheren Multiplexer in die isochronen Signale des Netzes umgesetzt.

Das Wegfallen der kanalindividuellen Maßnahmen für den Geschwindigkeitsausgleich innerhalb des Netzes ermöglicht es, auf das Auf-
fächern in Einzelkanäle vor den Vermittlungsstellen zu verzichten; die
Zeitmultiplexsignale können den Vermittlungseinrichtungen direkt zugeführt werden (Bild 9.7). Die Vermittlungseinrichtungen nehmen dann
neben der räumlichen Zuordnung auch die zeitliche Zuordnung (Band I,
Abschn. 6.1.3.3) der Datenkanäle vor (Bild 9.8).

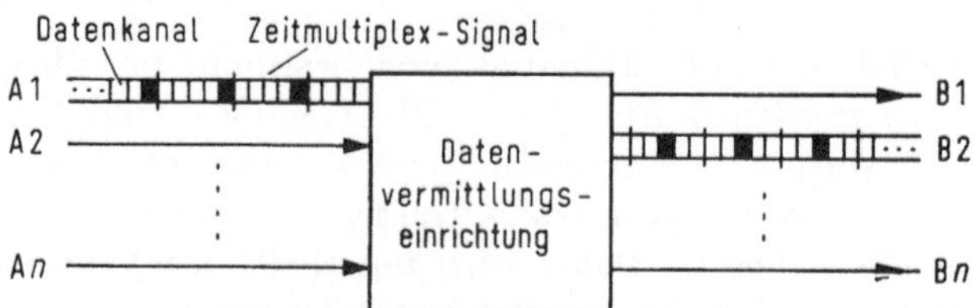

Bild 9.8   Räumliche und zeitliche Zuordnung der Datenkanäle durch die
            Datenvermittlungseinrichtung.

9.3.2.2 Zeitmultiplex-Übertragungssysteme im Durchschaltenetz mit Taktsteuerung

Da im Durchschaltenetz mit Taktsteuerung keine Geschwindigkeitsausgleichsverfahren notwendig sind, können in diesem Netztyp anstelle von Zeitmultiplex-Übertragungssystemen mit Stuffing-Kanälen die weniger aufwendigen Zeitmultiplex-Übertragungssysteme mit *Synchronkanälen* (Abschn. 7.4.2.3) eingesetzt werden.

Bei Zeitmultiplex-Übertragungssystemen mit *Kanälen mit Zeichenrahmenbindung* ist im Durchschaltenetz mit Taktsteuerung der Geschwindigkeitsausgleich durch Ändern der Stopschrittlänge nur in den Multiplexübertragungseinrichtungen erforderlich, die an der Peripherie des Netzes die Signale der Start/Stop-Datenendeinrichtungen aufnehmen.

9.3.2.3 Zeitmultiplex-Vermittlungseinrichtungen im Durchschaltenetz mit Taktsteuerung

Die Vermittlungseinrichtungen mit Durchschaltung im Zeitmultiplex arbeiten in Durchschaltenetzen mit Taktsteuerung häufig mit bitgruppenweiser Durchschaltung, da mit dieser Methode hohe Durchschalteleistungen erreicht werden (Abschn. 8.1.1.1, Tab. 8.1).

Da im Durchschaltenetz mit Taktsteuerung auf die Auffächerung in Einzelkanäle verzichtet werden kann, sind am Ort der Vermittlungsstelle keine eigenständigen Zeitmultiplex-Übertragungseinrichtungen erforderlich. Die Zeitmultiplex-Vermittlungseinrichtung besitzt auf der Eingangsseite je Übertragungsstrecke einen Serien-Parallel-Umsetzer und eine Einrichtung, die aus der zeitlichen Lage der Datenkanäle die Adressen dieser Kanäle ableitet. Auf der Ausgangsseite werden die durchgeschalteten Bitgruppen in kanalindividuelle Zwischenspeicher gebracht, in denen sie warten, bis sie in den richtigen Zeitschlitz der weiterführenden Übertragungsstrecke eingeordnet werden können.

Die Taktsteuerung bringt aber auch dann Vorteile, wenn vor der Vermittlungsstelle in Einzelkanäle aufgefächert wird und die Datensignale in Form von Polaritätswechseln bitseriell durchgeschaltet werden. Man kann nämlich die Datensignale am Eingang und am Ausgang der Zeitmultiplex-Vermittlungseinrichtung in ein der Schrittgeschwindigkeit der Signale entsprechendes Taktraster einphasen und dann eine Durchschalteverzerrung von maximal einer Schrittdauer zulassen. Innerhalb einer Schrittdauer kann die Durchschalteeinrichtung also mehr Polaritätswechsel durchschalten (vgl. Abschn. 8.1.1.1, Beispiel 3), d. h., die Anzahl der gleichzeitig bestehenden Verbindungen je Vermittlungssystem ist auch bei bitserieller Durchschaltung größer als im Durchschaltenetz ohne Taktsteuerung.

9.3.2.4 Struktur von Durchschaltenetzen mit Taktsteuerung

Wie Bild 9.9 zeigt, gleicht die Struktur des Durchschaltenetzes mit Taktsteuerung weitgehend der des Durchschaltenetzes ohne Taktsteuerung (Bild 9.6), wenn auch die Übertragungs- und Vermittlungseinrichtungen der beiden Netztypen, wie bereits ausgeführt, unterschiedlich sind.

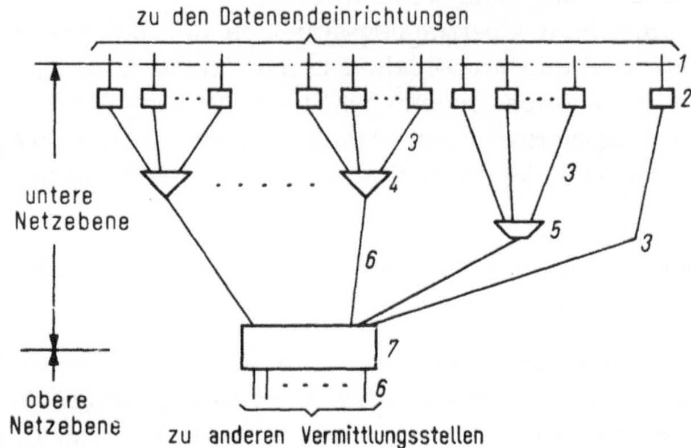

Bild 9.9   Struktur eines Durchschaltenetzes mit Taktsteuerung.
1 Teilnehmerschnittstellen, *2* Anschlußgeräte oder Datenfernschaltgeräte,
3 Anschlußleitungen, *4* Zeitmultiplex-Einrichtungen, *5* Konzentrator,
6 Verbindungsleitungen, *7* Vermittlungsstelle.

9.3.2.5 Bitfolgenunabhängigkeit im Durchschaltenetz mit Taktsteuerung

Die Bitfolgenunabhängigkeit wird im Netz mit Taktsteuerung durch die Bildung sogenannter *Envelopes* [9.16] erreicht. Dazu werden die von der Datenendeinrichtung abgegebenen Daten im Anschluß- oder im Datenfernschaltgerät in Bitgruppen von z. B. acht oder sechs Bits unterteilt, und zu jeder Bitgruppe werden zwei Bits, ein Synchronisierbit und ein Zustandsbit, hinzugefügt (Bild 9.10).

Aus dem *Synchronisierbit* wird der Beginn des Envelopes abgeleitet. Das *Zustandsbit* gibt an, ob die im Envelope enthaltenen Informationsbits für den anderen Teilnehmer bestimmt sind oder Signalisierungsinformation für die Vermittlungsstelle darstellen; das Zustandsbit verhindert also, daß in der Datenübertragungsphase eine zufällige Folge von Datenbits das Auslösen der Verbindung verursacht.

Die Envelopes ermöglichen schnellere Übergänge von der Verbindungsaufbauphase in die Datenübertragungsphase und von der Datenübertragungsphase in die Verbindungsabbauphase als das Verfahren mit

Verwürflern (Abschn. 9.3.1.6), da die Wechsel in der Polarität des Zustandsbits sofort erkannt werden können und nicht, wie beim Verfahren mit Verwürflern, vor Beginn der Datenübertragung das Einsynchronisieren des Entwürflers und vor dem Auslösen während längerer Zeit der Empfang von Bits der Polarität 0 abgewartet werden muß.

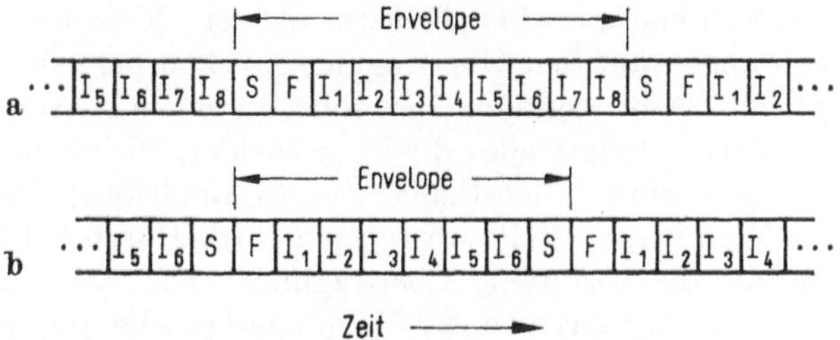

Bild 9.10 Bitstrom a) mit $(8+2)$-Envelopes; S: Zustandsbit, F: Synchronisierbit, $I_1 \cdots I_8$: Informationsbits; b) mit $(6+2)$-Envelopes; F: Synchronisierbit, $I_1 \cdots I_6$: Informationsbits, S: Zustandsbit.

Wenn man für die Signalisierungszeichen und die Envelopes die gleiche Anzahl von Informationsbits wählt, lassen sich die Signalisierungszeichen direkt an das Envelope binden; der Synchronismus der dauernd übertragenen Envelopes gewährleistet dann gleichzeitig den Zeichensynchronismus der Signalisierungszeichen, der nun nicht mehr vor jedem Empfang von Signalisierungszeichen eigens gewonnen werden muß.

Das Einfügen des Synchronisierbits und des Zustandsbits bewirkt allerdings im Netz eine Erhöhung der Übertragungsgeschwindigkeit. Bei Gruppen mit acht Informationsbits muß die Übertragungsgeschwindigkeit der Datenendeinrichtung mit dem Faktor 10/8 multipliziert werden, bei Gruppen mit sechs Informationsbits mit dem Faktor 8/6. So werden z. B. zum Verbinden von Datenendeinrichtungen mit einer Übertragungsgeschwindigkeit von 2,4 kbit/s im Netz Kanäle mit der Bruttogeschwindigkeit 3 bzw. 3,2 kbit/s benötigt (vgl. Abschn. 7.4.2.3, Tab. 7.15).

9.3.2.6 Fehlererkennung und Fehlerlokalisierung

Der Betrieb von Datennetzen wird erleichtert, wenn Fehler, die an Stellen des Netzes auftreten, die im allgemeinen nicht mit Betriebs- und Wartungspersonal besetzt sind, automatisch erkannt und zu den bemannten Stellen des Netzes gemeldet werden. Wenn darüber hinaus die Fehler von den bemannten Stellen aus lokalisiert werden können, kann das Wartungspersonal gezielt an den jeweiligen Ort des Fehlers ent-

sandt werden. Als Beispiel für die Verfahren der Fehlererkennung und
-lokalisierung wird hier ein in taktgesteuerten Netzen mit Envelopes
anwendbares Verfahren geschildert.

Bei diesem Verfahren stützt sich die Fehlererkennung im *Bereich
zwischen den Vermittlungsstellen und den Multiplexern* (Bild 9.9) auf die
Überwachung des Multiplexrahmen-Synchronismus der Zeitmultiplex-
Übertragungssysteme ab. Bei Fehlern in den Netzbausteinen oder
längeren Störungen auf den Übertragungsstrecken geht der Multiplexrahmen-Synchronismus verloren. Dies führt zu einem Alarm, der bei der
bemannten Vermittlungsstelle direkt gemeldet, beim unbemannten
Multiplexer über einen Dienstkanal des Zeitmultiplex-Übertragungs-
systems zur Vermittlungsstelle übertragen wird. Durch Schließen einer
Prüfschleife, die die betroffene Übertragungsstrecke von der Vermittlungsstelle trennt und das von der Vermittlungsstelle abgegebene Zeit-
multiplexsignal vom betroffenen Ausgang der Vermittlungsstelle unmittelbar auf den Eingang zurückführt, kann festgestellt werden, ob
der Fehler am Ort der Vermittlungsstelle oder auf der Übertragungsstrecke und am Ort des Multiplexers gesucht werden muß.

Im *Bereich der Teilnehmeranschlußleitung* zwischen den Multiplexern
und den Anschluß- oder Datenfernschaltgeräten (Bild 9.9) lassen sich
Fehler durch die Überwachung des Envelopesynchronismus erkennen.
Bei einem Verlust des Envelopesynchronismus am Eingang des Multiplexers wird im betroffenen Datenkanal ein spezielles Signalisierenvelope
zur Vermittlungsstelle gesendet. Bei einem Verlust des Envelopesynchronismus im Anschluß- oder Datenfernschaltgerät wird durch
Senden eines Dauer-0-Signals am Eingang des Multiplexers ebenfalls
ein Verlust des Envelopesynchronismus hervorgerufen. Durch Prüfschleifen auf der Datenkanalseite des Multiplexers, die über spezielle
Steuerenvelopes von der Vermittlungsstelle aus geschlossen werden,
lassen sich Fehler am Ort des Multiplexers von Fehlern auf der Teilnehmeranschlußleitung und am Ort der Datenstation unterscheiden.

9.3.2.7 Synchronisation des Durchschaltenetzes mit Taktsteuerung

Taktsteuerung in der unteren Netzebene

Jede Datenvermittlungsstelle des Netzes steuert den zeitlichen Ablauf
der Übertragung in der ihr zugeordneten unteren Netzebene.

Die Übertragungsgeschwindigkeit der Zeitmultiplex-Signale, die von
der Vermittlungsstelle zu den Multiplexern gesendet werden, wird bestimmt durch den Takt der Vermittlungsstelle. Die Multiplexer leiten
ihren Takt aus dem ankommenden Zeitmultiplex-Signal ab und benützen
ihn für das Übertragen der Datensignale zu den Anschluß- und Daten-

fernschaltgeräten und auch für die Übertragung des Zeitmultiplex-Signals in der Gegenrichtung zur Vermittlungsstelle.

Die Anschluß- und Datenfernschaltgeräte gewinnen den Takt aus dem vom Multiplexer kommenden Datensignal. Bei Synchron-Datenendeinrichtungen wird der Takt über die Schnittstelle an die Endeinrichtung geliefert und dient als Empfangs- und als Sendetakt. Bei Start/Stop-Datenendeinrichtungen übernehmen die Multiplexer oder auch die Anschluß- oder Datenfernschaltgeräte die Umsetzung zwischen den isochronen Signalen des Netzes und den Start/Stop-Signalen der Datenendeinrichtung.

Die Datenendeinrichtungen und Multiplexer der unteren Netzebene senden die Datensignale jeweils im Takt der von der Vermittlungsstelle kommenden Signale. Daher arbeiten alle Einrichtungen in der unteren Netzebene einer Vermittlungsstelle mit der Taktfrequenz der Vermittlungsstelle. Phasenunterschiede werden jeweils durch Zwischenspeicherung an den Eingängen ausgeglichen.

Taktsteuerung in der oberen Netzebene

Wegen der Frequenztoleranzen der Taktgeber der verschiedenen Vermittlungsstellen können die Signale, die bei einer Vermittlungsstelle über die obere Netzebene von anderen Vermittlungsstellen ankommen, beim

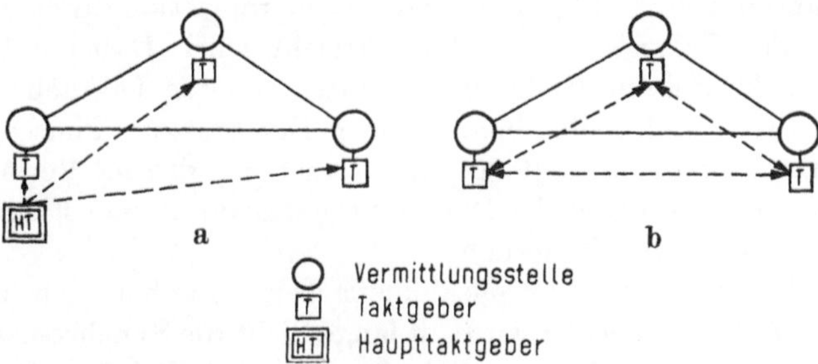

Bild 9.11 Synchronisierung in Netzen mit Taktsteuerung (a) mit übergeordnetem Haupttaktgeber, (b) mit gegenseitiger Regelung der Taktgeber.

Weitersenden zu anderen Vermittlungsstellen oder zur zugeordneten unteren Netzebene einen Bitschlupf erleiden. Um dies zu verhindern, müssen die Taktgeber der Vermittlungsstellen synchronisiert werden. Dafür sind zwei Verfahren anwendbar.

Bei dem einen Verfahren (Bild 9.11 a) wird der oberen Netzebene ein hochgenauer *Haupttaktgeber* HT übergeordnet, auf dessen Frequenz und Phase sich die Taktgeber T der Vermittlungsstellen durch Phasenregelung einstellen. Für die Phasenregelung wird eine Referenzfrequenz

vom Haupttaktgeber zu den Taktgebern der Vermittlungsstellen übertragen. Man kann dazu ein eigenes Taktverteilnetz benützen, man kann
aber auch den Haupttaktgeber bei einer an zentraler Stelle des Netzes
liegenden Vermittlungsstelle unterbringen und die Referenzfrequenz aus
den Datensignalen der Datenverbindungen zwischen den Vermittlungsstellen ableiten.

Durch die Phasenregelung entstehen feste Phasenbeziehungen zwischen den Taktgebern der Vermittlungsstellen. Phasenschwankungen,
die durch Laufzeitschwankungen auf den Übertragungsstrecken verursacht werden, bleiben stets innerhalb bestimmter Grenzen. Sie können
daher durch Zwischenspeicherung an den Eingängen der Vermittlungsstellen vollständig aufgefangen werden. Die Datensignale werden in die
Zwischenspeicher mit dem Takt des ankommenden Zeitmultiplexsignals,
d. h. dem Takt der fernen Vermittlungsstelle, eingeschrieben und mit
dem Takt der eigenen Vermittlungsstelle ausgelesen.

Der Haupttaktgeber HT besitzt ein Atomfrequenznormal. Die Taktgeber T bestehen aus phasengeregelten Quarzoszillatoren hoher Stabilität. Sie können bei Ausfall der Referenzverbindung freilaufend mehrere
Stunden ohne bleibende Veränderungen der Phasenbeziehungen zwischen
den Taktgebern überbrücken.

Das Verfahren mit übergeordnetem Haupttaktgeber wird für Datennetze bevorzugt verwendet [9.17 bis 9.19]. Diskutiert wird auch ein weiteres Verfahren (Bild 9.11 b), bei dem die Synchronisation durch *gegenseitige
Regelung der Taktgeber* des Netzes erreicht wird. Dabei mittelt jeder
Taktgeber die Phasen der bei ihm von den anderen Taktgebern ankommenden Takte und stellt abhängig vom Ergebnis der Phasenmittelung
seine Taktfrequenz nach [9.20, 9.21]. Auch bei diesem Verfahren sind
Speicher zum Auffangen der Phasenunterschiede an den Eingängen der
Vermittlungsstellen erforderlich.

Für die internationale Zusammenarbeit zwischen den nationalen
Netzen mit Taktsteuerung wird auf lange Sicht die Synchronisation aller
Netze angestrebt; zunächst ist jedoch ein Betrieb, bei dem die einzelnen
Netze unabhängig voneinander arbeiten, vorgesehen. Durch genaue
Einhaltung der durch ein Atomfrequenznormal bestimmten Taktfrequenz
eines jeden Netzes ($\Delta f/f < 10^{-11}$) tritt bei dieser *plesiochronen Zusammenarbeit* der zwischen den Netzen unvermeidliche Bitschlupf so selten
auf, daß dadurch die mittlere Fehlerhäufigkeit je Verbindung nicht
unzulässig erhöht wird.

9.4 Vermittlungsnetze mit Teilstreckenbetrieb

Vermittlungsnetze mit Teilstreckenbetrieb schalten keine durchgehenden
Verbindungswege zwischen den Datenstationen; die Nachrichten werden

vielmehr in den Vermittlungsstellen zwischengespeichert und abschnittweise von Vermittlungsstelle zu Vermittlungsstelle weitergereicht.

Bild 9.12 zeigt eine schematische Darstellung eines Vermittlungsnetzes mit Teilstreckenbetrieb. Eine Datenstation, die eine Nachricht absetzen will, versieht die Nachricht mit einem Nachrichtenkopf, der

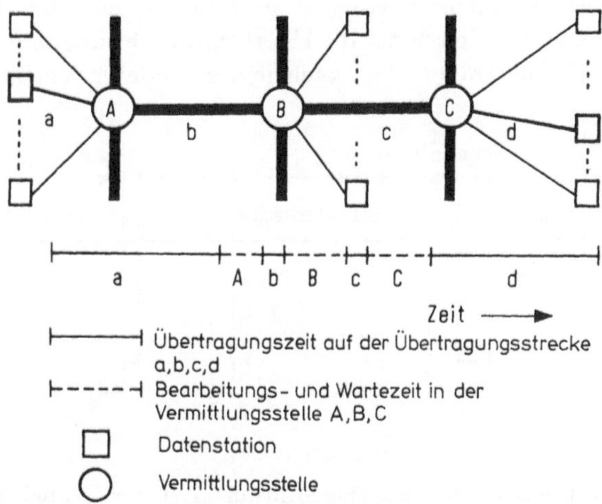

Bild 9.12   Vermittlungsnetz mit Teilstreckenbetrieb.

die Adresse der gewünschten Empfangsstation enthält, und sendet die Nachricht über die Anschlußleitung a zu ihrer Vermittlungsstelle A. Diese speichert die Nachricht, wertet den Nachrichtenkopf aus, bestimmt die weiterführende Übertragungsstrecke b und sendet die Nachricht zur folgenden Vermittlungsstelle B. Falls die Übertragungsstrecke b belegt ist, bleibt die Nachricht im Speicher, bis die vor ihr in der Warteschlange stehenden Nachrichten ausgesendet sind. Die Übertragungsgeschwindigkeit der Strecke b sei höher als die der Anschlußleitung a, entsprechend ist im Zeitdiagramm die Übertragungsdauer kürzer. Die Vermittlungsstelle B, die mit der Nachricht in gleicher Weise verfährt wie die Vermittlungsstelle A, sendet die Nachricht über die Übertragungsstrecke c zur Vermittlungsstelle C. Diese überträgt die Nachricht über die Anschlußleitung d zur Empfangsstation.

Die Wartezeit der Nachrichten in den Vermittlungsstellen ist abhängig von der Länge der Warteschlangen vor den Übertragungsstrecken; die Laufzeiten der Nachrichten, die zwischen zwei Datenstationen übertragen werden, können deshalb in einem Netz mit Teilstreckenbetrieb sehr unterschiedlich sein. Diese Netzeigenschaft muß im Übertragungssteuerverfahren der Datenstationen berücksichtigt werden.

Die Zwischenspeicherung der Nachrichten erleichtert den Vermittlungsstellen das Umsetzen unterschiedlicher Übertragungsgeschwindigkeiten der Datenendeinrichtungen.

Während in Datennetzen mit Durchschaltebetrieb stets Duplexübertragungswege geboten werden, können in Teilstreckennetzen die Übertragungswege in Vorwärtsrichtung und Rückwärtsrichtung unabhängig voneinander zur Verfügung gestellt werden. Bei Halbduplexverbindungen lassen sich daher die Übertragungsleitungen in Rückwärtsrichtung zum Übertragen der Nachrichten anderer Verbindungen be-

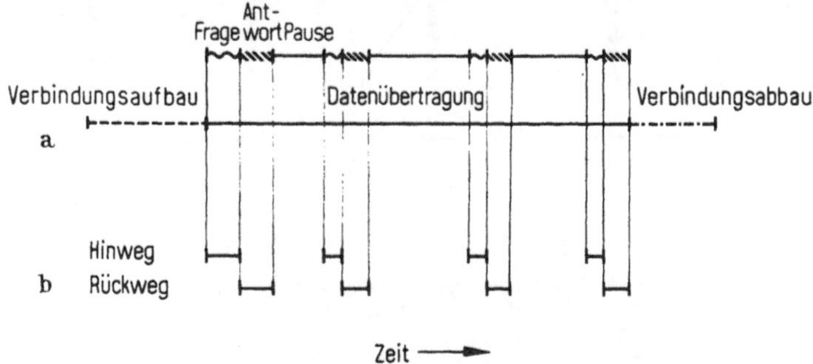

Bild 9.13   Leitungsbelegung bei Frage/Antwort-Systemen (a) bei Durchschaltebetrieb, (b) bei Teilstreckenbetrieb.

nutzen; die Übertragungsleitungen zwischen den Vermittlungsstellen können besser ausgenutzt werden, d. h., man benötigt weniger Verbindungsleitungen als im Durchschaltenetz. Eine weitere Erhöhung der Leitungsausnutzung ergibt sich bei Frage/Antwort- und Dialogverkehr mit Pausen zwischen den einzelnen Nachrichten (Bild 9.13). Die Übertragungsleitungen können in den Pausen durch andere Nachrichten belegt werden.

Der Einsparung von Übertragungsleitungen zwischen den Vermittlungsstellen müssen die Kosten gegenübergestellt werden für die Zwischenspeicherung und die Bearbeitung der Nachrichten in den Vermittlungsstellen. Um zu vermeiden, daß Übertragungsstörungen Fehlleitungen verursachen oder den Verlust von Nachrichten herbeiführen, müssen die Vermittlungsstellen mit Einrichtungen für Fehlererkennung und Fehlerkorrektur ausgerüstet werden. Die Kosten der Vermittlungsstellen von Netzen mit Teilstreckenbetrieb sind aus diesen Gründen höher als die Kosten der Vermittlungsstellen von Netzen mit Durchschaltebetrieb [9.22, 9.23, 9.24].

9.4.1 Teilstreckennetz mit Speichervermittlung

Bei diesem Netztyp wird jede Nachricht in einem Stück zwischen Datenstation und Vermittlungsstelle übertragen, als ganzes in den Vermittlungsstellen zwischengespeichert und von Vermittlungsstelle zu Vermittlungsstelle weitergegeben. Die Wartezeit, die zwischen dem Emp-

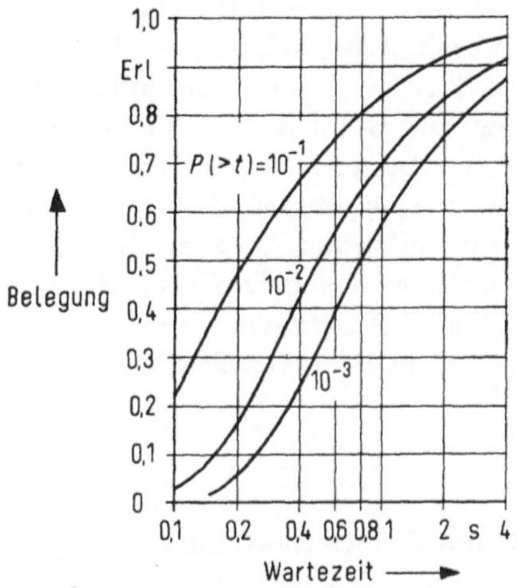

Bild 9.14   Wartezeiten in den Vermittlungsstellen des Teilstreckennetzes
mit Speichervermittlung bei verschiedenen Belegungen der weiterführenden
Übertragungsstrecke.
Übertragungsgeschwindigkeit: 64 kbit/s, Nachrichtenlänge: 10000 bit,
Parameter: Überschreitungswahrscheinlichkeit $P\,(> t)$ (vgl. Bd. I, Abschn. 6.2.3).

fang einer Nachricht in einer Vermittlungsstelle und dem Senden der
Nachricht auf die weiterführende Übertragungsstrecke auftritt, wird vor
allem durch die Belegung der Übertragungsstrecke durch andere Nachrichten bestimmt.

Der Zusammenhang zwischen der Wartezeit und der Belegung
der weiterführenden Übertragungsstrecke ist in Bild 9.14 für eine
Strecke mit einer Übertragungsgeschwindigkeit von 64 kbit/s und Nachrichten mit einer Länge von 10000 bit angegeben. Nachrichten, die un-
gefähr diese Länge aufweisen, sind z. B. in Datenfernverarbeitungssystemen mit Datensichtstationen anzutreffen.

In Netzen mit Teilstreckenbetrieb strebt man eine sehr hohe Leitungsbelegung ($\geqq$ 0,8 Erl), d. h. eine gute Leitungsausnutzung an,
um die Leitungskosten niedrig zu halten. Bild 9.14 zeigt, daß dann bei
einer 64-kbit/s-Übertragungsstrecke Wartezeiten, die in den Sekunden-
bereich hineinreichen, zustande kommen können. Zu beachten ist, daß

jede Vermittlungsstelle, die die Nachricht auf ihrem Weg von der sendenden zur empfangenden Datenstation durchläuft, eine Wartezeit beisteuert und daß die Wartezeiten auch für einzelne, dazwischengeschobene Nachrichten mit kürzerer Länge als der angenommenen Länge von 10 000 bit gelten, da ja vor den kurzen Nachrichten in der Warteschlange 10 000-bit-Nachrichten stehen können.

Wenn die vom Sender aufgegebene Nachricht keine unmittelbare Reaktion des Empfängers erfordert, wie es z. B. bei Datensammel- oder Datenverteilsystemen der Regelfall ist, spielen die Wartezeiten keine große Rolle. Anders sieht es dagegen aus bei Anwendungsfällen, die eine unmittelbare Bearbeitung und Beantwortung der vom Sender abgeschickten Nachricht verlangen. Beispiele hierfür findet man bei Dialog- und Frage/Antwort-Systemen. Hier werden Zeitdauern zwischen Aussenden einer Nachricht und Eintreffen der Antwort, die über einige Sekunden hinausgehen, als störend und den Betriebsablauf hemmend empfunden [9.25]. Man wendet deshalb bei Datennetzen mit Teilstreckenbetrieb eine spezielle Betriebsweise an, die Paketvermittlung, die zu kürzeren Wartezeiten führt.

9.4.2 Teilstreckennetz mit Paketvermittlung

9.4.2.1 Kennzeichen des Teilstreckennetzes mit Paketvermittlung

Im Teilstreckennetz mit Paketvermittlung werden die Nachrichten in Teile, Pakete [9.26], zerlegt. Jedes Paket erhält einen eigenen Kopf mit Steuer- und Adressenfeld sowie eine eigene Prüfzeichenfolge. Die maximale Länge der Pakete liegt zwischen 1 000 bit und 2 000 bit [9.27]. Das Zerlegen der Nachricht und das Zusammensetzen nach der Übertragung wird bei Paket-Datenendeinrichtungen von der Endeinrichtung selbst, bei Start/Stop- und Synchron-Datenendeinrichtungen im Netz von speziellen Paketierungs- bzw. Depaketierungs-Einrichtungen vorgenommen (Abschn. 9.2.3.2) [9.28, 9.29].

Die Pakete werden im Netz nach den Regeln des Teilstreckenbetriebes von Vermittlungsstelle zu Vermittlungsstelle weitergereicht, wobei jedes Paket für die Vermittlungsstellen eine Belastung bringt, die der Belastung durch einen Ruf im Netz mit Durchschaltebetrieb etwa gleichgesetzt werden kann.

Die empfangende Vermittlungsstelle überprüft jedes Paket auf Übertragungsfehler. Fehlerfrei empfangene Pakete werden mit einer positiven Quittung beantwortet. Pakete, die mit Fehlern behaftet sind, werden durch Aussenden einer negativen Quittung erneut angefordert.

Die einzelnen Pakete einer Nachricht können unterschiedliche Wege durch das Netz nehmen (Bild 9.15). Man erreicht dadurch eine rasche Anpassung an den jeweiligen Belegungszustand der Übertragungsstrecken und der Vermittlungsstellen, muß dabei aber in Kauf nehmen, daß die Pakete nicht in der richtigen Reihenfolge in der Zielvermittlungs-

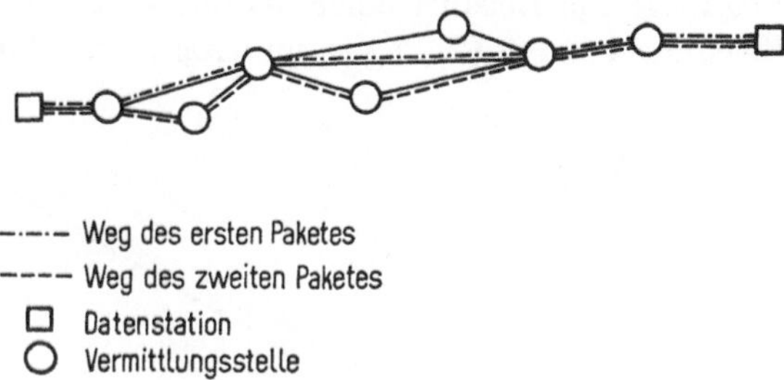

Bild 9.15   Weg der Pakete einer Nachricht durch ein Teilstreckennetz
mit Paketvermittlung.

stelle bzw. bei der empfangenden Paket-Datenendeinrichtung eintreffen. Bei der Betriebsweise *Virtueller Ruf* (Abschn. 9.2.3.2) sortieren die Zielvermittlungsstellen die bei ihnen ankommenden Pakete vor der Weitergabe an die Datenstation; bei der Betriebsweise *Datagram* (Abschn. 9.2.3.2) wird das Sortieren den empfangenden Datenstationen überlassen.

Die *Schnittstelle zwischen den Paket-Datenendeinrichtungen und dem Datennetz* ist in CCITT-Empf. X. 25* angegeben. Man hat bei dieser Schnittstelle drei Ebenen definiert:

Die *Ebene 1* beschreibt den Aufbau des Verbindungsweges zwischen der Paket-Datenendeinrichtung und der zugehörigen Paketvermittlungsstelle und gibt die dafür erforderlichen elektrischen, funktionellen und prozeduralen Eigenschaften der Schnittstelle an. Es gelten hier die Festlegungen der CCITT-Empf. X. 21*. Die Verbindung zwischen Paket-Datenendeinrichtung und Paketvermittlungsstelle kann eine festgeschaltete Verbindung oder eine Verbindung eines Durchschaltenetzes sein.

In der *Ebene 2* ist die Datenübertragungsprozedur für die Übertragung der Pakete zwischen der Paket-Datenendeinrichtung und der Paketvermittlungsstelle angegeben. Hier werden die Formate, Befehle und Meldungen der HDLC-Prozedur [9.30, 9.31] benutzt.

Die *Ebene 3* legt die Paketformate und den Ablauf der Paketübertragung zwischen der Paket-Datenendeinrichtung und der Paketvermittlungsstelle bei den Diensten *Virtueller Ruf* und *Virtuelle Standverbindung* fest (vgl. Abschn. 9.2.3.2).

---

* Siehe Fußnote auf S. 138.

9.4.2.2 Wartezeiten im Teilstreckennetz mit Paketvermittlung

Die Zeitdauer, die eine Nachricht in Teilstreckennetzen auf das Freiwerden einer weiterführenden Übertragungsstrecke warten muß, ist
abhängig von der Belegung der Strecke und von der Nachrichtenlänge. Bild 9.16 zeigt am Beispiel einer 64-kbit/s-Übertragungsstrecke,
für die eine Belegung von 0,6 Erl angenommen ist, die Abhängigkeit der

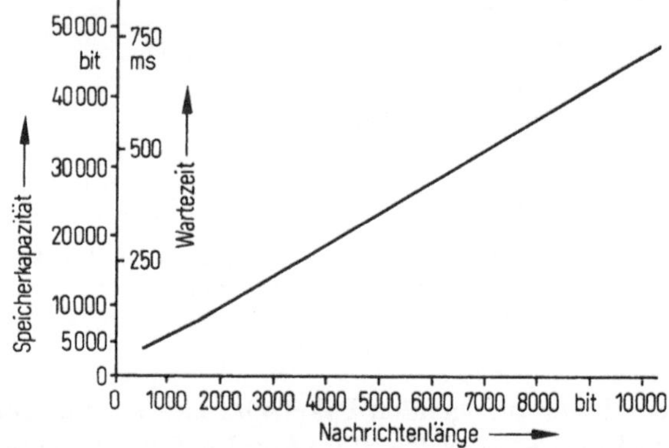

Bild 9.16   Maximale Wartezeit und Speicherkapazität je Vermittlungsstelle
einer Verbindung im Teilstreckennetz mit Paketvermittlung.
Übertragungsgeschwindigkeit: 64 kbit/s, Belegung der weiterführenden Übertragungsstrecke: 0,6 Erl, Überschreitungswahrscheinlichkeit $P\,(>t) = 10^{-2}$.

maximalen Wartezeit von der Nachrichtenlänge. Die Kurve gilt für eine
Überschreitungswahrscheinlichkeit $P(>t)$ von 10^{-2}, d. h., mit dieser
Wahrscheinlichkeit muß eine Nachricht länger als angegeben warten.

Die Wartezeit nimmt weitgehend linear mit der Verringerung der
Nachrichtenlänge ab; erst bei sehr kleinen Nachrichtenlängen weicht
die Kurve vom linearen Verlauf ab, da sich hier der Anteil des Nachrich-
tenkopfes an der Gesamtnachricht bemerkbar macht.

Kleine Nachrichtenlängen, wie sie bei Paketen gegeben sind, führen
zu kurzen Wartezeiten. Deshalb ist die Anzahl der Bits, die sich vor
einer Übertragungsstrecke aufstauen können, niedrig: Die Speicherkapazität von Paketvermittlungsstellen kann kleiner sein als die von
Speichervermittlungsstellen.

Zur Zeitdauer, die zwischen dem Aussenden einer Nachricht durch die
sendende Datenstation und dem Empfang der Nachricht bei der empfangenden Datenstation liegt, tragen neben den Wartezeiten in den Vermittlungsstellen auch die Übertragungszeiten bei. Bild 9.17a zeigt die
Laufzeit einer Nachricht im Teilstreckennetz mit Speichervermittlung.
Die Nachricht läuft von der Sendestation über die Anschlußleitung a

mit niedriger Geschwindigkeit zur Vermittlungsstelle A, von dort mit
hoher Übertragungsgeschwindigkeit zur Vermittlungsstelle B, von dort
zur Vermittlungsstelle C und schließlich wieder mit niedriger Übertragungsgeschwindigkeit zur Empfangsstation. In gleicher Weise wird in

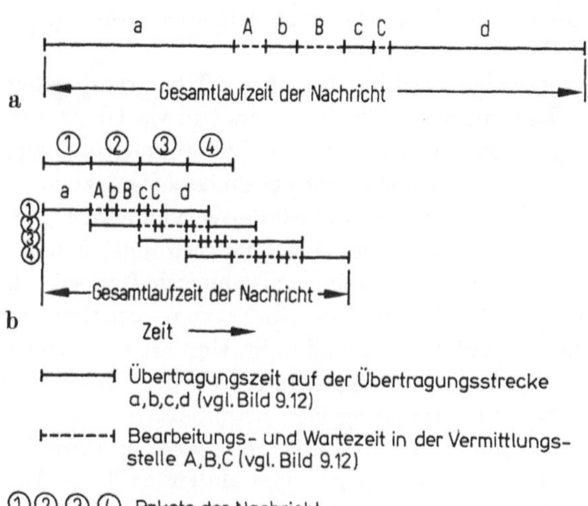

Bild 9.17   Laufzeit einer Nachricht in Teilstreckennetzen (a) mit Speichervermittlung, (b) mit Paketvermittlung.

Teilstreckennetzen mit Paketvermittlung jedes Paket übertragen
(Bild 9.17 b). Da jedoch die Vermittlungsstellen jedes Paket sofort nach
seinem Eintreffen weitersenden können und nicht den Empfang der
vollständigen Nachricht abwarten müssen, wird eine kürzere Gesamt-
laufzeit als in Teilstreckennetzen mit Speichervermittlung erreicht.

9.5 Knotennetze

9.5.1 Kennzeichen und Netzkomponenten

Vermittlungsnetze stellen zwischen den Datenstationen für eine begrenzte Zeit Verbindungen her. Im Gegensatz dazu sind in Knotennetzen die Übertragungswege zwischen den Datenstationen dauernd
verfügbar, die Verbindungen sind festgeschaltet. Vermittlungsvorgänge
finden hier nicht statt; die Netzknoten enthalten lediglich Einrichtungen
zum Verbinden der zum Knoten führenden Übertragungsleitungen. Hierfür können Schnittstellenvervielfacher oder Leitungsverzweiger verwendet werden (Abschn. 8.1.2).

Beim Einsatz von Schnittstellenvervielfachern werden die Übertragungsleitungen in einem Netzknoten mit normalen Datenübertragungseinrichtungen abgeschlossen. Dadurch wird eine Entkopplung der Übertragungsleitungen erreicht; die Sendepegel können deshalb im Gegensatz zu Knotennetzen mit Leitungsverzweigern bei allen Übertragungsleitungen in Vorwärts- und Rückwärtsrichtung dauernd eingeschaltet bleiben.

Leitungsverzweiger verbinden mehrere Übertragungsleitungen direkt miteinander. Datensignale, die über eine dieser Übertragungsleitungen zum Knoten gelangen, werden stets auf allen anderen Leitungen weitergegeben. Knoten mit Leitungsverzweigern benötigen zwar einerseits weniger Aufwand als Knoten mit Schnittstellenvervielfachern, bedingen jedoch andererseits, daß nur bei derjenigen Übertragungsleitung, deren Datenstation gerade sendet, der Sendepegel eingeschaltet sein darf. Bei jeder Übergabe der Sendeerlaubnis an eine andere Station muß daher der Sendepegel bei der zuletzt sendenden Station abgeschaltet und der Pegel bei der neuen Sendestation eingeschaltet werden. Die neue Sendestation darf mit der Datenübertragung erst beginnen, nachdem die Pegelüberwachung der Empfangsstation den Sendepegel erkannt hat. In Netzen mit Leitungsverzweigern ergeben sich daher größere Totzeiten als in Netzen mit Schnittstellenvervielfachern.

9.5.2 Steuerung der Datenübertragung in Knotennetzen

In Knotennetzen mit ihren fest miteinander verbundenen Datenstationen dürfen zu einem Zeitpunkt nicht mehrere Stationen Daten senden, da dies eine gegenseitige Störung der Datensignale zur Folge hätte. Um sicherzustellen, daß jeweils nur eine Datenstation sendet, wird ein bestimmter Betriebsablauf festgelegt, in dessen Verlauf eine sogenannte Leitstation die einzelnen Trabantenstationen mit vereinbarten Steuerbefehlen zum Senden auffordert [9.32]; die Auswahl der Datenstationen, die eine bestimmte Nachricht aufnehmen sollen, wird ebenfalls durch Steuerbefehle, die die sendende Datenstation vor dem Übertragen der Nachricht abgibt, gesteuert.

Häufig findet in Datenfernverarbeitungssystemen ein Datenaustausch nur zwischen einer zentralen Datenstation, z. B. einer Datenverarbeitungsanlage und den Außenstationen statt. In diesem Fall übernimmt die zentrale Datenstation zweckmäßig die Rolle der Leitstation und ruft die Trabantenstationen zum Senden oder zum Empfangen auf. Ein eigener Empfangsaufruf von Seiten der Trabantenstationen ist hier nicht erforderlich, da deren Nachrichten ja stets für die Leitstation bestimmt sind.

9.6 Netzkonfigurationen

Die Tatsache, daß es in der Regel vorteilhafter ist, Datenstationen durch einen Netzknoten als direkt miteinander zu verbinden, bildet die Voraussetzung für den Einsatz von Vermittlungseinrichtungen. Hinsichtlich der Netzknoten selbst stellt sich nun entsprechend die Frage nach der günstigsten Form ihrer Anordnung und ihrer Verbindung untereinander.

9.6.1 Grundformen

9.6.1.1 Maschennetz

Eine Grundform dafür stellt das Maschennetz dar, in dem jeder Netzknoten mit jedem anderen durch ein Bündel von Verbindungsleitungen verbunden ist (Bild 9.18a). Die Anzahl der erforderlichen Bündel wächst hier mit zunehmender Anzahl der Netzknoten sehr rasch an. Bei der

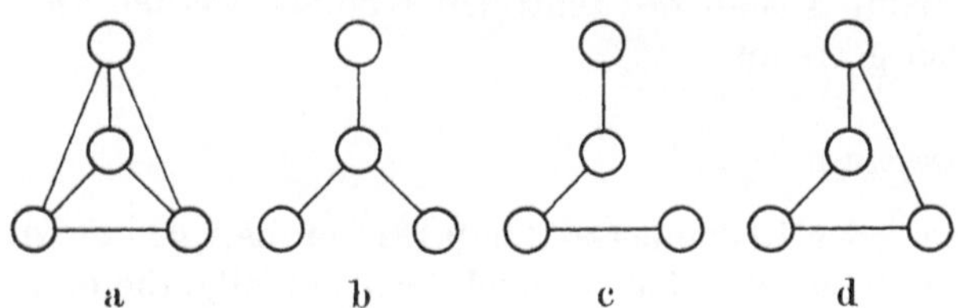

Bild 9.18   Netzformen.
a) Maschennetz; b) Sternnetz; c) Liniennetz; d) Ringnetz.

Erweiterung eines vollvermaschten Netzes von n auf $n + 1$ Knoten müssen n neue Bündel eingerichtet werden, so daß Änderungen nur mit großem Aufwand durchgeführt werden können. Vorteilhaft ist aber, daß jede Verbindung nur über höchstens zwei Netzknoten und höchstens eine Verbindungsleitung geführt werden kann. Dadurch bleibt die Zeit, die bei einer Durchschaltevermittlung für den Verbindungsaufbau benötigt wird, oder die Verzögerung durch das Zwischenspeichern in einer Speichervermittlung so gering wie möglich. Bei Ausfall eines Bündels kann der Verkehr immer über andere Bündel geleitet werden, und der Ausfall eines Netzknotens berührt nur die Verbindungen von oder zu den an ihn angeschlossenen Datenstationen. Die Wirkungsbreite eines Ausfalls ist also gering.

9.6.1.2 Sternnetz

Das Sternnetz, eine andere Grundform, entsteht aus dem Maschennetz durch Weglassen aller Bündel außer denen, die zu einem zentralen Netzknoten führen (Bild 9.18 b). Der Verkehr auf den $n-1$ Bündeln, die in einem Maschennetz einen der n Netzknoten mit allen übrigen verbinden, läßt sich allerdings nicht auf einem gleich starken Bündel zu dem zentralen Knoten unterbringen, sondern nur auf einem stärkeren. Das Bündel muß aber nicht $(n-1)$-mal so stark sein, da bei gleichem zulässigen Verlust eine Leitung in einem stärkeren Bündel höher belastet werden kann als in einem schwächeren (Band I, Abschn. 6.2.2.1).

Ein Sternnetz läßt sich auch leichter erweitern als ein Maschennetz, da mit einem neuen Knoten nur ein neues Bündel hinzukommt. Die meisten Verbindungen werden hier jedoch über drei Netzknoten geführt, was hinsichtlich der Verbindungsaufbauzeit oder der Wartezeit nachteilig sein kann. Der wesentlichere Nachteil eines Sternnetzes ist aber die Wirkungsbreite eines Ausfalls: Beim Ausfall eines Bündels ist der gesamte Verkehr von oder zu dem zugehörigen Netzknoten unterbrochen. Beim Ausfall des zentralen Knotens werden alle Netzknoten voneinander getrennt.

9.6.1.3 Liniennetz

Das Linien- oder Reihennetz (Bild 9.18 c) enthält genau wie das Sternnetz nur die Mindestzahl an Bündeln, wobei i. allg. die in der Netzmitte liegenden Bündel besonders stark belastet werden. Während beim Sternnetz jedoch nie mehr als drei Netzknoten in einem Verbindungszug liegen, können es hier sämtliche Netzknoten sein. Setzt man eine gleichmäßige Aufteilung des Verkehrs zwischen allen Netzknoten voraus, dann steigt die mittlere Anzahl der Netzknoten, die an einer Verbindung beteiligt sind, linear mit der Anzahl der Netzknoten an und ist stets gleich oder größer als in einem Sternnetz. Hinsichtlich der Wirkungsbreite eines Ausfalls kann das Liniennetz Vorteile gegenüber dem Sternnetz bieten: Zwar führt der Ausfall eines Bündels zur Aufteilung in zwei voneinander getrennte Teilnetze, der Ausfall eines Netzknotens hat hier jedoch auch nur eine Zweiteilung des Netzes zur Folge und keine vollständige Trennung wie bei Ausfall des zentralen Knotens in einem Sternnetz.

9.6.1.4 Ringnetz

Die Wirkungsbreite eines Ausfalls kann noch weiter dadurch vermindert werden, daß die Endknoten miteinander verbunden werden. Aus dem Liniennetz wird dadurch ein Ringnetz (Bild 9.18 d). Hier braucht sich der Ausfall eines Bündels genau so wenig auszuwirken wie in einem Maschennetz, und vom Ausfall eines Netzknotens werden nur die Verbindungen von oder zu den daran angeschlossenen Datenstationen betroffen. Außerdem liegen weniger Netzknoten in einem Verbindungszug als beim Liniennetz.

9.6.2 Verbundnetz

Eine Anpassung an die im Einzelfall vorliegenden Anforderungen für ein Datennetz kann man durch Kombination der verschiedenen Grundformen erreichen. Ein solches Netz, Verbundnetz genannt, ist dann be-

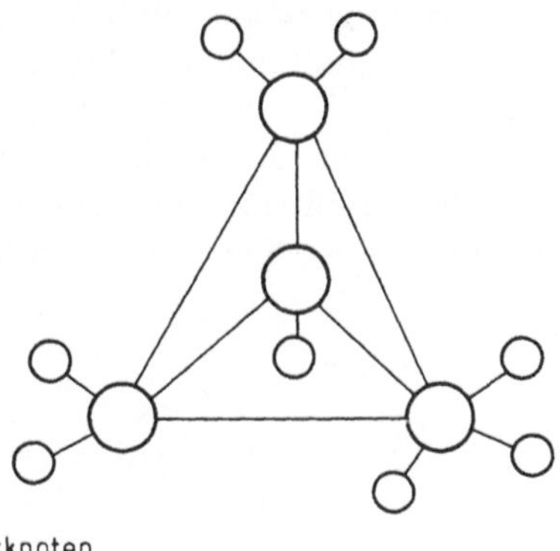

Bild 9.19 Verbundnetz (Maschennetz in der oberen, Sternnetz
in der unteren Netzebene).

sonders übersichtlich, wenn es hierarchisch gegliedert ist. In einem hierarchisch gegliederten Netz lassen sich verschiedene Netzebenen unterscheiden, z. B. eine untere Ebene, die aus Sternnetzen aufgebaut ist, und eine obere, in der die zentralen Netzknoten der unteren Ebene in einem Maschennetz miteinander verbunden sind (Bild 9.19). Hier kann der Ausfall eines einzelnen Knotens nie zu einer Trennung aller Knoten des Netzes führen, während der Aufwand wesentlich geringer ist als bei einem reinen Maschennetz.

9.6.3 Bewertung von Netzformen

Die bisher genannten Kriterien gingen von der Voraussetzung aus, daß alle Netzknoten hinsichtlich des von ihnen ausgehenden und zu ihnen fließenden Verkehrs im wesentlichen gleichartig sind. Ist das nicht der Fall, dann kann die Bewertung einer Netzform deutlich von dem bisher

Gesagten abweichen. So besitzt in einem Datenfernverarbeitungssystem, in dem die meisten Datenstationen nur jeweils mit einer oder mehreren Datenverarbeitungsanlagen zusammenarbeiten, ein vollständiges Maschennetz nur geringe Vorteile, da im allgemeinen lediglich die Bündel zu den Netzknoten, an denen die Datenverarbeitungsanlagen angeschlossen sind, belegt werden, alle übrigen dagegen nur bei Ausfall eines der erstgenannten Bündel. Ist darüber hinaus nur eine einzige Datenverarbeitungsanlage vorhanden, die zu einem Zeitpunkt mit jeweils nur einer Datenstation Daten austauscht, dann gelten die Aussagen hinsichtlich der Bündelstärke bei Stern- oder Liniennetzen nicht mehr: Da stets nur eine Verbindung bestehen kann, genügt jeweils eine einzige Leitung.

Eine bestimmte Netzkonfiguration muß also immer im Zusammenhang mit den übrigen Eigenschaften eines Datennetzes gesehen werden. Ihre Bewertung hängt, abgesehen von der räumlichen Verteilung der Netzknoten, von der Verteilung des Verkehrs und vor allem von der Aufgabenstellung für die Vermittlungseinrichtungen ab, insbesondere davon, ob ein Vermittlungs- oder Knotennetz vorliegt [9.33].

10 Datenübertragung auf Kurzwellen-Funkverbindungen

Außer drahtgebundenen Übertragungsstrecken sind für die Datenübertragung auch Funkverbindungen geeignet. Während man die Technik und Qualität der Datenübertragung auf Richtfunk- und Satellitenverbindungen praktisch der auf Kabelverbindungen gleichsetzen kann, ergeben sich bei Kurzwellen-Funkverbindungen infolge der Eigenart der Wellenausbreitung besondere Verhältnisse und damit andersartige Übertragungs- und Betriebsverfahren.

10.1 Hauptanwendungsgebiete

Bekanntlich lassen sich mit Kurzwellen sehr große Entfernungen, wie sie im Nachrichtenverkehr zwischen Erdteilen vorkommen, überbrücken, so daß mit verhältnismäßig geringem technischen Aufwand in den Funkstationen nahezu jeder Punkt der Erde erreicht werden kann. Im Rahmen des interkontinentalen Nachrichtenverkehrs waren daher Kurzwellen-Funkverbindungen für die Telegrafieübertragung schon frühzeitig von erheblichem Interesse. Die rasche Zunahme des Übersee-Fernschreibverkehrs führte im Laufe der letzten Jahrzehnte zu einer Reihe von internationalen Vereinbarungen für feste Kurzwellen-Funkdienste, die in Empfehlungen und Resolutionen des Comité Consultatif International des Radiocommunications (CCIR) niedergelegt wurden.

Die wechselnden Ausbreitungsbedingungen in der Ionosphäre bewirken zeitweise eine verhältnismäßig große Schrittfehlerhäufigkeit im Kurzwellen-Übertragungskanal. In Verbindung mit der Einführung von automatischen Fehlerkorrekturverfahren konnte die Übertragungssicherheit der Kurzwellen-Funkstrecken jedoch soweit erhöht werden, daß sie der auf drahtgebundenen Verbindungen nahezu gleichkam. Damit ließen sich die interkontinentalen Funkfernschreib-Verbindungen auch in das weltweite Telexnetz einfügen. Zur Abwicklung des zunehmenden interkontinentalen Fernschreib- und Datenverkehrs wurden von den Fernmeldeverwaltungen stationäre Anlagen mit großen Sendeleistungen installiert.

Die rasche Entwicklung auf dem Gebiet der Seekabel- und Satelliten-technik führte dann zu einer Verlagerung des postalischen interkontinentalen Nachrichtenverkehrs von den Kurzwellenstrecken auf Seekabel- und Satellitenverbindungen. Deshalb war es möglich, die früher von den Fernmeldeverwaltungen beanspruchten Kurzwellenbänder in zunehmendem Maße für andere Kurzwellendienste freizugeben, die hauptsächlich von Botschaften, Presseagenturen, Wetterämtern oder anderen privaten Gesellschaften betrieben werden. In den letzten Jahren nahm daher der Fernschreib- und Datenverkehr über diese Stationen, die häufig mit niedrigen Sendeleistungen arbeiten, zu. Durch die Weiterentwicklung leistungsfähiger Kurzwellen-Funksysteme und Verbesserungen sowie Neuentwicklungen auf dem Gebiet der Datenübertragung und Datensicherung entstanden neue Anwendungsmöglichkeiten. Kurzwellen-Funkverbindungen können nunmehr auch in den Fällen eingesetzt werden, in denen bisher ihre Übertragungsqualität nicht ausreichte oder in denen aus Kostengründen der Datenverkehr über Satellitenverbindungen nicht möglich war. Weitere neue Einsatzgebiete ergeben sich für Anwender, die besonderen Wert auf schnelle Installation eines Datennetzes, geringen Umfang der Wartung oder niedrigen Gesamtaufwand der Übertragungseinrichtungen legen.

Auch im mobilen Kurzwellendienst (Schiffsfunk, Funkwagen für zivilen und militärischen Einsatz) wächst gegenwärtig die Anzahl der Funkverbindungen und Funkstationen für die Datenübertragung. Durch automatische Auswahl geeigneter Funkfrequenzen und durch Automatisierung des Verbindungsaufbaues kann die Qualität der Übertragung weiter verbessert sowie Bedienpersonal eingespart werden und damit der Anwendungsbereich noch verbreitert werden.

10.2 Besondere Merkmale von Kurzwellen-Funkverbindungen und -Funknetzen

10.2.1 Medium für die Kurzwellenausbreitung

Entsprechend den Vereinbarungen des CCIR sind in der internationalen Funkfrequenzskala die Kurzwellen-Funkverbindungen dem Frequenzbereich von 3 MHz bis 30 MHz zugeordnet (Bild 10.1). Die Eigenart der Kurzwellenausbreitung beeinflußt in besonderem Maße die Fernschreib- und Datenübertragung.

Elektromagnetische Wellen, die von einer Antenne abgestrahlt werden, breiten sich teilweise entlang der Erdoberfläche aus (Bodenwelle) oder können durch Brechung oder Reflexion an den Schichten der Ionosphäre und Reflexionen an der Erdoberfläche (Raumwellen) auf einem Weg oder auf mehreren, verschieden langen Wegen zur Empfangsstelle gelangen (Bild 10.2). Infolge dieser Mehrwegeausbreitung kann am Empfangsort eine Interferenz der ankommenden Wellen auftreten, die bis zur vollständigen Auslöschung der Empfangssignale führt.

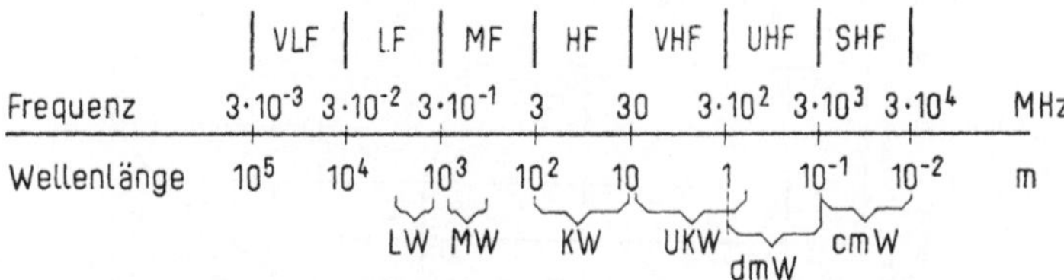

Bild 10.1   Funkfrequenzen und Funkwellenlängen.

Internationale Bezeichnungen der Frequenzbereiche (nach ITU)		Deutsche Bezeichnungen der Wellenlängenbereiche	
VLF	Very Low Frequency	LW	Langwellen
LF	Low Frequency	MW	Mittelwellen
MF	Medium Frequency	KW	Kurzwellen
HF	High Frequency	UKW	Ultrakurzwellen
VHF	Very High Frequency	dmW	Dezimeterwellen
UHF	Ultra High Frequency	cmW	Zentimeterwellen
SHF	Super High Frequency		

Da sich die Höhe der reflektierenden Schichten in der Ionosphäre dauernd ändert, sind diese Interferenzerscheinungen zeitlichen Schwankungen unterworfen.

Der sich damit ergebende Schwund tritt am Empfangsort durch mehr oder weniger starke Pegelschwankungen in Erscheinung. Die Dauer eines

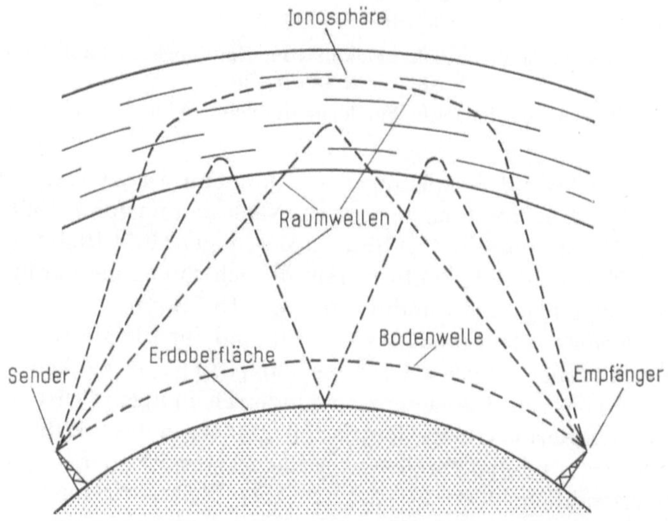

Bild 10.2   Mehrwegeausbreitung der Kurzwellen.

Schwundes ist die Zeit, während der die Amplitude des Empfangssignals
einen bestimmten Wert, das Schwundniveau, das auf den mittleren
Empfangspegel bezogen ist, unterschreitet. Sie kann je nach den Bedingungen im Medium für Kurzwellenausbreitung von sehr unterschiedlicher

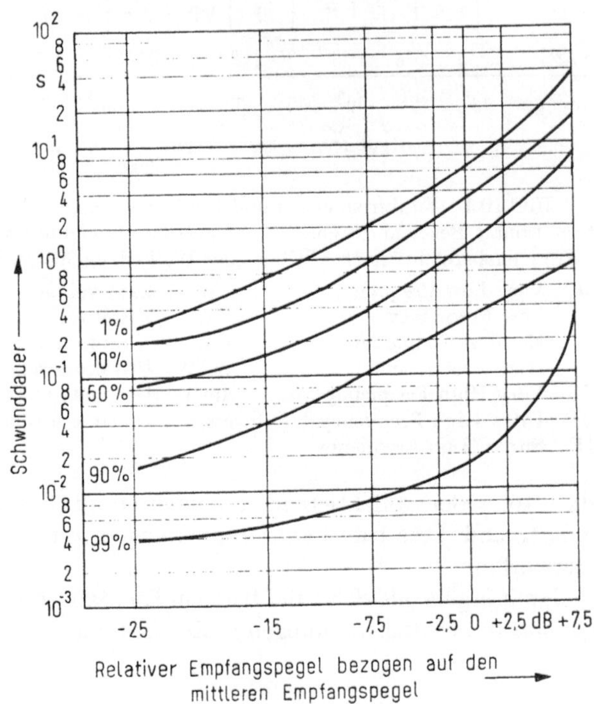

Bild 10.3　Schwunddauer in Abhängigkeit vom Empfangspegel auf der Funklinie
New York—Frankfurt.

Parameter: Prozentsatz der Fälle, bei denen die Schwunddauer überschritten wird.

Dauer sein. Schwunderscheinungen von kürzerer Dauer sind wesentlich
häufiger als solche von längerer Dauer. Nach den im Jahre 1961 von der
Deutschen Bundespost durchgeführten Messungen (Bild 10.3) war auf der
Funklinie New York—Frankfurt/Main die Schwunddauer nur in 1% aller
Fälle — bei einem Schwundniveau von 15 dB unter dem mittleren
Empfangspegel — länger als 0,75 s, während für die Hälfte aller Fälle
die Schwunddauer kürzer als 150 ms war [10.1]. Der zeitliche Abstand
des Auftretens von Interferenzschwunderscheinungen wird durch die
dauernden Änderungen der ionisierten Schichten beeinflußt und liegt
je nach Tages- und Jahreszeit und je nach Intensität der korpuskularen
Sonneneinstrahlung oder der magnetischen Beeinflussung meistens im
Bereich zwischen 4 s und 20 s. Die Frequenzbereiche, welche durch

selektive Schwunderscheinungen betroffen werden, haben eine Bandbreite von 100 Hz bis 200 Hz; der Frequenzabstand jeweils benachbarter, gleichzeitig von Schwunderscheinungen dieser Art betroffener Frequenzen ist in der Regel größer als 300 Hz.

Da die elektromagnetischen Wellen infolge der Mehrwegeausbreitung auf verschieden langen Wegen von der Sende- zur Empfangsstelle gelangen, kann ihre Laufzeit schwanken; bei größeren Entfernungen können Laufzeitunterschiede zwischen 2 ms und 5 ms auftreten. Die Zeiten, zu denen die Schrittumschläge der Datensignale am Empfänger eintreffen, können somit um den Betrag dieser Laufzeitunterschiede schwanken. Das ist für Signale mit einer Schrittgeschwindigkeit von 50 Bd, also einer Schrittdauer von 20 ms, noch erträglich. Für Geschwindigkeiten oberhalb 200 Bd bildet aber die Unsicherheit der Laufzeit eine Grenze für die Übertragbarkeit von Datensignalen, da hierbei Laufzeitschwankungen in der Größenordnung einer Schrittdauer auftreten können.

Da die Bildung und die Auflösung der reflektierenden Schichten in der Ionosphäre von der korpuskularen Einstrahlung der Sonne stark beeinflußt wird, ergibt sich als weitere Erschwernis des Betriebes, daß man auf einer Verbindung nicht während eines ganzen Tages mit einer einzigen Trägerfrequenz arbeiten kann. Man muß vielmehr, abhängig von den Tageszeiten, zwischen mehreren Trägerfrequenzen abwechseln, um möglichst günstige Übertragungsbedingungen zu erhalten.

Neben den Störeinwirkungen, die durch Schwankungen der ionosphärischen Ausbreitungsbedingungen verursacht werden, sind auch noch die Störbeeinflussungen durch Fremdstörer zu berücksichtigen. Diese können als Impuls- und Knackstörer (z. B. Industriestörer) sowie als breitbandige oder selektive Störer (z. B. Morsebetrieb, Nichteinhalten der Frequenzzuteilung) die Qualität der Nachrichtenübertragung zusätzlich beeinträchtigen [10.1, 10.2].

10.2.2 Funksysteme

Neben den Ausbreitungsbedingungen der Kurzwellen gehören auch die Art der Funkgeräte und Antennen, die Antennenanpassung, abgestrahlte Sendeleistung und Frequenzlage zu den Faktoren, die die Güte der Funkverbindung maßgeblich beeinflussen. Von besonderer Bedeutung sind die Stabilität der Trägerfrequenzen und das Verhalten der automatischen Pegelregelung der Funksysteme. Bei älteren Funkgeräten mußte man mit Frequenzabweichungen bis zu ± 1 kHz rechnen. In modernen Funksystemen kann eine Frequenzstabilität von 10^{-8} ohne weiteres erreicht werden; hierzu werden alle benötigten Mischfrequenzen, Zusatzträger usw. von einem Frequenzgenerator hoher Güte

(Synthesizer) abgeleitet (Bild 10.4). Die Verbesserung der Frequenzstabilität hat zur Folge, daß man beispielsweise bei Datenübertragungsverfahren mit Frequenzmodulation zu immer kleineren Frequenzhüben und damit zu kleineren, der Schrittgeschwindigkeit angepaßten Bandbreiten übergehen kann [10.3, 10.4]. Dadurch wird der Störabstand im

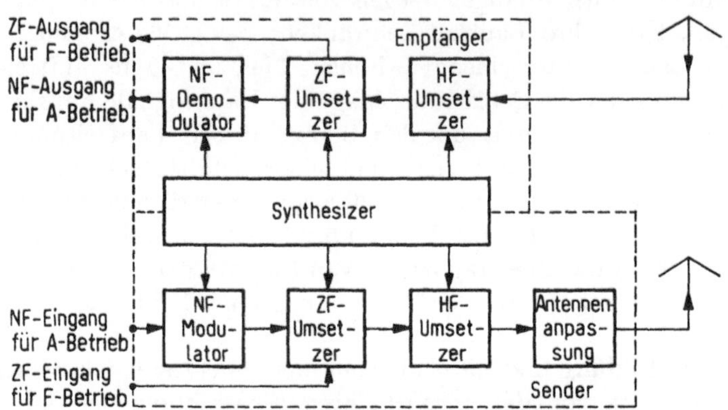

Bild 10.4   Kurzwellenfunksystem mit Synthesizer.
NF: Niederfrequenz, ZF: Zwischenfrequenz, HF: Funkfrequenz (s. Bild 10.1), F-Betrieb, A-Betrieb: Erläuterung in Bild 10.5.

Übertragungskanal erhöht und die Qualität der Fernschreib- und Datenübertragung auf Kurzwellen-Funkverbindungen verbessert (s. Band I, Abschn. 4.3.2). Die Verbesserung der Frequenzkonstanz ist darüber hinaus Voraussetzung für die schnelle Datenübertragung bis zu 4800 bit/s auf Kurzwellen-Funkverbindungen.

Im internationalen Fernschreib- und Datenverkehr auf Kurzwellen-Funkstrecken unterscheidet man grundsätzlich zwischen zwei verschiedenen Typen von Sendebetriebsarten, den F- und A-Betriebsarten (Bild 10.5), die durch Modulationsart der HF-Trägerfrequenz, Übertragungsart und zusätzliche Merkmale gekennzeichnet sind. In den F-Betriebsarten (z. B. F 1, F 6[1]) wirkt das modulierende Signal unmittelbar auf die HF-Trägerfrequenz ein, so daß das Spektrum symmetrisch zur HF-Trägerfrequenz liegt (trägerzentrierte Betriebsart).

Die A-Sendebetriebsarten für Einseitenband-Sprachübertragung erlauben die Übertragung von Fernschreibnachrichten oder Daten innerhalb eines oder mehrerer Funkfernsprechkanäle. Die Sprachkanäle selbst werden im Funksender in die HF-Frequenzlage umgesetzt und im Einseitenbandbetrieb mit vollem, vermindertem oder unterdrücktem

―――――――――
[1] F 1: Einkanalbetrieb, Umtastung zwischen zwei Frequenzen; F 6: Zweikanal(-Duplex)betrieb, Umtastung zwischen vier Frequenzen (s. Abschn. 10.3.1).

Träger übertragen (z. B. A3J, A7A[1]). Diese Sendebetriebsarten lassen sich besonders vorteilhaft anwenden, wenn es notwendig ist, mehrere Nachrichten gleichzeitig oder — aus Sicherheitsgründen — eine Nachricht mehrfach zu übertragen oder wenn, z. B. zur Übertragung von Daten mit Geschwindigkeiten bis zu 4800 bit/s, die Bandbreite eines Sprachkanals zur Verfügung gestellt werden muß [10.5].

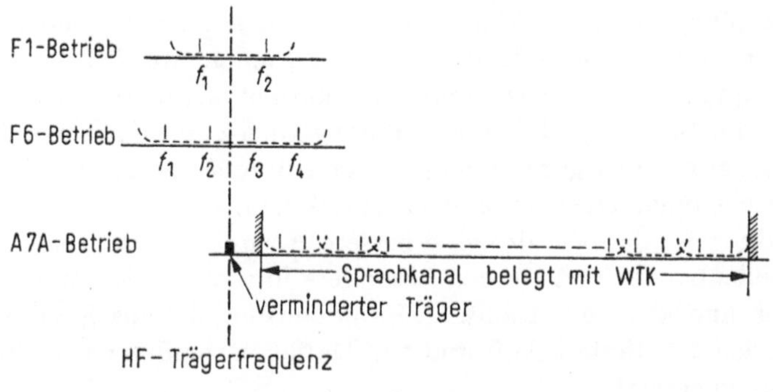

Bild 10.5 Schematische Darstellung der Frequenzlagen in den verschiedenen Funksendebetriebsarten.

10.2.3 Funkverbindungen

Die Struktur der Daten- und Fernschreibverbindungen im Kurzwellen-Funkverkehr ist im allgemeinen von den Besonderheiten der Funkeinrichtungen abhängig. Man unterscheidet folgende Verbindungsarten:

— Duplexverbindungen
— Simplexverbindungen
— einseitig gerichtete ("one way"-) Verbindungen.

Bei den *Duplexverbindungen* sind für den Sende- und Empfangsweg stets zwei verschiedene HF-Frequenzen gleichzeitig erforderlich. Da in beiden Verkehrsrichtungen zur gleichen Zeit voneinander unabhängige Nachrichten übertragen werden können, müssen in den Funkstationen mit Hilfe besonderer Maßnahmen Sende- und Empfangsweg entkoppelt werden. Eine befriedigende Lösung dieses Problems wird meistens dadurch erreicht, daß man Sende- und Empfangsstation in großer gegenseitiger Entfernung installiert. Diese Duplexverbindungen, die auf Punkt-zu-Punkt-Verkehr beschränkt sind, erfordern daher einen relativ hohen Aufwand in den Funkstationen.

---

[1] A3J: Fernsprechkanal im Einseitenband mit unterdrücktem Träger; A7A: Mehrfachtelegrafie im Sprachkanal, Einseitenband mit vermindertem Träger

In vielen Fällen müssen Daten auf einer Kurzwellen-Funkverbindung nicht gleichzeitig in beiden Richtungen übertragen werden; eine abwechselnde Übertragung in der einen oder anderen Richtung ist ausreichend. Nach einer CCIR-Vereinbarung werden diese Funkverbindungen als *Simplexverbindungen* bezeichnet. Da bei dieser Betriebsart jeweils nur eine Verkehrsrichtung in Betrieb ist, sind hierbei keinerlei Maßnahmen zur Entkopplung der Sende- und Empfangseinrichtungen notwendig. Sende- und Empfangsantennen können also räumlich sehr eng nebeneinander installiert werden. Bei Einsatz moderner Funkgeräte, bei denen Sende- und Empfangsteil nebeneinander angeordnet sind, und in denen die Funk-, die Sende- und die Empfangsfrequenz gemeinsam aufbereitet werden, kann man sogar mit der gleichen Antenne und der gleichen Funkfrequenz senden oder empfangen (Funk-Transceiver). Diese Simplexverbindungen erlauben also eine bessere Ausnutzung des dicht belegten Kurzwellenbandes und werden besonders in mobilen Kurzwellen-Funkdiensten und kleinen stationären Funkdiensten, die aus Kostengründen den vorher erwähnten Aufwand für Duplexverbindungen nicht tragen können, eingesetzt.

Bei den *einseitig gerichteten Funkverbindungen* werden die Datensignale nur in einer Richtung übertragen, d. h., die Empfangsstation hat keine Sendemöglichkeit. Diese Betriebsart wird besonders im mobilen Kurzwellen-Funkverkehr angewandt, wenn z. B. nicht bei allen Stationen ausreichende Sendeleistung bereitgestellt oder die Sendeantenne für den Rückkanal nicht betrieben werden kann.

Außer für die vorher beschriebenen Anwendungen sind Simplex- und einseitig gerichtete Verbindungen für den Rundstrahlverkehr (broadcast) und für den selektiven Rufbetrieb im Rahmen des Aufbaus einer Funkverbindung geeignet. Bei den Rufverfahren mit Einzeladressen kann nach der empfangsseitigen Ruferkennung eine Punkt-zu-Punkt-Verbindung als Duplex- oder Simplexverbindung manuell oder automatisch aufgebaut werden.

Auf Duplexfunkverbindungen lassen sich bei niedrigen und mittleren Übertragungsgeschwindigkeiten mit Hilfe von Fehlersicherungsverfahren Übertragungsgüten erreichen, die denen auf drahtgebundenen Übertragungsstrecken nahezu gleichkommen. Damit können Kurzwellen-Übertragungsstrecken auch in die derzeit zur Verfügung stehenden Fernschreib- und Datennetze eingefügt werden.

10.3 Übertragungseinrichtungen

10.3.1 Übertragungseinrichtungen mit trägerzentrierter Betriebsart

Bei der Übertragung von Daten in den trägerzentrierten F-Sende-
betriebsarten (s. Abschn. 10.2.2) stehen nur Übertragungseinrichtungen
zur Verfügung, die mit Frequenzmodulation arbeiten; F1-Verbindungen
bieten einen Datenkanal, F6-Verbindungen zwei Datenkanäle.

Bei der Betriebsart F 1 wird die Funkfrequenz eines Senders zwischen
zwei Kennfrequenzen getastet; bei der Betriebsart F 6 — vielfach auch
Duoplexbetrieb genannt — werden dagegen durch Umtastung zwischen
vier Kennfrequenzen zwei voneinander unabhängige Nachrichten übertragen. Tab. 10.1 zeigt die Zuordnung der Kennzustände in den beiden
Kanälen zu den vom Sender wahlweise ausgestrahlten Frequenzen entsprechend CCIR-Empf. 346-1 [10.6].

Tabelle 10.1   Zuordnung der Kennzustände in den
Kanälen zu den Sendefrequenzen bei der Betriebsart F 6

Sendefrequenz	f_1	f_2	f_3	f_4
Kennzustand im Kanal 1	1	1	0	0
Kennzustand im Kanal 2	1	0	1	0

Eine Erweiterung auf mehr als zwei Datenkanäle ist unwirtschaftlich,
da für n Kanäle 2^n Kennfrequenzen vorgesehen werden müssen, die bei
sinnvoller Breite des Übertragungskanals auf der Empfangsseite nur
schwer zu trennen wären. Die praktische Bedeutung der Betriebsart
F 6 ist heute, verglichen mit der Betriebsart F 1, gering.

In den Einrichtungen zur Modulation und Demodulation der Datensignale für Kurzwellen-Funkverbindungen werden die gleichen Prinzipien angewandt, wie sie bereits in Abschn. 7.2.1 für die Einrichtungen
zur Frequenzmodulation dargestellt wurden. Im folgenden werden daher
nur die Besonderheiten der *Funktastgeräte* beschrieben, die zusätzlich zu
den üblichen Einrichtungen für drahtgebundene Übertragungswege notwendig sind, um den Anforderungen der Kurzwellen-Funkverbindungen
zu genügen.

Um bei den trägerzentrierten Funkbetriebsarten von der jeweiligen
Lage der Trägerfrequenz unabhängig zu sein, modulieren und demodu-
lieren Funktastgeräte die Datensignale bei einer einheitlichen Zwischenfrequenz, vorzugsweise bei 30 kHz. Je nach Frequenzkonstanz der ange-

schlossenen Funkgeräte, die von der Trägerfrequenz der Kurzwellen-
verbindung auf die Zwischenfrequenz 30 kHz umsetzen, lassen sich in
den Funktastgeräten verschiedene Frequenzhübe (± 20 Hz bis $\pm 1\,500$ Hz),
bei Betriebsart F 6 verschiedene Kennfrequenzabstände (z. B. 100 Hz
bis 400 Hz) einstellen. Entsprechend können die Bandbreiten der Sende-
und Empfangsfilter zur Verbesserung des Störabstandes dem jeweiligen
Hub in groben Stufen angepaßt werden. Eine weitere Vergrößerung des
Rauschabstandes ist durch Umschaltung der Tiefpässe in den Demodulatoren (vgl. Abschn. 7.2.1) gemäß den jeweiligen Geschwindigkeiten
(bis 200 Bd) zu erreichen. Mit Hilfe von Schaltungen zur Frequenz-

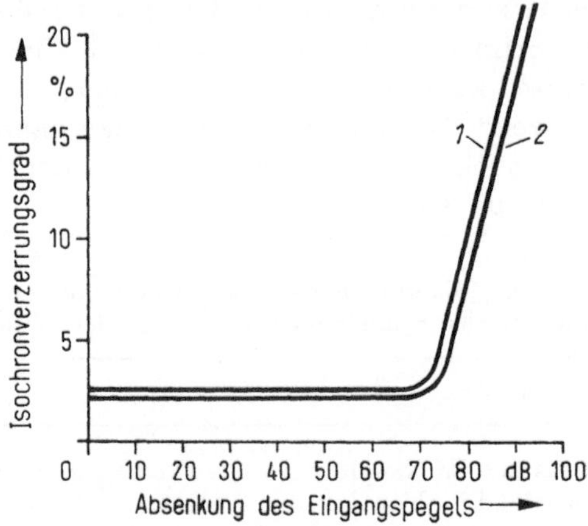

Bild 10.6   Schrittverzerrung als Funktion der Pegelabsenkung am Eingang eines
Empfangsgerätes bei Betriebsart F 1.
Kurve 1: Hub 100 Hz, Schrittgeschwindigkeit 50 Bd, Bandbreite 300 Hz;
Kurve 2: Hub 400 Hz, Schrittgeschwindigkeit 200 Bd, Bandbreite 1400 Hz.

fehlerkorrektur (s. Band I, Abschn. 5.2.2.) kann außerdem in dem Funkempfänger die vielfach ungenügende Stabilität der HF-Funkfrequenzen
älterer Funksender in einem relativ großen Bereich (mehrere 100 Hz)
ohne nennenswerte Erhöhung der Schrittverzerrung ausgeregelt werden.
Da die automatische Pegelregelung der Funkempfänger kurzzeitige
Pegeleinbrüche in der Regel nicht mehr erfaßt, werden besonders hohe
Anforderungen an den Dynamikbereich des Begrenzerverstärkers der
Empfangstastgeräte gestellt. Mit Hilfe moderner Verstärkerbauelemente
(z. B. Operationsverstärker) können — wie aus Bild 10.6 ersichtlich —
Empfangspegelabsenkungen bis zu 70 dB ohne nennenswerte Erhöhung
der Isochronverzerrung verarbeitet werden. Empfangstastgeräte enthalten häufig auch einen einfachen Kontrolloszillographen, der zur genauen Trägerabstimmung der Funkempfänger und zur optimalen Einstellung auf unbekannte Frequenzhübe dient [10.7, 10.8, 10.9].

10.3.2 Einseitenband-Übertragungseinrichtungen

In den A-Betriebsarten (Abschn. 10.2.2) können durch Einseitenbandübertragung ein oder mehrere Sprachkanäle für den Funkfernsprechverkehr bereitgestellt werden. Der NF-Frequenzbereich eines Funksprechkanals erstreckt sich von 300 Hz bis 3000 Hz. Ein solcher Kanal kann — ähnlich wie der Sprachkanal eines TF-Systems — für die Bündelung mehrerer Telegrafie- und Datenkanäle mit niedrigen Geschwindigkeiten ($\leq$ 200 Bd) oder auch für die Übertragung von Daten mit hoher Geschwindigkeit ($\leq$ 4800 bit/s) eingesetzt werden.

Zur Aufteilung eines Sprachkanals in mehrere Telegrafie- und Datenkanäle stehen heute *Wechselstrom-Telegrafiesysteme für Kurzwellenverbindungen (WTK)* zur Verfügung, die nach den bekannten Verfahren der Frequenzmultiplexsysteme arbeiten (Abschn. 7.4.2.2). Dabei haben die einzelnen Kanäle dieser WT-Systeme einen Mittenfrequenzabstand von 170 Hz oder ganzzahligen Vielfachen davon [10.10]. In Anlehnung an drahtgebundene WT-Systeme beträgt der Frequenzhub ein Viertel des Mittenfrequenzabstandes. Je nach Schrittgeschwindigkeit der zu übertragenden Nachricht und den angewendeten Gleichlaufverfahren ergeben sich innerhalb des Sprachbandes verschiedene Belegungsmöglichkeiten (Tab. 10.2). Die Höchstwerte der Übertragungsgeschwindigkeiten sind bekanntlich von den zulässigen Schrittverzerrungen im Übertragungskanal abhängig (vgl. Abschn. 7.2.1.1). Während bei Asynchronbetrieb die Schrittverzerrung den Wert von 5% nicht überschreiten soll, sind bei Synchronbetrieb infolge der Mittenabtastung der Datensignale höhere Verzerrungen ($\leq$ 10%) und demzufolge größere Schrittgeschwindigkeiten zulässig.

Tabelle 10.2   WT-Systeme für Kurzwellenverbindungen (WTK)

Übertragungsgeschwindigkeit bei		Kanalabstand	Frequenzhub	Anzahl der Kanäle je Sprachband
Asynchronbetrieb bit/s	Synchronbetrieb bit/s	Hz	Hz	
50	100	170	$\pm 42,5$	16
100	200	340	± 85	8

Die WTK-Sendeeinrichtungen entsprechen in ihrem Aufbau weitgehend den Sendern der WT-Systeme für drahtgebundene Übertragungswege. In den WTK-Empfangseinrichtungen ist dagegen infolge der Erschwernisse im Ausbreitungsmedium größerer Aufwand erforderlich.

So muß die Sperrdämpfung der Empfangsfilter mindestens 60 dB betragen, damit auch bei selektivem Schwund das Übersprechen zwischen benachbarten Kanälen genügend klein bleibt Außerdem benötigt der Begrenzerverstärker im WTK-Empfänger wegen der großen Empfangspegelschwankungen einen größeren Arbeitsbereich [10.9, 10.11].

Kurzwellen-Funksysteme mit Einseitenbandübertragung können auch Daten mit Geschwindigkeiten bis 4800 bit/s innerhalb des Sprachbandes übertragen. Infolge der Mehrwegeausbreitung (Abschn. 10.2.1) und der damit verbundenen großen Laufzeitschwankungen muß die Schrittlänge wenigstens 5 ms betragen. Daher werden auf Funkverbindungen Daten im allgemeinen nur bis 200 bit/s seriell übertragen. Bei der Übertragung von Daten mit Geschwindigkeiten über 200 bit/s wird dagegen der Datenfluß in mehrere parallele Kanäle mit jeweils niedrigerer Geschwindigkeit aufgeteilt. So hat z. B. CCIR ein System für die Datenübertragung mit 1200 bit/s innerhalb eines Funkfernsprechkanals empfohlen [10.12]. Dieses System teilt die seriell von einer Datenquelle übergebenen Daten über einen Serien-Parallel-Umsetzer in 12 nebeneinander liegende WTK-Kanäle auf, die pro Kanal — bei Zugrundelegung des Kanalabstandes von 170 Hz (Tab. 10.2) — eine synchrone Übertragung von jeweils 100 bit/s ermöglichen.

Eine wesentlich bessere Bandbreiteausnutzung erzielt ein Datenübertragungsverfahren für Kurzwellenverbindungen, das die verhältnismäßig stabilen Phasenunterschiede jeweils benachbarter Trägerfrequenzen sowie die bei 200 bit/s relativ konstante Zeitdauer der Modulationsschritte während der Übertragung ausnützt. Das Verfahren arbeitet mit der frequenzdifferentiellen Phasenmodulation (Band I, Abschn. 4.3.3) und teilt ebenfalls die seriell übergebenen Daten in parallele Kanäle auf. Im Gegensatz zur zeitdifferentiellen Phasenmodulation, bei der die Information in der Phasendifferenz zweier aufeinanderfolgender Modulationsschritte des gleichen Trägers enthalten ist, wird bei der frequenzdifferentiellen Phasenmodulation die Differenz der Phase jeweils benachbarter Trägerfrequenzen entsprechend der zu übertragenden Information moduliert. Mit diesem Verfahren können Bitraten von 4800 bit/s innerhalb des Sprachkanals einer Kurzwellen-Funkverbindung erreicht werden [10.13, 10.14].

10.3.3 Verbesserung der Übertragung durch Mehrfachempfang (Diversity-Betrieb)

Den durch Schwund bedingten Störungen bei der Datenübertragung auf Kurzwellen-Funkverbindungen kann dadurch begegnet werden, daß die gleiche Nachricht zwei- oder mehrfach übertragen wird (*Diversity-Betrieb*). Hierzu können z. B. Funkempfänger mit zwei voneinander

entfernten Antennen dienen. Man nützt bei dieser Art von Diversity die
Tatsache aus, daß Störungen durch selektiven Schwund im allgemeinen
nicht gleichzeitig an zwei in ausreichendem Abstand voneinander aufgebauten Antennen auftreten, so daß wenigstens eine der beiden An-

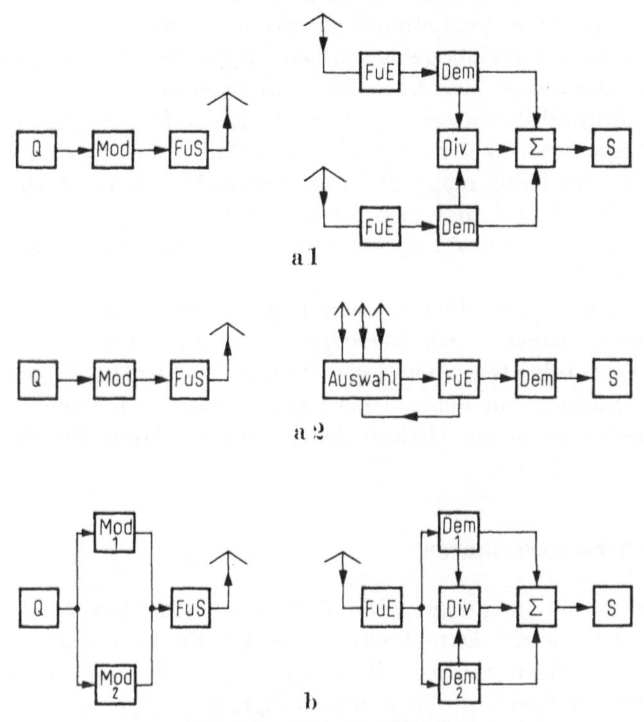

Bild 10.7   Diversity-Betrieb.
a) Raum-Diversity: a1) Geräte-Diversity, a2) Antennen-Diversity;
b) Frequenz-Diversity.

Q	Datenquelle,	FuS	Funksender,
S	Datensenke,	FuE	Funkempfänger,
Mod	Modulator,	Div	Diversity-Einrichtung,
Dem	Demodulator,	Σ	Summierer,
Mod 1, 2	Modulatoren mit verschiedenen Frequenzlagen,		
Dem 1, 2	Demodulatoren mit verschiedenen Frequenzlagen.		

tennen ein auswertbares Signal empfängt (*Raum-Diversity*). Bei Raum-
Diversity können entweder zwei getrennte Funkempfänger (*Geräte-Diversity*, Bild 10.7 a1) oder aber nur ein Empfänger, der mit Hilfe eines
Zusatzgerätes wahlweise an eine der Antennen geschaltet wird (*Antennen-Diversity*, Bild 10.7 a2) eingesetzt werden. In ähnlicher Weise kann
man die gleiche Nachricht auf zwei Kanälen verschiedener Frequenzlage
übertragen (*Frequenz-Diversity*, Bild 10.7 b). Beide eben genannten

Methoden werden zur weiteren Erhöhung der Übertragungsqualität auch kombiniert angewandt [10.5, 10.9].

Zur Bewertung der auf verschiedenen Wegen empfangenen Signale wird im allgemeinen der Empfangspegel verglichen. Sind die Signalamplituden nicht wesentlich verschieden, z. B. nicht mehr als 7 dB, so werden die nach der Demodulation gewonnenen Spannungswerte addiert und anschließend in einer gemeinsamen Ausgangsschaltung in ein binäres Signal umgewandelt. Man kann durch diese Addition eine Verbesserung des Signal/Störabstandes erreichen, da die in den Einzelsignalen enthaltenen Nutzspannungen korreliert sind, die ihnen überlagerten Geräusche dagegen in der Regel nicht. Bei Pegelunterschieden von mehr als 7 dB wird der Empfangskanal mit den schwächeren Signalen nicht weiter benutzt, da die Addition dieser Signale den Signal/Störabstand nicht verbessern würde.

Die Wirksamkeit einer solchen Pegelbewertung für Diversity-Verfahren wird jedoch stark verringert, wenn im Ausbreitungsmedium Fremdstörer auftreten. Aus diesem Grunde werden im Zusammenhang mit dem Einsatz von Fehlersicherungssystemen auch Verzerrungs- und Codekriterien zum Ausschalten des jeweils gestörten Empfangskanals herangezogen [10.15].

10.4 Sicherungsverfahren

Trotz der Anwendung angepaßter Modulations- und Diversity-Verfahren ergeben sich für die Datenübertragung auf Funkverbindungen infolge der mannigfaltigen Störbeeinflussungen im Ausbreitungsmedium zeitweise unbefriedigend große Fehlerhäufigkeiten. Eine wesentliche Verbesserung läßt sich nur durch den Einsatz von Datensicherungsgeräten erreichen. Diese sind, im Gegensatz zu den meisten gebräuchlichen Sicherungssystemen der drahtgebundenen Datenübertragung, der Übertragungsstrecke und nicht den Datenendeinrichtungen zugeordnet. Daher sollen die Sicherungsverfahren, die manchen Datenübertragungsprozeduren in vielem sehr verwandt sind, hier etwas näher erläutert werden. Die Art der verwendeten Verfahren ist dabei eng mit den betrieblichen Erfordernissen und der Ausrüstung der Funkgeräte verknüpft. Je nach Art der Funkverbindung (Abschn. 10.2.3) kann man folgende Verfahren unterscheiden:

— *Systeme für Duplexverbindungen*
  Die Sicherung der Daten erfolgt durch die Anwendung eines fehlererkennenden Codes; gestörte Nachrichtenabschnitte werden nach automatischer Rückfrage über einen ständig verfügbaren Rückkanal wiederholt.

— *Systeme für Simplexverbindungen*
  Auch hier werden die Daten durch einen fehlererkennenden Code
  gesichert; für die Rückfrage oder Quittierung wird jedoch die Infor-
  mationsübertragung periodisch unterbrochen und auf die Gegenrichtung umgeschaltet.
— *Systeme für einseitig gerichtete Verbindungen*
  Bei diesen Verfahren können Übertragungsfehler durch den Einsatz von
  fehlerkorrigierenden Codes direkt am Empfangsort berichtigt werden.

10.4.1 Sicherungsverfahren mit fehlererkennendem Code

Systeme mit fehlererkennendem Code und automatischer Rückfrage sind
für die Sicherung der Daten- und Fernschreibübertragung auf Kurzwellenverbindungen seit vielen Jahren im Einsatz und auch von CCIR
empfohlen [10.16]. Sie werden — mit einer Abkürzung des englischen
Ausdrucks „automatic request" — häufig als *ARQ-Systeme* bezeichnet.
Zur Fehlererkennung verwendet man einen siebenstelligen, gleichgewichtigen Binärcode, d. h. es können insgesamt $2^7 = 128$ mögliche Code-
kombinationen gebildet werden. Für einen gleichgewichtigen Code mit
einem festen Verhältnis von 3:4 der mit 0 und 1 besetzten Binärstellen

jedes Codewortes ergeben sich $\dbinom{7}{3} = \dfrac{7!}{3!4!} = 35$ Codewörter, wie sie

das CCITT-Alphabet Nr. 3 aufweist (Band I, Abschn. 2.4.4.2) [10.17].
Hiervon sind 32 den Zeichen des CCITT-Alphabetes Nr. 2 zugeordnet; die
übrigen drei Codewörter sind die beiden Leerlaufzeichen α und β, die für
vermittlungstechnische Aufgaben benötigt werden, und das Rückfragezeichen *RQ*, mit dem die Wiederholungsvorgänge gesteuert werden. Jede
Abweichung von der Gewichtsverteilung 3:4 wird auf der Empfangsseite
der ARQ-Systeme als Fehler eines Codewortes erkannt und führt automatisch zu einem Wiederholungsvorgang. Das Verfahren versagt zwar
bei Transpositionen, wenn nämlich innerhalb eines Zeichens ein oder
mehrere Schritte der einen Polarität und die gleiche Anzahl von Schritten
der anderen Polarität verfälscht werden, so daß wiederum ein Codewort
mit der Gewichtsverteilung 3:4 entsteht; da aber auf Kurzwellen-Funkverbindungen bevorzugt einseitige Störungen auftreten und somit Transpositionen äußerst selten sind, erweisen sich hier gleichgewichtige Codes
zur Fehlererkennung als sehr wirksam.

Die auf Kurzwellenverbindungen eingesetzten ARQ-Systeme erlauben
in der beschriebenen Art nur die Übertragung der 32 Codewörter des
CCITT-Alphabetes Nr. 2. Das gleiche Verfahren ist aber auch für umfang-
reichere Quellencodes (z. B. CCITT-Alphabet Nr. 5) anwendbar. Die
Wirksamkeit solcher neuer Verfahren ist vergleichbar mit den derzeit im
Einsatz befindlichen Rückfrage-Systemen [10.18].

Das Prinzip der automatischen Fehlerkorrektur durch Wiederholung der als gefälscht erkannten Zeichen hat zur Folge, daß während der Wiederholungsprozedur der Nachrichtenverkehr zwischen Datenendeinrichtungen unterbrochen werden muß. Um den Teilnehmern trotzdem einen ununterbrochenen Betrieb zu ermöglichen, ordnet man am sendeseitigen Eingang der ARQ-Systeme einen Speicher für die während der Wiederholungen auflaufenden Nachrichten an. Gleichzeitig lassen sich mit diesen Pufferspeichern — mechanische Lochstreifenspeicher oder elektronische Zeichenspeicher — kleine Unterschiede in den Schrittgeschwindigkeiten der Datenendeinrichtungen, wie sie z. B. zwischen USA (45,45 Bd) und Europa (50 Bd) vorhanden sein können, und selbstverständlich auch geringe Abweichungen vom Geschwindigkeitssollwert („Drehzahlfehler") überbrücken. Die gespeicherten Zeichen werden dann mit einem Abrufimpuls, der bei Wiederholungsabläufen gesperrt wird, in das ARQ-System zeichenweise übernommen. Spezielle, für ARQ-Systeme entwickelte Anschaltgeräte ermöglichen in Verbindung mit Pufferspeichern den Anschluß an die Landesnetze und die Verwendung dieser Systeme im internationalen Telexverkehr [10.19, 10.20].

10.4.1.1 ARQ-Duplexsysteme

Der Aufbau einer mit ARQ-Systemen ausgerüsteten Übertragungsstrecke für Kurzwellen-Duplexverbindungen mit CCITT-Alphabet Nr. 2 und einer Schrittgeschwindigkeit von 50 Bd ist in Bild 10.8 wiedergegeben. Das ARQ-Sicherungssystem enthält in jeder Station die sende- und die empfangsseitigen Einrichtungen zur Umwandlung des Codes der Daten-

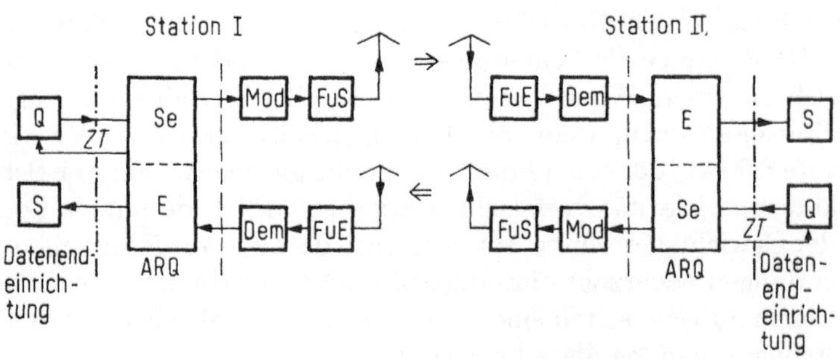

Bild 10.8   ARQ-System für Duplexverbindungen.

Q	Datenquelle	FuS	Funksender,
	(zeichenweise abrufbar),		
S	Datensenke,	FuE	Funkempfänger,
ZT	Zeichentakt,	ARQ	Sicherungssystem,
Mod	Modulator,	Se	Sendeeinrichtung,
Dem	Demodulator,	E	Empfangseinrichtung.

endeinrichtungen in den fehlererkennenden Übertragungscode und umgekehrt sowie Schaltungen zur Prüfung des 3:4-Verhältnisses, zur Steuerung des Wiederholungsvorganges und zur Speicherung der zu wiederholenden Zeichen. Die Dauer eines 7-Schritte-Codezeichens beträgt nach CCIR-Empf. 342-2 [10.16] und CCITT-Empf. S. 12 und S. 13 [10.21, 10.17] 145 5/6 ms; die Übertragungsgeschwindigkeit der isochronen Bitfolge ist also 48 bit/s.

Der prinzipielle Ablauf eines Wiederholungsvorganges für Duplexverbindungen ist in Bild 10.9 dargestellt. Unmittelbar nach dem Erkennen eines gefälschten Zeichens im Empfänger der Station II wird die Weitergabe an die Senke in der Datenendeinrichtung für die Dauer von mehreren Zeichen gesperrt, und der Sender der Station II fordert mit dem Signal RQ eine Wiederholung in der Station I an (Bild 10.9: 1). Nach dem Empfang des Rückfragezeichens RQ in dieser Station unterbricht diese die Aussendung der fortlaufenden Nachricht und löst selbst wiederum einen Wiederholungsvorgang aus. Dabei wird zuerst das Signal RQ als Quittung ausgesendet (Bild 10.9: 2), und anschließend werden die zuletzt der Station II gesendeten Zeichen wiederholt. Das erste der wiederholten Zeichen ist das ursprünglich in Station II gestört empfangene. Die Dauer des Wiederholungszyklus umfaßt mehrere Zeichenlängen (bei von CCIR empfohlenen Systemen sind es 4 oder 8). Sie ist abhängig von der maximalen Signallaufzeit auf der Übertragungsstrecke in beiden Richtungen sowie von der Zeitdauer zum Erkennen und Rückmelden beim Empfang eines gefälschten Zeichens.

Um auf den Kurzwellenbereich vorhandenen Verbindungen gleichzeitig mehrere Datenkanäle betreiben zu können, werden in Verbindung mit dem Einsatz von ARQ-Systemen mehrere Kanäle nach dem Zeitmultiplexverfahren (s. Abschn. 7.4.2.3) gebündelt. Sollen nur zwei Kanäle zusammengefaßt werden, so werden ihre Signale — nach einem häufig angewandten Verfahren — zeichenweise verschachtelt. Auf die unmittelbar hintereinander übertragenen 7 Schritte eines Zeichens aus Kanal A ($A_1 \cdots A_7$) folgen die 7 Schritte eines Zeichens aus Kanal B ($B_1 \cdots B_7$) und so fort. Man nennt das zeichenweise verschachtelte Kanalpaar ($A_1 A_2 \cdots A_7 B_1 B_2 \cdots B_7$) ein *Diplex*. Dieses kann mit einem zweiten Diplex, dessen Kanäle mit C und D bezeichnet werden, in schrittweiser Verschachtelung ($A_1 C_1 A_2 C_2 \cdots A_7 C_7 B_1 D_1 \cdots B_7 D_7$) zu einem Vierkanal-Zeitmultiplexsystem zusammengefaßt werden. Die Geschwindigkeit des Gesamtbitstromes beträgt, da die Geschwindigkeit der Einzelkanäle unverändert bleibt, beim Zweikanal-System das Doppelte, beim Vierkanal-System das Vierfache der Kanalgeschwindigkeit von 48 bit/s.

Umgekehrt kann man mit Hilfe eines Überrahmens, der vier Grundrahmen umfaßt, Unterkanäle mit verminderter Geschwindigkeit bilden. Diese Möglichkeit ist für solche Teilnehmer von Interesse, die ständig

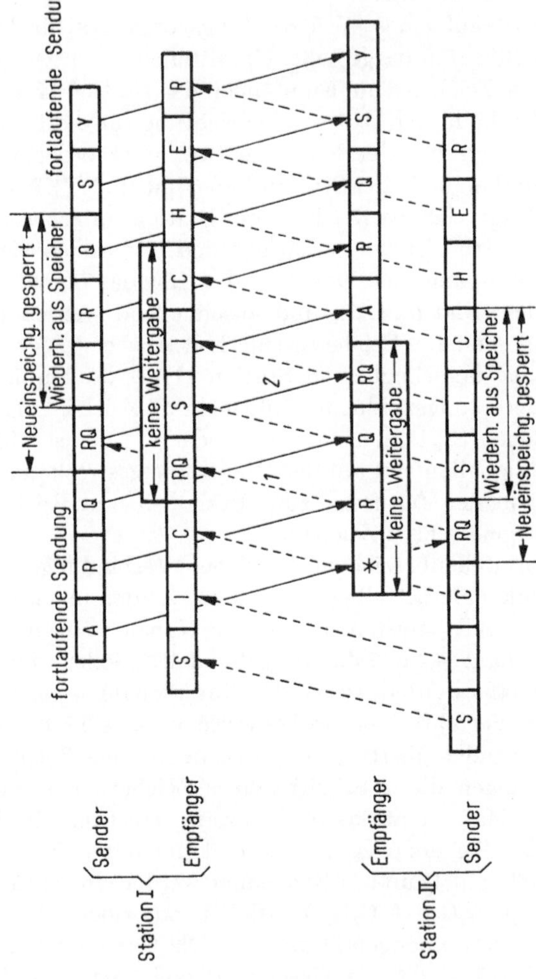

Bild 10.9 Wiederholungsablauf in ARQ-Systemen für Duplexverbindungen.
* gefälschtes Zeichen, RQ Rückfragezeichen.

eine Verbindung, wenn auch mit geringerer mittlerer Schrittgeschwindigkeit als 50 Bd, benötigen. Die Zuordnung (Numerierung) der Unterkanäle geschieht dabei durch periodisches Umpolen der zu einem Kanal gehörenden Elemente, wobei die Anordnung und Verteilung der Umpolungen den Beginn des Überrahmens eindeutig markiert. Man unterscheidet zwischen Halbkanälen und Viertelkanälen, bei denen die volle Übertragungskapazität einer Verbindung z. B. von 400 Zeichen/min (entsprechend 50 Bd) auf 200 oder 100 Zeichen/min (entsprechend 25 bzw. 12,5 Bd) vermindert ist [10.9, 10.22].

10.4.1.2 ARQ-Simplexsysteme

Bei kleinen Funkstationen oder im mobilen Kurzwellenfunkdienst kann ein Rückweg aus Gründen der Antennenanordnung oder Frequenzzuteilung (Abschn. 10.2.3) nicht immer bereitgestellt werden. Zur Sicherung der Daten wird dann ein Simplex-ARQ-System eingesetzt, das in Verbindung mit der Steuerung der Funksysteme einen wechselzeitigen Sende- und Empfangsbetrieb erlaubt. Bei diesem Verfahren wird nach der Übertragung von jeweils n codierten Zeichen die Verkehrsrichtung in beiden Stationen gewechselt, und anschließend werden in der Gegenrichtung Signale zur Wiederholungsaufforderung oder Quittierung übertragen. Um die Geschwindigkeit der Datenendgeräte beizubehalten, wird während des Zeitraumes von n eingegebenen Zeichen ein Block von n codierten Zeichen mit einem Vielfachen, z. B. dem Doppelten der Eingabegeschwindigkeit übertragen. Der so erhaltene freie Zeitabschnitt dient zur Übertragung der Wiederholungs- und Quittungssignale in der Gegenrichtung sowie zum Überbrücken der Laufzeiten auf den Übertragungsstrecken und in den Funkgeräten.

Der Wiederholungsablauf eines Simplex-ARQ-Verfahrens ist in Bild 10.10 dargestellt. Die von der Datenquelle der Datensendestation abgerufenen Zeichen werden in ähnlicher Weise wie bei den vorher beschriebenen Duplex-ARQ-Verfahren in einen gleichgewichtigen 7-Schritte-Code umgewandelt. Die Datensendestation sendet einen ersten Block von z. B. drei codierten Zeichen zur Datenempfangsstation, und nach Umkehrung der Verkehrsrichtung sendet diese — bei ungestörtem Empfang der Signale — ein Quittungssignal QS 1 der Datensendestation zurück (Bild 10.10: *1*); nach dem fehlerfreien Empfang des 2. Blockes sendet sie das Quittungssignal QS 2. Für QS 1 und QS 2 konnten — da in dieser Richtung nur Steuerzeichen übertragen werden — bestimmte Codewörter des 7-Schritte-Codes festgelegt werden. Bei ungestörtem Empfang werden also abwechselnd QS 1 und QS 2 zurückgesandt.

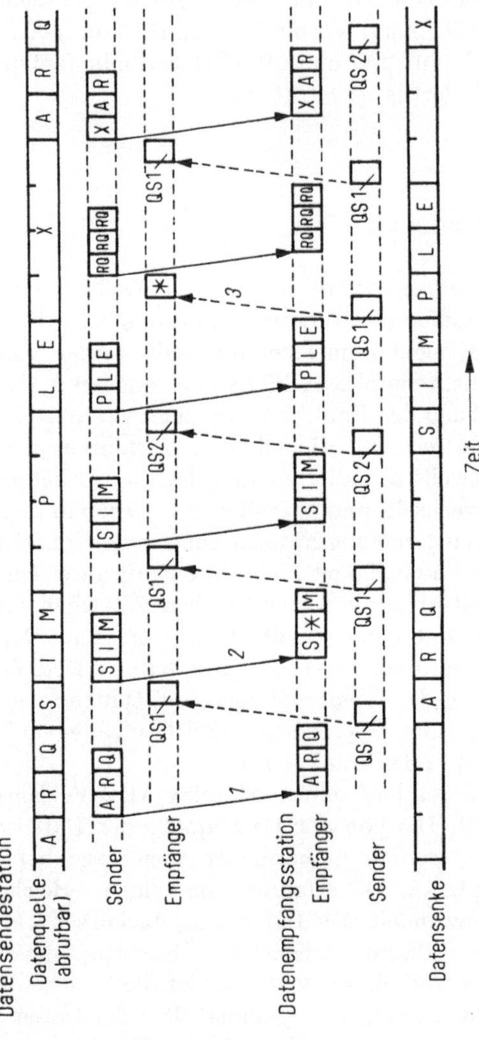

Bild 10.10 Wiederholungsablauf in ARQ-Systemen für Simplexverbindungen.
QS 1: Quittungssignal 1, QS 2: Quittungssignal 2, *gefälschtes Zeichen, RQ: Rückfragezeichen.

Wird innerhalb eines Blockes ein gestörtes Zeichen erkannt (kein 3:4-Verhältnis) (Bild 10.10: *2*), so wird das zuletzt ausgesandte Quittungssignal wiederholt und auf diese Weise in der Datensendestation die Wiederholung des letzten Blockes solange veranlaßt, bis in der Datenempfangsstation die Zeichen ungestört empfangen werden. Wird hingegen das Quittungssignal in der Datensendestation fehlerhaft empfangen (Bild 10.10: *3*), so fordert diese mit einem Block aus drei Rückfragezeichen RQ eine Wiederholung des zuletzt ausgesandten Quittungssignales an. Während eines Wiederholungsvorganges werden — ähnlich wie beim Duplex-ARQ-Verfahren — der Zeichenabruf von der Datenquelle bzw. die Weitersendung von Zeichen zur Datensenke gesperrt [10.23].

10.4.2 Sicherungsverfahren mit fehlerkorrigierendem Code

Manche Kurzwellenverbindungen sind einseitig gerichtet, d. h., es kann kein Kanal in Rückwärtsrichtung zur Verfügung gestellt werden (Abschn. 10.2.3), so daß die ARQ-Verfahren nicht anwendbar sind. Auch im Falle des Rundstrahlverkehrs mit einer zentralen Sendestation lassen sich die ARQ-Verfahren — da sie an Punkt-zu-Punkt-Verkehr gebunden sind — nicht realisieren. In diesen Fällen wendet man Methoden zur fortlaufenden Fehlerkorrektur am Empfangsort an. Nach einer Abkürzung des englischen Ausdrucks "forward error correction" bezeichnet man die Systeme mit fortlaufender Fehlerkorrektur als *FEC-Systeme*.

Eine besonders wirksame Fehlerkorrektur kann hierbei mit den convolutionellen Codes erzielt werden (s. Band I, Abschn. 2.4.4.2). Diese Codes lassen sich der Art der im Ausbreitungsmedium auftretenden Störungseinwirkungen, wie z. B. der Länge von Bündelstörungen (selektiver Schwund) oder den stochastisch verteilten Störungen, weitgehend anpassen. Da bei der convolutionellen Kanalcodierung die Informationselemente unverändert übertragen werden (systematischer Code), kann jeder beliebige Code einer Datenquelle verarbeitet werden; diese Kanalcodes sind also bezüglich der Quellencodierung codetransparent. Die Anwendung der convolutionellen Codes mit Schwellwertdecodierung ermöglicht darüber hinaus eine sehr einfache Realisierung der sende- und empfangsseitigen Codiereinrichtungen.

Für Kurzwellen-Funkverbindungen hat sich besonders ein gespreizter convolutioneller Code mit der Coderate 1/2 (s. Band I, Anschn. 2.4.4.1) bewährt [10.24, 10.25].

Die Wirkungsweise des Codierverfahrens läßt sich am besten anhand einfacher Blockschaltbilder erläutern. Die aus einer Datenquelle mit der Geschwindigkeit v kommenden Informationsschritte werden einem mehrstufigen Schieberegister SR und gleichzeitig einer Multiplexein-

richtung M am Ausgang der Codiereinrichtung zugeführt (Bild 10.11).
Für die Bildung der Prüfschritte P werden bestimmte, bereits vorher in
das Schieberegister eingelaufene Informationselemente — entsprechend
der Verknüpfungsvorschrift nach dem Generatorpolynom — über eine
Kette von Modulo-Zwei-Addierern zusammengefaßt. Die Multiplexeinrichtung sendet Informations- und Prüfschritte abwechselnd aus. Da
die Anzahl der Prüfschritte jeweils gleich der Anzahl der von der Daten-

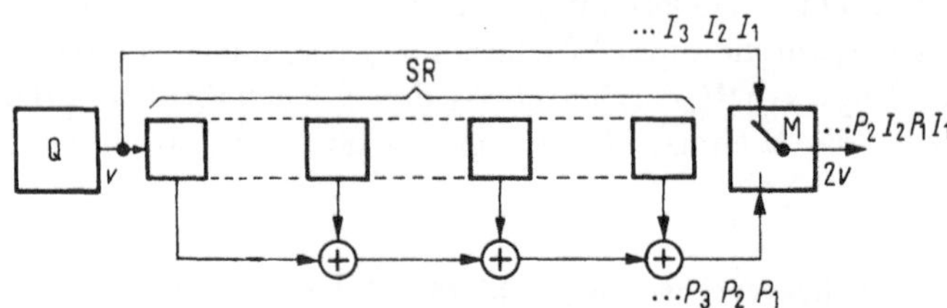

Bild 10.11 Codiereinrichtung für einen gespreizten convolutionellen Code
mit Coderate 1/2.

Q	Datenquelle,	I	Informationsschritte,
M	Multiplexeinrichtung,	P	Prüfschritte,
SR	mehrstufiges Schieberegister,	v	Schrittgeschwindigkeit der
$\oplus$	Modulo-Zwei-Addierer,		Datenquelle.

quelle unverändert übernommenen Informationsschritte ist, muß auf
der Übertragungsstrecke mit der doppelten Übertragungsgeschwindigkeit ($2v$) gearbeitet werden.

Auf der Decodierseite (Bild 10.12) gelangen die empfangenen Signalelemente zuerst in eine Demultiplexeinrichtung, in der die Informations-
und Prüfschrittfolgen getrennt werden. Die Informationsschritte I'
werden anschließend einem Schieberegister SR und Modulo-Zwei-Addierern zugeführt, die — entsprechend denen auf der Sendeseite — die
jeweiligen Prüfschritte P_e bilden. Mit Hilfe eines Modulo-Zwei-Addierers
werden dann die empfangenen Prüfschritte P' und die Prüfschritte P_e
miteinander verglichen. Bei Ungleichheit, also bei einem Fehler, wird eine
1 in ein zweites Schieberegister (Syndromregister SSR) eingegeben. Je
nach der zeitlichen Verteilung der gestörten Schrittelemente im Übertragungskanal ergeben sich an bestimmten Ausgängen von dessen Schiebe-
registerzellen, die von dem Generatorpolynom abhängen, Fehlermuster,
welche mit Hilfe einer Schwellwertlogik nach folgender Regel zu einer
Korrektur führen: Erscheinen im angegebenen Beispiel (Bild 10.12) an
den vier Eingängen der Schwellwertlogik gleichzeitig nicht mehr als
zwei Fehlerschritte 1, so wird keine Korrektur durchgeführt. Treten
jedoch drei oder vier Fehlerschritte auf, so wird das jeweilige Infor-
mationsbit, das zu diesem Zeitpunkt den Ausgang des Schieberegisters
SR verläßt, umgepolt.

Liegen die Störungen ausschließlich in Form von Störbündeln vor, deren Länge kleiner als die Codespreizung ist, so können sich die Fehlermuster nicht überlappen; innerhalb eines solchen Störbündels lassen sich

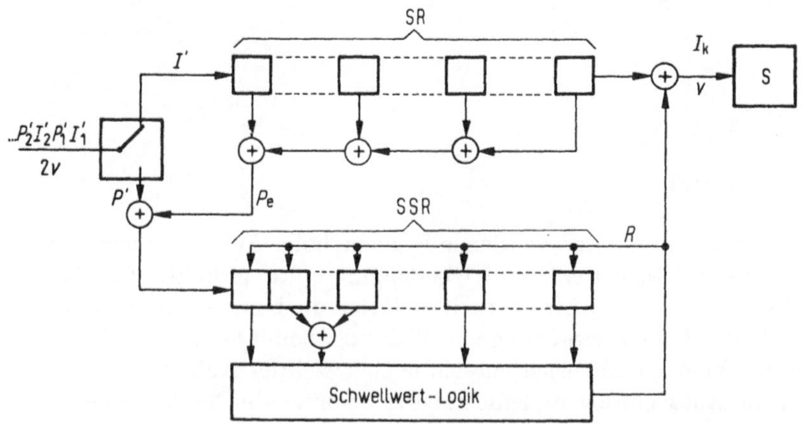

Bild 10.12 Decodiereinrichtungen für einen gespreizten convolutionellen Code mit Coderate 1/2 und Schwellwertdecodierung.

D	Demultiplexeinrichtung,	I'	empfangene Informationsschritte,
SR	mehrstufiges Schieberegister,	I_k	korrigierte Informationsschritte,
SSR	mehrstufiges Fehlerregister	P'	empfangene Prüfschritte,
	(Syndromregister),	P_e	auf der Empfangsseite errechnete
S	Datensenke,		Prüfschritte,
R	Rückstellung,	v	Schrittgeschwindigkeit der
$\oplus$	Modulo-Zwei-Addierer,		Datensenke.

alle Fehlerschritte korrigieren. Es muß dann aber vorausgesetzt werden, daß ein anschließender Schutzbereich ("guard space"), der etwa der dreifachen Länge der maximal korrigierbaren Bündellänge entspricht, störungsfrei empfangen wird. Zusätzlich können in Einzelfällen, je nach Störmusterverteilung, auch stochastisch verteilte Fehler korrigiert werden [10.24, 10.26].

11 Meßtechnik der Datenübertragung

11.1 Überblick

An Nachrichtennetze werden allgemein hohe Anforderungen hinsichtlich Betriebssicherheit und Übertragungsgüte gestellt. Zur Aufrechterhaltung der Betriebssicherheit bedürfen die technischen Einrichtungen der laufenden Überwachung und Wartung. Somit kommt der Meßtechnik im Rahmen der Nachrichtentechnik eine wichtige Aufgabe zu. Aber auch für die Entwicklung und die Inbetriebnahme von Nachrichtensystemen und Geräten sind geeignete, teilweise sehr spezielle Meßeinrichtungen erforderlich [11.1, 11.2].

Die Benutzer von Nachrichtenübertragungssystemen und anderen nachrichtentechnischen Einrichtungen erwarten in erster Linie eine hohe Übertragungsgüte der Systeme. In Nachrichtennetzen, in denen digitale Daten übertragen werden, ist die Übertragungsgüte durch die *Fehlerhäufigkeit* gekennzeichnet. Sie ist durch die Eigenschaften der Übertragungswege, die angewendeten Übertragungsverfahren und durch die auf die Signale einwirkenden Störgrößen gegeben und somit für die verschiedenen Übertragungswege und Übertragungssysteme jeweils charakteristisch (vgl. Band I, Abschn. 5).

Für die fehlerfreie Rückgewinunng der in digitaler Form dargestellten Nachrichtensignale ist eine Eigenschaft der Datenempfänger von besonderer Bedeutung: der Empfangsspielraum. Dieser ergibt sich aus dem zum sicheren Erkennen des vorliegenden Kennzustandes eines Signalelementes erforderlichen Mindestwert des zeitlichen Abtastbereichs im Empfänger. Bei der Übertragung treten durch die Übertragungseigenschaften des Übertragungsweges und durch Störeinflüsse Verfälschungen der Kennzustände ein. Reichen diese Verfälschungen bis in den Abtastbereich, dann kann der Empfänger die Signalelemente nicht mehr richtig auswerten, und es entstehen bei der Decodierung falsche Zeichen (Bild 11.1). Der Empfangsspielraum gibt den Grenzwert der maximal zulässigen *Schrittverzerrung* an, die der Empfänger noch verträgt, und somit die Grenze zwischen richtiger und falscher Wiedergabe. Der Übergang ist nicht kontinuierlich, sondern sprunghaft. Bei Fehlerhäufigkeitsmessungen muß folglich der Empfangsspielraum des Meß-

empfängers überschritten werden. Zur Beurteilung der Übertragungssicherheit sind Meßverfahren der Übertragungsgüte auch unterhalb der
Richtig/Falsch-Grenze notwendig. Für diese Beurteilung ist die auftretende Schrittverzerrung die kennzeichnende Meßgröße; sie ist jedoch

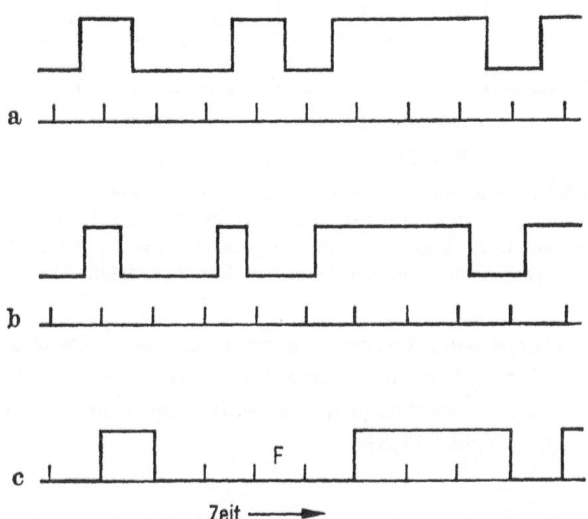

Bild 11.1   Fehler in einem isochronen Binärsignal infolge gestörter Übertragung.

a) Ungestörtes Signal mit Abtastraster; b) stark gestörtes Signal mit Abtastraster;
c) Fehler F nach Abtastung des gestörten Signals.

nur bei Übertragungssystemen ohne Taktbindung als (inverses) Gütemaß zu gebrauchen.

Die Unterscheidung der Schrittverzerrung nach ihrer Erscheinungs-
form führt zu verschiedenen Verzerrungsarten. Die für die Praxis wichtigsten davon sind die *einseitige Verzerrung*, die *unregelmäßige Verzerrung*
und die *charakteristische Verzerrung*.

Die einseitige Verzerrung entsteht z. B. durch falsche Schwellwerte
bei der Abtastung (Bild 11.2). Bei einer einseitig verzerrten Schrittfolge
sind sämtliche Kennabschnitte des einen Kennzustandes (s. Abschn.
11.3.1) verlängert und die des anderen entsprechend verkürzt. Am deut-
lichsten tritt diese Verzerrungsart bei gleichlangen Folgen der beiden
Kennzustände im Wechsel, wie beispielsweise den Bitfolgen 1010...
oder 11001100..., in Erscheinung.

Bei der unregelmäßigen Verzerrung ist die Ablage der Kennzeitpunkte
von den Sollzeitpunkten dem Zufall unterworfen. Die Streuung kann
beispielsweise einer Gaußverteilung entsprechen. Als Ursachen kommen
Störungen mit dem Charakter von Rauschen in Betracht.

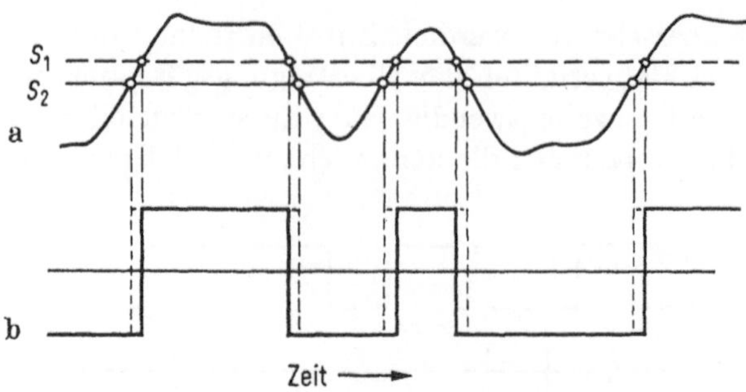

Bild 11.2　Einseitige Verzerrung.
a) Verlauf des demodulierten Signals nach Übertragung über einen bandbegrenzten
Kanal mit falscher (S_1) und richtiger Lage (S_2) der Abtastschwelle; b) restituiertes
Signal mit einseitiger Verzerrung infolge falscher Lage S_1 der Abtastschwelle
(zum Vergleich unverzerrtes Signal gestrichelt).

Die charakteristische Verzerrung dagegen ist systemeigen. Sie wird
hervorgerufen durch Ein- und Ausschwingvorgänge, die als Folge der
Modulation auf dem Übertragungsweg entstehen und von dessen Eigenschaften abhängen (Bild 11.3).

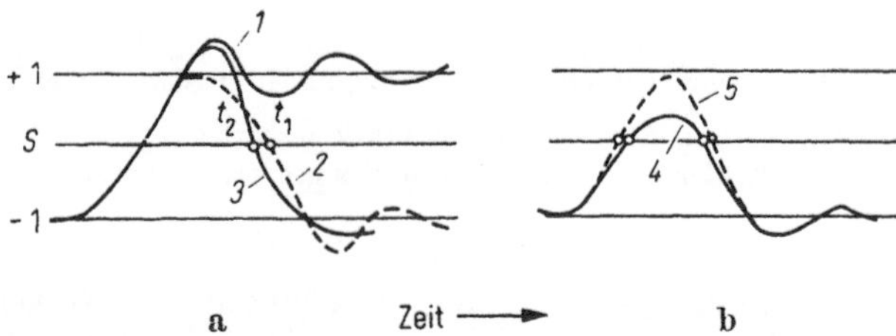

Bild 11.3　Beispiele für Ursachen einer charakteristischen Verzerrung (Einschwing-
vorgänge der Deutlichkeit halber überbetont, S Abtastschwelle).
a) Überlagerung des Einschwingverlaufes 1 (bezüglich Zustand $+ 1$) und des un-
gestörten Signalüberganges 2 zum gestörten Signalübergang 3 (Verschiebung des
Zeitpunktes für das Überschreiten der Abtastschwelle von t_1 nach t_2); b) unvoll-
ständiges Einschwingen 4 eines (bezüglich der Kanalbandbreite) zu kurzen Signalelementes; dadurch Verkürzung im Vergleich zur richtigen Abtastung bei einem
(fiktiven) Signalverlauf 5.

Vielfach setzt sich eine Verbindung aus mehreren hintereinander-
geschalteten Abschnitten zusammen. Ein Gütemaß für die Übertragungseigenschaften der Verbindungsabschnitte ist wieder die auftretende
Schrittverzerrung. Aus den Verzerrungswerten der einzelnen Abschnitte
kann die resultierende Verzerrung der gesamten Verbindung ermittelt
werden. Die Berechnung des Verzerrungsgrades für eine vollständige
Verbindung aus den Verzerrungsgraden ihrer Abschnitte wird in CCITT-

Empf. R. 4 und R. 11 angegeben [11.3, 11.4]. Als Beispiel soll an dieser
Stelle die Näherungsformel für die Berechnung des Gesamtverzerrungs-
grades δ_g einer Verbindung, die aus n in Reihe geschalteten Verbindungsabschnitten besteht, genannt werden:

$$\delta_g = \sum_1^n \delta_c + \sqrt{\sum_1^n (\delta_e)^2 + \sum_1^n (\delta_u)^2} \; .$$

Dabei ist δ_c der Grad der charakteristischen Verzerrung, δ_e der Grad der
einseitigen Verzerrung und δ_u der Grad der unregelmäßigen Verzerrung
eines Verbindungsabschnittes.

Die bisher betrachteten Erscheinungsformen und Ursachen von Verzerrungen sowie deren Addition bei mehreren in Reihe geschalteten
Verbindungsabschnitten beziehen sich auf die geschwindigkeitstransparente Übertragung von Binärsignalen in frequenzbandbegrenzten
Kanälen. Ein besonderer Fall liegt bei den Zeitmultiplexeinrichtungen
vor, welche transparente Übertragungskanäle bündeln (s. Abschn.
7.4.2.3). Hierbei wird die zu übertragende Lage eines Schrittumschlages
im Binärsignal durch Einordnen in ein Abtastraster quantisiert und in
codierter Form übertragen. Die je Verbindungsabschnitt maximal auftretende Verzerrung ist daher in diesem Fall durch die Feinheit des
Abtastrasters, bezogen auf die Schrittdauer, definiert. Die Addition der
Verzerrungen beim Hintereinanderschalten mehrerer solcher Verbindungsabschnitte wird in [11.5] behandelt.

Innerhalb von Datennetzen sind zur Güteüberwachung der Datenübertragung in erster Linie Schrittverzerrungsmessungen durchzuführen.
Für Schrittverzerrungsmessungen und Spielraummessungen an den Teil-
nehmeranschlüssen können vorteilhaft automatische Meßeinrichtungen,
die in den Vermittlungsstellen installiert sind, eingesetzt werden. Auch
die Verbindungsleitungen können mit automatischen Meßeinrichtungen
routinemäßig überprüft werden. In rechnergesteuerten elektronischen
Datenvermittlungsanlagen besteht zusätzlich die Möglichkeit, die Übertragungsgüte durch Ermitteln der auftretenden Schrittverzerrungswerte
mit Hilfe besonderer Programme zu kontrollieren. Inwieweit man von
dieser Möglichkeit Gebrauch machen wird, oder ob man sich auch hier
spezieller Meßeinrichtungen bedient, wird die zukünftige Entwicklung
auf diesem Gebiet zeigen.

Fehlerhäufigkeiten und Schrittverzerrungen können nur an den Stellen
längs eines Übertragungsweges gemessen werden, an denen die übertragenen Signale als binäre Signale verfügbar sind. Auch wo das nicht der Fall
ist, können in der Regel die Übertragungsbedingungen meßtechnisch erfaßt
und überwacht werden durch Messen der Signalpegel, der Restdämpfung
und der Dämpfungs- und Laufzeitverzerrungen der Übertragungswege

sowie der auftretenden Störspannungen, Pegelunterbrechungen, Frequenzverwerfungen und Phasenschwankungen.

11.2 Verfahren und Einrichtungen zum Messen von Eigenschaften der Übertragungswege

Die Eigenschaften eines Übertragungsweges (Band I, Abschn. 3) können zu einer Verformung der übertragenen Signale auf Grund frequenzabhängiger Dämpfung und Gruppenlaufzeit führen [11.6]. Neben diesen zeitlich konstanten Eigenschaften des Übertragungsweges, zu denen auch Echos, Frequenzverwerfungen, periodische Phasenschwankungen und Störtöne gehören, unterliegen die Signale auch stochastisch auftretenden Störgrößen wie Rauschen und kurzzeitigen Unterbrechungen; vor allem impulsartige Störspannungen können die Datenübertragung beeinträchtigen (Band I, Abschn. 5.2). In den folgenden Abschnitten werden die wichtigsten Meßverfahren und Meßeinrichtungen, die zum Erfassen der Eigenschaften der Übertragungswege und der Störgrößen dienen, näher beschrieben.

11.2.1 Pegel- und Dämpfungsmessungen

Längs einer Leitung werden Spannung, Strom und Leistung exponentiell gedämpft (s. Band I, Abschn. 3.1.1). Es ist daher sehr naheliegend und zweckmäßig, diese Größen nicht in einem linearen, sondern in einem logarithmischen Maß zu messen. Der *Pegel* ist eine logarithmische Verhältnisgröße von Spannungen oder Leistungen. (Der Strompegel ist ungebräuchlich, weil Ströme im allgemeinen umständlich zu messen sind.) Die Pegeldifferenz zwischen zwei Meßpunkten an einer Leitung drückt die zwischen diesen Meßpunkten vorliegende *Dämpfung* aus. Pegel und Dämpfungen werden in den Einheiten Dezibel (dB) oder Neper (Np) angegeben. Die Angabe in Dezibel ist im technischen Bereich gebräuchlich. Je nach Bezugsgröße unterscheidet man zwischen dem relativen und dem absoluten Pegel.

Bezieht man die Spannung U_x bzw. die Leistung P_x an der Meßstelle x auf die Spannung U_A bzw. die Leistung P_A am Anfang des Systems, so erhält man den relativen Pegel:

$$\text{Spannungspegel}\quad (n_U)_{\text{rel}} = 20\,\lg\left|\frac{U_x}{U_A}\right|\,\text{dB} = \ln\left|\frac{U_x}{U_A}\right|\,\text{Np},$$

$$\text{Leistungspegel}\quad (n)_{\text{rel}} = 10\,\lg\left|\frac{P_x}{P_A}\right|\,\text{dB} = \frac{1}{2}\ln\left|\frac{P_x}{P_A}\right|\,\text{Np}.$$

Wird dagegen die Spannung U_x bzw. die Leistung P_x an der Meßstelle x auf eine festgelegte Größe, Spannung U_1 bzw. Leistung P_1, bezogen, so erhält man den absoluten Spannungs- bzw. Leistungspegel (s. Band I, Abschn. 3.1.1.1):

$$\text{Spannungspegel} \quad n_U = 20 \lg \left| \frac{U_x}{U_1} \right| \mathrm{dB} = \ln \left| \frac{U_x}{U_1} \right| \mathrm{Np},$$

$$\text{Leistungspegel} \quad n = 10 \lg \left| \frac{P_x}{P_1} \right| \mathrm{dB} = \frac{1}{2} \ln \left| \frac{P_x}{P_1} \right| \mathrm{Np}.$$

Der Spannungspegel wird üblicherweise auf 0,775 V bezogen. Als Bezugsgröße für den Leistungspegel ist 1 mW gebräuchlich; er wird dann in dBm bzw. in Npm angegeben (s. Band I, Abschn. 3.2.1).

Zum Messen von Pegeln und Dämpfungen benötigt man geeignete Pegelsender und Pegelmesser. Das Prinzip dieser in der gesamten Nachrichtenmeßtechnik eingeführten Pegelmeßgeräte soll hier als bekannt vorausgesetzt werden [11.7 bis 11.10]. Ihre Frequenzbereiche sind abgestimmt auf den Bereich des Sprachkanals und die der TF-Systeme (s. Band I, Abschn. 3.2.1, Tab. 3.5). An dieser Stelle sei erwähnt, daß neben den für Pegelmessungen üblichen Meßgeräten mit analoger Frequenzeinstellung und analoger Meßwertanzeige Meßgeräte mit digitaler Frequenzeinstellung und digitaler Meßwertanzeige an Bedeutung für die Meßtechnik gewinnen, da diese sich besonders in automatischen Meßanlagen zweckmäßig einsetzen lassen [11.11].

Sehr vorteilhaft können bei vielen Aufgaben der Pegel- und Dämpfungsmessungen, besonders an TF-Systemen, *Wobbelverfahren* angewendet werden. Beim Wobbeln durchläuft die Abszissengröße, z. B. die Frequenz der Meßspannung, den zu untersuchenden Frequenzbereich selbsttätig, stetig und periodisch. Die Änderungsgeschwindigkeit ist nach unten durch das verwendete Anzeigeverfahren und nach oben durch das Einschwingverhalten des Meßobjektes begrenzt. Wobbelverfahren liefern in kürzester Zeit den frequenzabhängigen Dämpfungsverlauf des Meßobjekts — z. B. einer Übertragungsstrecke — in Form eines Kurvenzuges. Zur Abbildung der Meßergebnisse eignen sich Koordinatenschreiber und, bei den Pegelbildgeräten, Kathodenstrahlbildröhren; hierbei können in der Regel zusätzlich Pegellinien und Frequenzmarken eingeblendet werden. Im Empfänger kann mit einem Frequenzdiskriminator die der Empfangsfrequenz proportionale Zeitablenkung gewonnen werden. Wobbelmessungen sind somit auch als Streckenmessungen, bei denen Sender und Empfänger an verschiedenen Orten stehen, durchführbar [11.12].

11.2.2 Messen der Dämpfungs- und der Gruppenlaufzeitverzerrung

Die Übertragungseigenschaften eines Übertragungssystems oder eines Übertragungsweges werden üblicherweise durch den Quotienten einer Eingangsgröße und einer Ausgangsgröße ausgedrückt. Bei gleichartigen Eingangs- und Ausgangsgrößen bezeichnet man diesen Quotienten als (komplexen) Übertragungsfaktor A. Das Übertragungsmaß g ergibt sich als Logarithmus des Übertragungsfaktors. Man bezeichnet $\ln A = g = a + \mathrm{j}b$ als komplexes Dämpfungsmaß, wobei a das Dämpfungsmaß (abgekürzt: *Dämpfung*) und b das Phasenmaß (abgekürzt: *Phase*) ist (vgl. Band I, Abschn. 3.1.1.1).

Im theoretischen Idealfall für die Übertragung digitaler Signale hat im betrachteten Frequenzband B mit steigender Frequenz die Dämp-

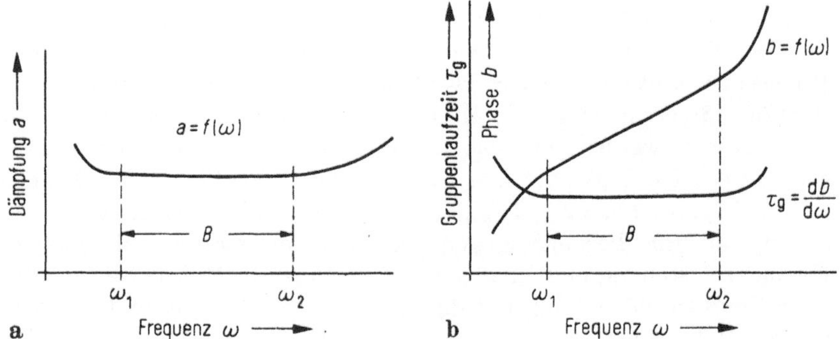

Bild 11.4 Leitungseigenschaften in Abhängigkeit von der Frequenz ω.
a) Dämpfung a; b) Phase b und Gruppenlaufzeit τ_g.

fung a einen konstanten und die Phase b einen linear ansteigenden Verlauf. Unter dieser Voraussetzung werden alle Teilschwingungen des zu übertragenden Signals in bezug auf Dämpfung und Laufzeit gleich beeinflußt. In der Praxis ist im Frequenzbereich eines Datenkanals in der Regel die Dämpfung nicht konstant und die Phase nicht linear ansteigend, so daß bei der Übertragung Signalverformungen auftreten. Die durch die Frequenzabhängigkeit von Leitungseigenschaften verursachten Signalverformungen sind lineare Verzerrungen und daher unabhängig von der Aussteuerung.

Für die Beurteilung des zeitlichen Verhaltens der Teilschwingungen ist die *Gruppenlaufzeit* $\tau_\mathrm{g} = \mathrm{d}b/\mathrm{d}\omega$ und deren Abweichung von ihrem Mittelwert ein geeignetes Maß (Bild 11.4).

Zum Messen der Gruppenlaufzeit hat sich das von Nyquist vorgeschlagene Prinzip eingeführt [11.13]. Über die zu untersuchende Übertragungsstrecke wird ein amplitudenmoduliertes Signal gesendet. Um die auftretenden Laufzeitdifferenzen und Dämpfungen in Abhängigkeit von der Frequenz zu ermitteln, wird die Trägerfrequenz Ω in dem zu untersuchenden Frequenzbereich variiert, während die Modulationsfrequenz, hier Spaltfrequenz ω_s genannt, konstant bleibt. Bedingung ist, daß die Spaltfrequenz ω_s klein gegen die Trägerfrequenz Ω ist.

Unter dieser Voraussetzung können die meßtechnisch leicht erfaßbaren Größen, die Phasenverschiebung Δb und die Amplitudenänderung ΔA der Hüllkurve der amplitudenmodulierten Schwingung, abhängig von der Trägerfrequenz Ω ermittelt werden. Die Gruppenlaufzeit τ_g in Abhängigkeit von der Trägerfrequenz Ω ergibt sich aus der Beziehung

$$\tau_g(\Omega) = \frac{db(\Omega)}{d\Omega} \approx \frac{\Delta b(\Omega)}{\omega_s} \quad \text{(Bild 11.5)}.$$

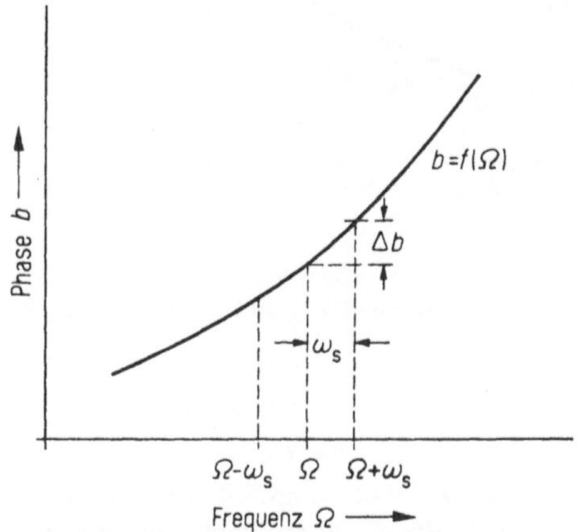

Bild 11.5   Zur Bestimmung der Gruppenlaufzeit $\tau_g \approx \Delta b/\omega_s$ nach dem Prinzip von Nyquist.

Bei Streckenmessungen benötigt man am Empfangsort die Bezugsphase und die Bezugsamplitude, um die auftretenden Phasen- und Amplitudendifferenzen messen zu können. Für die Phasendifferenzmessung muß man entweder die Spaltfrequenz ω_s am Empfangsort mit einem eigenen Spaltfrequenzoszillator erzeugen, der während der gesamten Meßzeit eine konstante Phase zur sendeseitigen Spaltfrequenz aufrechterhalten muß, oder man überträgt die Spaltfrequenz über einen Hilfskanal. Beide Verfahren haben für die praktische Anwendung im NF-Bereich große Nachteile, so daß man nach anderen Lösungswegen gesucht hat. Als sehr vorteilhaft hat sich das Verfahren mit Übertragung der Meßfrequenz $\Omega_m \pm \omega_s$ und einer Vergleichsfrequenz $\Omega_0 \pm \omega_s$ im Zeitmultiplex durch Trägerumtastung erwiesen (Bild 11.6). Der Vergleichsfrequenzträger wird wie der Meßfrequenzträger sendeseitig mit derselben Spaltfrequenz amplitudenmoduliert und periodisch abwechselnd über die zu untersuchende Übertragungsstrecke gesendet. Die Phase des empfangsseitigen Spaltfrequenzoszillators wird nach jeder Umtastperiode korrigiert. Die verhältnismäßig kurze Zeitdauer stellt keine sehr hohen Forderungen mehr an die Frequenzkonstanz der Spalt-

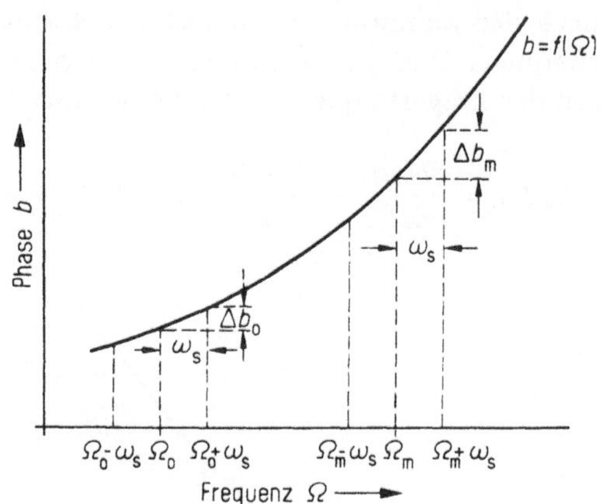

Bild 11.6   Messen der Gruppenlaufzeitverzerrung $\tau_g(\Omega)$ durch Trägerumtastung zwischen Meßfrequenz (Ω_m) und Vergleichsfrequenz (Ω_0).

frequenzoszillatoren. Zusätzlich können bei diesem Verfahren von dem Empfangssignal Kriterien für eine Frequenznachregelung des empfangsseitigen Spaltfrequenzoszillators abgeleitet werden.

Mit diesem Meßverfahren lassen sich sowohl die Gruppenlaufzeitverzerrung als auch die Dämpfungsverzerrung ermitteln. Ergeben sich für die Meßfrequenz Ω_m und die Vergleichfrequenz Ω_0 unterschiedliche Laufzeiten oder Dämpfungen, dann treten auf der Empfangsseite an den Umtaststellen der Trägerfrequenzen Sprungstellen im Verlauf der modulierten Schwingung auf (Bild 11.7). Die Größe des Phasensprungs ist ein Maß für die *Gruppenlaufzeitverzerrung*

$$\Delta\tau_g(\Omega_m, \Omega_0) = \frac{\Delta b_m(\Omega_m) - \Delta b_0(\Omega_0)}{\omega_s},$$

und aus der Größe des Amplitudensprunges kann die *Dämpfungsverzerrung*

$$\Delta a(\Omega_m, \Omega_0) = a_m(\Omega_m) - a_0(\Omega_0)$$

ermittelt werden [11.14, 11.15].

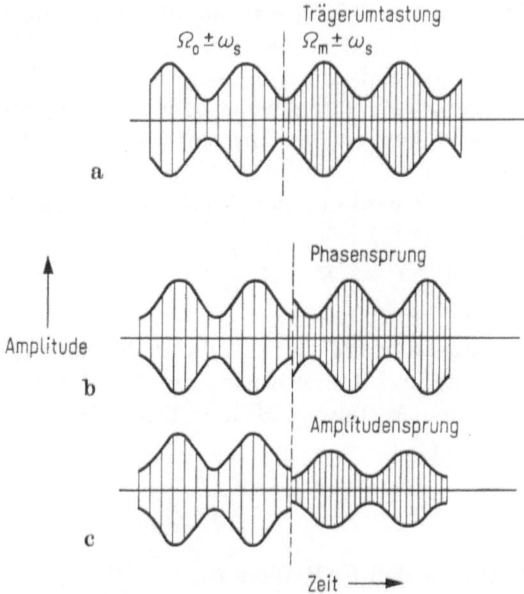

Bild 11.7 Amplitudenmodulierte Schwingung mit Trägerumtastung.

a) Sendesignal mit Trägerumtastung; b) Empfangssignal mit Phasensprung: $\Delta\tau_g\,(\Omega_0, \Omega_m)$; c) Empfangssignal mit Amplitudensprung: $\Delta a\,(\Omega_0, \Omega_m)$.

11.2.3 Messen der Impulsübertragungseigenschaften eines Übertragungsweges

Da zum Messen der Dämpfungs- und der Laufzeitverzerrung eines Übertragungsweges ein verhältnismäßig hoher Geräteaufwand erforderlich ist (Abschn. 11.2.2), wird für Wartungszwecke nach einfacheren Meßverfahren gesucht. Einen Weg in diese Richtung weist das *PAR-Verfahren* [11.16 bis 11.20].

Nach dem PAR-Verfahren wird als Testsignal eine periodische Impulsfolge mit ausreichend langen Pausen zwischen den Einzelimpulsen über den zu prüfenden Übertragungsweg gesendet. Ein Empfangsfilter wählt den in den Frequenzbereich der Datenübertragung fallenden Anteil des Linienspektrums der Testimpulsfolge aus. Das Verhältnis von Spitzenwert zu Mittelwert (*Peak to Average Ratio*) des linear gleichgerichteten Empfangssignals ist ein Maß für die durch die Gesamtheit der Einflüsse des Übertragungsweges, wie Dämpfungsverzerrung, Laufzeitverzerrung, Bandbreite, Frequenzverwerfungen, Echos und Geräusche, entstandenen Verzerrungen der Testimpulse. Der PAR-Wert gibt eine Aussage über die Güte des Übertragungsweges, jedoch keine

Aufschlüsselung, auf welche Ursachen die Kurvenformänderung der Testsignale zurückzuführen ist. Der Einsatz des *PAR-Meters* beschränkt sich somit darauf, auf einfache Weise zu prüfen, ob sich eine Verbindung für die Übertragung von Daten eignet oder nicht. Hierzu muß man den Mindest-PAR-Wert kennen, der für ein bestimmtes Übertragungsverfahren notwendig ist.

Der PAR-Wert R wird definiert [11.18] durch die Beziehung:

$$R = A \frac{P}{M} - 1,$$

wobei P der Spitzenwert, M der Mittelwert der linear gleichgerichteten Empfangsspannung und A eine Konstante ist. Setzt man für das unverzerrte Signal mit dem Mittelwert M $R = 1$ und $P = P_0$, so errechnet sich die Konstante A zu

$$A = 2 \frac{M}{P_0}.$$

Somit ergibt sich für den PAR-Wert R

$$R = 2 \frac{M}{P_0} \cdot \frac{P}{M} - 1 = 2 \frac{P}{P_0} - 1.$$

Der PAR-Wert wird in der Praxis als Prozentwert angegeben; der Wert 100% ergibt sich bei idealem Übertragungsweg.

Schließt der zu messende Übertragungsweg auch Trägerfrequenzstrecken mit Amplitudenmodulation und Einseitenbandübertragung ein, so ändert sich infolge der Phasendifferenzen der Trägerfrequenzen von Modulator und Demodulator je nach Phase der zugeführten Trägerfrequenzen die Form der Testimpulse auf der Empfangsseite und damit die PAR-Anzeige. Um diesen Einfluß auszugleichen, dürfen im Empfänger des PAR-Meters nur die Einhüllenden der Testimpulse bewertet werden.

11.2.4 Geräuschmessungen

11.2.4.1 Grundgeräusch

Störspannungen auf Übertragungswegen entstehen z. B. durch Beeinflussungen von seiten des Starkstromnetzes, durch Verstärkerrauschen und durch Nebensprechen zwischen benachbarten Fernmeldekanälen. Mangelhafte mechanische Kontakte, schlechte Lötverbindungen sowie starke Lastschwankungen naher Starkstromleitungen gehören ebenfalls häufig zu den Quellen der Störspannungen (s. Band I, Abschn. 3).

Störspannungen können demnach sehr unterschiedlicher Art sein. Je nach Amplitude und zeitlichem Verlauf kann auch ihre Wirkung sehr verschieden sein. Bewertet man die Störspannungen nach ihrer Frequenz und ihrer Amplitude, um den subjektiven — psophometrisch bewerteten — Störeinfluß zu erhalten, dann bezeichnet man die bewertete Störspannung als *Geräuschspannung* [11.21].

Zum Messen der Stör- und Geräuschspannungen sind spezielle Meßgeräte — Geräuschspannungsmesser oder Psophometer — erforderlich [11.22, 11.23]. Um vergleichbare Meßergebnisse zu erhalten, sind für die Geräuschspannungsmessung internationale Vereinbarungen getroffen worden.

Neben der Gerätespezifikation ist vor allem die Festlegung der Bewertungskurven von Bedeutung. Die Bewertungskurve für Stör-

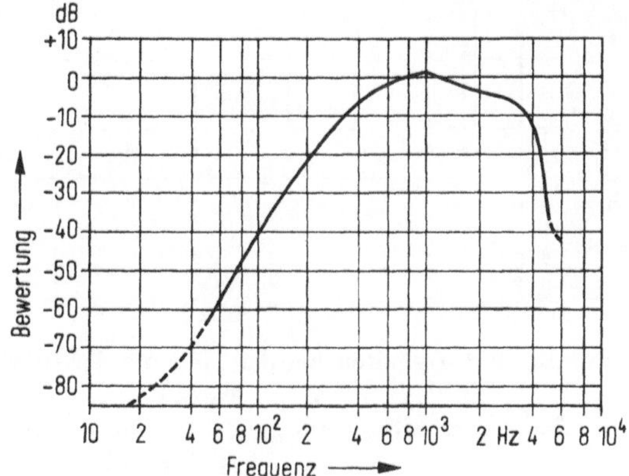

Bild 11.8   Bewertungskurve für Störspannungen beim Fernsprechen nach CCITT-Empf. P. 53 [11.22].

spannungen beim Fernsprechen entspricht dem Frequenzverlauf des Schalldrucks, den der Handapparat eines Fernsprechers am menschlichen Ohr bei einer bestimmten Eingangsspannung im Mittel erzeugt, in Verbindung mit dem Frequenzverlauf der Lautstärkeempfindung des Menschen für kleine Lautstärken. Sie gibt das Störgewicht einer sinusförmigen Wechselspannung in Abhängigkeit von ihrer Frequenz an, bezogen auf eine Wechselspannung von 800 Hz (Bild 11.8).

In den Geräuschspannungsmessern werden die Bewertungskurven durch entsprechend ausgelegte Filter realisiert. Neben der Filterfestlegung ist für das Messen der Geräuschspannung noch die Art der Gleichrichtung der Meßspannung wichtig. Für Messungen an Fernsprecheinrichtungen wird von seiten des CCITT eine Effektivwertmessung empfohlen [11.22]. Der Aussteuerbereich des gesamten Verstärkers muß deswegen sehr groß sein, damit der Verstärker bei hohen

Geräuschspitzen das Empfangssignal nicht begrenzt. Besondere Anforderungen werden auch an die Zeitkonstanten des Meßkreises und die dynamischen Eigenschaften des Meßinstrumentes gestellt. Für die Datenübertragung ist der Störeinfluß des Grundgeräusches in der Regel durch entsprechende Wahl der Betriebspegel klein gegenüber anderen Störeinflüssen, wie impulsartigen Störspannungen, Knacken und kurzzeitigen Unterbrechungen.

11.2.4.2 Störimpulshäufigkeit

Impulsartige Störspannungen — häufig als *Impulsgeräusch* bezeichnet — können die Datenübertragung merklich beeinträchtigen, vor allem, wenn — wie bei der Datenübertragung über Fernsprechverbindungen —

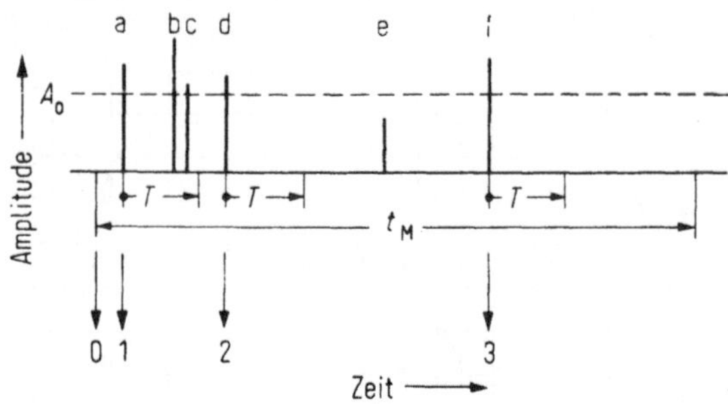

Bild 11.9   Störimpulse und Totzeiten bei der Messung der Störimpulshäufigkeit.
a···f   Störimpulse, T Totzeit,
A_0 eingestellte Ansprechschwelle,   0···3   Zählerstand zu verschiedenen Zeit-
t_M Meßzeit,   punkten während der Messung.

die Datensignale über den gesamten Verbindungsweg von Teilnehmer zu Teilnehmer ohne Regenerierung übertragen werden.

Zur Beurteilung der Eignung von Übertragungswegen für die Datenübertragung kann daher auch die Messung der *Störimpulshäufigkeit* beitragen, d. h. die Messung der Häufigkeit der Überschreitung einer einstellbaren Amplitudenschwelle durch impulsartige Störspannungen. Bei einem von CCITT empfohlenen Meßverfahren wird das Spektrum der Störimpulse durch Eingangsfilter wählbarer Charakteristiken bewertet [11.24]. Weiterhin sieht das Meßverfahren vor, daß Störimpulse, die die eingestellte Ansprechschwelle überschreiten, nur dann getrennt gezählt werden, wenn sie einen größeren zeitlichen Abstand als eine mit *Totzeit* bezeichnete Zeitdauer haben (Bild 11.9). Durch die Totzeit wird dem gebräuchlichen Verfahren der blockweisen Übertragung der Daten Rechnung getragen und eine gewisse Relation zur Blockfehlerhäufigkeit hergestellt; zu dieser tragen dicht benachbarte Störimpulse nicht getrennt bei, wenn sie den gleichen Block betreffen.

Während der Störimpulsmessung darf über den betreffenden Abschnitt des Übertragungsweges kein Nutzsignal übertragen werden, der Übertragungsweg muß nur beidseitig ordnungsgemäß abgeschlossen sein. Aus der während der gewählten Meßzeit registrierten Anzahl von Störimpulsen, die zum Auslösen der Totzeit führten, wird die Störimpulshäufigkeit ermittelt. Bild 11.10 zeigt das Blockschaltbild eines Stör-

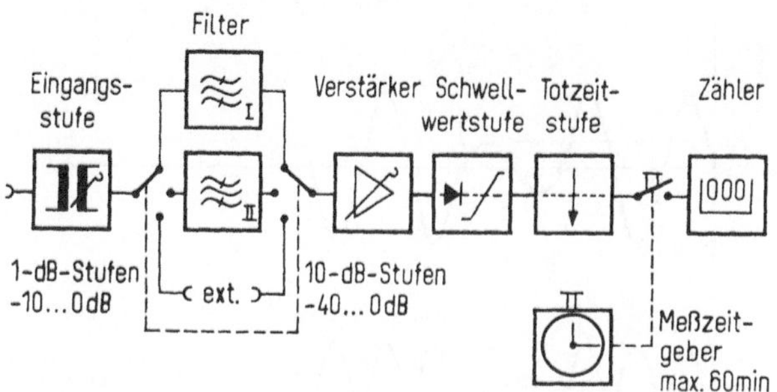

Bild 11.10   Blockschaltbild eines Störimpulszählers.

impulszählers [11.25], der vornehmlich für Messungen auf Fernsprechverbindungen ausgelegt ist. Die Ansprechschwelle läßt sich in 1-dB-Stufen von −50 dB bis 0 dB einstellen. Diese Werte sind bezogen auf den Spitzenwert einer Sinusspannung, die an einem reellen Widerstand von 600 Ω eine Leistung von 1 mW erzeugt. Die Totzeit beträgt z. B. 125 ms. Entsprechend CCITT-Empf. V. 55 hat Filter I einen Durchlaßbereich (± 1 dB) von 275 Hz bis 3 250 Hz entsprechend dem Sprachband und Filter II einen Durchlaßbereich von 750 Hz bis 2 300 Hz entsprechend einem für die Datenübertragung benutzten Teil des Sprachbandes. Weitere Filtercharakteristiken können durch die Anschaltung externer Filter realisiert werden.

11.2.5 Messen kurzzeitiger Unterbrechungen

Außer den impulsartigen Störspannungen beeinträchtigen auch *kurzzeitige Unterbrechungen* und *Pegelabsenkungen* die Datenübertragung. Unterbrechungen einer Verbindung mit Übertragungskanälen der Bandbreite B führen nur dann zu Pegelausfällen am Ende des Übertragungsweges, wenn ihre Dauer t größer als die Einschwingzeit $\tau = 1/B$ der Kanäle ist; sind die Unterbrechungen von kürzerer Dauer, so ergeben sich nur mehr oder weniger starke Pegeleinbrüche am Ende des Übertragungsweges.

Zum Messen von Unterbrechungen muß über den zu untersuchenden Übertragungsweg ein Meßsignal gesendet werden. Bei Übertragungswegen mit Sprachbandbreite dient eine 2-kHz-Sinusspannung als Meßsignal [11.26 bis 11.29]. Im Meßempfänger wird das Meßsignal auf den Wert eines festgelegten Nennpegels verstärkt. Überschreitet die Absenkung des Meßpegels einen bestimmten, wählbaren Betrag, dann gibt der Meßempfänger an seinem Ausgang ein entsprechendes digitales Signal ab.

Meßtechnisch erfassen kann man kurzzeitige Amplitudenabsenkungen von beispielsweise der Dauer einer Periode $T_\mathrm{s} = 1/f_\mathrm{s}$ des sinusförmigen

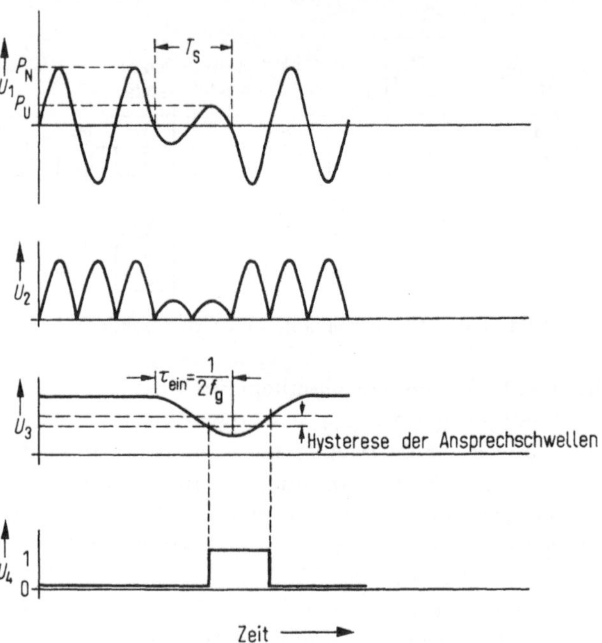

Bild 11.11   Pegelunterbrechungsmessung durch Auswerten der Impulsantwort eines Tiefpasses.

U_1 Empfangenes Meßsignal der Frequenz f_s U_3 Ausgangssignal des Tiefpasses
(P_N Nominal-, P_U Unterpegel),   der Grenzfrequenz f_g,
U_2 U_1 nach Gleichrichtung, U_4 Ausgangssignal des Meß-
                                                         empfängers.

Meßsignals mit Hilfe eines Tiefpaßfilters durch Auswerten der Impulsantwort des Filters. Die Signale in einer derartigen Empfangsschaltung sind in Bild 11.11 dargestellt. Dem Eingang des Tiefpasses werden die gleichgerichteten Sinushalbwellen des Meßsignals zugeführt. Der Verlauf des Signals am Ausgang des Tiefpasses entspricht der Hüllkurve des gleichgerichteten Meßsignals. Die Grenzfrequenz des Tiefpasses ist dabei so zu wählen, daß das Ausgangssignal des Tiefpasses bei der kürzesten zu messenden Unterbrechungsdauer t_min gerade noch voll einschwingt, um eine von der Dauer t der Unterbrechung, die größer als die Einschwing-

zeit τ des Kanals ist, unabhängige Schwellenbewertung der Amplitudenabsenkung durchführen zu können. Berücksichtigt man die Beziehung
$\tau_{ein} = 1/2f_g$ zwischen Einschwingzeit τ_{ein} und Grenzfrequenz f_g eines
Tiefpasses und setzt man voraus, daß die Einschwingzeit gerade gleich
der kürzesten meßbaren Unterbrechungsdauer — bei diesem Verfahren
eine Periode des Meßsignals T_S — sein soll, dann ergibt sich für den Zu-

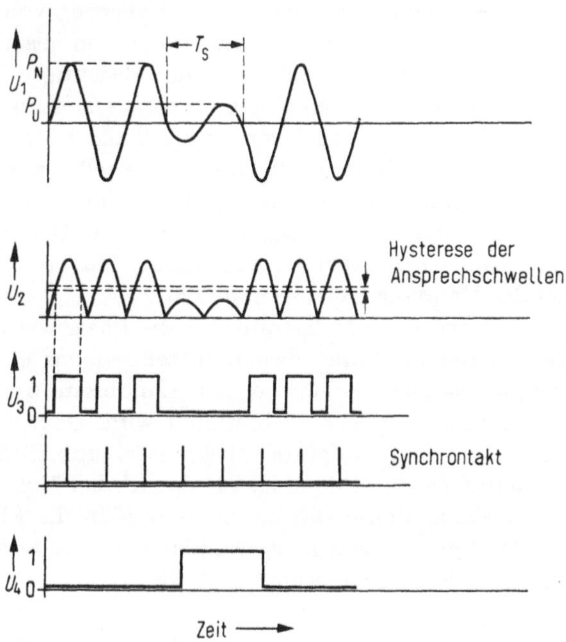

Bild 11.12   Pegelunterbrechungsmessung mit synchroner Abtastung.
U_1 Empfangenes Meßsignal der Frequenz f_s U_3 Ausgangssignal des Amplituden-
   (P_N Nominal-, P_U Unterpegel),   bewerters,
U_2 U_1 nach Gleichrichtung, U_4 Ausgangssignal des Meß-
   empfängers.

sammenhang zwischen Grenzfrequenz des Tiefpasses f_g und Frequenz
des Meßsignals f_s

$$f_g = f_S/2\,.$$

Außer dem geschilderten Meßverfahren mit Tiefpaßfilterung können
auch verschiedene andere Verfahren zum Erkennen kurzzeitiger Leitungsunterbrechungen benutzt werden, die häufig mit einer empfangsseitigen Vergleichsfrequenz und synchroner Abtastung der gleichgerichteten Empfangssignale arbeiten. Das Prinzip einer solchen Meßanordnung ist als Beispiel in Bild 11.12 dargestellt.

11.2.6 Messen von Phasenschwankungen

Unter *Phasenschwankungen* (phase jitter) versteht man die durch die
Einwirkung einer oder mehrerer Störgrößen verursachten, zeitlich sich
ändernden Verschiebungen der Nulldurchgänge eines Empfangssignals
von ihren Sollzeitpunkten (vgl. Band I, Abschn. 5.2.3). Abweichungen
der Nulldurchgänge ergeben sich bei der Überlagerung von Schwingungen unterschiedlicher Frequenzen oder durch impulsartige Störer.
Phasenschwankungen können auch durch unbeabsichtigte Modulations-
vorgänge beispielsweise in älteren Trägerfrequenzsystemen entstehen.

Durch Messung der Phasenschwankung soll die maximale Phasen-
winkelabweichung des Empfangssignals festgestellt werden. Hierzu
werden die Phasenwinkel zwischen den Nulldurchgängen des Empfangssignals und denen eines Referenzsignals verglichen. Der Phasenwinkel
des Referenzsignals wird dabei so eingestellt, daß er dem mittleren
Phasenwinkel des Empfangssignals entspricht.

Die Meßanordnung eines Meßgerätes für die Phasenschwankung hat
eingangsseitig ein Bandpaßfilter, dessen Mittenfrequenz gleich der Frequenz des Empfangssignals ist und dessen Bandbreite durch den Frequenzbereich der Störkomponenten bestimmt wird. Dem Eingangsfilter
folgt im allgemeinen ein Amplitudenbegrenzer, um Einflüsse durch
Amplitudenänderungen des Empfangssignals auf das Meßergebnis aus-
zuschließen. Mit einem Phasendiskriminator werden die Phasenwinkel-
abweichungen der Nulldurchgänge des Empfangssignals, bezogen auf das
intern erzeugte Referenzsignal, ermittelt [11.30].

11.3 Verfahren und Einrichtungen zum Messen
der Signaleigenschaften

11.3.1 Meßgrößen

Eine Aussage über die Güte der Datenübertragung erhält man durch
Messen und Bewerten der bei der Übertragung auftretenden Änderungen
der Signale. In den Datenendeinrichtungen liegen die Daten in Form
binärer Signale vor, deren Signalzustände durch elektrische Größen
— Strom, Spannung — dargestellt sind (s. Band I, Abschn. 2.2.3).

In Bild 11.13 werden die wichtigsten Kenngrößen eines Binärsignals
angegeben [11.31].

Als *Kennzustand* werden die Signalzustände bezeichnet, die bei digitaler Darstellung auftreten können. Beim Binärsignal werden die beiden
möglichen Zustände mit A und Z bezeichnet und den logischen Größen 0
und 1 zugeordnet [11.32].

Als *Kennabschnitt* des Binärsignals werden die Zeitabschnitte bezeichnet, in denen einer der Kennzustände unverändert beibehalten wird. Als *Schritt* oder *Signalelement* wird ein Kennabschnitt bezeichnet, dessen Dauer gleich der kürzesten Nenndauer eines Kennabschnittes ist (Band I, Abschn. 2.2). Die *Schrittgeschwindigkeit* ist der Kehrwert des in Sekunden

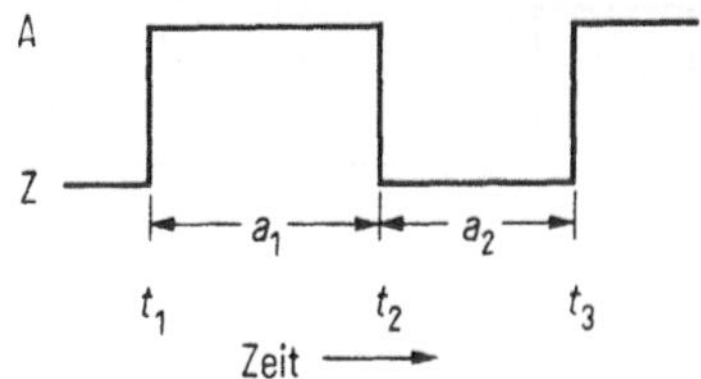

Bild 11.13   Kenngrößen eines Binärsignals.
A, Z: Kennzustände; a_1, a_2 Kennabschnitte; t_1, t_2, t_3 Kennzeitpunkte.

gemessenen Sollwertes der Dauer eines Schrittes, d. h. die Anzahl der Schritte je Sekunde; die Einheit heißt Baud (Bd).

Als *Kennzeitpunkte* des Binärsignals werden die Zeitpunkte der Wechsel von einem Kennzustand in den anderen bezeichnet.

Störeinflüsse können Abweichungen der Kennzustände und der Kennzeitpunkte von den Sollwerten bewirken. Die Abweichungen können gemessen und zur Beurteilung der Übertragungsgüte herangezogen werden. Die Abweichung der Kennzeitpunkte von ihren Sollzeitpunkten wird als *Schrittverzerrung* (auch *Telegrafieverzerrung*) angegeben [11.33]. Die Schrittverzerrung liefert eine Aussage über die Güte einer Übertragung, ohne daß die auftretenden Abweichungen der Signalparameter Beträge erreichen, die zu Übertragungsfehlern führen müssen. Diese treten erst auf, wenn eine Verfälschung des Kennzustandes im Abtastzeitpunkt vorliegt; die Meßgröße hierfür ist die *Fehlerhäufigkeit*.

11.3.1.1 Schrittverzerrung

Zur Messung der Schrittverzerrung müssen die Kennzeitpunkte einer Schrittfolge mit einem Sollzeitraster in Beziehung gesetzt werden. Die Ablage eines Kennzeitpunktes von seinem Sollzeitpunkt wird als *individuelle Verzerrung* bezeichnet. Bezieht man die zeitliche Ablage auf die Sollschrittdauer, so erhält man als Maß der Schrittverzerrung den *Verzerrungsgrad*.

Der Grad der individuellen Verzerrung wird ausgedrückt durch das Verhältnis der Abweichung Δt eines Kennzeitpunktes von seinem Sollzeitpunkt zur Sollschrittdauer T_s und wird in Prozenten angegeben [11.34].

$$\delta_{\mathrm{ind}} = \Delta t/T_s \cdot 100.$$

Zum Messen des Grades der individuellen Verzerrung müssen die Sollzeitpunkte der Kennzeitpunkte als Bezugspunkte festliegen. Die Festlegung der Sollzeitpunkte, die sich aus einer Schwerpunktbildung für alle
Kennzeitpunkte über einen größeren Zeitabschnitt ergibt, muß bei einer

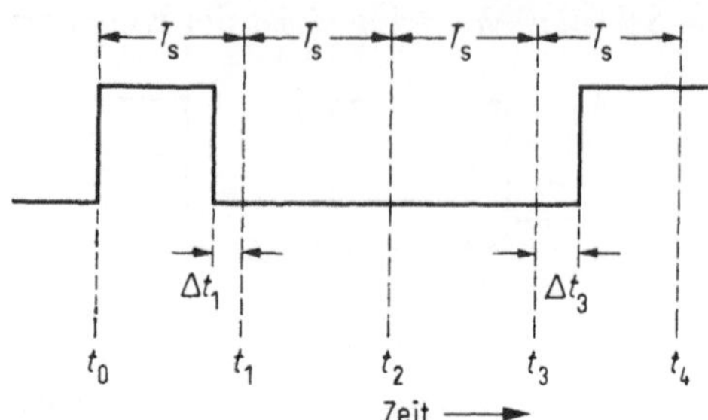

Bild 11.14   Individuelle Schrittverzerrung.

T_s Sollschrittdauer, Δt_1 Voreilzeit ($\Delta t_1 < 0$),
$t_0 \cdots t_4$ Sollzeitpunkte, Δt_3 Nacheilzeit ($\Delta t_3 > 0$).

isochronen Schrittfolge der jeweilige Synchronempfänger durchführen. Der
Grad der individuellen Verzerrung wird *positiv* oder *nacheilend* ($\Delta t > 0$)
bezeichnet, wenn der Kennzeitpunkt zeitlich *nach* dem Sollzeitpunkt
liegt und *negativ* oder *voreilend* ($\Delta t < 0$), wenn der Kennzeitpunkt zeitlich *vor* dem Sollzeitpunkt liegt (Bild 11.14).

Die individuelle Verzerrung ist die Grundlage weiterer Verzerrungs-
definitionen; von ihr lassen sich die *Isochronverzerrung* und die *Start/
Stop-Verzerrung* ableiten [11.35].

Der Isochronverzerrungsgrad einer isochronen Schrittfolge ist definiert als die Differenz zwischen dem kleinsten und dem größten Wert des
Grades der individuellen Verzerrung (unter Berücksichtigung ihrer Vorzeichen) innerhalb des Beobachtungszeitraumes.

$$\delta_\mathrm{is} = |\delta_{\mathrm{ind\,max}} - \delta_{\mathrm{ind\,min}}|\,100 = \frac{|\Delta t_\mathrm{max} - \Delta t_\mathrm{min}|}{T_\mathrm{s}} \cdot 100 .$$

Wegen der Differenzbildung zweier Werte individueller Verzerrung
mit gleichem Bezugsraster fällt die Lage der Sollzeitpunkte heraus. Daher kann die isochrone Verzerrung auch als „Streubreite" der während
der Beobachtungsdauer gemessenen Werte der individuellen Verzerrung
definiert werden.

Bei der Start/Stop-Verzerrungsmessung ist der Bezugspunkt für das
zeichenweise gebildete Bezugszeitraster der Beginn des Startschrittes
eines jeden Start/Stop-Zeichens, und somit ist jeder Zeitpunkt im Abstand von ganzzahligen Vielfachen der Sollschrittlänge vom Beginn des
Startschrittes ein Sollzeitpunkt. Die Abweichungen der Kennzeitpunkte

von den Sollzeitpunkten des so definierten Rasters (Bild 11.15) können negativ (Voreilzeit Δt_v) oder positiv (Nacheilzeit Δt_n) sein; man kann folglich zwischen voreilender oder negativer und nacheilender oder positiver Start/Stop-Verzerrung unterscheiden.

Der Start/Stop-Verzerrungsgrad δ_st ist definiert als Verhältnis der größten absoluten Abweichung $|\Delta t|_\mathrm{max}$ der Kennzeitpunkte eines Start/

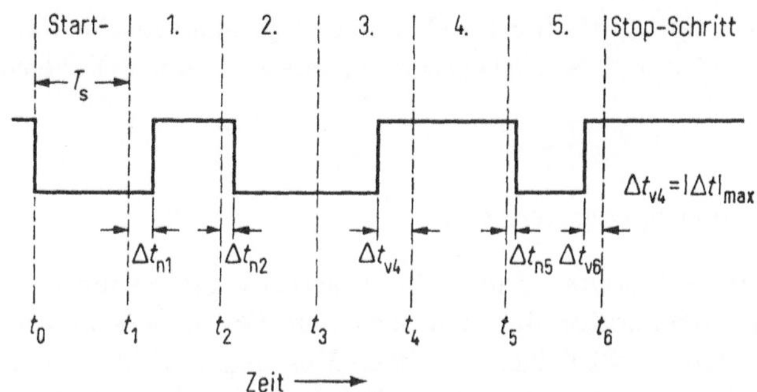

Bild 11.15   Start/Stop-Verzerrung.

T_s	Sollschrittdauer,	Δt_v4, Δt_v6	Voreilzeiten,
t_0	Bezugszeitpunkt,	Δt_n1, Δt_n2, Δt_n5	Nacheilzeiten.
$t_1 \cdots t_6$	Sollzeitpunkte,		

Stop-Zeichens von den Sollzeitpunkten zur Sollschrittdauer T_s und wird in Prozenten angegeben.

$$\delta_\mathrm{st} = \frac{|\Delta t|_\mathrm{max}}{T_\mathrm{s}} \cdot 100.$$

11.3.1.2 Fehlerhäufigkeit

Die Fehlerhäufigkeit ist ein wichtiges Maß für die Übertragungsgüte einer Verbindung (s. Band I, Abschn. 5.1.1). Die *Bitfehlerhäufigkeit* ist definiert als das Verhältnis der Anzahl der fehlerhaft empfangenen Bits zur gesamten Anzahl der empfangenen Bits einer Nachricht innerhalb der Meßdauer [11.36]. Daneben gibt es die *Zeichen-* und die *Blockfehlerhäufigkeit*, die durch das Verhältnis der fehlerhaft empfangenen Zeichen bzw. Blöcke, d. h. Bitfolgen bestimmter Länge (z. B. 511 bit), zur gesamten Anzahl der empfangenen Zeichen bzw. Blöcke innerhalb der Meßdauer definiert ist.

Bei Messungen der mittleren Fehlerhäufigkeit einer Verbindung ist die Wahl der Meßdauer im Hinblick auf die gewünschte Allgemeingültigkeit des Meßergebnisses von wesentlicher Bedeutung, weil während der Meßdauer eine gewisse Mindestanzahl von Fehlern oder Fehlerbündeln erfaßt werden muß. Für Betriebsmessungen der mittleren Fehlerhäufigkeit bei Übertragungsgeschwindigkeiten bis etwa 10 kbit/s wird von seiten des CCITT eine Meßdauer von 15 min empfohlen [11.37].

11.3.2 Einrichtungen für Schrittverzerrungs- und für Fehlerhäufigkeitsmessungen

Die wichtigsten Geräte für das Messen der Signaleigenschaften sind Datensignalgeneratoren, Schrittverzerrungsmesser und Fehlerhäufigkeitsmesser.

11.3.2.1 Datensignalgeneratoren

Bei Fehlerhäufigkeits- und Schrittverzerrungsmessungen müssen mit einem Signalgenerator die erforderlichen *Prüfsignale* und *Prüftexte* erzeugt werden. CCITT hat für diese Messungen Empfehlungen herausgegeben, die auch Angaben über die zu verwendenden Prüfsignale und Prüftexte enthalten.

Für Messungen an Datenübertragungseinrichtungen sind bestimmte Pseudo-Zufallsprüftexte und periodische Signalfolgen festgelegt, in denen entsprechend den folgenden Verhältnissen die Binärschritte wechseln: 1:1, 1:3, 3:1, 1:7 und 7:1 [11.38]. Die Pseudo-Zufallsprüftexte werden mit Hilfe rückgekoppelter Schieberegister erzeugt [11.39]. Für den Bereich bis zu Übertragungsgeschwindigkeiten von etwa 10 kbit/s wird ein neunstufiges Schieberegister verwendet, das einen Prüftext der Länge 511 bit erzeugt [11.38]. Für höhere Übertragungsgeschwindigkeiten wurde ein zwanzigstufiges Schieberegister vereinbart, das einen Prüftext der Länge 1048575 bit hat [11.40].

Zur Durchführung von Messungen an Übertragungseinrichtungen, die mit CCITT-Alphabet Nr. 2 (Band I, Abschn. 2.4.3.2) und Start/Stop-Betrieb arbeiten, werden ein Prüftext, bestehend aus den acht Start/Stop-Zeichen Bu, S, WR, ZL, Q, Zi, Zwr, 9 und Binärschrittfolgen 1:1, 2:2, 1:6 und 6:1 empfohlen [11.41]. Für die Endgeräteprüfung werden „lange" Prüftexte vorgeschlagen. Diese Prüftexte bestehen einschließlich der Ziffern und der Steuerzeichen aus einer Folge von maximal 64 Start/Stop-Zeichen und erlauben die Überprüfung der Drucker von Endgeräten. In CCITT-Empf. R. 52 sind Prüftexte in englischer und französischer Sprache angegeben [11.42]:

the quick brown fox jumps over the lazy dog
voyez le brick géant que j'examine près du wharf

Der gebräuchliche Text in deutscher Sprache lautet:

kaufen sie jede woche vier gute bequeme pelze xy

Entsprechende Vorschläge von Prüftexten in englischer und französischer Sprache für das CCITT-Alphabet Nr. 5 (Band I, Abschn. 2.4.3.2) enthält CCITT-Empf. S. 33* (früher X. 33 [11.43]). Für Geräte mit einem Zeichenvorrat von 64 Zeichen (Band I, Tab. 2.5, Spalten 2 bis 5) werden Prüftexte mit Großbuchstaben vorgeschlagen:

THE QUICK BROWN FOX JUMPS OVER THE LAZY DOG
123 456 7890 + — × := ⌷%()

VOYEZ LE BRICK GEANT QUE J'EXAMINE PRES DU WHARF
123 456 7890 + — × := ⌷%()

Für Geräte mit einem Zeichenvorrat von 95 Zeichen (Band I, Tab. 2.5, Spalten 2 bis 7) lauten die Prüftexte mit Groß- und Kleinbuchstaben:

ThE QuiCK BrowN FoX JumpS OveR ThE LazY DoG 123 456 7890
+ — × := ⌷%()

VoyeZ Le BricK GéanT QuE J'ExaminE PrèS Du WharF
123 456 7890 + — × := ⌷%()

11.3.2.2 Schrittverzerrungsmesser

Die Verfahren zum Messen der Schrittverzerrung beruhen im Prinzip auf der Messung von Zeitdifferenzen. Eine Verzerrungsmeßeinrichtung benötigt folglich einen Zeitmaßstab, der in neueren Geräten allgemein durch Frequenzteilung von einem Taktoszillator abgeleitet wird.

In allen Fällen vergleicht der Meßempfänger die zeitliche Lage der Kennzeitpunkte der Empfangssignale mit einem der jeweiligen Betriebsart entsprechenden, intern erzeugten Sollzeitraster und zeigt die Abweichungen der Kennzeitpunkte von den Sollzeitpunkten in Prozenten der Sollschrittdauer an. Die Schrittverzerrungsmeßgeräte müssen den vorliegenden Signalarten entsprechen, d. h., bei *isochronen* Signalen ist die Meßgröße der *Isochronverzerrungsgrad* oder der Grad der voreilenden und nacheilenden individuellen Verzerrung, bei *Start/Stop-S*ignalen ist die Meßgröße der *Start/Stop-Verzerrungsgrad.*

Je nach der Auswertung und der Weiterverarbeitung der Meßergebnisse der Verzerrungsmessung erweisen sich verschiedene Arten der Ausgabe der Meßergebnisse als zweckmäßig: die oszillografische Sichtanzeige sämtlicher Einzelmeßpunkte [11.44], die digitale Anzeige des in einer wählbaren Meßperiodendauer gemessenen Maximalwertes und die Angabe der Häufigkeit, mit der ein bestimmter Grenzwert der Verzerrung überschritten wurde.

---

* Die Bezeichnung der im Green Book (Genf: ITU 1973) veröffentlichten und im Literaturverzeichnis zu diesem Abschnitt zitierten Empfehlung X. 33 wurde während der z. Z. noch laufenden Studienperiode 1973—1976 des CCITT in S. 33 geändert und hier daher durch * gekennzeichnet (s. a. Anhang).

Die optische Anzeige sämtlicher Einzelmeßwerte bietet die vorteilhafte Möglichkeit, aus dem sich darbietenden Anzeigebild weitere Rückschlüsse auf die Art und eventuelle Ursache der Verzerrung abzuleiten; in diesem Zusammenhang seien auch die „Sendermesser" erwähnt, bei denen die individuelle Verzerrung der Schritte von Start/Stop-Zeichen auf einem Bildschirm wiedergegeben wird [11.45]. Für Routinemessungen sind dagegen die Verzerrungsmeßverfahren mit digitaler Maximalwertanzeige, die zugleich eine Registrierung der Meßergebnisse ermöglichen, besser geeignet, da das Ablesen der Meßwerte wesentlich einfacher ist. Die oft sehr zeitraubende Überwachung des auftretenden Schrittverzerrungsgrades ist dagegen besonders mit dem Verfahren, das das Überschreiten eines einstellbaren Grenzwertes anzeigt und die Anzahl der Überschreitungen zählt, wesentlich zu erleichtern.

11.3.2.3 Schrittverkürzungsmesser

Sehr einfache Meßeinrichtungen zum Erkennen einer vorliegenden Schrittverzerrung erhält man, wenn man nur den Maximalwert der auftretenden Schrittverkürzungen als Meßgröße wählt [11.46]. Das Verfahren, die Schrittverzerrung nur aus der Verkürzung der Einzelschritte zu ermitteln, baut darauf auf, daß praktisch bei allen eine Telegrafieverzerrung bewirkenden Einflüssen die Einzelschritte der einen oder anderen Polarität einer Schrittfolge verkürzt werden. Die Verkürzung der Einzelschritte wird als repräsentativ für die Schrittverzerrung der gesamten Schrittfolge betrachtet. Da bei diesem Meßverfahren nicht die Ablage der Kennzeitpunkte von den Sollzeitpunkten bewertet wird sondern die Verkürzung der Dauer der Kennabschnitte bezogen auf die Sollschrittdauer, erlaubt es die Ermittlung einzelner unzulässig verkürzter Schritte innerhalb einer Schrittfolge.

11.3.2.4 Fehlerhäufigkeitsmesser

Zur Fehlerhäufigkeitsmessung wird eine ausgesendete Nachricht Bit für Bit mit der nach dem Durchlaufen der Übertragungseinrichtungen und des Übertragungsweges empfangenen Nachricht verglichen. Die Fehlerhäufigkeitsmessung über eine *Meßstrecke* erfordert sende- und empfangsseitig synchron arbeitende Prüftextgeneratoren (Bild 11.16). Der empfangene, möglicherweise mit Übertragungsfehlern behaftete Prüftext wird mit dem lokal auf der Empfangsseite erzeugten Prüftext bitweise verglichen. Ein echter Zufallstext kann in diesem Falle nicht verwendet werden, da der Prüftext auf der Empfangsseite bekannt sein muß.

Eine einfache und zweckmäßige Schaltung der Prüftextgeneratoren
ergibt sich, wenn man für die Texterzeugung ein rückgekoppeltes
Schieberegister einsetzt [11.39]. Voraussetzung bei einer Fehlermessung
ist immer, daß die Schieberegister im Sender und Empfänger gleichartig
aufgebaut sind und daß Synchronismus zwischen Sendetakt und Empfangstakt und den Schieberegisterstellungen besteht. Der neben der Synchronisation des Empfangstaktes also zusätzlich erforderliche Text-
synchronismus läßt sich auf der Empfangsseite verhältnismäßig leicht
herstellen [11.38, 11.47].

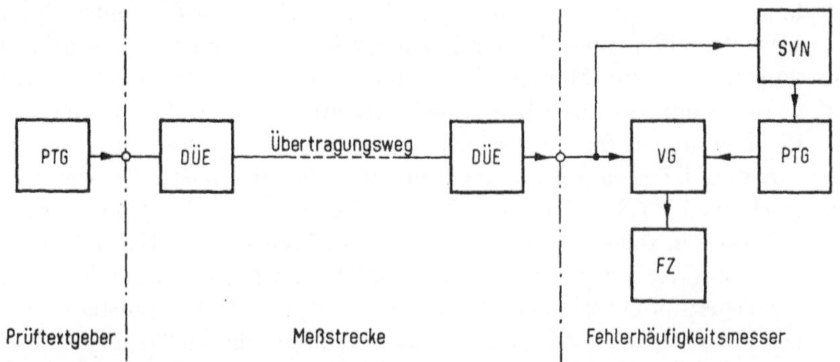

Bild 11.16   Meßanordnung zur Fehlerhäufigkeitsmessung an einer Meßstrecke.

PTG	Prüftextgenerator,	FZ	Fehlerzähler und Fehleranzeige,
SYN	Synchronisiereinrichtung,	DÜE	Datenübertragungseinrichtung.
VG	Vergleicher,		

11.4 Zentrale Meßeinrichtungen

Um in den Fernschreibnetzen mit niedrigen Schrittgeschwindigkeiten
und somit schmalbandigen Übertragungskanälen einen einwandfreien
Betrieb gewährleisten zu können, genügt es, in regelmäßigen Zeitabstän-
den zu prüfen, ob die zulässigen Grenzwerte der Sendeverzerrung und
des Empfangsspielraumes der Teilnehmeranschlüsse und die Grenzwerte
der Schrittverzerrung der Übertragungskanäle eingehalten werden. Zur
Erleichterung der notwendigen Messungen werden in den Fernmeldeämtern zentrale Meßeinrichtungen eingesetzt. Dazu werden die erforderlichen Meßgeräte zu Meßplätzen zusammengefaßt [11.48]. Andererseits
werden in den Fernmeldeämtern auch zentrale Meßeinrichtungen durch
automatische Meßanlagen gebildet. Beispiele hierfür sind die Zentral-
prüfsender, die zentralen Prüfempfänger und die automatischen Prüf-
einrichtungen, die in den Telex-Netzen eingesetzt sind [11.49].

Außerdem gibt es Einrichtungen, die auf besonders wichtigen Übertragungswegen die übertragenen Signale auf die Einhaltung vorgegebe-
ner Schrittverzerrungsgrenzwerte überwachen [11.50].

Auf den Datenübertragungsverbindungen im Fernsprechwählnetz werden Wartungsmessungen nur im Störungsfall und bei der Einrichtung neuer Datenübertragungsverbindungen durchgeführt. Die Modems für das Wählnetz der Deutschen Bundespost sind mit einfachen Zusatzeinrichtungen ausgestattet, die es erlauben, einzelne für die Funktion der Modems wichtige Parameter zu überprüfen. Darüber hinaus ist beabsichtigt, Messungen im öffentlichen Fernsprechnetz von den Datenstationen aus mit einem zentralen Datenmeßplatz abzuwickeln. Für Prüfzwecke können auch Meßschleifen geschaltet werden, wenn die Modems dazu ausgerüstet sind. Die Meßschleifen werden entweder an der Schnittstellen- oder an der Leitungsseite der Modems gebildet. Die Messungen über die Meßschleife können von der Datenendeinrichtung oder von einem zentralen Datenmeßplatz aus durchgeführt werden.

Bei Messungen auf Fernsprechverbindungen wird zwischen Messungen an den Übertragungswegen und Messungen an den Binärsignalen unterschieden [11.37, 11.51, 11.52]. Die Messungen an den Übertragungswegen erfassen folgende Meßgrößen: Dämpfung bei 800 Hz, Dämpfung als Funktion der Frequenz, Gruppenlaufzeit als Funktion der Frequenz, Geräuschspannung (psophometrisch bewertet) und Störimpulshäufigkeit.

Die Messungen an den Binärsignalen erfassen die Meßgrößen Schrittverzerrung (Grad der individuellen Verzerrung oder Isochronverzerrungsgrad) und Fehlerhäufigkeit (Bit- und Blockfehlerhäufigkeit).

Anwählbare *Automatische Datenmeßsender* sollen eingerichtet werden, die die Prüfsignalfolge 1:1 und den international vereinbarten 511-bit-Prüftext aussenden können [11.37].

Anhang

Internationale und nationale Vereinbarungen und Richtlinien auf dem Gebiet der Datenübertragung

Vorbemerkung

Der Anhang enthält nach dem Stand vom Frühjahr 1976 eine Zusammenstellung von Vereinbarungen und Normen, die von den internationalen Gremien

> Comité Consultatif International Télégraphique et Téléphonique (CCITT),
> International Organization for Standardization (ISO),
> European Computer Manufacturers Association (ECMA)

sowie den deutschen Verbänden

> Deutsches Institut für Normung (DIN)
> (bis 31. 8. 1975 Deutscher Normenausschuß — DNA —)
> und
> Nachrichtentechnische Gesellschaft
> im Verband Deutscher Elektrotechniker (NTG im VDE)

herausgegeben wurden; außerdem werden Verordnungen, Vorschriften und Merkblätter der Deutschen Bundespost (DBP) aufgeführt.

Die Auswahl beschränkt sich auf solche Festlegungen, welche für die Abwicklung der Datenübertragung in Datenfernverarbeitungssystemen wesentlich sind, besonders, wenn dabei öffentliche Fernmeldeeinrichtungen benutzt werden. Daher wurden z. B. zahlreiche Empfehlungen des CCITT zu allgemeinen Eigenschaften von Übertragungswegen, zu Kenngrößen internationaler Verbindungen und zu netzinternen Merkmalen der Übertragungs- und Vermittlungseinrichtungen des Telexnetzes und der Datennetze hier nicht aufgenommen; sie werden in den betreffenden Abschnitten dieses Werkes zitiert. Außerdem blieben Vereinbarungen über besondere Datenendeinrichtungen, z. B. Datenfernschreiber, und deren Wartung unberücksichtigt.

Einige der CCITT-Empfehlungen wurden während der Studienperiode 1973—1976 des CCITT erst erarbeitet oder gegenüber der im Green Book (Genf: ITU 1973) wiedergegebenen Fassung wesentlich überarbeitet; in manchen Fällen wurden auch ihre Bezeichnungen geändert.

Die CCITT-Empfehlungen nach dem derzeitigen Stand werden von der International Telecommunication Union (ITU) nach der Vollversammlung des CCITT im Oktober 1976 im Orange Book, welches das Green Book ablösen wird, veröffentlicht werden. In dem vorliegenden Anhang sind die neu erarbeiteten Empfehlungen bereits enthalten sowie bei den überarbeiteten Empfehlungen jeweils die neuen Fassungen und Bezeichnungen angegeben. Diejenigen Empfehlungen, die im Green Book nicht oder unter einer anderen Bezeichnung veröffentlicht sind oder deren derzeitige Fassung wesentlich von der im Green Book wiedergegebenen abweicht, sind durch * gekennzeichnet.

Neben den aufgeführten speziellen Festlegungen bestehen noch allgemeine Vorschriften, z. B. der International Electrotechnical Commission (IEC) und des Verbandes Deutscher Elektrotechniker (VDE), sowie weitere Verordnungen der Deutschen Bundespost, die bei der Einrichtung von Datenfernverarbeitungssystemen ebenfalls zu beachten sind.

Die Festlegungen sind in Abschn. 1 des Anhangs nach Sachgebieten, in Abschn. 2 nach Herkunft geordnet.

1 Internationale und nationale Vereinbarungen und Richtlinien auf dem Gebiet der Datenübertragung, geordnet nach Sachgebieten

1.1 Begriffe

Informationstheorie	DIN	44301
	NTG	0102
Datenverarbeitung	ISO	2382
	DIN	44300
Datenübertragung	ITU	List of Definitions of Essential Telecommunication Terms (2nd impr. 1961). Part I: General Terms; Telephony; Telegraphy.
		1st Supplement to Part I of the List of Definitions of Essential Telecommunication Terms (1960)
		2nd Supplement to Part I of the List of Definitions of Essential Telecommunication Terms: Data Transmission (1964)

Datenübertragung (Forts.)	CCITT	Green Book, Vol. VIII
	DIN	44302
	NTG	1202
Modulationstechnik		
allgemein	NTG	0101
Impuls- und Pulsmodula-	CCITT	G. 702
tionstechnik	NTG	0103
Vermittlungstechnik		
Systemtechnik	NTG	0902
Verkehrstheorie	NTG	0903

1.2 Codierung, Alphabete

Zuordnung zwischen Binär- zeichen und Kennzuständen von Signalen	CCITT	V. 1
CCITT-Alphabet Nr. 2		ITU, Telegraph Regulations, Geneva 1958, Art 16
	CCITT	F. 1, Division F. 1 C
CCITT-Alphabet Nr. 3	CCITT	S. 13
CCITT-Alphabet Nr. 4	CCITT	R. 44
CCITT-Alphabet Nr. 5	CCITT	V. 3
(ISO 7-bit coded character	ISO	646
set; ECMA 7-bit coded	ECMA	6
character set)	DIN	66003
Aufbau der Zeichen des	CCITT	V. 4*
CCITT-Alphabets Nr. 5	CCITT	X. 4*
	ISO	1177
	DIN	66022, Bl. 1
Erweiterung des ISO 7-bit	ISO	2022
coded character set	ECMA	35
	DIN	66203
Steuerungsverfahren mit dem	ISO	1745
ISO 7-bit coded character set	ISO	2111
	ISO	2628
	ISO	2629
	ECMA	16
	ECMA	24
	ECMA	26

---

* Siehe Vorbemerkung, S. 225.

Steuerungsverfahren mit dem	ECMA	27
ISO 7-bit coded character set	ECMA	28
(Forts.)	ECMA	29
	ECMA	37
	DIN	66019
Bitorientiertes Steuerungs-	ISO	DIS 3309.2
verfahren HDLC	DIN	66221, Teil 1

1.3 Schnittstellen zwischen Datenübertragungs- und Datenendeinrichtungen: allgemeine Festlegungen

Liste der Schnittstellen-	CCITT	V. 24*
leitungen	DIN	66020, Bl. 1
Elektrische Eigenschaften der Signale an der Schnittstelle		
Doppelstrom, unsymmetrischer Betrieb	CCITT	V. 28
	DIN	66020, Bl. 1
Doppelstrom, unsymmetrischer Betrieb, mit integrierten Schaltkreisen	CCITT	V. 10*
	CCITT	X. 26*
Doppelstrom, symmetrischer Betrieb	CCITT	V. 35
Doppelstrom, symmetrischer Betrieb, mit integrierten Schaltkreisen	CCITT	V. 11*
	CCITT	X. 27*
Einfachstrom, durch Kontakt geschaltet	CCITT	V. 31
Stiftbelegung des Schnittstellensteckers		
Doppelstrom, unsymmetrischer Betrieb	ISO	2110
	DIN	66020, Bl. 1

1.4 Datenübertragung im Telex-Netz und auf Telegrafieverbindungen

Benutzung des Telex-Netzes für die Datenübertragung	CCITT	S. 15* (früher V. 10)
	DBP, Dateldienste, Merkblatt A	
	DBP, Dateldienste, Techn. Vorschr. a	
Automatische Wahl und Rufbeantwortung einschl. Schnittstelle von Einrichtungen zur automatischen Wahl im Telex-Netz	CCITT	S. 16* (früher V. 11)

* Siehe Vorbemerkung, S. 225.

Kennungsgeber in Telex-Stationen für Datenübertragung	CCITT	S. 17* (früher V. 13)
Datenendeinrichtungen an überlassenen Telegrafen-Stromwegen	DBP, Dateldienste, Merkblatt C DBP, Dateldienste, Techn. Vorschr. b1/b2	

1.5 Datenübertragung in öffentlichen Datennetzen

Teilnehmerklassen	CCITT	X. 1*
Netzparameter	CCITT	X. 95*
Teilnehmerdienste	CCITT	X. 2* DBP, Dateldienste, Merkblatt E DBP, Dateldienste, Merkblatt F
Dienstsignale	CCITT	X. 96*
Liste der Schnittstellenleitungen	CCITT	X. 24*
Teilnehmer-Schnittstelle der Datenübertragungseinrichtungen		
für Asynchron-Datenendeinrichtungen	CCITT	X. 20*
für Asynchron-Datenendeinrichtungen mit Schnittstelle entsprechend CCITT-Empf. V. 21	CCITT DBP, Dateldienste, Techn. Vorschr. e	X. 20 bis*
für Synchron-Datenendeinrichtungen	CCITT	X. 21*
für Synchron-Datenendeinrichtungen mit Schnittstellen entsprechend den synchron arbeitenden Modems nach den CCITT-Empfehlungen der Serie V	CCITT DBP, Dateldienste, Techn. Vorschr. e	X. 21 bis*
für Paket-Datenendeinrichtungen	CCITT	X. 25*

* Siehe Vorbemerkung, S. 225.

Eigenschaften von 200- und 300-bit/s-Start/Stop-Datenendeinrichtungen für CCITT-Alphabet Nr. 5 an der Schnittstelle zur Datenübertragungseinrichtung	CCITT	S. 31* (früher X. 31)
Kennungsgeber in 200- und 300-bit/s-Start/Stop-Datenendeinrichtungen für CCITT-Alphabet Nr. 5	CCITT	S. 32* (früher X. 32)

1.6 Datenübertragung über Fernsprechverbindungen

1.6.1 *Datenübertragungseinrichtungen*

Modems		
im öffentlichen Wählnetz	DBP, Dateldienste, Merkblatt D	
auf Standverbindungen	DBP, Dateldienste, Merkblatt C	
Modems für Serienübertragung auf Verbindungen von Sprachbandbreite		
bis 200 bit/s	CCITT	V. 21
bis 600/1200 bit/s	CCITT	V. 23
mit 2400 bit/s im öffentlichen Wählnetz	CCITT	V. 26 bis
mit 2400 bit/s auf 4-Draht-Standverbindungen	CCITT	V. 26
mit 4800 bit/s auf Standverbindungen	CCITT	V. 27
mit 4800 bit/s und adaptivem Entzerrer auf Standverbindungen	CCITT	V. 27 bis*

---

* Siehe Vorbemerkung, S. 225.

Modems für Serienübertragung auf Verbindungen von Sprachbandbreite		
mit 4800 bit/s im öffentlichen Wählnetz	CCITT	V. 27 ter*
mit 9600 bit/s auf Standverbindungen	CCITT	V. 29*
Modems für Serienübertragung auf Primärgruppenverbindungen		
mit 48 kbit/s	CCITT	V. 35
mit 48, 56, 64, 72 kbit/s	CCITT	V. 36*
Modems für Parallelübertragung auf Verbindungen von Sprachbandbreite		
bis 40 Kombinationen/s im öffentlichen Wählnetz	CCITT	V. 20* (früher V. 30)
bei Benutzung der Tastwahlfrequenzen	CCITT	V. 10*
Teilnehmerschnittstelle von Modems für Serienübertragung		
bis 200 bit/s	CCITT DIN DBP, Dateldienste, Techn.	V. 21 66021, Bl. 1 Vorschr. d2
bis 1200 bit/s	CCITT DIN DBP, Dateldienste, Techn.	V. 23 66021, Bl. 2 Vorschr. d1
mit 2400 bit/s	CCITT DIN CCITT DBP, Dateldienste, Techn.	V. 26 66021, Bl. 3 V. 26 bis Vorschr. d4

* Siehe Vorbemerkung, S. 225.

Teilnehmerschnittstelle von Modems für Serienübertragung (Forts.)		
mit 4800 bit/s	CCITT	V. 27
	CCITT	V. 27 bis*
	CCITT	V. 27 ter*
mit 9600 bit/s	CCITT	V. 29*
mit 48 kbit/s	CCITT	V. 35
mit 48, 56, 64, 72 kbit/s	CCITT	V. 36*
Teilnehmerschnittstelle von Modems für Parallelübertragung		
bis 40 Kombinationen/s	CCITT	V. 20* (früher V. 30)
	CCITT	V. 31
	DBP, Dateldienste, Techn. Vorschr. d3	
bei Benutzung der Tastwahlfrequenzen	CCITT	V. 19*
Automatische Wahl und Rufbeantwortung einschl. Schnittstelle von Einrichtungen zur automatischen Wahl im öffentlichen Fernsprechwählnetz	CCITT	V. 25*
	DIN	66021, Bl. 4
	DPB, Dateldienste, Techn. Vorschr. d5	

1.6.2 *Merkmale von Übertragungswegen*

Eigenschaften von Fernsprechstandverbindungen	CCITT	H. 12
Eigenschaften von für Datenübertragungszwecke entzerrten Fernsprechverbindungen	CCITT	M. 1020* (früher M. 102)
Eigenschaften von für Datenübertragungszwecke entzerrten Primärgruppenverbindungen	CCITT	H. 14

---

* Siehe Vorbemerkung, S. 225.

Leistungspegel für die Daten-übertragung auf Fernsprech-verbindungen	CCITT	V. 2

1.6.3 Wartung

Organisation der Wartung internationaler, für Daten-übertragung benutzter Fern-sprechverbindungen	CCITT	V. 51
Grenzen der Schritt-geschwindigkeit der Sende-daten an der Schnittstelle zur Datenübertragungsein-richtung	CCITT	V. 50
Gütemerkmale von für Daten-übertragung benutzten Fernsprechverbindungen	CCITT	V. 53
Prüfschleifen in Modems	CCITT	V. 54*
Modemvergleichsmessungen	CCITT	V. 56

1.6.4 Sonstiges

Übertragungsgeschwindig-keiten bei synchroner Daten-übertragung		
im öffentlichen Wählnetz	CCITT	V. 5* (früher V. 22)
auf Standverbindungen	CCITT	V. 6* (früher V. 22 bis)
Akustische Kopplung von Datenübertragungseinrich-tungen an das Fernsprechnetz	CCITT	V. 15

1.7 Meßeinrichtungen

Meßgeräte für Schritt-verzerrung und Fehlerrate bis 4800 bit/s	CCITT	V. 52
Meßgeräte für Schritt-verzerrung und Fehlerrrate bis 48000 bit/s	CCITT	V. 57
Meßgerät für die Störimpuls-häufigkeit	CCITT CCITT	V. 55* O. 71*

---

* Siehe Vorbemerkung, S. 225.

Meßgerät für Unter- brechungen	CCITT CCITT	O. 61 O. 62
Meßgerät für Phasen- schwankungen	CCITT	O. 91

1.8 Fehlerschutzeinrichtungen

Codeunabhängige Fehler- schutzeinrichtung	CCITT	V. 41
Fehlerschutz durch Längs- paritätssicherung	ISO	1155

2 Internationale und nationale Vereinbarungen und Richtlinien auf dem Gebiet der Datenübertragung, geordnet nach Herkunft

2.1 International Telecommunication Union (ITU)

Telegraph Regulations (Geneva Revision, 1958).

Art. 16: Transmission Signals of International Telegraph Alphabets Nos. 1 and 2, and Morse Code Signals. Genf: ITU 1959.

In deutscher Übersetzung: Vollzugsordnung für den Telegraphendienst Genf 1958; herausgegeben vom Bundesministerium für das Post- und Fernmelde-wesen, 1959.

List of Definitions of Essential Telecommunication Terms

(2nd impr. 1961) Part I: General Terms; Telephony; Telegraphy.

1st Supplement to Part I of the List of Definitions of Essential Telecommunication Terms (1960).

2nd Supplement to Part I of the List of Definitions of Essential Telecommunication Terms: Data Transmission (1964).

Genf: ITU.

Empfehlungen des CCITT

Die Empfehlungen des CCITT sind veröffentlicht im Green Book, Genf: ITU 1973.
Die nachstehend erwähnten Serien dieser Empfehlungen verteilen sich in folgender Weise auf die Bände des Green Book:

Empfehlungen der Serie	Green Book Vol.
V und X[1]	VIII
F	II B
G und H	III
M und O	IV
S und R	VII

Jeder Band des Green Book enthält außerdem eine Zusammenstellung der zugehörigen Begriffe.

Nachstehend sind die Empfehlungen nach dem derzeitigen Stand zusammengestellt, der von der ITU nach der Vollversammlung des CCITT im Oktober 1976 im Orange Book veröffentlicht wird. Empfehlungen, die im Green Book nicht oder unter einer anderen Bezeichnung veröffentlicht sind oder deren derzeitige Fassung wesentlich von der im Green Book wiedergegebenen abweicht, sind durch * gekennzeichnet (s. a. Vorbemerkung, S. 225).

Serie V — Datenübertragung

V. 1	Equivalence between binary notation symbols and the significant conditions of a two-condition code
V. 2	Power levels for data transmission over telephone lines
V. 3	International Alphabet No. 5
V. 4*	General structure of signals of International Alphabet No. 5 code for data transmission over the public telephone network
V. 5* (früher V. 22)	Standardization of data signalling rates for synchronous data transmission in the general switched telephone network
V. 6* (früher V. 22 bis)	Standardization of data-signalling rates for synchronous data transmission on leased telephone-type circuits
V. 10* (identisch mit X. 26*)	Electrical characteristics for unbalanced double-current interchange circuits for general use with integrated circuit equipment in the field of data communications
V. 11* (identisch mit X. 27*)	Electrical characteristics for balanced double-current interchange circuits for general use with integrated circuit equipment in the field of data communications

---

[1] Deutsche Übersetzung der Empfehlungen der Serien V und X: CCITT-Empfehlungen der V-Serie und der X-Serie: Datenübertragung, 2. Aufl. Hamburg: R. v. Decker, G. Schenck 1974.

* Siehe Vorbemerkung, S. 225.

V. 15	Use of acoustic coupling for data transmission
V. 19*	Modems for parallel data transmission using telephone signalling frequencies
V. 20* (früher V. 30)	Parallel data transmission modems standardized for universal use in the general switched telephone network
V. 21	200-baud modem standardized for use in the general switched telephone network
V. 23	600/1200-baud modem standardized for use in the general switched telephone network
V. 24*	List of definitions for interchange circuits between data terminal equipment and data circuit-terminating equipment
V. 25*	Automatic calling and/or answering on the general switched telephone network, including disabling of echo suppressors on manually established calls
V. 26	2400 bits per second modem standardized for use on four-wire leased circuits
V. 26 bis	2400/1200 bits per second modem standardized for use in the general switched telephone network
V. 27	4800 bits per second modem standardized for use on leased circuits
V. 27 bis*	4800 bit per second modem with automatic equalizer standardized for use on leased circuits
V. 27 ter*	4 800/2 400 bits per second modem standardized for use in the general switched telephone network
V. 28	Electrical characteristics for unbalanced double-current interchange circuits
V. 29*	9 600 bits per second modem for use on leased circuits
V. 31	Electrical characteristics for single-current interchange circuits controlled by contact closure
V. 35	Data transmission at 48 kilobits per second using 60- to 108-kHz-group band circuits
V. 36*	Modems for synchronous data transmission using 60—108 kHz group-band circuits

* Siehe Vorbemerkung, S. 225.

V. 41	Code-independent error control system
V. 50	Standard limits for transmission quality of data transmission
V. 51	Organization of the maintenance of international telephone-type circuits used for data transmission
V. 52	Characteristics of distortion and error-rate measuring apparatus for data transmission
V. 53	Limits for the maintenance of telephone-type circuits used for data transmission
V. 54*	Loop test devices for modems
V. 55* (identisch mit O. 71*)	Specification for an impulsive noise measuring instrument for telephone-type circuits
V. 56	Comparative tests of modems for use over telephone-type circuits
V. 57	Comprehensive data test set for high data signalling rates

Serie X — Öffentliche Datennetze

X. 1*	International user classes of service in public data networks
X. 2*	International user facilities in public data networks
X. 4*	General structure of signals of International Alphabet No. 5 code for data transmission over public data networks
X. 20*	Interface between data terminal equipment and data circuit-terminating equipment for start-stop transmission services on public data networks
X. 20 bis*	V. 21-compatible interface between data terminal equipment and data circuit-terminating equipment for start-stop transmission services on public data networks
X. 21*	General purpose interface between data terminal equipment and data circuit-terminating equipment for synchronous operation on public data networks

* Siehe Vorbemerkung, S. 225.

X. 21 bis*	Use on public data networks of data terminal equipments which are designed for interfacing to synchronous V-series modems
X. 24*	List of definitions for interchange circuits between data terminal equipment and data circuit-terminating equipment on public data networks
X. 25*	Interface between data terminal equipment and data circuit-terminating equipment for terminals operating in the packet mode on public data networks
X. 26* (identisch mit V. 10*)	Electrical characteristics for unbalanced double-current interchange circuits for general use with integrated circuit equipment in the field of data communications
X. 27* (identisch mit V. 11*)	Electrical characteristics for balanced double-current interchange circuits for general use with integrated circuit equipment in the field of data communications
X. 95*	Network parameters in public data networks
X. 96*	Call progress signals in public data networks

Serie F — Betrieb und Tarife der Telegrafie

F. 1	Operational provisions for the international public telegram service

Serie G — Fernsprechübertragung

G. 702*	Vocabulary of pulse code modulation (PCM) and digital transmission terms

Serie H — Leitungen für die Übertragung von anderen als Fernsprechsignalen, z. B. von Datensignalen

H. 12	Characteristics of telephone-type leased circuits
H. 14	Characteristics of group links for the transmission of wide-spectrum signals

Serie M — Wartung, z. B. bei Datenübertragung

M. 1020* (früher M. 102)	Characteristics of special quality leased circuits (for example for data transmission)

* Siehe Vorbemerkung, S. 225.

Serie S — Telegrafieapparate

S. 13	Use on radio circuits of 7-unit synchronous systems giving error correction by automatic repetition
S. 15* (früher V. 10)	Use of the telex network for date transmission at the modulation rate of 50 bauds
S. 16* (früher V. 11)	Automatic calling and/or answering on the telex network
S. 17* (früher V. 13)	Answer-back unit simulators
S. 31* (früher X. 31)	Characteristics, from the transmission point of view, at the interchange point between data terminal equipment and data circuit-terminating equipment when a 200 baud start-stop data terminal equipment in accordance with International Alphabet No. 5 is used
S. 32* (früher X. 32)	Answer-back units for 200 bauds start-stop machines in accordance with International Alphabet No. 5

Serie R — Telegrafiekanäle

R. 44	6-unit synchronous time-division 2—3-channel multiplex telegraph system for use over F.S.V.F.T. channels spaced at 120 Hz for connection to standardized teleprinter networks

Serie O — Meßeinrichtungen

O. 61	Essential clauses for a simple instrument to measure interruptions on telephone circuits
O. 62	Essential clauses for a sophisticated instrument to measure interruptions on telephone circuits
O. 71* (identisch mit V. 55*)	Specification for an impulsive noise measuring instrument for telephone-type circuits
O. 91	Essential clauses for an instrument to measure phase jitter on telephone circuits

* Siehe Vorbemerkung, S. 225.

2.2 International Organization for Standardization (ISO)

Die International Standards der ISO (ISO...) und die Entwürfe für International Standards (ISO/DIS...) werden als eigene Druckschriften herausgegeben.

ISO	646	7-bit coded character set for information processing interchange
ISO	1155	Information processing — Use of longitudinal parity to detect errors in information messages
ISO	1177	Information processing — Character structure for start-stop and synchronous transmission
ISO	1745	Information processing — Basic mode control procedures for data communication systems
ISO	2022	Code extension techniques for use with the 7-bit coded character set
ISO	2110	Data communication — 25 pin DTE/DCE (= data terminal equipment/data circuit terminating equipment) interface connector and pin assignments
ISO	2111	Data communication — Basic mode control procedures — Code independent information transfer
ISO	2382	Data processing — Vocabulary — Section 01: Fundamental terms
ISO	2628	Basic mode control procedures — Complements
ISO	2629	Basic mode control procedures — Conversational information message transfer
ISO/DIS	3309.2	Data communication — High-level data link control procedures — frame structure

2.3 European Computer Manufacturers Association (ECMA)

Die ECMA-Standards werden als eigene Druckschriften (Blue Cover) herausgegeben.

ECMA-6	7-bit input/output coded character set
ECMA-16	Basic mode control procedures for data communication systems using the ECMA 7-bit-code

ECMA-24	Code independent information transfer (an extension to the basic mode transmission control procedures for data communication systems according to Standard ECMA-16)
ECMA-26	Recovery procedures (an extension to the basic mode control procedures for data communication systems according to Standard ECMA-16)
ECMA-27	Abort and interrupt procedures (an extension of the basic mode control procedures for data communication systems according to Standard ECMA-16)
ECMA-28	Multiple station selection procedures (an extension of the basic mode control procedures for data communication systems according to Standard ECMA-16)
ECMA-29	Conversational information transfer (an extension of the basic mode control procedures for data communication systems according to Standard ECMA-16)
ECMA-35	Extension of the 7-bit coded character set
ECMA-37	Supplementary transmission control functions (an extension of the basic mode control procedures for data communication systems according to Standard ECMA-16)
ECMA-40	High-level data link control procedures (HDLC), Frame Structures

2.4 Deutsches Institut für Normen (DIN)

Die Deutschen Normen werden als DIN-Normblätter (weiß) und DIN-Normblatt-Entwürfe (gelb) herausgegeben.

DIN 44300	Informationsverarbeitung; Begriffe
DIN 44301	Informationstheorie; Begriffe
DIN 44302	Informationsverarbeitung; Begriffe der Datenübertragung
DIN 66003	Informationsverarbeitung; 7-Bit-Code
DIN 66019	Informationsverarbeitung; Steuerungsverfahren mit dem 7-Bit-Code bei Datenübertragung
DIN 66020, Bl. 1	Datenübertragung; Anforderungen an die Schnittstelle bei Übergabe bipolarer Datensignale, Übertragungsgeschwindigkeiten bis zu 20 kbit/s

DIN 66021, Bl. 1	Datenübertragung; Schnittstelle zwischen DÜ- und DE-Einrichtungen bei 200 bit/s im Gegenbetrieb auf Fernsprechleitungen
DIN 66021, Bl. 2	Datenübertragung; Schnittstelle zwischen DÜ- und DE-Einrichtungen bei 1200/600 bit/s auf Fernsprechleitungen
DIN 66021, Bl. 3	Datenübertragung; Schnittstelle zwischen DÜ- und DE-Einrichtungen bei 2400/1200 bit/s auf Fernsprechleitungen
DIN 66021, Bl. 4	Datenübertragung; Schnittstelle zwischen DE- und DÜ-Einrichtungen bei automatischem Verbindungsaufbau in Fernsprechwählnetzen
DIN 66022, Bl. 1	Informationsverarbeitung; Darstellung des 7-Bit-Code bei Datenübertragung, Serienübergabe
DIN 66203	Informationsverarbeitung; 7-Bit-Code, Regeln zur Erweiterung
DIN 66221, Teil 1	Informationsverarbeitung; Bitorientiertes Steuerungsverfahren zur Datenübermittlung HDLC, Aufbau des Datenübertragungsblocks

2.5 Nachrichtentechnische Gesellschaft (NTG) im Verband deutscher Elektrotechniker (VDE)

Die Empfehlungen und Empfehlungsentwürfe der Nachrichtentechnischen Gesellschaft werden in der Nachrichtentechnischen Zeitschrift veröffentlicht

NTG 0101	Modulationstechnik, Begriffe. Nachr.-techn. Z. 24 (1971), 282—286
NTG 0102	Informationstheorie, Begriffe. Nachr.-techn. Z. 19 (1966), 231—234
NTG 0103	Impuls- und Pulsmodulations-Technik, Begriffe. Nachr.-techn. Z. 25 (1972), K 219—K 225
NTG 0902	Vermittlungstechnik, Begriffe der Systemtechnik. Nachr.-techn. Z. 25 (1972), K 125—K 136
NTG 0903	Vermittlungstechnik und Verkehrstheorie, Begriffe. Nachr.-techn. Z. 24 (1972), K 57—K 61
NTG 1202	Begriffe der Telegrafentechnik und der Telegrafie-Endeinrichtungen für Datenübertragung. Nachr.-techn. Z. 24 (1971), 481—495

2.6   Deutsche Bundespost (DBP)

2.6.1 Verordnungen für die öffentlichen Fernmeldedienste

Fernmeldeordnung

> herausgegeben vom Bundesminister für das Post- und Fernmelde-
> wesen, 5. Mai 1971; letzte, berichtigte Ausgabe: Januar 1977

mit zugehörigen Verwaltungsanweisungen und Verordnungen zur
Änderung der Fernmeldeordnung

Verordnung für den Fernschreib- und den Datex-Dienst

> herausgegeben vom Bundesminister für das Post- und Fern-
> meldewesen, 26. Februar 1974

mit zugehörigen Verwaltungsanweisungen und Verordnungen zur
Änderung der Verordnung für den Fernschreib- und den Datex-
Dienst

Verordnung über das öffentliche Direktrufnetz für die Übertragung digitaler Nachrichten

> herausgegeben vom Bundesminister für das Post- und Fern-
> meldewesen, 24. Juni 1974

mit zugehörigen Verwaltungsanweisungen und Verordnungen zur
Änderung der Gebührenvorschriften für das öffentliche Direktrufnetz für die Übertragung digitaler Nachrichten vom 27. Oktober
1975

2.6.2 Vorschriften und Merkblätter

Bestimmungen über private Drahtfernmeldeanlagen

> herausgegeben vom Bundesminister für das Post- und Fern-
> meldewesen, 22. März 1976

FTZ-Richtliniensammlung 1 R 8

Technische und betriebliche Bedingungen für die Überlassung
von Hauptanschlüssen sowie posteigenen Leitungen und Strom-
wegen

> herausgegeben und bearbeitet vom Fernmeldetechnischen Zen-
> tralamt 1974

Merkblätter über Dateldienste der Deutschen Bundespost
herausgegeben vom Fernmeldetechnischen Zentralamt

Merkblatt A	Datenübertragung zwischen Telexanschlüssen
Merkblatt D	Datenübertragung zwischen Anschlüssen des öffentlichen Fernsprechnetzes
Merkblatt E	Datenübertragung zwischen Datexanschlüssen
Merkblatt F	Datenübertragung im öffentlichen Direktrufnetz
Merkblatt Z	Datenübertragung über Fernmeldewege der Deutschen Bundespost — Probleme und Möglichkeiten —
Beiblatt Z	Zusammenstellung der wichtigsten Gebühren im Zusammenhang mit der Benutzung von Fernmeldewegen zur Übertragung von Daten

Vorschriften zu den Dateldiensten der Deutschen Bundespost
herausgegeben vom Fernmeldetechnischen Zentralamt

Vorschriften a	Einrichtungen bei Telexstellen zur Übertragung von Daten
Technische Vorschriften b1/b2	Anschluß von Endeinrichtungen an überlassene Telegrafen-Stromwege bei Schrittgeschwindigkeiten bis 200 Baud
Technische Vorschriften d1	Vorläufige Schnittstellenbedingungen für das Datenübertragungsgerät „Modem D 1200 S"
Technische Vorschriften d2	Vorläufige Schnittstellenbedingungen für das Datenübertragungsgerät „Modem D 200 S"
Technische Vorschriften d3	Vorläufige Schnittstellenbedingungen für das Datenübertragungssystem D 20 P
Technische Vorschriften d4	Vorläufige Schnittstellenbedingungen für das Datenübertragungsgerät „Modem D 2400 S"

Technische Vorschriften d5	Vorläufige Information über die automatische Wähleinrichtung für Datenverbindungen (AWD) der DBP
Technische Vorschriften e	Vorläufige Schnittstellenbedingungen für das Datex-Fernschaltgerät der Deutschen Bundespost
Allgemeine Vorschriften z	Zulassung von Dateneinrichtungen zum Anschluß an Fernmeldewege

Literaturverzeichnis

Literatur zu Abschnitt 7

7.1 CCITT: Recommendation V. 24: List of definitions for interchange circuits between data terminal equipment and data circuit-terminating equipment. Green Book, Vol. VIII, Genf: ITU 1973.

7.2 DIN 66020, Bl. 1: Datenübertragung. Anforderungen an die Schnittstelle bei Übergabe bipolarer Datensignale. Übertragungsgeschwindigkeiten bis zu 20 kbit/s. 1974.

7.3 CCITT: Recommendation V. 21: 200-baud modem standardized for use in the general switched telephone network. Green Book, Vol. VIII, Genf: ITU 1973.

7.4 CCITT: Recommendation V. 23: 600/1200-baud modem standardized for use in the general switched telephone network. Green Book, Vol. VIII, Genf: ITU 1973.

7.5 CCITT: Recommendation V. 26: 2400 bits per second modem standardized for use on four-wire leased circuits. Green Book, Vol. VIII, Genf: ITU 1973.

7.6 CCITT: Recommendation V. 26 bis: 2400/1200 bits per second modem standardized for use in the general switched telephone network. Green Book, Vol. VIII, Genf: ITU 1973.

7.7 CCITT: Recommendation V. 27: 4800 bits per second modem standardized for use on leased circuits. Green Book, Vol. VIII, Genf: ITU 1973.

7.8 CCITT: Recommendation V. 35: Data transmission at 48 kilobits per second using 60- to 108 kHz group band circuits. Green Book, Vol. VIII, Genf: ITU 1973.

7.9 CCITT: Recommendation V. 30: Parallel data transmission modems standardized for universal use in the general switched telephone network. Green Book, Vol. VIII, Genf: ITU 1973.

7.10 CCITT: Recommendation V. 25: Automatic calling and/or answering equipment on the general switched telephone network, including disabling of echo suppressors on manually established calls. Green Book, Vol. VIII, Genf: ITU 1973.

7.11 CCITT: Recommendation V. 11: Automatic calling and/or answering on the telex network. Green Book, Vol. VIII, Genf: ITU 1973.

7.12 CCITT: Recommendation F. 1: Operating methods for the international general telegraph service. Green Book, Vol. II-B, Genf: ITU 1973.

7.13 CCITT: Recommendation X. 20: Interface between data terminal equipment and data circuit-terminating equipment for start-stop services in user classes 1 and 2 on public data networks. Green Book, Vol. VIII, Genf: ITU 1973.

7.14 CCITT: Recommendation V. 3: International Alphabet No. 5. Green Book, Vol. VIII, Genf: ITU 1973.

7.15 CCITT: Recommendation X. 21: Interface between data terminal equipment and data circuit-terminating equipment for synchronous operation on public data networks. Green Book, Vol. VIII, Genf: ITU 1973.

7.16 CCITT: Recommendation V. 28: Electrical characteristics for unbalanced double-current interchange circuits. Green Book, Vol. VIII, Genf: ITU 1973.

7.17 CCITT: Recommendation V. 31: Electrical characteristics for single-current interchange circuits controlled by contact closure. Green Book, Vol. VIII, Genf: ITU 1973.

7.18 ISO 2110: Data communication — 25 pin DTE/DCE interface connector and pin assignments.

7.19 Bacher, W.: Modems für die Serienübertragung von Daten über Fernsprechwege. Siemens-Z. 43 (1969) 123—129.

7.20 DAS 1024554 (Erfinder: v. Plata, H.; v. Sanden, D.): Schaltungsanordnung zur Erzeugung frequenzmodulierter Telegrafiesignale.

7.21 Fischer, G.; Schulz, J.: Modem 300 A und Modem 1200 A für die Datenübertragung über Fernsprechverbindungen. Siemens-Z. 49 (1975) 29—34.

7.22 CCITT: Supplement Nr. 1: Federal Republic of Germany: Study of the general switched telephone network with a view to its suitability for data transmission. Green Book, Vol. VIII, Genf: ITU 1973.

7.23 Kaden, H.: Theoretische Grundlagen der Datenübertragung. München, Wien: Oldenbourg 1968.

7.24 Betten, H. P.; Widmaier, R.; Weigel, U.: Modem 2012 für Datenübertragung. Elektr. Nachrichtenwesen (ITT) 50 (1975) 183—188.

7.25 Norz, A.; Tetzner, W.: Der Modem 2011 für Datenübertragung bis 1200 bit/s. SEL-Nachrichten 14 (1966) 140—146.

7.26 Ruopp, G.: Die Demodulation frequenzumgetasteter Signale mit Bandbreiten in der Größenordnung der Mittenfrequenz. Stuttgart, Techn. Univ., Diss. 1975.

7.27 Grützmann, S.: A method on realizing modems for data transmission over telephone lines in IC-technology. Internat. Commun. Conf., Boulder, 1969, Conf. Rec., S. 38—1 bis 38—5.

7.28 Hofmeister, H.: Datenübertragungsgerät DM 2400. Techn. Mitt. AEG-Telefunken 62 (1972) 9—10.

7.29 Siglow, J.; Valenta, H.: Datenübertragungseinrichtung Modem 4800 für festgeschaltete Fernsprechwege, Siemens-Z 47 (1973) 525—530.

7.30 Tannhäuser, A.: High speed data transmission with differential phase modulation in telephone networks. Nachr.-techn. Z. 25 (1972) 330—333.

7.31 Kretzmer, E. R.: The new look in data communications. Bell Labor. Rec., Okt. 1973, S. 259—265.

7.32 Gitlin, R. D.; Ho, E. Y.; Maz, I. E.: Passband equalization of differentially phase-modulated data signals. Bell Syst. Techn. J. 52 (1973) 219—238.

7.33 DAS 1791174 vom 26. 9. 1968 (Erfinder: Wendland, B.): Entzerrerschaltung zur Beseitigung linearer Verzerrungen.

7.34 Fischer, G.; Grunow, D.: Modem für die Parallel-Übertragung von Daten über Fernsprechwählnetze. Siemens-Z. 43 (1969) 129—135.

7.35 Fuchs, E.; Ohlendorf, G.: Parallelmodems für Geschwindigkeiten bis 40 Zeichen/s. Nachr.-techn. Fachber. 37 (1969) 94—105

7.36 Kaltenbach, A.: Parallel-Datenübertragung über das Fernsprechnetz. Der Ingenieur der Deutschen Bundespost (1970) 5, S. 172—180.

7.37 Treschau, R.: Parallele Datenübertragung. Z. für Post- und Fernmeldewesen 20 (1968) 595—598.

7.38 Fuchs, E.; Grützmann, S.: Error rate and error detection in parallel data transmission over telephone networks. Colloque international sur la télé-informatique, Paris 1969, T. 1, S. 124—133.

7.39 CCITT: Recommendation Q. 23: Technical features of push button telephone sets. Green Book, Vol. VI, Genf: ITU 1973.

7.40 Zell, P.: Signalempfänger für die Tonfrequenz-Tastwahl. Informationen Fern-sprech-Vermittlungstechnik 4 (1968) 152—159.

7.41 Soderberg, J. H.; Campbell, R. R.; Bates, F. E.: The touch tone telephone-transmission of digital information. IEEE Trans. Commun. Technol. COM 15 (1967) 812—824.

7.42 Damm, R. R.: Basisband-Datenübertragungseinrichtungen im integrierten Fernschreib- und Datennetz (IDN) der Deutschen Bundespost. Nachr.-techn. Fachber. 55 (1976) 231—241.

7.43 Grützmann, S.: Übertragungseinheiten zum Einsatz in Datennetzen. Nachr.-techn. Fachber. 55 (1976) 220—230.

7.44 Franke, H.; Gieck, R.: Gleichstrom-Datenübertragungssystem bis 9600 bit/s im Nahbereich. Siemens-Z. 45 (1971) 229—231.

7.45 Horst, H.; Lang, M.: Datenübertragung im Ortsnetz durch Gleichstrom-tastung — Ergebnisse eines Versuchsbetriebes. Nachr.-techn. Z. 22 (1969) 353—363.

7.46 Gieck, R.; Grunow, D.: Modem N 10 für die Datenübertragung im Nahbereich. Siemens Z. 49 (1975) 154—159.

7.47 Bacher, W.; Schollmeier, G.: Datenübertragungseinrichtung Modem 9600 für festgeschaltete Fernsprechwege. Siemens-Z. 49 (1975) 287—292.

7.48 CCITT: Recommendation X. 1: User classes of service for public data net-works. Green Book, Vol. VIII, Genf: ITU 1973.

7.49 CCITT: Recommendation X. 2: Recommended user facilities available in public data networks. Green Book, Vol. VIII, Genf: ITU 1973.

7.50 Tannhäuser, A.: Datenübertragung mit 48 bis 72 kbit/s auf Primärgruppen-verbindungen. Nachr.-techn. Fachber. 55 (1976) 213—219.

7.51 Wasser, I.: Einkanal-Datenübertragungseinrichtung ED 1000. NTZ-Report (1972) H. 11, S. 38—42.

7.52 Gallenkamp, W.; Kern, K.: Transmission systems for the new integrated telegraph and data network of the Deutsche Bundespost. World Telecommunic-ation Forum (Technical symposium). Conf. Proc. Genf: ITU 1975, S. 2.3.6.1 bis 2.3.6.7.

7.53 Hessenmüller, H.; Martin, D.: Kanalcodierung und Datenübertragung im Basisband auf NF-Kabeln für ein Datennetz. Internat. Zürich Seminar on Digital Commun. 1974, S. H 2 (1—5).

7.54 Lüschen, F.: Tonfrequenz-Wechselstromtelegraphie. Elektrotechn. Z. 44 (1923) 1—4 und 28—31.

7.55 Schönhammer, K.: Voss, H. H.: Fernschreibübertragungstechnik. München, Wien: Oldenbourg 1966.

7.56 CCITT: Recommendation R. 35: Standardization of frequency-shift-modu-lated voice-frequency telegraph systems, for a modulation rate of 50 bauds. Green Book, Vol. VII, Genf: ITU 1973.

7.57 CCITT: Recommendation R. 37: Standardization of frequency-shift-modu-lated voice-frequency telegraph systems for a modulation rate of 100 bauds. Green Book, Vol. VII, Genf: ITU 1973.

7.58 CCITT: Recommendation R. 38 A: Standardization of frequency-shift-modu-lated voice-frequency telegraph systems for a modulation rate of 200 bauds with channels spaced at 480 Hz. Green Book, Vol. VII, Genf: ITU 1973.

7.59 CCITT: Recommendation R. 38 B. Standardization of frequency-shift-modulated voice-frequency telegraph systems for a modulation rate of 200 bauds with channels spaced at 360 Hz. Green Book, Vol. VII, Genf: ITU 1973.

7.60 CCITT: Recommendation X. 40: Standardization of frequency shift modulated transmission systems for the provision of telegraph and data channels by frequency division of a primary group. Green Book, Vol. VIII, Genf: ITU 1973.

7.61 Hölzler, E.; Holzwarth, H.: Pulstechnik, Bd. II: Anwendungen und Systeme. Berlin, Heidelberg, New York: Springer 1976.

7.62 Travis, L. F.; Yaeger, R. E.: Wideband Data on T 1 Carrier. Bell Syst. Tech. J. 44 (1965) 1567—1604.

7.63 Dieter, K. G.: Bitgruppenorientierte Multiplexer in Datennetzen. Nachr.-techn. Fachber. 55 (1976) 267—271.

7.64 Doster, R.: Zeitmultiplexeinheiten für den Einsatz in Datennetzen. Nachr.-techn. Fachber. 55 (1976) 257—266.

7.65 Bader, E.: Code- und geschwindigkeitsunabhängige Telegrafie- und Datenkanäle in Zeitvielfachsystemen. Nachr.-techn. Fachber. 55 (1976) 272—281.

7.66 CCITT: Recommendation X. 50: Fundamental parameters of a multiplexing scheme for the international interface between synchronous data networks. Green Book, Vol. VIII, Genf: 1973.

7.67 Kahl, P.: 2-Mbit/s-Digitalübertragung auf vorhandenen Kabelanlagen der DBP mit symmetrischen Elementen: Planung. Nachr.-techn. Fachber. 55 (1976) 242—249.

7.68 Herz, R.: 2-Mbit/s-Digitalübertragung auf vorhandenen Kabelanlagen der DBP mit symmetrischen Elementen: Technische Ausführung. Nachr.-techn. Fachber. 55 (1976) 250—256.

Literatur zu Abschnitt 8

8.1 DIN 40042: Zuverlässigkeit elektrischer Geräte, Anlagen und Systeme; Begriffe. 1970 .

8.2 Postleitfaden Bd. 6, „Fernmeldetechnik", 6. Teil „Telegrafentechnik", III „Fernschreib- und Datenvermittlungstechnik", Kap. 4: Telegrafen- und Datenvermittlungstechnik. Hamburg: R. v. Decker's Verlag G. Schenck 1971.

8.3 Peitz, A.: Leistungsmerkmale, Aufbau und Besonderheiten des Fernschreib-Wählvermittlungssystems TWK D. Siemens-Z. 42 (1968) 446—453.

8.4 Schneider, K.: Besonderheiten großer TWK D-Wählvermittlungen. Siemens-Z. 42 (1968) 453—458.

8.5 Melis, A.; Verschueren, G.: Fernschreib- und Datenvermittlungssystem METACONTA 10 C. Elektr. Nachr. wes. 45 (1970) 173—182.

8.6 Cagnac, T.; Fruchard, C.; Le Gall, A.; Yelloz, G.: Das Datenverarbeitungssystem ITT 3200. Elektr. Nachr. wes. 46 (1971) 32—40.

8.7 Dyczmons, W.; Goßlau, K.: Das Datenvermittlungssystem EDS. Computer-Praxis 11 (1971) 282—286.

8.8 Gabler, H.; Staudinger, W.: Das deutsche Datennetz mit dem elektronischen Datenvermittlungssystem (EDS); 1. Teil: Der Fernmelde-Ing. 26 (1972) H. 5, 1—38; 2. Teil: Der Fernmelde-Ing. 26 (1972) H. 6, 1—39.

8.9 Hagen, R.: Einrichtungen des elektronischen Datenvermittlungssystems EDS für taktgesteuerte Datennetze. Nachr.-techn. Fachber. 55 (1976) 102—112.

8.10 v. Ballmoos, J.; Bonnick, B. J.: An electronic telex exchange. IEE Switching Techniques for Telecommunication Networks, 1969 Conf. Publ. Nr. 52, S. 111—114.

8.11 Fernschreib-Wählvermittlung TWK N. Systembeschreibung A 22320-X 48-A 100-3-18, München: Siemens AG 1973.

8.12 Gaiser, R.; Mitterer, H.: Remote-controlled concentrators for data networks. Internat. Conf. on Commun. 1971, Conf. Rec., S. 44—10 bis 44—13.

8.13 Bartel, W.; Göldner, R.; Hessenmüller, H.: A possibility of concentrating asynchronously operating data stations in EDS networks by means of synchronous time division multiplex transmission. Nachr.-techn. Z. 26 (1973) 20 bis 25.

8.14 Bauchrowitz, F.; Kreuzholz, L.: Konzentrator KMS für mittelschnelle Datennetze. Siemens-Z. 49 (1975) 430—434.

8.15 Wessler, B. D.; Hovey, R. B.: Public packet-switched networks. Datamation 20 (1974) H. 7, S. 85—87.

8.16 Casey, K. B.: Developments in telegraph message switching systems. The Telecommun. J. of Australia (1966) 99—104.

8.17 Bazilevich, Y. V.; Pramnek, G. F.: The basic methods of realizing message switching centers. Telecommun. and Radio Engng. 25/26 (1971) 11, S. 11 bis 14.

8.18 Davies, D. W.; Barber, D. L. A.: Communication networks for computers; Chap. 8: Message switching systems, Chap. 11: Protocols, terminals and network monitoring. London: John Wiley 1973.

8.19 van Kampen, H.: The type DS 714 computer-based message and data switching system. Philips Telecommun. Rev. 28 (1969) 135—146.

8.20 van Kampen, H.: The DS 714 system for telex. Philips Telecommun. Rev. 30 (1972) 59—64.

8.21 Röscheisen, F.: Siemens-System 102, Nebenstellenanlagen für den Fernschreibverkehr. Siemens-Z. 49 (1975) 217—220.

8.22 Pusch, R.: DC 100 — ein System für das rechnergesteuerte Sammeln, Verteilen und Vermitteln von Daten. Siemens-Z. 43 (1969) Beiheft „Datenfernverarbeitung" 44—50.

8.23 Martin, J.: Die Organisation von Datennetzen. Kap. 12: Konzentratoren. München: Carl Hanser 1972.

8.24 Bader, E.: A bit-synchronous multipoint data transmission network. Eurocon 1971 Dig., Lausanne, S. B 7—3 (1) bis 7—3 (2).

Literatur zu Abschnitt 9

9.1 Bocker, P.: Data traffic in communication networks. World Telecommunication Forum (Technical symposium). Conf. Proc. Genf: ITU 1975, S. 2.3.1.1 bis 2.3.1.8.

9.2 Bininda, N.; Jurk, R.: Fernsprechtechnik und Datenverkehr. Telefon rep. 9 (1973) 33—36.

9.3 Pilz, H.-J.: Auskunftssysteme in Dienstleistungsunternehmen mit MODACOM. Telefon rep. 9 (1973) 64—71.

9.4 Gerke, P.: Einige Gesichtspunkte zu dienst-integrierten Fernmeldenetzen. Telefon rep. 11 (1975) 86—90.

9.5 CCITT: Recommendation X. 1: User classes of service and data signalling rates for public data networks. Green Book, Vol. VIII, Genf: ITU 1973.

9.6 CCITT: Recommendation X. 2: Recommended user facilities available in public data networks. Green Book, Vol. VIII, Genf: ITU 1973.

9.7 Gabler, H.; Staudinger, W.: Das deutsche Datennetz mit dem elektronischen Datenvermittlungssystem (EDS). Der Fernmelde-Ing. 26 (1972) H. 5 und 6.

9.8 Carleton, G. F.: Infoswitch—a public nationwide data network in Canada. Nachr.-techn. Fachber. 55 (1976) 157—168.

9.9 Horton, D. J.; Bowie, P. G.: The Dataroute: a digital data network. Conf. Rec. of ISS 1974, S. 236/1—236/6.

9.10 Snow, N. E.; Knapp, N.: Digital data system: System overview. Bell Syst. Tech. J. 54 (1975) 811—832.

9.11 CCITT: Recommendation X. 20: Interface between data terminal equipment and data circuit-terminating equipment for start-stop services in user classes 1 and 2 on public data networks. Green Book, Vol. VIII, Genf: ITU 1973.

9.12 CCITT: Recommendation X. 21: Interface between data terminal equipment and data circuit-terminating equipment for synchronous operation on public data networks. Green Book, Vol. VIII, Genf: ITU 1973.

9.13 Dateldienste der Deutschen Bundespost, Merkblatt F: Datenübertragung im öffentlichen Direktrufnetz. 1974.

9.14 Bocker, P.: Gaiser, R.: Der Aufbau von Datennetzen mit dem elektronischen Datenvermittlungssystem EDS. Nachr.-techn. Z. 26 (1973) 297—304.

9.15 Leeper, D. G.: A universal digital data scrambler. Bell Syst. Tech. J. 52 (1973) 1851—1856.

9.16 Allery, G. D.; Chapman, K. J.: Features of a synchronous data network for the United Kingdom. Conf. Rec. of ICC 71, S. 31/10—31/13.

9.17 Saltzberg, B. R.; Zydney, H. M.: Digital data system: network synchronization. Bell Syst. Tech. J. 54 (1975) 879—892.

9.18 Verma, P. K.; Delorenzi, A. J.: Operating experience with the Canadian Dataroute synchronization system. Conf. Rec. of ICC 1976, S. 25/16—25/20.

9.19 Inoue, N.; Fukinuki, H.; Egawa, T.; Kuroyanagi, N.: Synchronization of the NTT digital network. Conf. Rec. of ICC 1976, S. 25/10—25/15.

9.20 Hartmann, L.: Vergleich der Taktbetriebsarten integrierter PCM-Netze. Nachr.-techn. Fachber. 42 (1972) 297—310.

9.21 Thomson, D.: Synchronization of an integrated digital transmission and switching network. Post Off. Electr. Eng. 64 (1971) 190—194.

9.22 Nakajo, T.: Experimental digital data switching systems. Fujitsu Scientific & Technical J. (1974) 3, S. 1—47.

9.23 Esterling, R.; Hahn, P.: A comparison of digital data network switching alternatives. Conf. Rec. of National Telecommun. Conf., New Orleans (1975), S. 42/8—42/11.

9.24 Johnson, T.: Vorzüge der Paketvermittlung bei der Datenfernverarbeitung. Nachr.-techn. Z. 29 (1976) 436—439.

9.25 Miller, R. B.: Response time in man-computer conversational transactions. Conf. Rec. of Fall Joint Computer Conf. 1968, S. 267—277.

9.26 Baran, P.: On distributed communication networks. IEEE Trans. Commun. Syst. and Commun. Technol. 12 (1964) 1—9.

9.27 Kleinrock, L.: Computer communication networks. 1st Canadian International Seminar on Computer Commun. Syst. 1973, Vol. 3, S. 138—230.

9.28 Davies, D.: Introduction to the Post Office experimental packet switched service. 1st Canadian International Seminar on Computer Commun. Syst. 1973, Vol. 4, S. 13—25.

9.29 Deprés, R.: RCP, the experimental packet-switched data transmission service of the French PTT. Conf. Rec. of ICCC 74, S. 171—185.

9.30 ISO/DIS 3309.2: Data communication — High level data link control procedures — frame structure.

9.31 ISO/DP 4335: High-level data link control procedures; proposed draft international standard on elements of procedures.

9.32 DIN 66019: Informationsverarbeitung; Steuerungsverfahren mit dem 7-Bit-Code bei Datenübertragung. März 1973.

9.33 Rustin, H. (Hrsg.): Computer networks. Englewood Cliffs: Prentice Hall 1972.

Literatur zu Abschnitt 10

10.1 Retting, H,; Vogt, K.: Schwunddauer und Schwundhäufigkeit bei Kurzwellenübertragungsstrecken. Nachr.- techn. Z. 17 (1964) 57—62.

10.2 Öllinger, M.: Technik der Datenübertragung auf interkontinentalen Telegraphieverbindungen. Nachr.-techn. Fachber. 37 (1969) 59—69.

10.3 Gerhold, J., Pilz, G.: Funk-Betriebsempfänger E 401 mit dekadischer Frequenzeinstellung von 10 kHz bis 30 MHz. Siemens-Z. 43 (1969) 779—782.

10.4 Baur, E.; Buchwitz, R.; Zirwas, J. G.: FuG 100, Kurzwellen-Sende- und -Empfangsgerät für mobilen Einsatz. Siemens-Z. 45 (1971) 223—225.

10.5 Kronjäger, W.: Die Übertragungsverfahren im Übersee-Funkdienst. Der Fernmelde-Ing. 9 (1955) Heft 9.

10.6 CCIR: Recommendation 346-1: Four-frequency diplex systems. XIIth Plenary Assembly, New Delhi, 1970, Vol. III, Genf: ITU 1970.

10.7 Burger, E,; Hiergeist, M.: Telegraphie-Demodulator FSE 401 für feste und mobile Funkempfangsstationen. Siemens-Z. 43 (1969) 783—789.

10.8 Wiesner, L.: Funkfernschreiben auf Kurzwellen mit dem Telegraphie-Empfangstastgerät FSE 30. Fernmeldepraxis 42 (1965) 287—300.

10.9 Schönhammer, K.; Voss, H. H.: Fernschreibübertragungstechnik. München, Wien: Oldenbourg 1966.

10.10 CCIR: Recommendation 436-1: Arrangement of voice-frequency telegraph channels working at a modulation rate of about 100 bauds over HF radio circuits. XIIth Plenary Assembly New Delhi, 1970, Vol. III, Genf: ITU 1970.

10.11 Burger, E.; Hiergeist, M.: WTK 1000, ein System für Fernschreib- und Datenübertragung über Kurzwellen-Funkverbindungen. Siemens-Z. 48 (1974) 131—135.

10.12 CCIR: Recommendation 456: Data transmission at 1200/600 bit/s over HF circuits when using multi-channel voice-frequency telegraph systems and frequency-shift keying. XIIth Plenary Assembly, New Delhi, 1970, Vol. III, Genf: ITU 1970.

10.13 Porter, G. C.; Gray, M. B.; Perkett, C. E.: Data of twice the speed eases HF traffic jam. Electronics 40 (1967) H. 20, S. 115—120.

10.14 Porter, G. C.: Error distribution and diversity performance of a frequency-differential PSK HF modem. IEEE Trans. Commun. Technol. COM-16 (1968) 567—575.

10.15 Brennan, D. G.: Linear diversity combining techniques. Proc. IR E47 (1959) 1075—1102.

10.16 CCIR: Recommendation 342-2: Automatic error-correcting system for telegraph signals transmitting over radio circuits. XIIth Plenary Assembly, New Delhi, 1970, Vol. III, Genf: ITU 1970.

10.17 CCITT: Recommendation S. 13: Use on radio circuits of 7-unit synchronous systems giving error correction by automatic repetition. Green Book, Vol. VII, Genf: ITU 1973.

10.18 Hennig, F.: Funkfernschreiben mit selbsttätiger Fehlerkorrektur. Nachr.-techn. Z. 9 (1956) 341—348.

10.19 Draeger, R. J.; Öllinger, M.: Einkanalgerät ARQ 1a für gesicherte Fernschreib- und Datenübertragung. Siemens-Z. 41 (1967) 426—431.

10.20 Wild, A: MKS 4000, ein Magnetkernspeicher für Fernschreib- und Datennetze. Siemens-Z. 41 (1967) 566—571.

10.21 CCITT: Recommendation S. 12: Conditions which must be satisfied by synchronous systems operating in connection with start-stop teleprinter systems. Green Book, Vol. VII, Genf: ITU 1973.

10.22 Paetsch, W.; Vogt, W.: ELMUX 1000, ein neues ARQ-Multiplexsystem für Funkfernschreiben. Siemens-Z. 45 (1971) 123—129.

10.23 da Silva, H.; Goldstern, E.; Kok, J. A.: Simplex TOR STB 75. Philips Telecommun. Rev. 30 (1971) 1, S. 1—14.

10.24 Kohlenberg, A.; Forney, G. D.: Convolutional coding for channels with memory. IEEE Trans. Inform. Theory 14 (1968) 618—626.

10.25 Massey, J.: Threshold Decoding. Cambridge, Mass.: M. I. T. Press 1963.

10.26 Markwitz, W.; Niethammer, D.: Vorwärtsfehlerkorrektur-System FEC 100 für Fernschreib- und Datenübertragung. Siemens-Z. 48 (1974) 136—139.

Literatur zu Abschnitt 11

11.1 Schönhammer, K.; Voss, H. H.: Fernschreibübertragungstechnik. München, Wien: Oldenbourg 1966, S. 143—159.

11.2 Pippart, W.: Datenübertragung — Datenfernverarbeitung, Teilband II, Datenübertragungstechnik. Hamburg, Berlin: R. v. Decker's Verlag G. Schenck 1971.

11.3 CCITT: Recommendation R. 4: Method for the separate measurements of the degrees of various types of telegraph distortion. Green Book, Vol. VII, Genf: ITU 1973.

11.4 CCITT: Recommendation R. 11: Calculation of the degree of distortion of a telegraph circuit in terms of the degrees of distortion of the component sections. Green Book, Vol. VII, Genf: ITU 1973.

11.5 Bodart, R.: Telegraph distortion introduced by TDM systems. Philips Telecommun. Rev. 30 (1972) 173—181.

11.6 Küpfmüller, K.: Die Systemtheorie der elektrischen Nachrichtenübertragung. Stuttgart: Hirzel 1968.

11.7 Wirk, A.; Thilo, H. G.: Niederfrequenz- und Mittelfrequenz-Meßtechnik. Stuttgart: S. Hirzel 1956.

11.8 Bidlingmaier, M.; Haag, A.; Kühnemann, K.: Einheiten, Grundbegriffe, Meßverfahren der Nachrichten-Übertragungstechnik. Berlin, München: Siemens AG 1969.

11.9 Bauernfeind, K.; Rössner, K.: Frequenzanalysen mit dem selektiven Pegelmesser D 2040 im Bereich von 30 Hz bis 60 kHz. Siemens-Z. 45 (1971) 655 bis 657.

11.10 Buchta, K.; Niedereder, M.: Entwicklungstendenzen auf dem Gebiet der Meßgeräte für die Nachrichtentechnik. Siemens-Z. 45 (1971) Beiheft „Nachrichten-Übertragungstechnik" 204—209.

11.11 Beck, J.; Finfera, W.: Ein Digital-Pegelmesser für automatische Pegel- und Pegeldifferenzmessungen. Siemens-Z. 43 (1969) 522—525.

11.12 Daum, H.; Hartmann, H.: K 2001, ein NF-Pegelbildgerät mit erhöhter Meßgenauigkeit bei vereinfachter Bedienung. Siemens-Z. 47 (1973) 210—113.

11.13 Nyquist, H.; Brand, S.: Measurement of phase distortion. Bell Syst. Tech. J. 7 (1930) 522—549.

11.14 CCITT: Recommendation O. 81: Specification for a group delay measuring set for audio circuits. Green Book, Vol. IV. 1, Genf: ITU 1973.

11.15 Hoffmann, G.: Zum Problem der Gruppenlaufzeit-Verzerrungsmessung an Datenübertragungssystemen. Internat. Elektron. Rdsch. (1968) 229—232.

11.16 Anderson, T. C.: The PAR-Meter. IEEE Internat. Conv. Rec. 1964, S. 155 bis 165.

11.17 Cochran, W. T.: Measuring Waveform distortion with a PAR-Meter. Bell Labor. Rec. (1965) 369—371.

11.18 Fennick, J. H.: The PAR-Meter: Applications in tele-communications systems. IEEE Trans. Commun. Technol. COM 18 (1970) 68—73.

11.19 Campell, L. W.: The PAR-Meter: Characteristics of a new voiceband rating system. IEEE Trans. Commun. Technol. COM 18 (1970) 147—153.

11.20 Henderson, G.: Testing voiceband circuits for data transmission. Marconi Instrum. 12, S. 141—143.

11.21 DIN 45405: Geräusch- und Fremdspannungsmesser für elektroakustische Breitbandübertragung. Juli 1967.

11.22 CCITT: Recommendation P. 53: Psophometers (apparatus for the objective measurement of circuit noise). Green Book, Vol. V, Genf: ITU 1973.

11.23 Manfreda, A.; Rössner, K.: Geräuschspannungsmesser für Fernsprechen und Tonübertragung. Siemens-Z. 42 (1968) 570—573.

11.24 CCITT: Recommendation V. 55: Impulsive noise measuring instrument for data transmission. Green Book, Vol. VIII, Genf: ITU 1973.

11.25 Bläß. G.; Ritter, N.: Störimpulszähler zum Bewerten von Datenübertragungswegen. Siemens-Z. 42 (1968) 292—294.

11.26 CCITT: Recommendation O. 61: Essential clauses for a simple instrument to measure interruptions on telephone circuits. Green Book, Vol. IV. 1, Genf: ITU 1973.

11.27 CCITT: Recommendation O. 62: Essential clauses for a sophisticated instrument to measure interruptions on telephone circuits. Green Book, Vol. IV. 1, Genf: ITU 1973.

11.28 Scherenzel, H.: Messen und Registrieren kurzzeitiger Unterbrechungen im Fernleitungsnetz. Fernmeldeprax. 47 (1970) 487—499.

11.29 Krietemeyer, H.: Messen kurzzeitiger Pegeländerungen an den TF-Kanälen. Fernmeldeprax. 48 (1971) 747—756.

11.30 CCITT: Recommendation O. 91: Essential clauses for an instrument to measure phase jitter on telephone circuits. Green Book, Vol. VI. 1, Genf: ITU 1973.

11.31 ITU: 31.02 (Telegraph) Signal element; 31.20 Significant condition of a (telegraph) modulation; 31.22 Significant interval; 31.24 Significant instants. List of Definitions of Essential Telecommunication Terms, Part 1, Genf: ITU 1961.

11.32 CCITT: Recommendation V. 1: Equivalence between binary notation symbols and the significant conditions of a two-condition code. Green Book, Vol. VIII, Genf: ITU 1973.

11.33 ITU: 33.04 Telegraph distortion. List of Definitions of Essential Telecommunication Terms, Part 1, Genf: ITU 1961.

11.34 ITU: 33.06 Degree of individual distortion of a particular significant instant. List of Definitions of Essential Telecommunication Terms, Part 1, Genf: ITU 1961.

11.35 ITU: 33.07 Degree of isochronous distortion; 33.08 Degree of start-stop distortion. List of Definitions of Essential Telecommunication Terms, Part 1, Genf: ITU 1961.

11.36 ITU: **33.19** Error rate of a telegraph communication. List of Definitions of Essential Telecommunication Terms, Part 1, Genf: ITU 1961.

11.37 CCITT: Recommendation V. 51: Organization of the maintenance of international telephone type circuits used for data transmission, Green Book, Vol. VIII, Genf: ITU 1973.

11.38 CCITT: Recommendation V. 52: Characteristics of distortion and error-rate measuring apparatus for data transmission. Green Book, Vol. VIII, Genf: ITU 1973.

11.39 Tietze, U.; Schenk, Ch.: Halbleiter-Schaltungstechnik. Berlin, Heidelberg, New York: Springer 1971.

11.40 CCITT: Recommendation V. 57: Comprehensive data test set for high data signalling rates. Green Book, Vol. VIII, Genf: ITU 1973.

11.41 CCITT: Recommendation R. 51: Determination of the standardized text for distortion test of the elements of a complete circuit. Green Book, Vol. VII, Genf: ITU 1973.

11.42 CCITT: Recommendation R. 52: Standardization of an international text for the measurement of the margin of start-stop apparatus. Green Book, Vol. VII, Genf: ITU 1973.

11.43 CCITT: Recommendation X. 33: Standardization of an international text for the measurement of the margin of start-stop machines in accordance with International Alphabet No. 5. Green Book, Vol. III, Genf: ITU 1973.

11.44 Chaillié, Ch.; Schenk, E.: Telegrafie-Verzerrungsmesser für Fernschreib- und Datenübertragungssysteme. Siemens-Z. 42 (1968) 289—291.

11.45 Chaillié, Ch.: Fernschreib-Sendermesser 2 H 3, ein neues Meßgerät für die Fernschreib- und Datentechnik. Siemens-Z. 49 (1975) 220—223.

11.46 Bennett, W. R.; Davey, J. R.: Data transmission. New York: McGraw-Hill 1965, S. 284.

11.47 Wellhausen, H. W.; Martin, D.: Fehlerhäufigkeitsmessungen. Nachr.-techn. Z. 24 (1971) 553—557.

11.48 Baumann, H.; Meier, A.: Meßplätze in Fernschreib-Wählvermittlungen. Siemens-Z. 42 (1968) 52—58.

11.49 Zwicker, G.; Schenk, E.: Zentraler Prüfempfänger für das Automatisieren des Fernschreibmeßdienstes. Siemens-Z. 40 (1966) 557—562.

11.50 Fielstette, H.: Automatische Fernschreib-Verzerrungsmeßanlage 8 K1 beim Deutschen Wetterdienst. Siemens-Z. 45 (1971) 563—567.

11.51 CCITT: Recommendation V. 50 Standard limits for transmission quality of data transmission. Green Book, Vol. VIII, Genf: ITU 1973.

11.52 CCITT: Recommendation V. 53: Limits for the maintenance of international telephone-type circuits used for data transmission. Green Book, Vol. VIII, Genf: ITU 1973.